DEUTSCHE RECHTSQUELLEN

DES

MITTELALTERS.

GESAMMELT UND HERAUSGEGEBEN

VON

HERRMANN WASSERSCHLEBEN,

DOCTOR DER THEOL. UND DER RECHTE, GEHEIMERATH.

LEIPZIG,

VERLAG VON VEIT & COMP.

1892.

Druck von Metzger & Wittig in Leipzig.

VORREDE.

Die in der Einleitung zu meiner Sammlung deutscher Rechtsquellen (Giessen 1860) am Schlusse angekündigte Fortsetzung ist bis jetzt nicht erschienen. Der Hauptgrund lag in meinen Berufsgeschäften, welche mir zur Ausführung dieses Plans nicht die erforderliche Musse gewährten. Seit der Niederlegung meiner Professur und des Kanzleramts habe ich ausreichende Zeit gewonnen, ausser der Vollendung einiger früher ebenfalls zurückgestellten Arbeiten, auch der Ausführung des obigen Plans wieder näher zu treten. Obgleich manches zu diesem Zwecke bereitgestellte Quellenmaterial nicht mehr verwendet werden konnte, weil dasselbe inzwischen von anderer Seite veröffentlicht worden war, so haben doch die reichen Bestände der Archive zu Düsseldorf und Speier, sowie die im Allgemeinen Reichsarchiv zu München deponirten Bodmann-Habel'schen[1] Archivalien eine sehr erwünschte Ausbeute an bisher ungedruckten interessanten deutschen Rechtsquellen des Mittelalters, namentlich rheinischen Schöffensprüchen und Weisthümern, ergeben, welche ich hier veröffentliche. Dem königl. preuss. Oberpräsidium der Rheinprovinz, der königl. bayerischen Direktion des Allgemeinen Reichsarchivs zu München, sowie den Vorständen der oben genannten Archive und der Bibliotheken zu Darmstadt und Leipzig statte ich meinen verbindlichsten Dank ab für die Bereitwilligkeit, mit welcher dieselben mir die betreffenden Dokumente zugänglich gemacht und deren Benutzung nach Möglichkeit erleichtert haben.

Die Anmerkungen enthalten, abgesehen von den Einleitungsnoten zu den einzelnen Abschnitten, theils sprachliche, theils rechtsgeschichtliche Erläuterungen. Die am Schlusse befindlichen Register

---

[1]) Vergl. Archival. Zeitschr. Bd. 2, S. 146 ff., und Bd. 13, S. 241 ff.

sollen die Benutzung der Sammlung einigermassen erleichtern, in Nr. I dient übrigens die alphabetische Anordnung schon im Allgemeinen zur sachlichen Orientirung. Im ersten Register (Eigennamen) habe ich auch diejenigen Personen aufgenommen, welche nur ein lokales Interesse haben, da die Bezeichnungen derselben vielfach für die Entwickelungsgeschichte der Familiennnamen von Interesse sind.

Giessen, im Mai 1892.

Dr. Wasserschleben.

INHALT.

I

Alphabetische Sammlung Magdeburger Schöffensprüche.[1]

Kap. 1.

Eyn man hadde eynen broder, de starff unde leeth kyndere na, unde syn wyff nam einen anderen man unde de underwanth sick des ackers, den syn broder synen kynderen hadde geerweth, unde hefft den acker geackerth al de wyle; des vorboeth he em na pingesten, he scholde der kyndere acker nicht mere bezegen edder bedriuen

[1] Die Handschrift 1096 (früher 945[c]) der Universitäts-Bibliothek zu Leipzig aus dem 16. Jahrhundert, 168 beschriebene Blätter, enthält auf Blatt 1—79[a] und 84—149 eine alphabetisch geordnete Sammlung von Sprüchen der Magdeburger Schöffen, zum grössten Theile von derselben Hand geschrieben, in 474 Kapiteln. Auf Blatt 149—157 folgt noch ein Nachtrag, betreffend: clage, doitslach, besathe, scheppen. Die Blätter 79[b]—83 und 157[b]—162 enthalten, von verschiedenen Händen geschrieben, andere Magdeburger und auch einige Leipziger Schöffenurtheile. Die alphabetische Sammlung, deren Niederschrift nach einer Schlussbemerkung des Schreibers im Jahre 1518 beendigt worden ist, hat den grössten Theil der Magdeburger Fragen in sich anfgenommen, ausserdem aber noch eine grosse Anzahl von anderen Rechtssprüchen, von denen einige Zeitbestimmungen haben (Kap. 319: 1338, Kap. 396: 1377); die meisten sind vollständig, d. h. sie enthalten die Anfrage, die Erklärungen der Parteien und das Urtheil, andere aber erscheinen nur als Auszüge oder kurze Inhaltsberichte. Hierzu kommen einige Kapitel, in welchen der Sachsenspiegel und die Glosse zu demselben excerpirt und citirt wird (Kap. 386—392, 436, 439, 441); die Pandekten und das Gratian'sche Dekret sind im Kap. 386 je einmal angeführt, ebenso zweimal das „Speculum juris" von Durantis (Kap. 393. 394). Unter den Schöffensprüchen befinden sich sehr viele, welche nach Städten in den heutigen preuss. Provinzen Pommern und Brandenburg ergangen sind, z. B. nach Greifswald, Stettin, Gollnow, Damme, Frankfurt a/O., Pyritz, Prenzlau, Ruppin (in einigen derselben galt Lübesches Recht), auch werden vielfach solche Orte in den Urtheilen erwähnt, z. B. Brandenburg, Burg, Jüterbogk, Gartz, Wyke u. a.; es ist daher wahrscheinlich die ganze Sammlung in einer dieser Städte, vielleicht in Stettin, welches am meisten erwähnt wird, entstanden. Im Anhange (21 Kapitel) enthält Kap. 6 Urtheile über den Einfluss der halben Geburt bei der Erbfolge nach sächsischem Landrecht und Weichbildrecht, welche bereits in meiner Schrift: „Princip der Successionsordnung nach deutschem, insbes. sächs. Rechte" (Gotha, 1860) S. 67 abgedruckt sind.

na synem willen. Dem antwerde degene, he en wolde des nicht laten. Wes hyrin recht up sy? Hyr up etc.: Der kyndere steffvader schal den kynderen van deme korne, dat up deme acker ghewassen ys, pacht geuen geliker wyse alse men gyfft van anderen acker; ock en mach he den acker wedder des rechten vormunders willen nicht bedriuen, sunder he schal den kynderen den acker wedder geuen in der wysze, alse he den acker angegrepen hefft, van rechts weghen.

Kap. 2.

Vortmer: Herman hadde sos houen, dre vorkoffte he van den sossen eyneme, de hethe Conradt, alse he se hadde an dörpe unde an velde, de scolde de sulue Herman eme plügen, zegen unde eggen. Des heff de sulue Conradt angeklaget Herman unde syne moder, dat se em hebben vorkofft dre houen, de so lanck unde so breth wesen scholen, alse syn naber bauen unde benedden hebben. Dar ys em brock an geworden, unde byddet rechtes. Hyr antwerdet Herman und bekent des, dat he hefft vorkofft Conrade dre houen, alse he se hadde, unde Conradt besach de houen, unde nam se tho sick sunder mathe, unde byddet umme recht. Hyr up etc.: Na demmale Herman Conrade van sos houen dre vorkoffte, alsze he de hadde an dorpe unde an velde, unde Herman de suluen houen van Conrades wegen in syner were nocht beholdt em tho plogende unde tho eggende unde tho bezegende; nu Conradt Hermenen dar umme angeclaget, dat he an den houen tho cleyne hebbe, szo schal men den anderen dre houen ere wedder gaden ock meten; syn de denne groter, also dat men dat bewysen mach, dat den houen wat to geploget sy unde genen aff, szo schal Herman Conrade meth bote unde wedde syne mathe vul gheuen an den houen, also dat se alle sosse like groth bliuen unde schal em ock wedderstadinge don in deme korne, dat dar muchte gewassen hebben. Szyn ouer de houen like groth, so muth sick Conradt daranne genogen laten, offthe Herman dat up den hilgen sweren wil, dat he em uth den sosz houen dre verkoffte, alsze he de hadde unde anders nicht, van rechts weghen.

Kap. 3. 4 = M. Fr. I. 6. 2, I. 13. 1.

Kap. 5.[1]

We hergewede edder rade ansprecket unde men der mogescop nicht belouen wil, de scal kamen vor recht, unde nomen syne mogescop unde beholden se to den hilgen unde scal ock vorwissen, effte we queme bynnen jare unde dage, de neger were, dat he wolde afflaten, gehalet tho Magd.

[1] Vergl. M. Fr. I. 7. 4.

Kap. 6.

Offt eyn man, de vor gerichte beclaget werth, id sy umme wat sake id sy, sick myth hulpereden antwerders wol weren moge unde hebben kan, dat he nicht ya edder neen seggen derre etc. Hyr up etc.: Eyn man, de vor gerichte beclaget werth, dat sy umme wat sake dat yd sy, de muth sick myt hulpereden antwerder wol weren, de wile dat he kan effte he de hebben mach, dat he nicht ya edder neen seggen derff, kan he ouer den cleger van der clage nicht wisen, edder nene hulperede hebben myt rechte, szo muth he bekennen edder vorsaken, unde we tho eyner saken, dar he na doder hant umme beschuldiget werdt, antwerdet, dat em unwitliken sy, szo müth yd de cleger bewisen sulff souende, edder muth yd deme antwerder to syner unwitlicheyt to swerende laten kamen, van r. wegen.

Kap. 7.

Offt deme antwerdere de vorkummeth. Hyr up etc.: Synt deme male dat Breckewolt to Peter Dregers clage geantwerdet hefft, dat he der sake, dar he em umme beschuldiget, eynen gantzen ende hebbe, und gebüts dat to bewisende, alse he to rechte scal, mach denne Breckewolt de berichtunge uth gerichte bewisen, effte se vor gerichte geschen were, edder myth twen vramen mannen tho sick[1], ...

Kap. 8.

.... der man van getuge eyn vullenkamen antwerdeden hebben unde nene vrist hebben, alsze denne yegenwerdiger ys geweset unde nicht geantwerdet hefft, szo hapet to gade unde tho rechte, dat Marcus clagen by macht scole blyuen, unde Anselmus scale voruallen syn an syme rechte, unde Marcus scolle to Anselmus sodanne summen gewunnen hebben, alse he yn syner clage benomet hefft, unde Anselmus scole vorder nenes antwerdes geweten konen etc. Anselmus secht aff de voruallinge der summe geldes unde hapet, dat he des nicht voruallen sy, wente he horsam geweset sy deme gerichte unde hefft syne tosprake gehöret, unde ys nicht wreueliken wech geghan uth deme gerichte, unde hefft gebeden unde dorch recht begereth XIIII dage vrist, so hapet Anselmus, he scale de gudere, dar em Marcus umme to ludeth, nicht vorlaren hebben unde an syme rechte voruallen syn, men besunder men schale em XIIII dage dach gunnen. Hyr up etc.: Hefft Marcus bynnen den bomme (?) Anselmus vor gehegedem dinge to der drudden clage beclaget, szo he sick underwunnen hefft sodane stücke also, dat syne schult

[1] In der Handschrift ist hier offenbar eine Lücke, es fehlt der Schluss dieses und der Anfang des folgenden Kapitels.

inholt, szo synt gy phlichtich dorch recht to deylen, dat de genante Anselmus to der clage antwerden moth, unde he mach synes antwerdes up de schult nene XIIII daghe vrist hebben, unde Marcus hefft to Anselmus gewunnen, synt deme male dat dar up nicht geordelt is, von rechtes wegen.

Kap. 9.

Vortmer, Bertelt hefft erst mael angespraken Claues Wulue to dren tospraken, umme eyne summe geldes, szo alse unse buck uthwiseth, dar he doch to vorbadeth ys unde nicht geantwerdeth hefft, dem gelick ys Wulff ock vorbadet tho dem anderen dinge umme der suluen tosprake willen unde hefft dar ock nicht to geantwerdet. Dar na ys he vorbadet to deme drudden dinge umme der suluen tosprake willen. Alse denne Claues Wulff de tosprake horet hefft, szo hefft he geantwerdet to der drudden clage in sodaner wy̆se, alse he in den twen dingen nicht gehoret hefft Haken ansprake, szo hefft he ouervrist begeret up syn antwerde to denckende, szowol alse Bertelt Hake uppe syne tosprake gedacht hefft unde hapet to rechte, men scale em der vrist gunnen; hyr yegen secht Hake: Na dem male, dat Wulff de tosprake wol geweten hefft, szo hapet Hake to rechte, dat Wulff to der drudden clage nene vrist scole hebben. Hyr up etc.: Hefft Bertelt Hake Claues Wulue umme sodane tosprake, de he meynt to hebbende to deme rechte, szo sick dat dorch recht behoret, vorbaden laten, szo hadde de sulue Claues Wulff Berteld Haken tho deme ersten dingedage to synen tospraken plichtich gewesen tho antwerdende, nu denne sodane beth thome drudden dinge vorbleuen ys, szo dat dar nene ordel ouer gegan synt, szo scolde gnante Claues Wulff Berteld Haken in deme suluen drudden dinge to synen clagen antwerdet hebben unde men was vorder durch recht nene vrist plichtich tho geuende, von rechtes weghen.

Kap. 10.

Vortmer: Tydeke claget up Gerde, dat he unde syn gesinde vuer unde licht vorwarloseth hebben, unde hebben syn hus angesticket, dar Tydekens hus mede affgebrenth ys unde byddet rechtes, Gerdt antwerdet, he wil dat waren, wo he dat van rechte waren schal, dat he syn vür warde szo he beste konde unde müchte unde synen gesinde to bewarende beuol, unde byddet rechtes. Hyr up etc.: Dar Gerdt sweren up den hilgen, dat de brant ane syne vorwarlosunge unde willen gescheen ys, szo ys he Tydeken nicht phlichtich dar umme tho antwerdende noch den schaden wedder uptorichtende, van rechtes weghen.

Kap. 11.

Vortmer: Radeke ys gekamen myt gewalt tho Hinrick Bosen, unde hefft ene geslagen unde hefft ene in dat vür geworpen, unde ene so lange darynne gehalden, dat he ys vorbrant under synen oghen, unde hefft dar affgekregen eynen aruen unde byddet rechtes. Hyr up antwerdet Radeke: na demmale, dat he an Hynricken nicht hefft gewracht wünden, dar he vor nicht dorfte stan, vare synes levendes, szo hapet he, yd sy men eyne mishandelunge, unde moge dat vorboten myt penningen unde byddet rechtes. Hyr up etc.: Hefft Radeke Hynricke geslagen unde ghestot unde yn dat vür geworpen unde ys em neyn oghen, nese edder munth aff yn deme vure vorbrant unde lemede edder kampfardic wunden van der dat nicht entfanghen, szo ys dat nicht eyne mishandelunge, dar umme schal he em syne vulle bote geuen, unde deme richter syn gewedde, van rechtes wegen.

Kap. 12. 13 = M. Fr. II. 2, 15, 16.

Kap. 14.[1]

Wo men besetten erue unde eyn beclaget erue wynnen schal. Hyr up etc.: De schulte edder de vronebade de schal vor eyn stande erue gaen unde besetten dat vor des clegers schult, de he dar benomet, unde nemen dar tho nabere bouen unde beneddene tho thuge; willet denne degene, up den de clage geyth, nicht vorantwerden, to den dren negesten tokamenden dynckdaghen, alse de cleger dat besettede erue upgebaden hefft, szo schal men deme clegere de eruen geweldigen yn deme suluen drudden dinge, dar mach de schuldiger de schult nicht vorantwerden, effte nu em de clagen wytlick synt, unde efft em des ennyge noth gehindert hadde to deme verden dinghe, szo schal men dat bisettede erue unde gudt deme cleger eygenen unde de richter ene dar yn wisen. Also wynnet men eyn besetteth erue unde eyn beclaget erue, van rechtes wegen.

Kap. 15.

Vortmer: Cordt Rinbeke claget to Peter Lomer unde gyft em schult, dat he syn gelt to Franckenuorde bekummert hefft myt deme rechten under Jurgen Janeken. Hyr antwerdet Peter Lomer to unde secht, id ys geschen to Franckenuorde, dar Peter Lomer wanafftich ys, dat he ys gekamen to Jurgen Janeken unde hefft em gevraget, effte he Wenner Reytesman to deme Sünde wes schuldich

---

[1] Wass. Rq. III. a. 90.

were, dar bekande em Jurgen Janeke vor bedderman luden, dat he Wenner Reytesman schuldich were. Do vragede Peter Lomer, effte yd wol under em besettet hadde, do sede he neen, done ginck he hen, unde besettede dat gudt unde dede de erste clage dar to, unde byddet rechtes. Hyr up etc.: Na demmale, dat Peter Lomer myt besittinge des geldes under Jurgen Janeken to Franckenforde de erste clage begrepen hefft, umme sulker schulde willen, de em Wenner Reytesman van deme Sünde schuldich ys, szo en derff he Cordt Rynbeke to synen schulden, de he to Stettin iegen em angeslagen hefft, vorder nicht antwerden, sunder wil Cordt Rinbeke dat gelth vordedingen myt gauen unde vorlatinge, de em Wenner Reytesman daraff gedaen hefft, dat muth he to Frankenforde don, er dat drudde dinck dar ouer geyth, van rechtes wegen.

Kap. 16.

Vortmer Cordt Rynbeke sprecket to Jurgen Janeken umme hundert marck, unde de Jurgen Jancke Wenner Reytesman borger to deme Sunde schuldich was, unde de suluige Wenner Reytesman vor deme rade tho deme Sunde Cord Rynbeken hefft upgelaten unde togedregen hefft sick suluen van der hant, unde Cordt Rynbeken to der hant dar nummer up to sakende yn thokamenden tyden, alse de apene breff., der van deme Sunde utwiset unde byddet rechtes. Na demmale em Werner Reytesman dat gelt upgelaten hefft vor syne rechte schult, were em Jurgen Jancke nicht dat gelt geuen scole, edder wat recht sy? Hyr antwerdet Jurgen Jancke unde secht, dat gelt ys under em besettet yn Brandenborgeschen rechte und ys ock Rynbeken nicht schuldich unde hefft em nicht gelauet, men he wil dat gelt geuen, weme he dat geuen schal, unde hefft yn deme rechte dat gelt vorwisset to Franckenforde unde hapet, he sy dar vorder nicht vorplichtiget, umme nicht to vorantwerdende edder wat recht sy. Hyr up etc. Dat Jurgen Jancke, under deme dat gelt besettet ys to Franckenforde, nicht vthgeuen derff Cord Rynbeken, de wyle he des myt rechte to Franckenforde nicht vorantwerdet unde van deme genende dat besettet hefft, nicht bevriget hefft myt rechte, van rechtes wegen.

Kap. 17.

Vortmer: Otto de sprecket an Wulue, dat he entbraucht unde entverneth hefft gudere uth eyner were, also sy Smoleman na synem dode gelaten hefft, unde doch Otto dat besettet hefft unde beclaget hefft unde byddet rechtes.

Hyr tho antwerdet Wulff unde secht, wo Smolleman ys myt em geweset vore deme gehegeden dinge, unde hefft em dar bekanth, dat he em schuldich was, szo ys gedeylet, dat he em bynnen XIIII dagen betalen scole unde tüeth sick des an der schepen buck unde byddet rechtes. Hyr up. etc. Mach Otto myth gerichtes tuchnisse bewisen unde vulkamen, alse recht ys, dat he Smollemans gudere besettet hefft, alse recht ys unde erclaget hebbe, so en muchte Wulff de gudere nach der besettinge unde der beclaginge van sodaner bekantnysse wegen der vifftich marck, de em Claues Smoleman vor der tyd gedan hadde, unde er Otto de gudere besettede unde beclagede, nicht panden unde Wulff ys sodane pande de gudere, de uth der bezate gebracht hefft unde entverneth hadde, szo ys he plichtich wedder yn de were to stellende unde tobringende unde kan sick des myt sulken hulpereden in desser vrage utgedrückketh nicht erweren, van rechtes weghen.

Kap. 18.

Vortmer: Czuleke hefft angeclaget Hans Sabbine unde syn gudt umme XXX marck, de he em schuldich ys, uppe eynen enkenden[1] dach, den he em also nicht geholden hefft, hyr tho antwerdet Hans Sabyn, dat ys geschen to ener tyd, dat he Sulken schuldich was alsze XXX marck, de suluen XXX marck worden ene angeclaget to deme Damme vor gerichte van Hertige Cazemers wegen myth eynem vulkamen rechte, dar de richtere Czuleken to vorbadede, unde dede em de clage wittlick, des doch de richter bekanth hefft deme gerichte tho Stettin, hyr umme hapet Sabyn, mach he des nabringen myth dem richtere alse recht ys, dat Czuleke dar to vorbadet ys, unde vort myth ordele eme anneghan ys, de clage de Czüleke to em gedan hefft, de scolen machtlosz syn. Hyr antwordet Czuleke tho: alse Sabyn secht, dat he dar to vorbadet sy, dar secht he neen to, he sy dar ne to vorbadet, unde de richter steyt Sabbine des ock nicht by unde byddet umme recht. Hyr up etc. Mach Sabbyn myt deme richtere to deme Damme bewisen unde vullenkamen alse recht ys, dat de richter de XXX marck under em besettet hefft unde myt rechten clagen, alse recht ys, van Hertige Cazemers wegen angeclaget sint, unde dat de richter Sulkent vor deme drudden dinge de clage wittliken gedan hefft, wen em de richter des also bekent unde myt em vulkamen, szo ys Sabbyn Czuleken van den XXX marck vorder mer nicht plichtich, na

[1] bestimmten.

demmale Sulke idt to deme drudden dinge nicht vorantwerdet hefft, van rechtes weghen.

Kap. 19.

Vortmer. Boeck ys eyn cleger worden to Ercken dar umme, dat he vorvordert to syme gude XLVIII marck van enes wegen, de hete Wreche unde doch Boeck deme vorbenomeden Wreghe nicht schuldich was, men Wreghes wyue, unde hadde ere gelauet to Piritcze to betalende. Nu hefft Boeck dat gelt noch eyns moten betalen etc. Hyr antwerdet up Ercke unde secht, alse Boeck secht, dat he Wrege nicht schuldig sy gewesen, dar secht he neen tho, he was Wregen eyner summe geldes schuldich, de besatede he under eme, unde vorderde dath uth myth rechte, unde dede IIII clage to deme gelde, unde IIII upbedingen unde vorbadede Boecke dar tho unde Boeck hefft em de bereydinge dan, unde Ercke hefft dar mede geseten jar unde dach vredeliken unde byddet rechtes. Hyr up etc. Hefft Ercke under Boecke XLVIII marck van Wregen bekummert unde dar to geclaget unde hefft Boecke de pennynghe nicht willen vorantwerden unde wolde he neyne ede umme eynes andere willen unde pennynge don, unde hefft Ercke syner clage gevolget van dinge to dinge unde ys he anne gewaldigeth und gewiset van deme richtere, szo ys Ercke by syneme erclageden gelde neger unde myt betereme rechte to bliuende, wen Hans Boeck myt synen ynsagen unde hulpereden gesat hefft unde em daran gehinderen moge, van rechtes wegen.

Kap. 20.

Vortmer. Dasze ys gekamen to Wyneken van Assen, wo dat he gekamen ys yn eynem Lubeschen rechte, unde hefft em dar syne gudere besettet, unde sze dach beyde erffszeten synt yn eynem Meydeborgeschen rechte, dar he nicht en wolde umme twehundert gulden, Wyneke secht, effte de twehundert gulden unde allent dat Dasze yn syner ansprake benomet unde secht, dat geschen ys, dath he hefft angewerdiget gudere to Golnow in eyneme Lubeschen rechte, de to behorden Dubbeslaue, de gudere hadde Dubbeslaus elike wiff by sick in deme sulue gerichte, unde de vrowe vortalde de gudere unde vordedingede sy vor dat ere unde eres mannes, unde hefft des eynen enkenden[1] rechtdach begeret, dat ere man de gudere ock vorantwerden muchte, alsze Wyneke myt deme gerichte to Golnow bewisen mach, darna ys Dasze gekamen in dat sulue rechte ungeesket unde wolde de gudere untsetten. Dar quemen se beyde vor dat gerichte to Golnow, unde geuen sick in dat Lubesche

[1] bestimmten.

rechte; do vragede Dasze umme eyn recht, syntdemmale, dat he dat bewisen kunde, dat dat gudt syn gekoffte kop were unde syn wolgewunnen gudth were, wer de gudere scole syne syn, dar Wyneke iegen sede unde vragede umme recht, nademmale dat na synes kopes elike vrowe de gudere vortollet unde vorantwerdet hadde unde bekant hadde, dat de gudere eres mannes unde ere weren, in gerichte dat Wyneke bewisen mach myth gerichte unde myt deme tolner, dar up in deme gerichte gedeylet ys van deme rade tho Golnow, dar dat ordel unde recht to schulden ys, mach Wyneke bewisen myt deme gerichte, dat de vrowe bekant hefft unde de gudere vorantwerdet hefft alse eres mannes unde ere gudere. Szo scal de Wynekens clage by macht blyuen. Dat ordel schalt Daze to eyneme hogeren gerichte, alse to deme rade to deme Gripeswolde, dat se am beyden syden vorborgen musten, dat recht so to vorderende, des se eynen beschedenen rechtdach ledenn by vorlust der sake; dar tho koren se II houetlude dar tho wesende. Des quam Daze unde edder syn houetman nicht to deme Gripeswolde, dar up wisede se de radt thome Gripeswolde, Wineken unde Dasen wedder to deme rade to Golnow, des deylede de radt Wyneken anclage unde weddertucht. Hyr up vragede Wyneke, nademmale Daze nicht edder syne houetlude geweset weren, alse he bewilliget hadde by vorlust der sake, effte Daze der sake nicht scole vellich syn; dar up em to Golnow vor recht unde ordel gedeylet ys, he scole an der sake vellich syn unde Wineken kost unde theringe wedderleggen, unde dat sulue ordel Daze beleuet hefft, dat Wineke bewisen mach myt gerichte unde myt deme tolnere unde byddet rechtes. Hyr up etc.: Demmale dat Wyneke in syneme antwerde nicht yegen unde wedder Dazen settet unde vorgyfft, wo dat de radt to Golnow to der tydt, alse he unde syn yegendel van deme thome Gripeswolde wedder vor sze gewiset weren, em unde nicht Dazen de anclage unde wedder nicht togedeylet unde vort up syne vrage in Dazen yegenwerdicheyt vor ordel unde recht utgespraken hebben, dat Daze in dersake vellich sy unde em kost unde theringhe wedderleggen scole, mach den Wyneke eyn sodans myt deme rade to Golnow edder myt erem vulstendigen breue bewisen unde vulkamen alse recht ys, szo moten sodane gevunden unde gedeylede ordel by macht blyuen unde Wyneke ys denne Dazen, van so he en darumme in gerichte to Stettin angelanget unde beclaget hefft, nichtes phlichtich, nach deme dat Daze sulke gevunden unde deylede ordel, szo he yegenwerdich gewezet ys, geduldеn, geleden unde alse recht ys nicht wedderspraken hefft, van rechtes weghen.

Kap. 21.

Erszame heren, alse jwe erwerdige wyshet ordel unde recht tusschen twyer manne tospiake unde antwerde unde den utspraken hefft in dessen worden: Sintdemmale dat Wyneken synem antwerde yegen unde wedder Dazen settet unde vorgyfft, wo dat de radt tho Golnow to der tydt alse he unde syn yegener van deme rade to deme Gripeswolde wedder von se gewiset weren, em unde nicht Dazen de anclage unde weddertücht togedeylet hebben, unde vore up syne vrage in Dazen yegenwerdicheyt vor ordel unde recht utgespraken hebben, dat Daze in der sake vellich sy unde em kost unde terunge wedderleggen scolde etc., szo hapet doch Daze, synt dememale de Golnoweschen in eren breuen, den Wyneke vorbracht, suluen bekennen, dat de van deme Gripeswolde se torugge vor se gewiset hebben, nicht scriuen de sake, worumme se torugge gewiset syn, unde de van deme Gripeswolde bekennen in eren apenen breuen, dat se se nicht torugge gewiset hebben an de Golnoweschen, eyn ordel unde recht aff to deylende, der bewisinge, de Wineke vorbringet, schole machtlosz syn; szo antwerdet Wyneke, alse Daze nu uptudt etc. Szo hebben sze an beyden deylen to Golnow gewesz, unde de van Golnow hebben in Dazen yegenwardicheit ordel unde recht gedeyleth, so hefft Wineke der Golnoweschen breff in gerichte bracht. Hyr up etc. Szyntdememale, dat wy jw up de sake nach clagen unde antwerden recht gespraken, und Wyneken vormals in deme suluen unsem sproke, alse eyn antwerder bewisinge to donde togedeylet hebben, szo dat in unsem sproke en gensliken beruret unde uthgedrucket ys, hefft denne Wyneke nach unsem sproke sodanen breff van deme rade tho Golnow gegeuen unde vorsegelt in dat negeste dinck gebracht, so dat hyr anne in disser vrage berüret ys, szo ys de sulue Wineke nach inholde unses sprokes vulkamen unde hefft genogafftige bewisunge thogebracht, unde Dase mach sodane bewisunge met syner vorgheuinge nicht vorleggen, von rechtes weghen.

Kap. 22.

Offt eyn borger gudt vorvolget hadde unde dat were geschen in rechter dinckstad unde dincktydt, unde dar na queme eyn gast unde vorvolgede dat sulue gudt in eynen gastrechte, wat dar recht umme sey. Hyr up etc. Hefft de borger de gudere besath unde de myt dren clagen unde upbedingen in rechten dinckdaghen alse recht vorvolget er der tydt, dat deme gaste to den suluen guderen pandes gehulpen ys, dat he myt gerichtes tuchnysse alse recht ys bewisen unde vulkamen mach, szo synt dorch recht des borgers clagen unde upbedinge unde ordelsdeylinge syn krefftiger unde mechtiger, wen des gastes pandinge, de em darna in eynen gasth gedeylet ys, unde de borger geyth myt syner sake vor hen, unde he ys denne by den suluen beclageden guderen neger unde myt beteren rechte to blyuende, wen dat ene de gast van syner deilinghe wegen dar anne hinderen moge.

Kap. 23.

Vortmer: Gerdrudth hefft begifftiget eren man myt alleme gude, alse se dat hath hefft, der begifftinge hefft vornamen de tochter Tele, de ere elike kynt unde erue ys, unde ys gegan yn eyn geheget dinck unde byspraket der begyftinghe unde byddet rechtes. Hyr antwerdet Gerdrudt, do ere erste man Heyne Sadel starff, do behelt sze II kindere, unde hadde er vorgeuen in gerichte syn halue gudt, dar na wort sze tho rade, dat sze wolde nemen eynen anderen man, do makede se eren kinderen eres vader erue na der kindere vrunde unde vormundere rade, dar na starff ere sone, do starff dat rede gudt dat se em gemaket hadde vor synes vader erue unde schriuen hadde laten up ere erue, unde byddet rechtes. Hyr antwerdet Tele: Nademmale ere moder bekennet yn eren antwerde, dat sines vader erue ys geschreuen up ere erue, dar se noch ynne wanet, ys scole blyuen by deme suluen stande erue eren rechten eruen tho gude myth meren rechten wen se dat vorgeuen mach, edder wes recht syn. Hyr up etc.: Wat Gerdrut an gude hadde, dat mochte se eren anderen manne wol geuen, dat er van eren ersten manne gegeuen unde ock van eren kinderen upgelaten was, vore gerichte ane erer eruen wille; sunder hefft se eren kinderen erue unde gudt gegeuen, vore eres vader erue unde hefft dat laten vorschriuen an stande eygen, unde ys der kinder yenich vorstoruen, er dat stande eygen van deme gelde unde gude wedder geleddiget ys, szo ys dat up de moder geeruet, unde steyt under eruenloues rechte, na dem male dat ys an deme stande eygen kleuet, dar umme mach ere dochter de weddersprake bynnen jare und daghe meth rechte don, van rechtis weghen.

Kap. 24.

Nemant mach erue vorgeuen, dat em anstoruen ys ane eruen loff, ut supra, unde sint de eruen in deme suluen gerichte beseten, sze mogen dat vorswegen in jare unde dage. Synt se auer buten landes, sze hebben XX jar tydt unde mogen dat wedderropen na Magdeb. rechte.

Kap. 25—29 = M. Fr. II. 2.9, I. 6. 8, III. 9. 2, I. 3. 18, 19.

Kap. 30.

Meine heren, wy bydden uns in deme rechte tho lerede in dissen worden, offt lude weren de bauen eyne geendede sake, de szy vorborghet, vorbreuet, vorsegelt hebben, by truwen, by eren unde by louen to holdende etc. Jegen schentlike quaderuchte[1] breue, schreuen ouer den radth unde ouer dat gerichte an den kopman, werke unde an de meynheit unde etlike stüken dar jnne rorende anlangende de hemelicheyt des rades, dar de suluen lude ere ede to gedan hadden, welkere stucken ydt nu syn scolen, sy doch myt der warheit nicht voren konen unde dat se darna bestaen weren, dat se deme kopmanne, wercke unde meynheit twedrechtig makeden myt rade, offt men se van rechtes wegen umme der schyecht willen truwelosz, louelosz unde meynedich beschelden unde myt rechte vorwynnen moghe, nachdemmale, dat se wedder ere eede gedan hebben, dar se to deme rade geswaren hadden, unde ock wedder de eede de se up de berichtinge geswaren hadden, unde ock up de eede de sze uppe de orveyde gesworen hadden, vorborget, vorsegelt, unde vorbreuet by louen by truwen, unde by eren tho holdende, edder wat rechtes ere broke scholen syn. Hyr up etc.: Wolden de vorgenanten lude bauen de endde sake, de se vorborghet unde vorbreuet, vorsegelt unde geswaren hebben, by truwen, by louen, by eren to holdende yegen schendlike quadrüchte breue tho schriuende unde uthsenden ouer den radt unde ouer dat gerichte an den kopman, an werke unde an de meynheit, unde etliken stucken rurden darjnne anlangende de heymilicheit des rades, dar sze ere eede to gedaen hebben, unde dat se darna bestan weren, dat se den kopman, werke unde meynheit twidrechtich makeden myt deme rade, dar mach men se vor gerichte umme beclaghen unde beschuldigen, wor man myt rechtes en bekamen kan. Bekennen se des edder werden se des myt rechte ouerwunnen, szo hebben se sick suluen darmede truwelosz unde erlosz, anrüchtich unde schalbar gemaket, nademmale alse denne de schentlike breue uthwisen, müsten sze dat ock vorlochenen, alse recht ys, van rechtes weghen.

Kap. 31.

Vortmer: ock we dar were, de sye dar to helde edder ene hulpe dar to dede, dat se schentlike unde quaderüchte breue, de de eere anrurende synt, uthsanden ouer den radt, unde de breve vor en schickende, unde sick dar mede bewislich were, wo men van rechtes wegen 'dar umme vorallen scole syn, edder wat recht sy

---

[1] verleumderisch.

dar umme. Hyr up etc.: We dar umme beschuldiget worde, he were borgere edder gast, dat he hulpe to den schentliken quaderüchte breue gedan hadde, we des bekende edder myt rechte ouergewunnen worde, de müste das vorbuten nach deme alse de breue innehelden, unde dar umme liden wat recht were, van rechtes weghen.

Kap. 32.

Vortmer eyn recht etc.: Wiset de dedingesbreff uth Gerwen unde Branth de brodere de Rouegaruen genant unde des rades van deme Sunde weghen olde Gerd Roden, Gerde unde Thomas Roden synen sone unde eren eruen IIII^{m} marck Sundesch von sodanen houetsummen unde vorseten tynse, der se en plichtich weren, geuen unde bereyden scolen. Hefft denne Gerd Rode jwe vader unde Gerd jwe broder, de dagedydt der bereydinge der lesten unbetaleden II^{m} marck nicht ouerliuet, so synt van des dedingesbreues wegen by deme lesten II^{m} marck neger to bliuende, wen jw jwes broder wiff myt erer gifft dar anne hinderen edder dar van gedrengen moge, unde he beholt jwes broder wiff, welke breue vor de jw togeschreuen szyn, dar sze neen recht to hefft, de moge gy myt rechte van er vorderen etc.

Kap. 33.

Ghy hebben unsz gheschreuen, dat eyn gast in jwe stadt ys gekamen, unde bath jwe borghere, met hem to gande, da weren eyn deyl meth, dat weren schepen, des quam de gaste unde vragen eynen jwer borgere, offte he eynen breff hadde dar legen an synes wyues lyffghedinck, also vele*alse des were, des bekande jwe borger, dat he den breff hadde, dat vorwetede de gast vor den schepen, de dar weren, des wort de gast eyn cleger up den breff unde de breff wort bestediget, dar wort ouer vorwetet unde wort bescheiden in dat hegedinck, dar quam de gast unde gerue euer (?) kentnisse an den schepen, wo de borger bekant hadde des breues, des bekande gy em in deme hegeden dinghe, dat gy dat gehort hadden buten deme gehegeden dinghe, dat jwe borger den breff hadde, des vorwetede de gast dat, unde to hand vor de den (?) breff, dar an lege synes wiues lyffgedinck, also vele alse des were; des antwerdede jwe borger, he were des unschuldich, des em de cleger schult geue, des vragede cleger, offt he em dat nicht neger were ouer to gande myt der schepen bekennynge, wenn he em des tho entgande. Des vragede jwe borger umme eyn recht, wente dat geschen were butem deme gehegeden dinge, effte he em nicht neger were to entgande na rechtem Magdenborgeschen rechte edder wat dar recht umme szy. Hyr up etc. Nademmale dat de bekendinge vor gerichte unde vor de schepen in deme hegeden dinge nicht geschen ys, szo ys jwe borger des neger to entgande up den hilgen, alse recht ys,. denn emanth up em to bringende.

Kap. 34.

Vortmer: Aldus vordenke wy unsz richter unde schepen der Stad Olden Stettyn wol, alse wy seten in deme hegeden dinge, in rechter dinckstad unde to rechter dincktydt des negesten mandages na der X dusent ridder dage, dat Clawes Dase to Hans Sippelowen sprak in dissen worden, dat yd geschen scole syn tho eyner tyd, dat Hans Siplow breue ouer Dasen gehalet scole hebben von deme radte tho Dantzcke, unde dat he breue de dar gehalet hefft, alse nicht gekregen hefft, alse de radt van Dantzcke tuschen en de saken van beyden syden vorscheiden hadde, ock weren de breue van deme rade to Dantzcke also nicht vorsegelt, alse de saken vorscheiden weren, men me hadde se heymelken schriuen unde besegelen lathen, hyr umme so ladede he em to, dat he dar an unredelick gedan hadde, dat doch nenem vramen manne gehorde to donde, unde wolde des nicht geleden hebben umme also danne broke, alse he dar umme gedan hadde, dat gulde hant edder hals, edder wes he dar ane gebraken hadde. Hyr up antwerdet Siplow aldus, he secht aff allent, dat Dase benomet in syner clage, also dat he breue ouer em gehaleth scolde hebben van deme rade tho Dantczcke, de anders geludeth scolen hebben, wen alse se de saken vorscheyden hebben tuschen en beyden, unde dat de breue van den rade to Dantzcke nicht vorsegelt synt etc. Dar secht he neen tho unde ys des unschuldich, dat he sodane breue gebracht sole hebben, wen he hefft etlike vorsegelde breue myth witscop, willen unde vulborth des erbaren rades van Dantzcke schriuen unde vorsegelen laten, unde van dannen gebracht, unde ys des apenbare bekant unde tudt sick an den radt to Dantzcke unde hapet he scole myt em thien vor den radt to Dantzcke unde to der tosprake ene volgen etc.

Hyr antwerdet Dase unde hapet he scole em eyn vulkamen anthwerde don, syntdememale dat se in Magdeborgeschen rechte beseten syn, unde em de tosprake yn eynem Magdeborgeschen rechte gedan hefft. Hyr up etc. Syntdemmale dat Dase Siplowen tospreket, dat Siplow breue scole hebben van deme rade to Dantzcke unde dat he de breffe, de he dar gehalt hefft, also nicht gekregen hefft, alse de radt to Dantzcke tuschen en de sake van beyden syden vorscheiden hadde, unde wolde des nicht geleden hebben, umme alsodane broke, alse he dar umme gedan hadde, dath dar geyt an hande edder an halsze. Mach denne Siplowe myt deme rade to Dantzcke edder myt ereme vulstendighen breue vulkamen alse recht ys, dat se em al sulke vorsegelde breue myt witscop, willen unde vulbort des suluen erbaren rades Dantzcke schreuen unde se vorsegelen hebben laten, wenn he des so vulkammeth unde alse en denne Dase pynliken anspreckeet, szo moth he Siplowen dat vorbuten myt syner rechten bote, unde Dase ne derff myt em van der tosprake wegen to Dantzcke nicht theen van rechtes weghen.

Kap. 35.

Vortmer alse jwe erwerdige wisheyt uns vorleret hefft in deme rechten tuschen Dasen unde Siplowen unsen borgeren in dyssen worden, alse hyr vorschreuen steyt, szo hefft doch Siplow von unsz gehat des erliken rades breff van Dantzcke myth erem upgedruckeden ingesegel vorsegelt, den Dase straffede unde pinlyken umme anclagede, darumme doch Siplow wedder tho Dantzcke toch unde brachte eynen anderen erliken vorsegelten breff under des rades ingesegel tho Dantzcke, welkere breue wy jwer erwerdicheyt senden ane schriffte hyr bynnen beslaten, szo meynde doch Dase, dat de vorbenomeden breue nicht vulstendich scolen wesen. Hyr up etc. Dat des erliken rades breff van Dantzcke, myt ereme upgedruckeden ingesegel vorsegelt, alse de copie de gy unsz by dyssen jwen fragen mede gesant hebben unde ock jnneholth eyn vulstendich breff ys unde Dase ne en mach den breff nicht straffen, syntdemmale dat Siplowe eynen anderen breff up den suluen breff gebracht hefft, darinne se apenbare bekenden, dat se em den vorschededen breft gegeuen hebben, alse dath de andere copie des breues inholt, van rechtes weghen.

Kap. 36.

Ock erwerdigen heren, alse gy schriuen in dem suluen ordel, alse wen Siplow des alse vulkumpt, unde alse em denne Dase pinliken anspreket, szo moth he dath Siplowen vorbuten myt syner rechten bote; bydde wy vorbadt, leuen heren, uns in den rechten tho vorlerende, syntdemmale dat Dase de cleger to Siplowen pinliken angesettet hefft unde nicht borgelick, offt nu Dase dat vorbuten scole myt pennyngen edder der gelick, dat he Siplowen auewynnen wolde, edder offt de bote unde gnade an den richter steyt, edder wes recht szy. Hyr up etc. Wenn Siplow myt des erliken rades van Dantzke breff vulkumpt unde bewiset, szo moth Dase Siplowen XXX sch. pennynge syner rechten bote geuen unde Dase ne derff Siplowen der gelick, alse he em auewynnen wolde, nicht geuen unde de gnade edder bote steyt nicht an den richter.

Kap. 37.

Vortmer: De radt to Stettyn claget up Herman, de he hefft myt unrechte unde wedder eren willen hefft affgehowen wol XL malbome, de dar stunden up der scheiden der stadt velthmarcke. Herman de antwerdet, he hefft bome howen, dat weren so widenbome unde widenestubben, unde neyn eyckenholt, dat malbome plegen to wesende, unde wil dat waren myt synen rechte, dat he des nicht en wuste. Hyr up etc. Weren de widen gesettet to malbomen de marcke scheidinge, und hefft Herman de widen also gehowen, dath he dat nicht wuste, dat ys malbome weren, schal he XXX sch. tho bote geuen, unde schal den scaden geuen, van rechtes weghen.

Kap. 38 = M. Fr. III, 1, 6.

Kap. 39.

Unser borger en vragede umme en recht na dessen worden: Mynen eliken sone de gewyet unde myt scheren geteylet ys, dem ys gedeyleth syner moder rade, der ick my underwunden hebbe, also ick mynes sones rechte vormunder byn, unde benedden X jaren ys, des eschen syner moder susteren der rade werdinge, unde de tho vorborgende, unde alse ick denne noch enen broder hebbe, van vuller bordt, de de leuet, de na mynen dode myns sons rechte vormunder ys unde yck ock bynnen deme gerichte eruen unde eygen hebbe, dat beter ys wende rade, offt ick em des van rechte plichtig byn, edder wat recht sy. Hyr up etc. Nademmale dat jwen sone syner moder rade thogedeylet ys, alse he en pape unde accolitus was, er syn moder starff, szo synt gy nicht plichtich, de rade to werdigende edder to vorborgende, nademmale dat gy eyn beseten man synth unde hebben stande eyghen in deme gerichte, hadde gy ouer nene stande eyghen, szo muste gy dat vorwissen, offt de iunghe van der papenschop trede, dat deme de rade volgede, dem sy gehoren, van rechtes weghen.

Kap. 39a.

Hefft ener enen man gelaueth vor to stellende vor de hegede banck, dath schal he don, edder scal antwerden to gennes schulden ya edder neen, unde wer et dat he gelt benomet hadde, vor deme richtere, den summen scal he betalen unde schal des voruallen szyn, van rechtes weghen.

Kap. 40.

Vortmer: claget Joan up Hinricke umme IIII^{c} marck, de he em gelauet hefft met samender hanth, unde byddet rechtes etc. Hinrick antwerdet unde bekent des lofftes unde synes breues, men he in deme breue hefft he gelauet sulff drudde, de eyn lauer ys yegenwerdich, men wes Hinrick dar umme geneten edder entgelden scal, dat wil he gerne don unde biddet umme recht, nademmale de rechte sakeweldige unde eyn houetman unde eyn borge beide mede yegenwerdich sint, offt Hinrick men antwerden scal men syn andel edder was recht sy. Hyr up etc. Joan scal de sakeweldigen erste to rechte bringen umme syne schult, offt he ener hebben mach, were ehme denne brock, szo scholen de borghen umme de schult antwerden unde betalen gewelick syn andel, unde wes Joanne an ene brock were, des mach he sick an deme anderen vorhalen, offt sze des lauedes met samer handt unde breues alle bekennen, van rechtes weghen.

Kap. 41.

Vortmer: Engelke smedt de claget to Cord Roddecker unde Claues Dames met ener sameden hant, also IIII^{c} marck, dar ys Engelke ane bereydeth, wente up C marck, na darna claget he em umme to unde begert antwerde. Hyr antwerdet Claues unde Cord unde seggen, do ere houetman kranck lach buten landes, do senden sze tho em II bedderue lude, de dar ouer weren, do he syn testamente dede, do sede he were en nicht mer schuldich, wen LXX marck, de hebbe wy em wol betaleth unde hapen wy sint en vorder nicht plichtich. Hyr up etc. Mogen Claues unde Cordt bewisen unde inbringen alse vorgeldene schult sulf drudde, als recht ys, met bederuen luden vulkamen an eren rechten, de men van tuge nicht vorleggen mach, unde denne dyth witlick ys, dat Engelken smede de schult, de se em van Roden wegen gelauet hebben, vul unde al betalt sy, dar mede werden se van em leddich unde losz, van rechtes weghen.

Kap. 42.

Vortmer: jwe vrage ys, en bekande den anderen syner schulde unde scolde borgen setten; do moste he gan, dar he sick borgen vormodede, dat wort nicht vorwetet, do entginck he em in eyn husz, des wolde ene de cleger wedder bringen vor recht, des toch genne syn messzer, unde how den cleger in den arm, des lep he wedder vor den schulten unde clagede de walt, do nam de schulte den man, de de walt gedan hadde, unde vorde ene to des badels husz, des wort de man geborget van synen frunden vor C marck to berichtende in XIV dagen myt dem schulten, edder den man wedder in to antwerdende, des echter XIIII nacht vrist bedinget worth, unde berichtede he sick myt deme schulten dar bynnen, edder worde he nicht wedder in antwerdet, szo scolde de schulte up en vorvolgeth hebben L punth, dat hefft de schulte vorwetet vor den schepen, des berichtede he sick nicht unde wort ock nicht wedder in geantwerdet, des begerde de schulte der kentnysse, do bekanden em de schepen, dat dyt loffte em van dren borgeren scheen were met samender hant, des vraget de schulte, offt he de L punth icht myt rechte ervolget hebbe, de lauere vragen umme recht, de schulte ys kamen, unde hefft genamen den man uth enes bederues mannes huse myt gewalt unde hefft ene gekerket in des bodels hus unde hefft dar nicht umme gespraken meth den schepen noch myt den borgermeystere edder myt deme rade, offt he de walt moge don edder nicht edder wes recht szy. Hyr up etc. De lauer dorfften den man van deme schulten nicht höger geborget hebben, wen dath recht uthwiset. Nademmale denne nu de lauere lauet hebben deme schulten, den man wedder in tho stellen in XIIII nachten, edder L punth to geuende, unde hebben des to laueder tydt nicht geholden, szo synt se em der L punth eruallen, de mach de schulte myt gerichte vorderen unde manen, vortmer ys de schulte den loueren nicht plichtich to antwerdende umme de sake, dat he den man to des badels hus getrecket hefft, van r. weghen.

Kap. 43.

Jacob ys eyn cleger geworden to Cordes nagelaten erue unde gude hyr umme, dat he ene vorsettet hefft vor III^c marck. Hyr antwerdet tho Cordes eelike wyff unde secht offte de III^c marck unde secht, dat de sulue cleger ere vorbadet hadde vor recht, dar se doch do neyn to seden, unde scheidede dar meth rechte van, dat se meth rechte nabringen mach unde vorantwerdet unde anders nicht men alse ere medegyfft, de ere ere vader medegaff. Hyr up etc. Ys Jacob ein cleger worden tho Cordes nagelaten erue unde gude dar umme, dat he em vorsetteth hefft vor III^c marck, de he hefft moten van des laueres weghen betalen, szo mach he syn recht to deme gude vorvolgen neger unde er, wen dat nu Cordes nagelate wedewe ene darane hinderen mach, offt de medegyfft varende haue ys gewesen, de ere ere vader medegeuen hefft, unde sick syn wiff dar mede genereth unde geuodet hefft, van rechtes wegen.

Kap. 44.

Wo starck dat eyn man syne hulperede unde syne bort bewisen moge; hyr up etc.: Dat eyn man syne hulperede van rechtes wegen bewisen moge met synes eyns hant, des gelick mach he ock syne bort bewisen, van rechtes wegen etc.

Kap. 45—47 = M. Fr. I. 1. 19, I. 4, 7, II. 9.

Kap. 48.

Wy synt gevrageth umme recht na dyssen worden: offt eyn radt, richter unde schepen met borghere witschop unde wille der werke unde meynheit, weme angrepen umme oueruaringe[1] unde gewalt wille. wil de in gehegeden dinge in rechter dinckstadt an deme richtere unde an de schepen geschen were umme andere sake wille, offt nu yenige oueruaringe ane geschege also, dat myt em also nicht gevaren were unde dem rade, richter unde schepen, kopmannen, werke unde der gantzen meynheit doch duchte, dat se recht dar anne deden, ock anders nicht en wusten, wen dat se recht deden, wo men dat van rechte boten scole, sintdemmal dat de radt, richter unde schepen, kopmanne unde werke unde meynheit dar an unde ouer weren, offt se dat meth ener bote vorboten mogen, edder effte en jewelick by sick dat vorboten scole, edder wes dar recht umme szy. Hyr up etc. Leth de radt edder de richter unde schepen myt borgere witscop unde willen der werke unde meynheit weme angripen umme oueruaringe unde gewalt wille, de in den gehegeden unde in rechter dinckstad an den richter unde an den schepen gescheen were, edder umme andere sake wille, unde geschege myt em ene baringe, de nicht recht were, wol dat deme rade, richter unde schepen, kopmann, werke unde meynheit düchte, dat se dar recht anne deden unde ock anders nicht en wüsten, worde denne jennich radtman, richter edder schepen dar umme beclaget vor gerichte unde worde in deme rechte erkant, dat yd meth gewalt unde nicht met rechte nicht entreden, so musten he de gewalt unde unrecht, des he bekende, edder myt rechte ouerwunnen wörde, deme clegere vorboten myt syner rechten bote, na syner borth, unde deme richter syn gewedde geuen, unde gantze meynheyt en derff dar to nicht antwerden, van rechtes weghen.

Kap. 49.

Offt ener schulde enen radtman edder mer edder den gantzen radt, unde dede dat nicht up dem radhusze, sunder in anderen huseren edder up der straten, unde worde he dar umme beschuldiget, he hefft eynen ewelicken bote also vake[2] alse he de dat gedan hefft, unde dem richtere so mennich ghewedde, dyt schriuen se van Magdeb. vor recht.

Kap. 50.

Eyn man ys gestoruen unde hefft nagelaten II sons unde eyn wyff, dat wyff nam eynen anderen man, do gaff se em up ere makinge,

[1] Anfall. [2] oft.

dar na so starff de vrowe, des quemen der vrowen kindere unde beclageden den man in Borgeschen rechte umme schulde, des sede wy, dat se dat nicht don müchten, wat dar ere bote umme szy. Hyr up etc. De kindere, de den man beschuldiget hebben in enen anderen rechte, de hebben em unrecht gedan, unde werden sze dar umme beschuldiget vor gherichte, so scolen se dem manne bote geuen, unde dem richtere syn gewedde, de bote ys XXX sch., dat wedde achte sch., offte de kyndere des bekennen, vorsaken se des ouer, so mogen sy des unschuldich werden, also recht ys.

Kap. 51.

Scholde ener eynen man vor enem hegeden banck, dat ys, dar eyn vrede gewracht were, dare umme derff he neen noth liden, wen de cleger syne bote unde dem richter syn gewedde, unde brecket nicht an den schepen synt der tydh, dath ys erer ner keynt angeyt up der bank, van rechtes weghen.

Kap. 52—57 = M. Fr. I. 1. 14, I. 5. 2[1], I. 5. 3[2], I. 1. 15, I. 1. 20, I. 1. 13.

Kap. 58.

Eyn schepe beclagede Hanse umme eyne wanthkyste also gudt alse eyne marck suluers; done antwerde Hans, ick hebbe my met em berichtet umme allerleye stücken, also dath van em nich en (?) unde quam dach dat so verne, dat he den schepen scholde en eeth don, don bedachte he sick unde sprack, hebbet de kyste hen unde blyuet eyn vram man mede, dat wort nam de schepe vor unnod unde antwerde ut der bancke, ick byn en bedderue man unde wil eyn blyuen; ghy hebben ouergedan an myns sones kynt alse eyn vorheyt schalck[3], dar na wort dat gutliken untrichtet, dar na hefft em de vaghet togespraken van unsz heren wegen, unde sprak, unse here hadde den schepen voruestet vor deme dome to Magd.; offt de vestinge vortganck hebben scole, dat en dat schedeliken moge syn edder der stadt, de em geheget hebben unde wat he dar ane gebraken hefft. Hyr up etc. Met dyssen vorschreuen worden hefft de schepe nicht vorboret wen ghewedde unde bote, nademmal dat he sick berichtet hefft met dem he de wor tosprak, dat em genoget, szo ys he der bote losz, sunder de richter hefft syn gewedde daran, offte he dat vorderen wil, alse recht ys, unde ys de schepe umme

---

[1] s. Kap. 448.

[2] s. Kap. 420.

[3] Schandbube, vgl. Mittelniederdeutsch. Wörterb. von Schiller und Lübben, Bd. 5, S. 367 s. v. vorhien.

de wort vorvestet vor deme dome tho Magdeb., dar ys em unrecht ane gheschen, wente men mach umme sodane wort numende vorvesten, dat ock de stad den schepen hefft geheget edder noch heget up recht, dar an hefft he nicht mysdan unde brecket van rechte ock dar nicht anne.

Kap. 59.

Vortmer: Hans van der Wide, alse em syn erste eelike husvrowe affgestoruen was, makede he synen kinderen vor modere erue III^{m} marck vinbr unde VIII^{c} marck suluers, darna in der estifftinghe tuschen den suluen Hansze van der Wide unde syner anderen eliken vrowen Margareten ys gededinget, dat syne kinder vor moder erue unde rade scolen hebben dat vorbenomede gudt unde syner kinder grotemoder uth synen gude hebben scolde VIII^{c} marck, de he er schuldich were, unde weret denne dath he er vorstorue, den Margareta, szo scolde se de helffte der ouerghen nagelaten gudere hebben, unde de kindere de andere helffte, alse denne nu Hans van der Wyde storuen ys, szo eschet de vrowe Margareta sodane gudere alse in der estifftinge thogesecht synt unde bescheiden, men der kinder vormunder synt daryegen unde seggen, dat Hans van der Wide guder so groth unde szo vele nicht synt geweset, wen men der kindere moder erue unde der kinder grotemoder erue VIII^{c} marck dar vor uthnemen, dat Margareten dat ichtes wes dar ane behörde unde kamen mochte, de vrowe secht daryegen, dat ere man guder dechtnysse in den suluen yaren, alse he vorstarff, syn gudt by synen eede vorschatede up VI dusent marck, alse syn schultbock met syner eygen hanth geschreuen wol utwhiset, unde wil dat ock den kemereren wol bewisen, ock ys in deme uthsprake der dedinge gesecht van Hans van der Widen vrunde, dat he en grot begudet man were, unde dat syne were wol so gudt alsze VIII dusent marck, unde sick de vormundere der guderen al underwunden hebben wol X weken sunder vrowen unde vrunde wille, der sze dar nicht to getogen edder geeschet hebben unde hebben schrifft unde bewisinge dar up genamen, welke gudere sze dare gefunden hebben; szo hapet de vrowe, nachdemmale eres mannes gudere so grot sint gheweset, alse dat schot uthwiset, er scole behoren de helffte der ouerghen guderen, de he bauen der kinder ghuder unde de grotmoder schult vorschotet hefft. Nu seggen de vormunder daryegen, dat se so vele gudere nicht gefunden, alse de vrowe meynth, dat he vorschatet hefft, alse de vormunder met eren eeden bewisen willen; daryegen secht de vrowe, nachdemmale de vormundere der guder sunder schrift unde unbewisliken sick underwunden hebben unde hebben nicht darto geeschet de vrowe edder ere vrunde, de guder mede to beszende unde tho wetende, unde der guder so vele nicht en funden, na der vormundere seggende, alse he vorschatet hefft, szo hapet se to rechte, de vormunder scolen de guder so gudt van sick antwerden, alsze he se vorschatet hefft, dar se sick sunder der vrowen unde erer vrunde willen ingesettet hebben, unde mogen sick des met eren eeden nicht weren, bydde jw ersamen wysheyt my to belerende unde tho underwisende, offt de vrowe ycht moge eren bruthschat tho vorne uth den guderen boren, ock also neyne schult in der estifftinge vorder benomet ys, wen VIII^{c} marck, offt de vrowe vorder yennighe schult betalen derff van erem begestegeden unde bescheiden gude, unde offt sick de vormunder des ock myt eren eeden mogen weren, nachdemmale alse de gudere nicht in schrifft genamen hebben unde sunder bewisinge entfangen hebben. Hyr up etc.: Hebben sick Hans van der Widen zeliger kinder vormunder alle syner gudere, de he hinder sick gelaten hefft, na synen dode underwunden unde yngenamen, szo synt de suluen vormunder Margareten na syner nagelaten wedewen van sulken guderen plichtich redelick bescheyt unde rekenscop to donde, wes sze em nicht tostan noch gelouen wil, des mothen se togen meth eren eyden up den hilgen, alse recht ys, erholden, unde dat Hans van der Wide syner guder up VI dusent marck vorschatet hefft, dat mach den vormunderen dar to nicht schedelick syn, unde denne sulkes geschen ys, szo moth men denne in dath erste der kinder grotemoder de VIII^{c} marck, de er Hans van der Widen schuldich was, unde den kinderen ere makinge gheuen unde volgen laten unde witlike schult gelden, unde vorth dat ouergenach inholdinghe der dedinge, szo dat in der estyfftinge bespraken ys, keren unde wenden, ouer Margareten, Hans van der Widen nagelaten wedewe, mach eren brutschat uth den guderen nicht wedder eschen noch nemen nach Magd. rechte, van r. wegen.

Kap. 60.

Offt lude van buthen to quemen in eyn stadt umme angestoruen erue to vorderende unde to barende, ock plichtich sint ere burmael tho winnende in der suluen stad. Hyr up etc.: Kame lude, vrowen edder manne, in ere stadt umme erue wille, dath en yn der stadt angestoruen ys, unde then sick to deme erue, alse recht ys, de moten der stadt burmal wynnen unde darvor geuen, wat eyn gesethe unde wanheyt ys van der stadt wegen, dat men vor dat burmael to wynnende plicht to geuende, unde der stad rechticheyt to holdende, szo mogen se dat gudt, wes des ys, an standen eygen unde an liggender grundt met eruen geloue wol vorkopen unde met enander ut der stad bringen, unde dar hefft de richter neyn del an, van rechtes wegen.

Kap. 61.

Vortmer vrage gy, offt eyn man dede ene mordt edder kampuerdighe wunden edder wat he dede, dar men ene umme vorvestede unde he sick met deme sakeweldigen unde deme richter berichtet, unde uth der vestinge sick toge, unde dar na wil bruken der burscop unde syn ambacht, dat he to vorne to ouende plack, offt he dat don moge sunder rades vulbort, edder wat recht sy. Hyr up etc.: Berichtet sick eyn vorvestet man met den cleygere unde richter umme mordt, kampuerdigen wunden edder des gelick, unde thut sick uth der vestinge alse recht ys, de beholt sine burscop unde mach ouen syn ambacht, dat he to vorne plach to ouende, van rechtes weghen.

Kap. 62—66 = M. Fr. III. 7. 1, II. 7. 1, II. 2. 3a[1], II. 2. 18, II. 10. 1.

Kap. 67.

Eyn ordel: nademmale dat nu sulke dancken unde willen nene dancken werke (?) volghen, sint dat gy gewalt unde ungerichte mede began hebben, szo sint gy umme de clage unde tosprake willen nenes antwerdes edder wandel plichtich unde Grambo mach jw vorrechtnisse[2] nicht toleggen[3] edder meynedich wynnen, unde alse he jw in dessen worden twen tospraken vorrechtnissen unde meynede togelecht hefft, dar male hefft he jw twiegh mishandelt, unde scal jw vor jewelike mishandelinge XXX sch. penninge geuen to bote, unde wo vake[4] dat he meynedich beschulden edder vorrechtnisse togelecht hefft, dar moge gy ene umme beschuldigen, wo vaken he jw des bekenneth, also mennige bote moth he geuen, wes he ouer vorsaket, des mach he unschuldich werden up den hilgen, alse recht ys, van r. wegen.

Kap. 68.

Eyn man hefft gelt unde gudt besettet, unde hefft dar drye to geclaget, done quemen ander twe armenden (?) man, wisede an dat gudt unde spreken, unse vrunth hefft vorkofft an erue unde hefft unsz dat gelt dar aff laten lauen unde vorborgen, dat uns wolgenoget,

---

[1] Vergl. Wass. Rq. S. 122. Dist. 19.

[2] Verrätherei.

[3] vorwerfen.

[4] oft.

unde hefft unsz dat gegeuen slicht van der hant, unde wy weten anders nicht, wen dat ys unse sy; don sprack ock eyn van den twen, dat he synen vrunde hadde acker affgekofft, unde hefft em gelt dar aff gelauet to betalende tho Bretzen in der stad, unde nicht to Jüterbuck, des vraget de cleger daryegen, sint der tydt, dat he dat gelt besettet hefft, unde dat noch in deme richte unde in den weren ys, offt em de clage nicht moge to hulpe kamen. Hyr up etc. Weret dat de man dar to den hilgen, under deme dat gudt besettet ys, dar he den twen luden dat gelt gelauet hefft, sunder argelisth er dat besettet was unde wort, szo kamen deme cleger de clagen nicht to hulpe, unde in der suluen wise scal de man ock don, de den acker gekofft hefft, dat he dat gelt to der Bretzen betalen scal, doth he den eyth, szo mach men em dat gelt tho Jueterbuck nicht aneclagen, hedde ouer de schuldener des erues nicht vorleghen noch vorlaten na rechte, szo mochte de cleger syner schulde sick dar an vorhalen, van rechtes wegen.

Kap. 69.

Beclaget eyn den anderen, dat he besittet synes vrundes erue, unde de secht, dat sy szo nicht, dat moth de cleger bewisen met erffseten luden sulff souende, edder myt richter unde met schepen, de in deme rechte sitten, unde dar dat gudt menlicht isset leen, vor synen leenheren, dat schriuen de van Magd. vor recht.

Kap. 70.

Van clagen die dar schen vor richter unde vor schepen, de to der banck nicht geswaren hebben, unde math enen ene hegede banck betughen unde ys he nicht gekamen to der antwerde, so hefft he sick vorsumet, unde kan dat gelt nicht wedder weruen noch bededingen, is en sy, dat em echte noth gehindert hebbe, de he bewisen mochte alse recht ys, weren ouer in deme gerichte nene swaren schepen unde hadden dar gebedene schepen ordel geuunden, to der banck nicht geswaren hadden, szo sint der schepen ordel machtlosz unde man scal en gunnen, dat he syn gelt vorantwerden moge, van rechtes wegen.

Kap. 71.

Offt eyn man beclaget worde vor deme rade unde ene vor beclaget hadde vor der herscop, unde hedde ene nicht vorgebaden to der antwerde, wat hyr recht umme sy. Hyr up etc.: Hefft eyn man beclaget vor deme rade, er vor deme hogesten richter, unde ene myt undaet besecht, unde richtes ouer em gebaden, dat he sick vorantwerden moge, szo hefft de schuldene clagen unde de richter erkennen met den schepen, offt em recht edder unrecht geschen ys, unde ouer den, de em besecht hefft, offt de nicht gerichtes ouer jw vormodet[1], szo heyteth dat nene clage, sunder dat ys ene vorergeringe synes guden rechtes, dar umme so mach he den, de em dat gedan hefft, vor gerichte beclagen, unde syn recht vorderen met rechte, van r. wegen.

Kap. 72.

Vortmer: vor uns ys gheweset Hans Bockes wedewe, benomelick Mette, unde hefft unsz angerichtet, wo se an unsen richter hebben sunnen[2] eyne clage to eynem gaste, unde hefft de clage an etliker unser medekumpen vorwetet unde ys van deme richter gewiset unde bescheiden in dat negesthe dinck ere clage to vorderende, unde dat hefft se also geholden unde hefft ere clage unde ere recht to dem negesten dinge vor unsz gevordert, unde wy hebben er gefunden unde deylt, dat se den gast dar to vorbaden scal, dar se dat richtes upgenamen hefft, unde den gast vorbadet etc. Dar yegen ys geweset Michel Gyse unde secht, wo syn eelike wiff vor deme richter geweset ys met synen gehete unde gantzen willen unde volborde, unde hefft ock ene besittinge beden, er de Bokesche ere clagen gesunnen hefft, unde hefft ock vort ene claghe an den richter gesunnen, unde ys van deme richtere bescheidet unde wiset ere recht to vorderende des negesten dages darna to enem gastrechte, szo ys syn eelike wiff gewesen vor richter unde schepen, alse den gast dar to in syner yegenwerdicheit vorbaden hadde laten, unde hefft de erste clage gedan dar vor gerichte XIV dage, er de Bokesche ere clage dede, unde hefft vort dem richtere unde den schepen gevraget, offte se ock nummende wüsten, de vor er de erste clage vorsumen edder gedan hadden, dar up er de richter unde schepen seden, dat se nemande wusten, des er noch de schepen so bekennen, unde se hapet to gade unde to rechte, nademmale de richter se tho enem gastrecht des negesten dages darna gewiseth hefft unde se recht so gevordert hefft, szo er richter unde schepen wol bekennen, unde de Bokesche dat so nicht gevorderet hefft, szo scholen der Gyseschen clagen vorgan unde wesen unde begerth rechtes. Hyr up etc. Synthdememale, dat de Bockesche unde Claues Gysesche beyder szyt recht an jwen richtere gesumen unde

---

[1] begehrt.

[2] sinnen, begehren.

gemodet[1] hebben, szo dat ere vrage in disser vrage beruret unde gedrucket ys, weme denne de sulue jwe richter in dat erste alse recht ys gehulpen, unde syn wedderdel edder syn gudt to rechte bestediget hefft, des he em bekennich, des clage scal dorch recht vorgan, ys denne de richter der Bokeschen der erste bestellinge bekennich, szo mach sodane clage, de Gysesche in deme gastrecht gedan hefft, er an ereme rechten nicht hinderliken syn, van r. wegen.

Kap. 73.

Eyner, de het Peter, hefft ersten geclaget to ener vrowen, unde darna in den suluen dingen clagede Claues to der suluen vrowen, unde Peter dede to er III clagen unde dre upbedingen, alse recht ys, unde Claues dede II claghen unde de vrowe quam to der anderen clage unde bekande Clauese, szo wort em vort gedeylet, dat em scolde pande behelpen unde dat de richter, darna dede he III upbedingen, unde vorderde syn recht er wen Peter. Nu meynth Peter, alse he III clagen gedan hefft, unde der richter em pande behulpen hefft, unde hefft III upbedingen gedan, unde vorsumet van dinge to dinghe, he scole vor Clauese syn in deme rechte. Hyr up etc.: Hefft Claues III clagen gedan unde de vrowe em bekant hefft unde vort dar upgedeylt van den schepen, dat men em scholde pandes behelpen, unde hefft Claues dat so uthgepandet sunder Peters rechte weddersprake, szo ys Claues in deme rechte vor em.

Kap. 74.

Eyn man claget uppe eynen anderen man, de em hindert unde in valdeyth[2] an synem gude, dat he em vorvolget hadde to Detmers gude unde syner wedewen alse recht ys, unde tuth sick des an der schepen kantnisse etc. De antwerder secht, dat he ock vor den richter ginck unde dede ene clage van syner moder wegen, unde de richter bescheidede em in dat negesthe dinck, unde hefft dat to der suluen tyd vorwetet, unde ys darna gekamen in dat negeste dinck und hefft syn recht gevordert meth dren clagen unde met den dren upbedingen, unde ys gewaldiget unde gewiset in dat gudt alse recht ys; alse de cleger ock secht, dat he em hinder unde inval[3] hebbe gedain, dar secht he neen to, he secht, he sy de erste geweset, unde hapet he hefft anders nicht denn recht gedan. Hyr antwerdet de cleger unde secht, dat he ock in dem suluen dage syne clage dede, unde forderde syn recht unde dede dre

[1] begehrt.
[2] vulgeyth, behindert.
[3] Eingriff.

upbedingen, unde der vrowen wort XIV dage dach gegeuen to bereiden[1], edder men scolde em pandes behelpen, szo de betalinge nicht en schach, szo hefft em de richter pandes beholpen, de pande ock met dren upbedingen gevordert heffth, is de cleger ock van gerichtes haluen gedelt, dat em Dethmers wedewe syne bekande schult bynnen XIV dagen bereyden scolde, edder men scolde em pandes behelpen, unde denne dem cleger umme syne bekande schult pandes behulpen, dat he met dren upbedingen gevordert unde vorthan Dethmers gudt unde syner wedewen IIII weken er, wen de antwerder alse recht gewaldiget unde wiset ys, ane des antwerders unde syner moder rechte weddersprake, szo ne mach em de antwerder an synem voruolgeden gude neynen hinder noch inval don, wen ouer an deme gude wes beteringe bauen des clegers ervorderinge, dat muth de cleger deme antwerdere thostaden unde ene daran treden unde kamen laten, na Magd. recht, van rechtes weghen.

Kap. 75.

Eyn hefft angespraken sodane gudere alse em mede gelauet synt in der eestyfftinge met synen eeliken wiue Katherinen, alse wol bewisen kan meth den de de fruntscop gededinget hebben, eme mede gelauet stande eyghen unde liggende grunde, nu ys gekamen de radt unde hebben de gudere voruolget in synem affwesende, unde hebben darup dre clagen gedan, unde hebben de vrowe darto vorbadet, unde se ys nicht vorkamen, unde hefft de gudere entsetteth, unde de man quam in de stadt, er de drudde clage schach, unde hefft de gudere ock nicht untsetteth; nu secht de man, he sy darto nicht vorbadet, unde de hebbe des nicht geweten, szo secht doch de rad, se hebben em de gudere stande eyghen unde liggende grunde ne vorlaten alse recht ys etc. Hyr up etc. Syntdemmale dat de radt sulke stande eygen unde liggende grunde met dren clagen unde met dren upbedingen, er Katherina des mans elike husvrowe deme suluen erem eliken manne de gudere upgereyket unde vorlaten hefft, beclaget, unde de ane de genannten vrowen, so se darto alse recht ys vorbadet was, unde eres eliken vormunders, dem de clagen witlick weren, rechte weddersprake voruolget hebben, szo synt se by eren clagen unde er vorderinge neger unde met beteren rechte to bliuende, wen de man met synen yeghenreden, de he nu daryegen unde wedder upgebracht hefft, se darane hinderen unde anewesen moghe.

---

[1] bezahlen.

Kap. 76.

Werden erer twe edder mer lude up eynen genanten dach vor eyn heget dinck bescheiden to kamende umme eyn angeualle edder ander saken, kummet erer eyn up eynen bescheyden dach unde volget syner clage van dinge to dinge alse recht ys, unde de ander kummet nicht, szo hefft de genne, de dar gekamen ys, szyn recht voruolget unde irstanden unde de ander kan meth nener bothe edder gewedde an syner vorderinge wedderkamen, nademmale dat he sick an synem rechte vorsumet hefft unde vorswegen, unde ock ordel dar ouer gevellet gehalet synt, unde in enem hegeden dinge geluethbarth, ane nemandes weddersprake, de scolen eren ganck hebben, van r. wegen.

Kap. 77.

Unser borger hefft den anderen angeclaget, wo he bynnen dedingen hefft to unvrunde maken synen vrundt unde synes wiues moder, alse he nicht wolde umme I punth, des ys de andere gekamen unde hefft affgespraken de XX punth unde bekenneth, dat he ys beden to dedingende, dar ys he to gegan gelick enen anderen bederuen manne, unde hefft he ennighen broke daran gedan, dat wil he vorbuten myt eyner penninck bote, alse he to rechte schal, daryegen hefft genne vraget, wer de bote scal XX lubesche sch., edder offte se scole myn syn, wes dar recht umme sy etc. Hyr up etc.: Dat de antwerder in den dedingen ys geweset, like anderen luden, daran hefft he nicht gebraken, wil ouer de cleger den man schuldigen vor gerichte, dat he ene mishandelt hebbe, so scal he em de mishandelinge benomen, denne moth em noch rechte antwerde bekennen edder vorsaken; bekennet he denne der mishandelinge, so scal he dath vorboten mit ener penninck bote, dat sint XXX sch., vorsaket he ouer der mishandelinge, so mach he des unschuldich werden, alse recht ys, van rechtes weghen.

Kap. 78 = M. Fr. I. 7. 3.

Kap. 79.[1]

Vortmer: wor kindere uthberaden werden by eres vater lyue unde affgegudet synt, de mogen nicht deilen met den unberaden kinderen, dat gehalt to Magdeborch vor recht.

Kap. 80.

Vortmer: Roleff ys mechtich gemaket, unde spreckt tho Albrecht unde synem eeliken wiue umme eyne erffschichtinge unde deilinge

[1] Vergl. Wass. Rq. I. 3.

des gudes, dat sze tosamende hebben van Hans van Affen, deme god gnade, unde em nu dat gudt tosamende horet, unde se dat gudt yo deylen willen unde scolen van eynander. Szo hapet Roleff na eyner liken deylinge, so scole Albrecht unde syn wyff mit Roleffe gan, sytten, unde scolen dat gudt like werdighen unde deilen van enander, unde wen se dat so like hebben gewerdiget unde gedeylet, so scolen se erer twyer kauelen[1] werpen an dat gudt, vor eynes ysliken kauele deme vellet, so dat scole hebben vor syn deyl. Hyr tho antwerdet Anna, de nu Albrechts wiff ys, unde se secht, dat olde Hans van Affen, den god gnade, de was ere elike getruwede man unde hadde se begifftiget by volmacht synes lyues in eynem gehegeden dinge met der helffte alle synes gudes, unde darna starff de sulue Hans van Affen, don starff de andere helffte synes gudes an synen broder Henrick van Affen unde an Eyen, de syn suster was, unde darna quam Albrecht, unde name de sulue frowe Annen, de Hans van Affen wedewe was, tho der ee tho syner eliken husfrowen, unde Albrecht vanth de sulue vrowe Annen sittende in den sameden guderen, alse he dar Hans van Affen gelaten hadde, in standen eyghen unde liggenden grunden, unde also heelt Anne unde Albrecht, de nu ere man ys, de hebben dat samende gudt vort to samende myt Hinrick van Affen unde met syner suster Eyen ungetweit unde ungedeylt, unde Anne unde Albrecht, de nu ere man ys, de hebben das samede gud in were hath sodder Hans van Affens dode beth to disser tydt by viff yaren, unde Anne unde Albrecht de hebben de renthe upgebareth[2] van dem samenden gude, unde se hebben dat samende gudt darvan vorbeterth unde vorschatet, unde dat ys geschen myt Hinrick van Affen unde myt syner suster Eyen wille, unde wes en van der renthe tolopeth, darvan hebben se Hinrick van Affen unde syner suster rekenscop affgedan, unde en dar affgegeuen ere andeil, wes en darvan behoren muchte, unde de Eye vorbenomet unde Hans van Affen suster, was gestoruen was, unde ere deil des samenden erffgudes is gestoruen up ere twe dochter, alse up Annen Cordt Cremers wiff, Kerstine Roleves wiff, unde nu en wil Hinrick van Affen unde syne dochter, alse Annen Cord Cremers wiff unde Kerstine Rolaves wiff dat samende gudt nicht lenck myt Annen unde myt Albrecht, de ere man ys, beholden edder hebben, alse se dat alsus lange ghat hebben, unde se willen dat samende erffgudt nu entwyen unde deylen, unde also

[1] Antheil.
[2] erhoben.

hapet Anne Albrecht van Borcken wiff to rechte, nademmale Hinrick van Affen unde syn suster Eye, unde vort ere twe dochter Anne Cord Cremers wiff unde Kerstine Rolaves wiff de oldesten synt, unde nademmale se dat gudt nu twyen unde deilen willen, unde se dat nicht lenger also holden hebben, szo scolen de oldesten dat erffgudt setten unde entweydeylen unde de jungesten scolen kesen, edder wat recht sy. Hyr antwerdet Roleff to unde byddet umme recht, sint der tydt, dat Anne, de Hans van Affen wiff was, unde he se begauede myth der helffte synes gudtes, unde beeruede synen rechten eruen met der anderen helffte synes gudes, de Rolave hebben mechtich gemaket disser yegenwerdigen saken, szo hapet Roleff na rechtes, dat Anne vorbenomet dat gudt scole werdigen unde setten sint der tydt, dat se den eruen erffschichtinge plege ys, unde hapet, de eruen scolen kesen, unde se de olde besittinge hefft gehat, des gudes unde ock de werde des gudes lengest geweten hefft des hapet Roleff na rechten, Anne scole dat gudt werdigen unde setten, entwey setten, unde de eruen scolen kesen, edder wat recht sy. Hyr up etc. Alse dat recht utwiset, dat in erffdeilinge de oldesten setten unde de jüngesten kesen, dat ys na des mynschen yaren unde oldere unde nicht van deme oldere edder junckheit der besittinge edder were edder lenger bewetinge der werde des gudes, hyr so mach de erffdelinge de vrowe Anne unde Albrecht van Borke, er wer like here utgesettet hebben, beth bestan, wen de Roleff utgesettet hefft, van rechtes weghen.

Kap. 81—85 = M. Fr. II. 5. 1, I. 2. 9, I. 2. 1, III. 1. 1, I. 17. 1.

Kap. 86.

Offte eyn man umme dotslach beschuldiget worde, dar he men thospreckt, wo he des van rechte entgan scole. Hyr up etc. Nademmale, dat er umme den dothslach, dar em de richter umme beschuldiget, neen secht, szo moth he des unschuldich werden sulff sauende wolgeholdener lude to den hilgen, nademmal, dat dat liffliken moth ordelen vor dat gehegede dinck gekamen ys, unde yegenwerdicheyt leget an des doden stede, van rechtes wegen.

Kap. 87.

Vortmer: eyn man hadde enen mededen knecht, de vore met synen wagene unde met synen perden, unde trede eynen mynschen to dode, de knecht quam wech; nu spreken des doden mannes vrunth met rechte to deme manne, des de perde unde wagen horen, unde vragen umme recht, synt der tyd, dat ere frunth gemordeth myt synen perde unde wagen, offt he de morth icht vorboten scole edder wat dar recht umme sy; dar antwerdet der ander alsus to den perden unde wagen weren, sunder he steyt deme knechte nenes mordes by, edder dar mede to donde, unde vraget umme recht, synt der tydt, dat dat unuornunfftige deere synt unde dar sulue nicht by was, unde syneme knecht des mordes nicht ensteyt, alse he dat waren wil, alse he van rechte scal, offt he edder syne perde yennige noth dar umme lyden scolen, edder wat eyn Magd. recht dar umme scole syn. Hyr up etc.: Dat de man, de des bekennet, dat de perde unde wagen syne weren, dar de morth mede geschen ys, de scal de morth vorbothen des doden minschen negesten szwertmoge met weregelde, dat sint XVIII punth, offt he de perde na der schicht in eyne were namen hefft, hefft he ouer de perde na der schicht in syne were nicht wedder namen, unde wil he der nicht wedder nemen, so mach des dodes negeste swertmoge de erclagen unde ervorderen umme dath weregelth, van rechtes wegen.

Kap. 88.

Eyn man sloch enen papen doth, unde vorbottede morth der geysteliken acht[1], er he beclaget unde beruchtiget wort vor werlikem richte, unde ock, offt he de morth vorboten scole den werliken gerichte, des bydde wy eyn recht. Hyr up etc.: Sleyt ener enen papen doth, unde vorbotede de morth der geystliken acht, er he beclaget unde beruchtiget werdt vor werliken gerichte, szo derf he de morth anderwerff deme werliken rechte nicht vorboten. Jsset dat he bewisinge hefft van der geistliken acht, jodoch so hefft de werlike richter syn gewedde daran, unde dat wapen, dar de morth mede geschen, vor dat ungerichte, dat in syme gerichte geschen ys, wil de richter dat up em ervorderen, van r. wegen.

Kap. 89.[2]

Sy hebben uns geschreuen, dat eyn gast quam vor jw, unde clagede up eynen gast, dat he em hadde affgemordet synen vader, unde dede syn rüchte dartho, wolde he darwedder spreken, he wolde em des ouerwynnen met VII schepen unde met enen lehn beluden (sic) richter, dar he voruestet ys, dar hefft de gast to geantwerdet meth synen tuge, unde em ys funden vor recht, dat he sick weren scal sulff drudde, wente he stunth ungeuangen unde ungebunden vrieh gelike eynen anderen manne, des hefft he eyn eedt geswaren unde syne volgere synt vellafftich geworden an den

---

[1] Gericht.
[2] Vergl. M. Fr. I. 16. 2.

eeden, unde dar umme hebben se geweddet, unde der volger vorsprake hefft en neyne halinge dinget; nu hefft de cleger vragen laten umme recht, offt he im de halinge al hefft, edder he noch II hebben scole, des hebbe gy unsz gebeden umme eyn recht dar up to vindende. Hyr up etc.: De tuge, de deme gaste geuunden synt vor gerichte vor eyn recht, syn em de velhafftich worden, dar en mach he sick nicht vorhalen, van r. wegen.

Kap. 90.

Vortmer: Claues claget up Jacobe, dat he em hefft affgemordet synen frunth, alse he en wolde umme neyn gudt men umme den broke, de he dar an gedan hefft, unde hefft ene geuangen unde gebunden bracht in des baden hus unde vor in gerichte, unde ys so arm unde elende, dat he nemandes hefft, de em helpet to synen rechte unde hapet, syntdememale, dat he so elende ys, he moge meth synen elenden tugen synen rechten morder wynnen meth so vele eeden, alse offte he volgere hadde; Jacob secht sick unschuldich des mordes unde hebbe des mordes nicht gedan, dar he umme uangen unde gebunden ys. Hyr up etc.: Nademmale Jacob sick des mordes unschuldich secht unde ne gedan hefft, szo ys he des neger to untgande unde unschuldich to werdende, wen Claues up em to bringende.

Kap. 91. 92 = M. Fr. II. 3. 3, II. 2. 11.

Kap. 93.

Offt eyne vrowe myth eren kinderen na doder hant umme schult wille, de ere man schuldich were gebleuen, angespraken worde, unde dar neen to seden, wes dar recht umme sy. Hyr up etc.: Nademmale, dat de vrowe unde ere kindere to der schult neen seggen, dat en darvan nicht witliken ys, unde van deme kemerere der stadt clegeren dar umme in ere tughe edder bewisinge eschen na doder hant, so mothen se dat sulff souende bewisen, edder moten der vrowen unde eren kinderen er dat to erer unschult laten kamen, also dat sze sick des myth eren eeden unthleddigen mogen, dat en van der schult nicht witlick ys, unde de kindere mogen met den schrifften, de se hebben in erer stadt register laten schriuen, en dat nicht ouertughen, van rechtes weghen.

Kap. 94 = M. Fr. III. 2. 1.

Kap. 95.

Vortmer: Hans Schulte claget an syne kyste unde sodane gudt, alse darinne was, unde byddet rechtes; hyr antwerdet Otto, unde secht, dat gudt dat Hinrick anspreckt, dat hefft he in syner hebbenden were, unde ys gades unde syne, unde alle der tosprake, de Hinrick dartho deyth, der ys he unschuldich alse recht ys, unde hapet he sy des met synen rechten neger to beholdende, wen em nemanth meth rechte ane to vorderende. Hyr up etc.: Otto scal benomen unde bekennen vor gerichte, wo de kiste unde dat gudt, dat Hinrick vor syn untuorderen gudt anspreken, in syne were kamen sy; sprecket he denne, he hebbet dat suluen gemaket edder laten maken, unde mach dat getugen, alse recht ys, szo blifft he by den kisten unde by deme gude, dat he in syne were hefft, sprecket he ouer, dat he yd gekofft hefft, so scal he benomen, van weme unde sweren to den hilgen etc., dat dat syn rechte were sy, den he benomet hefft, we denne des gudes unde der kisten were ys, den mach Hinrick dar bauen vort anspreken unde volgen van weren tho weren wente an den, de ys gemaketh hefft, wert em ouer gebrock an deme geweren, so muth he dat gudt unde de kiste met bote unde met wedde laten, unde Hinrick mach sick darto theen alse recht ys, van rechtes wegen.

Kap. 96.

Unsen fruntliken grusz to vorne. Erszamen besunderen gude vrundt. So gy unsz van etliker sake wegen jw sulues an eyneme unde jwes moder amme anderen deyle anlangende geschreuen, uns recht darup to spreken gebeden hebben etc., spreken wy schepen to Magd. up de suluen schrifte vor recht: hefft jwe elike husfrowe vor XII edder darby in erer krancheyt in jwer yegenwerdicheit unde ock in bywesen der Mathewes Roleueschen erer moder, met ereme sone Hans Klinkebile unde closterjuncfrowen Anna genant, met der se twyer broder kindere geweseth ys, erer selen salicheyt bedacht unde in etlike gadeshuse gegeuen unde bescheiden, wes er godt in ere herte gesant hefft, unde hefft se jw ock gebeden, dat gy enen sulueren kelck wolden laten maken, unde den umme erer selen salicheit willen to der ere gades geuen, wor des ock noth syn, worde ock darby gesech, dat gy in erer kisten suluergelth unde gelt noch dar vunden scolden unde hebbe gy dat ock darna, alse gy to der kisten gegan weren, also geuunden, ys jw denne darna to weten worden, dat sick de gnanthe juwes wiues moder mith ereme sone unde der closterjuncfrowen to der tydt, alse gy to der wertscop weren, in juwe kameren beslaten unde de jwen, de jw anlangeden, dar buten gelaten hadden, unde hebbe gy ouer II edder III dage darna, alse jwe elike huszfrowe gestoruen unde begrauen was, an der suluen kiste geuunden, dat dat sloth affgekilet unde de reitscop an suluer, golde unde gelth met den cleynodyen daruth genamen, unde dat sloth meth den suluen negelen wedder angeslagen was, sint denne juwes vorstoruen wiues moder myt ereme sone unde ock de closterjuncfrowe an sulker apeninge der kysten unde ock der entframinge daruth in hantaftiger daet nicht begrepen, unde ock met rechte nicht vorwunnen, hebben gy deme vaken unde mennichmal gesecht, dat jw des nemant gedan hadde, men jwes wiues moder unde ere sone unde de juncfrowe, unde hebbe gy des ock vor gerichte bekant, also gy van jwes wiues moder umme sulker tucht unde nasaghe beclagen worden, werde gy se denne umme sulke vorberorede dat unde geschichte anclagen unde beschuldigen unde deshaluen met tugen anspreken, unde wert se dat met neyn vorantwerden unde sick des unschuldich seggen, szo ys se des denne ock alse eyne antwerdesche meth getuge edder ane tuge, wo se gy anspreken werden, neger unde meth beteren rechte to entgande unde unschuldich to werden, denn gy se des ouerkamen moghen, auer bauen souer manne tuch geyt nicht hoger tughnisse, unde se muste sick in erer unschult entleddigen, dat se der kisten nicht geapenth, dat sloth nicht affgekilet, unde de reytscop unde clenodia daruth nicht genamen hebbe, unde dat se darmede by, an unde ouer nicht geweset, ock rades unde dades unde medewetendes gantz unschuldich sy, unde wen se sick des nach rechte also entleddiget unde unschuldich gemaket hefft, szo ys se jw denne van sulker jwer schuldinge wegen nichtes plichtich, sunderen alse gy der beruchtinge bekentlick synth, dat gy se darmede betegen hebben, so müste gy er denne ock sulke honlike lastererede unde nothsaghe met erer rechten ghesetteden bote so mennichwerff[1] alse gy er dat in vorwandelden tiden unde steden ouersecht hebben, des gy des bekennen edder alse recht ys vorwunnen worden, nach rechte vorwandelen unde vorboten unde deme richter so mennich gewedde geuen, van rechtes wegen, vorsegelth met unsem ingesegel.

Kap. 97.

Hyr up spreke wy schepen to Magd. vor recht. Sintdemal Hans Myrs in syneme gesette gestendich ys, dat he deme cleger up den werderen[2], de he met synen kumpan, den vorstenderen Sante Jacobs kerken, umme eynen jarliken tyns affgemeden ere körninge[3] unde

[1] oftmals.

[2] Insel.

[3] vielleicht keerne (Fass), s. Schiller a. a. O. Bd. 2, S. 453.

buden[1], darup se enten tho vangen angerichtet unde gebuweth hadden, tohowen, vornichtet unde gantz tostöret hefft, derhaluen de cleger synen scaden de en der wegen entstan ys, up sostich marck achtet unde werdet, szo kan ock Hans Myrs sulken scaden nicht vorneyenen, sunderen eth steyt by em, offt he edt deme cleger by syner achtinge des gewerdeden standes, wan he den up den hilgen, wo recht ys, erholden dorfte, wil laten edder off he den meth synen rechten mynneren wil, unde worup he denne den scaden met synem eede vormynnen werdt, dar muth he als denne deme cleger in geborliker tydt des richten, uthrichten, gelden unde betalen, weret ock gewontlick van older hergebracht unde also geholden, dar eyn jewelick borger to Prentzelow up den vorgedachten werderen vrighe körninge unde boden hefft anrechten unde maken mogen, des de radt to Prentzelow deme beclageden also bestendich syn worden, edder he eyn sodanen, wo recht ys, uthvoren muchte, also ys ock als denne deme clegere derwegen vorder nichtes plichtich, hefft ock Hans Myrs den cleger, wan he desser sake met rechte an em gekamen ys edder umme to beclagen, dar mach he alse denne wol to em suken, unde de parth mogen sick denne vordere under eynander dar ouer scheiden unde rechtwerdigen laten, van rechtes wegen, vorsegelt myt unsem ingesegel.

Kap. 98.

Unsen fruntliken grusz to vorne. Erszamen, besunderen guden frunden. Szo gy unsz van etliker sake weghen van Albrecht Schenkenberch wegen borgere Prentzelow cleger an eyneme, unde vrowen Lutyen Merthen, Eschen eelike husvrowe alse eyne antwerderynne an deme anderen deyle anlangende geschreuen unde unsz recht darup to sprekende gebeden hebben, spreken wy schepen to Magd. up de suluen schriffte vor recht: Offt Claues Schenckenberch, Albrecht Schenkenberge des clegers vader, syne erste elike husvrowe des suluen Albrechtes moder gemaket unde in dat gerichtes bock vorscriuen laten syn halue gudt unde C marck tho vorne uth na syneme dode to hebbende unde tho nemende, des de cleger der antwerderynnen also tostunde unde bekentlick were, edder de antwerderynne daryegen den cleger myt gerichtes boke, daran se sick des ock in eren schrifften getagen hefft, alse recht ys, bewisen mach, unde ys des clegeres moder darna dodeshaluen auegegan unde vorstoruen, dar se eres eliken mannes doth nicht erleuet hefft, so ys ock sulke gaue edder vormakinge, alse er dat halue gudt unde

[1] bodeme, Bottich.

C marck tovorne uth na syneme dode to hebbende vormaket, was nicht to krafft unde macht gekamen, unde wat se denne sulues vormakinge edder gaue haluen nicht erleuet hefft, dat hefft se ock nach ereme dode up den genanten Albrecht Schenckenberge, ereme sone, nicht konen bringen noch voreruen, unde de sulue Albrecht Schenckenberch kan also der upgemelten syner moder erue in rechte nicht vorderen, hefft denne ock Claues Schenckenberch den gnanten Albrecht synen sone by synen unde syner ersten eliken husvrowen leuende in wichbilde to der ee bestadet unde em viff unde twintich marckesche schock, dar to der tydt uppe de münthe druddehalff-hundert marck vinkenower penninge gemaket hefft, na syner eygen bekantnisse unde sust an koste unde cledinge medegegeuen, szo moth he ock nach wichbilden rechte darmede uthberaden blyuen, unde kan nu van wegen sulker vorgaue unde behelpinge, in synen schrifften upgebracht, met synem boleken[1], de syn vader met syner anderen eliken husvrowen, der antwerderynne, getuget unde in der were unbestadet hinder sick gelaten hefft, an synen guderen, wat he dar bauen der antwerderynnen alse syner lesten eliken husvrowen geborlike rechticheit gehat unde nagelaten hefft, keynen vederliken erffdeyl vorderen noch nemen, idt were denne sake, dat Claues Schenckenberch syn vader hadde gehat unde gelaten stande eygen unde liggende grunde, de em van erues wegen ankamen weren, darto hadde denne Albrecht met up gnanten umbestanden boleken gelike eruerecht unde daran kunde em de uthberadinge nicht hinderlick noch schedelick syn. Hadde ock Claues Schenckenberch ennyge vorbreuede gudere noch gehat, de breue müste men denne na ereme lude unde inholde erkennen unde richten, van rechtes wegen, vorsegelt meth unsem ingesegel.

Kap. 99.

Hyr up spreke wy schepen to Magd. vor recht: Hefft Szabel van Holtzendorpe in Margareten, Ludeke Clutzowen elike husvrowen, umme etliker schult willen, de he to er alsze to enem eruen Hennink van Oldenvleth eres vaders unde Margareten syner eliken husvrowen erer moder meynet to hebben, myt deme lantridere des hauegerichtes in deme Uckerlande to manch rechte laten vorbaden, unde hefft he se umme sulke voruolgede unde uthgeclageden schulde, in synen schrifften berurth, to dren rechten uthgelechten dinckdagen met dren vulkamen clagen, so sick ymme rechte behoret, vorvordert unde ere gudere eyne namafftigen summen geldes utgeclaget, unde

[1] Geschwister.

ys de gnante vrowe Margareta to sulken clagen, alse sick dorch recht behoret, van rechtes haluen geeschet unde vorbadet, unde ys deme gnanten Szabel van Holtzendorp meth gerichtes wegen unde thuchnisse des hoffgerichtes in deme Uckerlande, alse recht ys, tobringen, bewisen unde vulkamen, szo muth dorch recht sodane erforderinge by krafft unde macht blyuen, unde Szabel van Holtzendorpe mach sich denne syner vorforderden schulde an vrowen Margareten Ludeken Clutzowen elike husvrowe guder meth rechte erhalen unde de gnante Margareta kan sick denne meth eren insagen, in eren scryfften beruhrt, daryegen unde wedder nicht behelpen, sunder hadde se yegen des gnanten Szabel van Holtzendorpes clage yennige redelike unde behelplike insage unde wedderrede gehad, de scolde se to rechter tyd, alse se vor dath hauegerichte geladen worth, to hulpe genamen unde sick an ereme rechte nicht vorsumeth hebben; mochte ouer Szabel Holtzendorp eyn sodans berurth alse recht ys nicht bewisen noch vulkamen, unde hadde denne de gnante Szabel syne dre clagen up eynen gerichtesdach gedan unde eruordert, szo muchte dorch recht sodane eruorderinge meth rechte nicht bestan noch vortganck gewynnen unde konde ock denne der Luderschen an ereme rechte nicht hinderlick noch schedelick gesyn, unde hadde sick denne ock de genante vrowe Margareta Ludeken Clutzowen elike husvrowe eres vaders unde moder nagelaten erffguder bauen erer moder gerade nicht underwunden, ingenamen noch undertaghen, dat se met eres enes hant up den hilgen alsze recht ys vorrechten unde beweren dorffte, szo dorffte sze ock eres vaders unde moder schulde nicht gelden noch betalen, van rechtes weghen, vorsegelt myt unsem ingesegel.

Kap. 100.

Hyr up spreke wy schepen van Magd. vor recht, dat dabelspel nicht redelick noch recht ys, dar eyn ock scal neyn richter ouer richten, dar en derff ock nemant umme anthwerden, offt he darumme belanget werdt vor gerichte unde nademmale, dat de twe den fengen unde spenen[1] ane recht, darumme erer jwe schalk, den gy gespannen, was gegeuen to bote XXX sch. unde jslick deme richter syn gewedde VIII sch., van rechtes weghen.

Kap. 101.

Vortmer: Hans Langhe claget an Tydeken, dat he ys syn rechte deff unde hefft em gestalen XX marck unde byddet umme recht;

[1] spannen, fesseln.

Tideke antwerdet, he sy der ticht unschuldich unde wort syn deff ny, unde sy ungeuangen unde ungebunden vor gerichte kamen unde hapet, he moge sick der ticht weren met synes enes hant. Hyr up etc.: Ys Tideke met nener hantafftigen daeth begrepen unde vor gherichte umme de ticht ne voruestet, so mach he der ticht weren met enes hant unde ne derff darto nener tuge, offt ene Hans Langhe met ener slichten clage ane tuch beschuldiget hefft, van rechtes weghen.

Kap. 102.

Thyet eyn man deme anderen dyffte, unde vorsaket ys genner, dar steyt to synes enes hant, alse verne also dar nicht tuge mede gan, van r. wegen.

Kap. 103.

Eyn hefft geweset vor gehegedem dinghe unde hefft myt gerichte angeclaget unsen borgeren, dat he em scole thogedreuen vor duft gudt, unde ys eyn swin, dat em geit an syn liff unde an syne ere, unde hefft en darmet schalbar gemaket, he en wolde umme nen gudt, men umme sodane broke, alse he daran gedan hefft; des hefft de antwerder laten vragen, wente de cleger nene bewisinge hefft gebracht vor richter unde schepen noch stoel, noch blaw edder roet unde nicht stunde vangen unde bunden lick enem anderen bederuen manne, efft dat rucht icht machtlosz scole wesen; dar hefft de cleger yegen laten vragen, wente he syn ruchte geropen hefft unde de schepen em ghedeylet hebben, dat he met syme ruchte vulkamen szy, alse he tuth an de schepen, hefft he icht ya edder neen segghen scole. Hyr up etc.: De man de met ruchte claget hefft, dat em syn swin thodreuen sy, dat muchte he met geruchte nicht clagen, unde dat ruchte scal machtlosz syn na Magd. rechte, wil he ouer emande darumme beclaghen edder beschuldigen, he scal em neen edder ya spreken, unde bekent he des, he scal em syne bote geuen unde deme richter syn gewedde, bekent he des ouer nicht, szo mach he des unschuldich werden up den hilgen.

Kap. 104.

Vortmer: Darn de borgemeister der stad G. met twen syner medekumpan des rades vorrechten up den hilgen alse recht ys, dat se em nach synen eren unde lyue nicht gestan, unde em de deuerige nicht ruchtich gemaket hebben, sunder alleyne ene besucht, sick sodans to vorantwerdende, des he denne up em bekant hadden, unde em nene walt noch arch gedan hebben, alse jwe antwerde inholt, wen gy dat also vorrechtet hebben, darmede entledigede gy jw den radt der stadt G. sodaner schult unde des scaden, de darup gevordert worde, unde gy noch eyn yewelick borgher unde inwoner besunderen synt em van des besakens wegen, so gy em neen arch gedan hebben, nener bote plichtich to geuende.

Kap. 105.

Vortmer alse de sulue man in syner tosaghe settet, wo dat gy em synen knecht affgegrepen unde den gehangen hebben myt unrechte, unde mer dat gy mit rechte synen bur grepen unde synen scheper gewundet hebben. Hyr up etc.: Dat de radt der stadt G. deme gnanten manne to den schulden nicht plichtich syn to antwerden, sintdemmale, dat he in syner schult nicht en scryfft noch settet, dat he van synem knechte unde schepere dartho gemechtiget syn, alse recht ys, dat he van erer wegen sodans met rechte vorderen moge unde eyn jewelick borgher unde inwoner besunderen syn de manne darumme nene bote plichtich to geuende.

Kap. 106.

Vorder up dat lesthe umme den buren. Hyr up etc.: Hebbe gy Elskolte bure in eynen brenden breue (?) rechte in deme dorpe met gelouen des richters angegrepen unde wech ouer den veltmarcken na jwer stad voren lathen unde deme suluen buren anders nicht gedan hebben, men dat recht, des gy met gerichtes tuchnisse vulkamen unde bewisen mogen, alse recht ys, szo sint gy Elskolte unde des buren vrunde van der schult wegen nicht plichtich, unde synt den richteren umme des oueruarendes willen nener bothe voruallen, van r. weghen.

Kap. 107.

Kolre hefft angespraken Herman darumme, dath he hefft angespraken eyn perdt, dat he vorkofft hadde eynem, de hethe Buckholt, unde Herman hefft dat perdt to sick gekregen van Buckholte, alse denne dat perd van Buckholt komen was, szo hefft Buckholt sodane gelt, alse dar he dat perd umme kofth hadde, wedder van Kolre genamen, szo kan doch Kolre bewisen, alse recht ys, dat dat perdt syne was; hyr antwerdet Herman unde secht, dat ys geschen, dat em perde affgerouet syn, van den perden eyn ys he angekamen in eynen dorpen unde hefft dat perdt in deme rechte angespraken, unde let den man darto vorbaden, dar he dat perdt by vant. De man quam vor gerichte, unde up eynen weresman alse up Kolre, dar he dat perdt affgekofft hadde, dar na gaff de man den rüggen deme richte. Szo bleff dar de sake in deme rechten behangen; szo hefft ene doch Kolre dar bauen vor eynen geistliken richter laten eschen. Dar doch Herman vorquam, do wisede se de gestlike richter in dat recht, dar de sake henget, dar doch Herman synem rechte volgede unde Kolre doch nicht en quam, unde ener settede dat perdt, szo ys dat perdt in Herman gewaldiget unde wiset van rechtes wegen alse recht ys. Hyr up etc.: Mach Herman met richtes tuchnisse alse recht ys bewisen, dat he met Kolre umme der sake willen, dar he dat perdt in deme dorpe angespraken hefft, van deme geistliken richtere, dar em Kolre vortagen hadde, wedder in dat werlike richte, dar Herman de sake angehauen hadde, gewiset syn, ys denne Kolre to deme gewiseden richtere nicht gekamen, unde Herman des in dem suluen gerichte dat perdt alse recht ys erclaget unde ervordert, so dat he ys gerichtes haluen dartho gewaldiget unde wiset, dat he alse recht ys nabringen mach, szo hefft sick Kolre an syme rechte vorsumet unde Herman ys denne neger unde met beteren rechte by synem eruorderden perde to blyuende, wen dat em Kolre ichtes wes afferuorderen edder drengen moge.

Kap. 108.

Peter unde Hinrick spreken an Bollehorn hyr umme, dat to em gekamen ys up der straten, unde hefft em tosecht, dat se em gestalen hebben XIIII[c] marck, dat doch so nicht en ys, unde hefft daran gedan yegen des rades gesette unde meyne vorsprake, dat nemant spreken sal up heren unde fursten unde bedderue lude, we dat deyt, de scal de radt richten, darumme begeren rechtes unde hoppen, dat se saken richten scolen. Hyr to antwerdet Balhorne unde secht aff allem, dat se benomen in erer tosprake, unde ydt ys geschen, dat se sick schulden met worden, done sede he in hastigem mode, dat he beyder vorbenomede en hadde stalen XIIII[c], wes he daran hefft gebraken, dat settet he up ener bote syner penninge na Magd. rechte. Ersamen besunderen guden frunde, hefft de stadt to Stettin ennygen wilkor unde gesette darup, wort unsz in rechte nicht dirkennende, sunder wy schepen to Magd., sintdemmale dat Balhorn in syneme antwerde bekenneth, dat he Peter unde Hinricke in syme hastigen mode gesecht hefft, unde hapet, he hebbe nicht gebraken anders, wen eyne bote syner penninge na Magd. rechte. Hyr up etc.: Sintemal, dat Balehorn in synem antwerde bekennet, dat he Peter unde Hinricke tosecht hebbe, dat se hadden beth an em vordenet, dat wen sze an den galgen hengede, wen de II deues, szo moth he deme gnanten Peter unde Hinricke eynem eweliken dat met syner rechten gesettede bote nach Magd. rechte vorboten, van rechtes wegen.

Kap. 109. 110 = M. Fr. I. 19. 2, III. 7. 2. Kap. 111 = Wass. Rq. II. 111. Kap. 112—114 = M. Fr. I. 16. 2, 1, 5.

Kap. 115.

Vortmer: wor eede gelauet unde gewiset werden vor gerichte unde kamen se nicht vor, edder queme der borge unde wolde den eeth nicht don, so wynnet de cleger syne schulde so wol up den borghen alse up den sakeweldigen, unde men schal deme cleger bote geuen unde dem richter syn ghewedde, nademmale dath de eth vor gerichte gelaueth ys na rechte.

Kap. 116.

Eyn man hadde den anderen mishandelth unde both darvor syne bote vor gerichte, des weren de schepen nicht wis, unde leten entholden III eede, unde de leth em de andere losz met eyner berichtinge, unde dat wil de richter nicht tolaten, men he sal de eede don edder sick meth em entrichten, de man de buth syn gewedde, de richter wil nicht hebben, wes he em nu plege sy. Hyr up etc.: De[1] sakeweldige ys denne deme richter nicht me syn gewedde plichtich, van rechtes weghen.

Kap. 117.

Vortmer: ock eyner, de in anderen swore eynen meyneneedth, dat twen edder dren luden witlick were, unde wil de sick dar mer an vliten, wo men dath sturen muchte. Hyr up: De wile eyn man meth gerichte meyneedes nicht vorwunnen wert, de wile mach men synen eedt nicht vorleggen, van r. weghen.

Kap. 118.

Eyne vrowe ys gekamen vor de hegede banck, der ys eyn eeth untheten[2], des quam de man, de vor den eeth gelaueth hadde unde vulboth sick unde sprak also, he hadde vor den eeth gelaueth, he wolde em enes nicht don, sunder he wolde darumme liden, wat recht were, do vragede der vrowen vorsprake, offt de vrowe dath gelt icht erstanden hadde. Hyr up etc.: Nademmale de gelauede eyth tho rechter tydt nicht gedan edder lestigeth ys, szo hefft de vrowe na rechte ere schulde wunnen up den borghen so wol alse up den sakeweldigen, dartho scal men der vrowen ere bote geuen unde deme richter syn gewedde, nademmale de eedt vor gerichte gelauet was, van rechtes wegen.

---

[1] Vergl. unten Kap. 119.

[2] gelobet.

Kap. 119.

Eyn man hadde deme anderem entheyten dryer manne eeden, der leth em geuen losz meth ener berichtinge, dar wil ydt de richter nicht by laten, sunder he sprecket, dat he de eede scal don, edder scal sick met em berichten, dat em genoghe, des sprecket de sakeweldige, he wil gerne syn ghewedde liden, dath he vorboreth hefft, daran sick de richtere nicht lathen genoghen, unde wath he nu yeghen den richter gebraken hefft, des bydde wy eyn recht. Hyr up etc.[1], dat de sakeweldige nicht mer vorboret hefft yegen deme richter, wen syn wedde, dat syn VIII sch., van r. wegen.

Kap. 120.

Offt[2] eyn man lauet syn recht to donde unde van watersnoth tho deme dinghe nicht kamen kan, offt dath ene hulperede mach syn edder nycht. Hyr up etc.: Nademmale alse he nu spreket, dar he to deme dinge, al se synen gelauenden eedt don scholde, van waters wegen nicht kamen kunde, noch synen baden senden, allene dat yd nicht echte noch hefft, szo geliket yd sick doch ener venkenisse, wente de waternoth em synen vryen wech benam, unde ys eyne hulperede unde eyne noth, dar sick ener mede beschutten moge, offt he dat up den hilgen bewisen mach unde dorch den eeth don, also to der tydth gedan scholde hebben.

Kap. 121.

Eyn man ys ghekamen vor eyne gehegede banck unde hefft syner vrowen ghemaket alle syn gudt na syme dode, dar hefft he eyn erue gekofft unde hefft dat erue upnemen laten syner vrowen unde erer twyer kindere, dath kinth ys ghestoruen, darna de vader, nu deghedinghen des mannes vrunth dat gudt an unde vragen, an weme dat gudth des kindes gestoruen sy, des hebbe wy gedeyleth, dat des kindes gudt an den vader gestoruen ys. Nu vrageth sze, nademmale, dat der vader na deme kinde affstarff unde dath gudth ne vorgheuen noch vorlathen hefft, offt icht dat billiker sy ghestoruen an des mannes vrundt, wan an der vrowen. Hyr up etc.: Wath deme vader anghestoruen was in dem standen erue van syme kinde, dath hefft he vortgeerueth unde gebrocht up syne negesten eruen, unde de vrowe mach der makinghe eres mannes vorder nicht beholden, van rechtes weghen.

---

[1] Vergl. oben Kap. 116.
[2] Vergl. Wass. Rq. IV. 19.

Kap. 121[a].

Eyn man ys gestoruen unde hefft gelaten III susteren, ene van vader unde van moder, unde de anderen II van des vader weghen, effte nu de II meth der drudden scolen deylen. Hyr up etc.: De vrowe, de des mannes suster ys van vader unde van moder, de hefft recht tho deme gude, dat de man gelaten hefft, unde de anderen nicht, van rechtes weghen.

Kap. 122.[1]

Eyne vrowe ys ghestoruen unde leth eyne halue suster na van der moder weghen, unde leth ock eyner dochter kynth, we nu dath erue nemen moge effte baren under en beyden. Hyr up: dath de sulue halue suster neger ys, dat erue to barende wen der dochter kyndt, van rechtes weghen.

Kap. 123.

Eyn junghe van VIII jaren ys ghestoruen unde hefft gelaten gudt unde schulde, nu sint ghekamen synes vader susteren II, de van vader unde van moder rechte boleken synth, unde then sick tho deme gudt, unde des kindes moder vader tuth sick ock tho deme gude. Hyr up: Des kindes vader susteren unde moder susteren unde moder vader synt gelick tho deme erue, van rechtes weghen.

Kap. 124.

Eyn man makede syner vrowen alle syn gudth halff unde bereth darna eyne dochter, darna starff de man unde de vrowe volghede erer makinghe, darna starff de vrowe, do manede de dochter erer moder erue; nu vraghe wy, offt de dochter, de uthberaden ys, meth den anderen, de unberaden syn, mogen to der delinge gan. Hyr up etc.: De dochter, de by des vaders leuende beraden ys, de scal met den anderen bolecken an erer moder erue to geliker delinge gan meth den, de unberaden syn, van rechtes wegen.

Kap. 125.

Eyne wedewe hadde eynen sone unde eyne dochter, de dochter was unberaden, unde de sone bleff in deme gude meth der moder, darna starff de moder unde darna nam de sone eyn wiff unde makede er alle syn gudt, na syme dode halff tho hebbende, unde sath meth der vrowen IIII jar in deme gude ane ansprake, darna quam des knechtes suster unde clagede an ere angeualle van erer moder wegen; done stundt eyn schepe up unde sprack, dat were berichtet, dat wolde he sweren met den schulten; de vrowe de

[1] Vergl. mein Princip d. Succ. O. S. 58. 60.

sprack, dat were in eynen anderen rechte berichtet unde dar nicht; dat bleff also stande, unde de berichtinge ys vor der hegeden banck nicht geschen; der broder starff darna unde de suster quam unde clagede an eres broders wiff umme dat sulue erue, des broders wiff antwerdede unde sprack, nademmale dat se met erem manne in deme gude hadde seten jar unde dach ane ansprake, offt se icht dat gudt neger sy to beholden, wen er dath yemant sy aff tho clagende. Hyr up: Dath gudt dat de moder gelathen hefft, dat ys up de dochter geuallen so wol, alse up den sone, dat se an eyghen edder an varende gude, also verne, alse dat nene gyfft ouer gegan ys unde se des nicht vortegen hefft vor gerichte, unde dat se des nicht by eres broder leuende vuluoreth hefft, dat scadet er an ereme nicht.

Kap. 126.

Eyn borger hadde wiff unde kinth, erue unde eyghen, de sulue hadde er gemaket alle szyn gudt halff na syme dode, des ys he gestoruen unde hefft gelaten III kindere unberaden, unde dat verde was beraden, darna hefft genamen de vrowe eynen anderen man, unde hefft den gehat III verdel jars unde berede eynes kindes van em, darna starff de vrowe, also dat se erem manne de makinghe van ersten manne nicht upgaff. Nu clageth de man tho der vrowen gude, damede se begyftiget was von erem ersten manne unde tho der varenden haue unde nicht to deme standen eygen, unde meynet recht to hebbende to deme gude, dar weddersprack der kinder vormunder, nademmale, dat de vrowe de makinge eres lesten mannes nicht hefft upgegeuen vor gehegeder banck, also wonlick ys unde recht, offt de kinder beter recht darto hebben, wan de man, edder wat recht szy. Hyr up etc.: Wat de vrowe erues unde gudes gelaten hefft, dat se erem manne vor gerichte nicht upgegeuen, hefft szy geerueth up alle ere kindere tho like deylinge, sunder wath de leste man van varende haue, dat tho der rade nicht en horth, in syne were genamen hefft by ereme leuende, dat ys syne unde syne steffkyndere hebben dartho nicht recht.

Kap. 127.

Eyn man sath in Borgeschen rechte unde hadde myt syner vrowen III kyndere, done starff syn wyff, unde des mannes gudt quam halff an de kindere van der moder weghen, also dath recht ys in deme rechte, des bereth der hy der kinderen unde gaff em nicht den X penninck, de em behorde van der moder wegen, darna nam he eyne andere vrowe, by der tugede he II kindere, do starff em ock de vrowe aue, do toch he dath gudt tho samende unde brachte dath in eyn Magd. recht, don vorgaff he de ersten kindere eyn in eyn Magd. recht, unde gaff en ock nicht den X peninck mede, de em mochten geboren van der moder weghen, darna starff de vader, er he dat eegelt uthgaff der anderen dochter van der ersten vrowen, de beraden weren, alse dath se an deme gude neen deyl mer hebben scolden, des vraget se darwedder, nademe dat se eres vader erue unde moder erue vorlathen noch vorthegen hebben in Borgeschen, noch in Magd. rechte, offt men se dar also affwisen moge, edder nicht. Hyr up etc.: Hefft de man de dochter beraden allene van erer moder gude, unde nicht van syme gude, szo scolen se meth den anderen kinderen an eres vader erue to der deylinge gan; hefft ock de vader den dochteren ere, dat en van erer moder angeuallen was, dat he under hadde, nicht alle gegheuen, so moghen sze dat eschen unde vorderen, also don muchten, effte ere vader leuede, van r. wegen.

Kap. 128.

Eyn man makede synen wyue in hegeder banck XX schock groschen darmede to donde, wat se wolde, des starff de vrowe unde de XX schock bleuen en del unvorgeuen, offte dat gelt mogeliken wedder ys geuallen an den man edder an der vrowen negesten. Hyr up etc.: De vrowe, de in eres mannes were vorstoruen ys, de eruet nene varende haue by eres mannes leuende, wan de rade, dar umme ys denne dat ouergelt van den XX schocken mogelick geuallen an den man, offt dat in synen weren ys gestoruen, sintemale dat er dat beschreuen gelt an eyghen edder an liggende grunth nicht gemaket ys, van rechtes weghen.

Kap. 129.

De vullen broderkinder nemen eruendeyl vor halue susterkindere, unde so herwedder, dat schriuen de van Meydeborch.

Kap. 130.

Wath der vrowen gudes ansterueth van vader edder van moder, edder van anderen vrunden, dat sze nicht vorgeuen hefft, dat eruet sze up ere negesten, unde nicht up eren man, sunder varende gudt, dat ys gehalet tho Magd.

Kap. 131.

Suster kindere unde broder kindere van vuller borth syn neger erue tho nemende, wan vader brodere under sustere, de getwigeth sint, van r. wegen.

Kap. 132.

Hefft eyne vrowe gudt unde bringet dath nicht in eres mannes ghewalt, unde hefft eynen steffsone, de en hefft dar neen recht tho, wo er dath angeerueth ys unde deme manne nicht vorlaten hefft, van rechtes weghen.

Kap. 133.

Offt eyne vrowe eygen tho erem manne brochte unde de man dath eyghen vorkoffte umme redepenninghe, unde umme de suluen pennynge ander gudt koffte myth der vrowen wille, up weme dath gudt eruen mach. Hyr up etc.: Sulck erue unde gudt, alse up der vrowen van eren olderen gestoruen was, dat muchte de man meth rechte vorkopen ane der vrowen unde erer eruen wille, hefft ouer de man dat vorkofft, unde hefft dat der vrowen lyen, alse he vorborget hefft, so hefft de vrowe dat gudt up eren sone geeruet meth meren rechte, wen de man up syn kynth, dat he myt eyner anderen vrowen gehath hefft, wennte de man muchte an der vrowen gude endes nene were gewynnen, wen he thome ersten meth er nam in vormundescop, van rechtes wegen.

Kap. 134 = Wass. Rq. S. 139, Kap. 6.

Kap. 135.[1]

Offt de dochter, de under deme vader bestoruen ys, eres vader gudt met der uthberaden suster, de der wil inbringen, wath er van erem vader geworden ys, deylen derue van rechtes wegen. Hyr up etc.: De dochter, de van erem vader uthberaden ys, mach neyn deyl hebben an eres vader gude met erer suster, de in eres vader gude beerueth unde bestoruen ys, unde se en kan darmede in de delinge nicht kamen, dat se wedder inbringhen wil alle sulk gudt, alse ere van erem vader unde van erer moder gheworden ys, dat yd de suster liden dorue, van rechtes wegen.

Kap. 136.

Offt de uthberaden dochter andere eres vader kindere ansprecket umme eruendel unde sprecket, er sy nicht hulpe van erem vader schen. Hyr up etc.: Nademmale[2] dat de vrowe sprecket, er sy nicht geworden van eres vader gude met den anderen broderen unde susteren, unde de koste unde de cledere, de er ere vader gegeuen hefft, derff se nicht aueslan, van rechtes weghen.

[1] Vergl. Wass. Rq. S. 139, Kap. 7 (von Leipzig).

[2] Wass. a. a. O. Kap. 8.

Kap. 136[a].

Nympth eyn man eyn wiff, de enen vader unde moder hefft, steruet de unde leth kindere wedder an, off de kindere nemen deel an eres oldere. Hyr up etc.: Nademmale, dat de man unbegerueth unde unbestadet in synes vader gewere vorstoruen ys, szo scolen syne kindere eres vader erue deylen an eres oldervader gude, van rechtes weghen. Vortmer wath der doden vrowen, de uth der were to manne gegeuen ys, unde wat eruen unde gudes er van erer moder unde erer susteren angestoruen was, dat hefft de vrowe geeruet up ere kinth unde up sine halue suster met merem rechte, wen up syner moder broder unde suster, de in der gewere sitten, unde dat kan des doden kindes halue suster nicht to schaden kamen, dat dat kinth unde syne moder dat angestoruen gudt nicht hebben in ere were bracht, sunder wat erues unde gudes van der moder up dat kinth ys gestoruen, dat scal volgen des kindes negesten haluen sustere, van rechtes weghen.

Kap. 137.

Dune Hennings Heyne Luckowen sone vorstarff, do was dath gudt, dat syn vader na syner moder dode em in vormunderscop entfanghen hadde, erfflick gudt geworden, unde Kone und Katherina, syner moder suster dochter, muchten des gudes nicht vorderen alse rade, synt se ouer dar angewiset van rechtes haluen, unde hebben se dath gudt met schepen ordel entfangen, unde hefft de wisunghe unde ordele gestan jar unde dach ane Heyne Lukowen rechte weddersprake, szo hefft he sick daranne vorsumeth, unde Kone unde Katherina des ghudes nicht weddergeuen, van rechtes wegen.

Kap. 138.

Hinrick Bunghe hefft vorlaten Hanse unde Ruthger beyden broderen, de dar stan up deme ordel, dar de witingesz want (?) vor eres vader unde moder erue, unde hefft sick de renthe beholden, aldewile dath se leuen tho borende, unde darup so hebben se affgelaten van vader unde moder erue in eyner hegeden banck. Rutge Palborn edder sine kindere hebben nicht geleuet den doth Hinrick Bungen, dat se sick bodene umme de renthe hadden moghen gebruken, unde Hans hefft Bungen dat geleuet, nu kummeth de vrowe Rutgers, synes broder wyff, unde wil deylen de vorsatinge, de eren manne vorlaten was, unde Hans wil er nicht to staden, unde secht, sy syn angestoruen erue, unde licht an liggenden grunden unde an standen eyghen, unde hapet dar neger by tho bliuende, wen ene synes broder wiff darvan drengen moghe. De vrowe secht, don ereme manne de bodenen vorlaten worden, done weren se syn andel, unde de boden geerueth up syne kindere, unde de kindere vorth up ere, wat nu rechtes sy. Hyr up: Nademmale, dat dar nene vorwandelinge ouer de vorlatinge geschen ys unde ys gebleuen by macht, unde Rutger ys vorstoruen meth synem andele, szo hefft he dat geeruet up syne kindere, unde done de kindere vorstoruen, done erueden se dat up ere moder, unde Hans Palborn mach er des nicht weren meth alsodanen hulpereden, van rechtes wegen.

Kap. 139.

Eyn man ys ghestoruen unde hefft gelaten eyne suster van vuller bordt unde ock steffkindere, unde den steffkinderen scolen gemaket syn XVI^c^ marck vor eres vader erue, unde de XVI^c^ marck hefft de vrowe gebracht in eres mannes were unde walt, so meynen de kindere ere vader erue tho hebbende uth eres vorstoruen steffvaders nagelatenen guderen', standen eyghen unde liggende grunde, nademe dat dat in der erffstichtinge also gededingeth sy, he scolde XVI^c^ marck up sine gudere schriuen lathen; nu secht de suster daryeghen, dat er de dedingen nicht witlick syn, unde meynt, nademmale, dat ere vader unde moder de standen eyghen unde liggende grunde voreruet hebben unde se dar eyn erue nu to ys, se sy myt rechte darby tho blyuende, sintemale dath er de dedingen unwitlick syn unde sunder eruen geloff geschen ys. Hyr up: Synt de stande eyghen unde liggende grunde jwem broder unde jw van jwem vader unde moder angeerueth ys, so muchte jwe broder met sulken dedinghen an syn in disser vraghe berurth ys ane jwen willen unde eruen geloff nicht gegeuen, sunder hadde jwe broder stande eyghen unde liggende grunde, de he van synem wolgewunnen gude gekofft, unde mach denne jwes broder wedewe sodane dedingen, alse tuschen er unde erem manne gededinget sint, bewisen alse recht ys, so ys se na der dedingen lude by dem standen eyghen unde liggende grunde, de he kofft hefft, unde andere varende haue, de he gelaten hefft, neger to bliuende, wen gy se darvan drengen mogen, unde ys jwes broder wedewen kinderen, de se van erem vorighen manne hadde, uth deme samenden gude XVI^c^ marck vor eres vorstoruen vader in dat erue gekamen unde C marck vor herghewede vorschreuen unde ghemaketh, unde alse dar denne schult geworden ys, szo mothe gy unde jwes broder wiff uth deme sameden gudhe to vorne gelden unde betalen de schult, also verne dat erue unde gudt warth, van rechtes weghen, vorsegelt under unsem ingeseghel.

Kap. 140.

Offt eyn man eyn wiff nympt eyne wedewe, de dat erue unde eyghen hefft, unde dar gededinget werth, dat sze em vorlaten scolde alsodan gudere, alse ere werlike here gelaten hadde, unde he er wedder maken scolde halff gudt alse hadde unde jummer here werden muchte, unde de vrowe storue unde des nicht endede, unde de begifftinge nicht en schege, wat de vrowe van rechtes wegen voreruen moge. Hyr up etc.: Dath de vrowe an eres mannes varende gude nicht voreruen mach, men wat dar licht an liggende grunde unde an stande eyghen, dar mach se de helffte an voreruen an ere vrunth unde anders nicht van rechtes wegen, unde dat se em de vorlatinge nicht gedan hefft unde he er wedder, dat schadet dar nicht an also verne, alse he dat bewisen mach unde met bederuen luden, de dat gededinget hebben. Vortmer so merket also umme de schult, effte szyn weddersathe de helffte der scult scale betalen van dem huse, szo wetet, dat ydt eyne meyne regula ys, alse we erue borth, de scal de schult gelden, spreket nu we eruen an unde behoreth em anders nicht, van dat halue husz, so moth he darvan de schult gelden, dar moge gy jw wol naholden, wen em behoreth van rechtes weghen nicht men dat halue husz, alsze desse vraghe uthwiseth.

Kap. 141.

Vortmer[1] grotevader unde grotemoder, vader broder unde moder suster, de nemen geliken deyl an deme erue, van rechtes weghen.

Kap. 142.

Offt eyne' vrowe neme eynen man unde vorlethen em sodane gudt, also er ere werlike here gelaten hadde unde storue er darna wat mer gudes an unde vorlethen em dat nicht, an standen eruen unde liggende grunde, unde storue ere man darna, dat derff se meth eres mannes eruen nicht deylen, wath were denne bewechlick gudth, alse penninghe, korne unde des gelick, dat he gehandelt hadde manck syneme gudhe vormenghet were, dath muth se to deylinghe brynghen na Meydeborgeschen rechte.

Kap. 143 = M. Fr. II. 2. 8.

Kap. 144.

Ock hebbe gy unsz gevrageth, offt eyn gast gastesrecht beholden wil, wo verne de beseten scole syn van deme gerichte. Hyr up etc.: Werth eyn gast beschuldigeth vor gerichte, wil de gast dat bewisen

[1] Vergl. Wass. Rq. I. 572. M. Fr. I. 7. 14.

up den hilgen, dath he furder wannafftich sy van deme gerichte wen XI mylen, szo scal men syn recht nemen, jedoch schulde he ock eynen borger in deme suluen gerichte, de borger scal em anthwerden, offt de gast dat van em nemen wil etc.

Kap. 145.

Vorbath hebbe gy unsz gevrageth, offt eyn man gudt besetteth, dat dar eynes gastes sy van vernen landen, wo men dar mede gheberen schal, dath en beyde recht sche. Hyr up etc.: Besetteth eyn man eynes gastes gudth, de buthen landes sy, szo verne dath men synen nicht ghehebben moghe, des gastes gudt mach men nicht vorvolghen meth rechte also lange, dath men deme gaste moghe wethen lathen, dath syn gudt besetteth sy meth rechte, wolde denne de gast nicht kamen dartho unde voranthwerden syn gudt, szo mach men synem besetteden gude volghen alse recht ys etc.

Kap. 146.

Vortmer: Besettet eyn man eynen gast unde kricht borghen tho dinge unde kummeth de gast nicht vor, kummeth denne de cleger unde vorsumen etc., dath he dath nicht en vorderth noch escheth, kummeth denne de gast darna tho eynem anderen dinghe unde wil sick vorantwerden unde syne borghen losen, dat mach he wol don, lyden men syn gewedde, van rechtes weghen.

Kap. 147.

Vortmer: Hans Grape eyn borgher tho deme Sunde clageth an Johan, eyn borgher tho Stettin umme XX marck syner rechten schult, unde he byddet antwerdes; Johan antwerdeth unde bekent, dath he em XX marck schuldich sy, unde hefft em baden unde buth em noch, dath he em wil ghelden bynnen XIIII daghen, alse borgher recht ys, unde will em pande setthen, dat he de voruolghe alse recht ys, Hans Grape antwerdeth unde byddet umme recht, nademmale, dath he eyn gast ys unde nicht dinckplichtich ys, offte he em icht syn gelth sy plichtich tho geuende, unvorworren edder wes recht sy. Hyr up: Js Hans Grape eyn wyth gast edder van Stettyn, also verne wanaftich, dath he dar nicht dinckplichtich ys, szo scal em Johan syne bekande sculth ydaghes betalen, anthwerdeth he em pande, de mach he ydages vorsetthen vor de schulth, van rechtes weghen.

Kap. 148.

Vortmer hefft Peter szyne schulth unde redegelt vor dem richter nicht benometh to der tydth, don he dem gast dinckplichtich makede edder besetten wolde, unde hefft Hans an des gastes weghen anders nicht gelaueth wen eyn slicht loff ane benomede schult unde gelth, do he ene unde gudt borghede, unde wyl he dath vorrechten, dat de gast myth syneme gudhe wech getaghen sy ane synen willen unde witscop, unde ane syne hulpe unde radt, geschege so nicht, mach men up em nicht mer wynnen unde erforderen, wen de richter syn gewedde etc.

Kap. 149.

Eyn man was kranck unde leth sick voren vor dath dinckhusz, dar leth he sick auehelpen unde ghinck meth eme staue vor de hegede banck unde sprack, he wolde sick begifftigen meth syneme wyue, welker under en lenger leuede, de scholde ere gudth allene beholden, unde wen denne de leste storue, szo scolde men denne dath ouerghe gudt gheuen den armen vrunden, edder in gades ere, unde vrageth, wo he er dath gegeuen schulde; des hebben em de schepen gefunden unde gewiseth, alse sze hadden van anghewysinghe erer olderen, dath he syne hanth in ere hanth slan scholde, darna in deme drudden dinghe quam des mannes broder unde begerde eyner kanthnysse umme de gyffth, de syn broder gedan hadde, unde ock myth syneme wyue, done wort em dath boeck gelesen, don wedderrep he de ghyfft unde vragede eynes rechtes, synth der tydth, dath he myn vleyslike broder ys van vader unde ock van moder, synes lyues so unmechtig was, dath he ane hulpe noch ghan offte stan muchte, unde syn rechte erffnamen byn, offte de erue unde guth moghe vorgeuen na syneme dode ane eruen loff. Nu hebbe wy vornamen, dath de vrowe by jw ys gheweseth, unde hefft eynen apenen breff gebracht, dath de wedderropinghe er an erer gyffth nicht tho schaden kamen mach. Hyr up: An deme ordel dat gy na jwem besten synne gefunden hebben alse, dath nemanth erue noch eyghen mach vorgeuen na syneme dode ane eruen loff, darna hebbe jw nicht vorwyueth, also dath men jw meth rechte dar nicht umme bededinghen moghe, unde dath ordel ys recht also bescheyden, offte de dode man anghestoruen stande eyghen vorgeuen hadde, an deme eyghen schal de wedderropinghe macht hebben, ouer so de man varende haue, redtgudt, hus edder hoff vorgeue, dat em gegyfftighet was unde nicht anghestoruen, sulck gudth schal de vrowe beholden meth erer gyffth, dar schal de weddersprake nicht an hinderen, nadememale dath de man de gyffth in hegeden dinghe unde tho rechter dynckstadth stande gegeuen hefft, van rechtes wegen.

Kap. 150.

Eyn knecht ys gekamen vor de hegede banck unde hefft vorgeuen syne varende haue blotliken van der hant, unde nicht na syneme dode, edder de weldich to wesende dewile he leueth; nu ys syn moder gekamen in den suluen dinghen unde hefft gevrageth, nadememale, dath de knecht ne hefft vortheghen noch vorlathen syner moder erue edder syner boleken edder ere gudth, offt dath vorgeuen moge ane der moder wille, nademmale, dat sze sick an em ne vorboset hefft. Hyr up etc.: Js de knecht tho synen jaren kamen, also verne, dath he mundich ys, szo mach he syne varende haue wol vorgeuen, des mach syn moder meth rechte nicht wedder dedinghen, van rechtes weghen.

Kap. 151.

Welke gyfft de gheschuth in hegeden dinghe, de dar steyth jar unde dach unghestraffeth, de mach dar nemanth straffen, van rechtes weghen.

Kap. 152—155 = M. Fr. III. 3. 1—4.

Kap. 156.

Unsen fruntliken grudt to vorne. Ersamen besunderen gude frunth. Szo gy uns van etliker sake wegen Merten Werneken an enen unde jw sulues jn vormunthschop jwer eeliken huszvrowen amme anderen dele anlangende geschreuen unde unsz ock recht darup to sprekende ghebeden hebben etc., spreken wy schepen tho Meydeborch up de suluen schriffte vor recht: Hefft sick de sulue gnante Merten Werncke in deme sesz unde souedeschen jare myt syner eeliken husfrowen, de jwer huszfrowen moder geweset ys vor gerichte alzo begyfftighet ys, we den anderen ouerleuet, de scal des vorstoruen negesten eruen geuen III zinske gulden unde beholden alle dat gudt, unde hebben sze sick darna in dem V unde achtigesten jar noch eynes begyfftiget in szodaner wysze, we den anderen auerleuet, de scal van sick geuen des vorstoruen negesten eruen V unde XX zynske gulden unde beholden alle gudth etc., de wile deme de vorberoreden ersten gaue in unde myt der anderen gaue myt sunderliken nothafftigen edder nochafftigen werden bestentliken nicht gedempet noch wedderropen, sunderen in ere macht ane yenyge wedderropinge gebleuen ys, szo meth ock de erste gaue myt der anderen by erer macht unde krafft blyuen, alszo dat de bemelde Merten Werneke noch deme dode syner huszfrowen jw, anstath jwer eeliken huszfrowen, alze er negeste erue de III zinsken gulden uth krafft unde macht der ersten gaue, unde ock de XXV zinscken gulden unde krafft der anderen gaue geuen unde rekent moth, unde he ock mach beholden alle ander gudere, jd were denne sake, dat id myt jw uth recht in furder unde bestendiger wankeyt alszo geholden unde hergebracht wer, wen eynen edder II sick underlanck begyfftiget hebben, eyne gaue willen uthdellygen laten, unde se sick des vor richter unde schepen buten gehegeden dinghen to donde bewylligen, dat sulke krafft unde macht hebben, offt id in ghehegeden dingen schen were etc.; hadde sick denne de upgnante Merten Werneke myt Gampte syner husfrowen vor syner doren auer de roune vor richter unde schepen vorwylliget, de ander gaue uth to dellegende, unde wer denne suluegheu also eyne volge geschen, dat de gaue uthgedellyget were, denne muste ydt by der ersten gaue blyuen, also dat de Merten Werneke juwer husfrowen nicht mer den de III zinscke gulden, na lude der ersten gaue vorplicht were unde gy meten en bauen dat heger nicht gededinghen, van r. w., vorszegelt myt unszen ingesegel.

Kap. 157.

Offt eyn man syn ghewunnen gudt an standen eruen unde an liggenden grund unde an varende gude geuen mach weme he wyl etc. Hyr up etc.: Eyn man mach syn gewunnen gut geuen weme he wyl, dat syn an stande eruen, an liggenden grund unde an varende gude, men de liggende grundt vor gerichte unde varende gudt buten dyngen, weme he wyl ane eruen loff, van rechts w.

Kap. 158.

Eyn man quam vor eyn heghede bancke myt syner frowen unde myt synem styffszone, unde erer eyn de makede dem anderen al syn gudt half na synem dode to hebbende; de moder starff, de szone hadde recht to der moder gude styffvader gheliker deylinghe, halet tho Magd.

Kap. 159.

Eyn man hadde hus unde hoff in eyner stath unde wat to eynen erue horet, unde hadde wyff unde kynth unde makede synem wyue halffguth, na synem dode to hebbende, unde syner moder to erem lyue to brukende allent dat in deme husze were, darna starff de man, unde de moder wolde sick allent des bruken dat dar up dem haue was, moleth hus unde karne, eft se dat don mach. Hyr up etc.: Dat de frowe sick nicht mere bruken moge, men alze der schepen bock uthwyzet, van r. w.

Kap. 160.

Eyn man mach syn arbeydende gudh geuen in kranckheyt, yn sukebedden, by synen leuende unde na synen tode, weme he wyl, dat mach nemant bespreken, men angeeruet guth mach he nicht vorgeuen edder vorbreuet guth, unde de gyft scal ock schen an rechter dynckstath to rechter dyncktydt, van rechtes w.

Kap. 161.

Oft eyn man vor recht queme unde geue eyn gyfft, weme unde wor he wolde, unde de gyft nicht redeliken togynghe, oft de schepen ock ennyge noth darumme liden scolen, oft sze darumme bededyngede edder was recht sy. Hyr up etc.: Vraget jemant den schepen, de erue gyfft edder geuen wyl, wo he de gyfft van rechte geuen scal an synen gude, szo behorth den schepen dat to bewarende, unde scolen em des byrichten, wyllen se des nicht don, szo mach me sze darumme bededinghen, gyfft ouer ener syn gyfft na synen muthwillen, unde darna umme angededinget, das id myt rechte nicht geschen were, dar leden de schepen neyne noth umme, van r. w.

Kap. 162.

Eyn man wanede in eyn Brandenborges recht myt syner frowen, unde myt eynnander kindere, don starff de frowe, darna boreth de man eyn dochter van erer moder erue, unde er also vele, alse er ghehorde van erer moder gude, darna toch de man in Magd. recht, don starff der dochter man, unde de vader toch sick wedder tho dat guth, dath er angeuallen was unde eren erffliken manne, unde nam sze wedder in syn broth unde by syn vur, gelick synen anderen kinderen, darna starff de vader, so bidde wy umme eyn recht, nademmale, dat de storuen ys in eres vader gude myth den anderen kynderen, ock delinge gan icht myt den anderen kinderen to der delinge gan scole etc. Hyr up etc.: Offt de vader syne dochter beraden hadde alleyn van erer moder erue unde nicht van synem gude, so scal se an eres vader gude tho der delinghe gan myt den unberaden kinderen geliker deylinghe, van rechts w.

Kap. 163.

Eyn man quam vor eyn geheget dinck unde vor de gehegede bancke, unde makede syneme sone XL schock gr. unde makede darna, dat de anderen kindere dat ander guth na synem dode deylen scolden, des starff de vader, unde de sone, de also begyfftiget ys, quam vor de ghehegede bancke unde dede eyn vraghe, nademmale dat he vorstoruen ys an synes vader gude, unde nicht uthgesundert ys, oft de vader syn gudt na synem dode vorgeuen edder wes recht sy; des vrageden de anderen kinder darjegen, nademmale, dat de makinghe hefft ghestan jar unde dach, unde nicht wedderropen ys, offt de gyfft van rechte macht hebben schole. Hyr up etc.: Dat de man wol geuen mach na synem dode synem kinde syn gudt unde ys de sone myt den XL schocke gr. nicht affgescheyden myt uthghenanten worden, szo dele he dat ander guth myt den anderen kynderen, hadde auer de vader dath bescheyden, dath he sick daran genogen laten scholde, szo mochte he nicht deylen myt den anderen kinderen, van r. w.

Kap. 164.

Eyn man nam eyne frowe to der ee, unde er starff darna gudh van erem vader unde heft dat gegeuen eynen papen tho zelegherade, des heft er man darieghen gevraghet, oft sze jemande geuen moge ane synen willen, nademmale dat he er vormunder ys. Hyr up etc.: Dat de frowe de frucht des angestoruen erues nicht vorgeuen mach ane eres mannes wylle, snnder de man mach sick des gudes myt er bruken in vormunderscop, de wile sze leuet, van rechts w.

Kap. 165.

Eyne frowe ys gekamen unde heft angesproken er makinge unde hefft dar ingetaghen stande eyghen unde allent dat er man gelaten heft na synem dode, darwedder vraget eyner alszo: nademmale, dat de frowe luth in er makinghe stande eygen, unde er man schuldich ys gebleuen, dat bederuen luden wytlick ys, offt me de schulde icht ghelden schole unde deme stande eyghen. Hyr up etc.: Hefft de man syner vrowen vor gerichte maket edder gegeuen wath benantes standes eyghen, darvan derff sze nicht ghelden eres mannes schulde, hefft he ouer gegeuen unde gemaket in eyner meynen wysze alle syn guth, edder wat deyles an synem gude na synem dode, so scolden des mans schulde tho vorne uthgan, darna scal ze nemen, wath er behoren mach, alze vor deme richte begauet ys, van r. w.

Kap. 166.

Offt eyn de tho synen jaren gekamen ys, syne varende haue unde syn vorarbeydede guth vorgeuen mach. Hyr up etc.: Eyn de to synen jaren gekamen ys, de mach syne varende haue unde syn guth wol vorgeuen, weme he wyl ane jemandes weddersprake, van rechts w.

Kap. 167.

Eyn borgher hefft gegeuen synem wyue vor gerichte alle syn guth, unde hefth sick des darna gebruket jar unde dach alze vor, darna hefft he eyn erue kofft, unde eyn man beclagede ene vor gerichte, don bath he gesprakes unde vloch wech van deme richte, darna quam de frowe unde begerde ouer bekantnisse, alze wo sze begyfftiget were, unde de kantnysse droghen er de richter unde schepen, oft er nu de begyftinghe helpen moge edder nicht. Hyr up etc.: Dath de gyfft de de borgher gegeuen hefft synen wyue an gerichte, scal macht hebben unde scal er helpen, unde dat er man myt er ingheweszet hefft unde koft unde vorkofft jar unde dach, dat en scadet er nicht, heft se ouer eyn ander erue upghenamen, dat ys syne unde scal darvon antwerden, van rechtes weghen.

Kap. 168.

Eyn man nam eyne vrowe unde begyfftigede sze myt eyner morgengaue, de man starff, darna nam de vrowe eynen anderen man, den begyfftigede sze myt der morgengaue, de er ere erste man gegeuen hadde, unde de ander quam van Hertzeberghe, alzo dat he neyn erue noch eyghen hadde in deme gerichte, dar de frowe wande, des quam de man unde gaff er de morgengaue wedder, dar ze ene mede begyftiget hadde; des hadden se beyde myt eynander kynder, de storuen, darna worden ze des to rade, dat erer eyn den anderen gaff allent dat ze hadden unde immer wunnen, unde wen se beyde auegyngen, so scholde sick de rath eres gudes underwinden unde geuen dat in gades ere, unde de man de leste gyfft dede don, hadde ene godt geplaget in den husten, dat he nicht konde gan, denne an eynem staue, ock he de gyfft dede don, muste he sick laten voren vor dat dynckhus, don gynck he myt eynem staue vor dat dynckhus, unde dede de gyfft alze vorgeschreuen steyt, darna ouer VIII daghe quam des mannes broder unde wedderrep de gyfftinge, unde de man leuede wol XXX weken darna, alsze he de gyfft gedan hadden, wes nu recht hyr umme sy. Hyr up etc.: Nademmale, dat de man so starck was unde so mechtich synes liues, dat he vor dat dynckhus vore, unde de gyfft stande don konde unde muchte, szo scal de frowe des mannes gyfftede gude, reyscop unde varende haue beholden, myt der gyfft, da scal er des mannes broder weddersprake nichte ane hinderen, van r. w.

Kap. 169.

Eyn man mach myt eynem rysze myt eyn penninghe upgheuen vele eruen unde gudere, oft he ze heft in Magd. rechte.

Wor eyn man gyfft syne wyue edders iemande in Magd. r. ganz edder halff in geheghedem dynghe de rechte dynckstath, de gyfft er eruen unde eygen unde alle varende haue unde schulde wor se syn in Magd. r. unde in anderen rechten, van r. w.

Kap. 170.

Eyn man makede synem wyue al szyn guth halff na syneme dode vor gehegeder bancke, darna makede he ock buten dinges enen scoler syn guth myt alle dar weren auer III schepel unde nicht mer, unde was ock wytlik syner vrowen, doch behelth de man syn guth in syner wer wente an synen doth, na synem dode vorderte de scholer dat guth by der frowen, wes dar recht umme sy. Hyr up etc.: Dat en mach men man syn guth vorgeuen na synem dode to hebbende wen in eyn geheghet dynck to rechter dyncktydt unde dynckstath, unde de frowe scal er begyftinge beholden, unde des mannes eruen de ander helfte unde des scholers gyft ys machtlos, van r. w.

Kap. 171.

Eyn man hadde eygen unde varende haue, dat he vorarbeydet hadde myt sineme liue, unde kofte dat eyghen umme sine pennynghe, des hadde he ener dochter szone up eyner syde, unde suster unde broder kynder up der anderen syde, de syne negesten erfnamen weren an beyden syden, des vraghet he, oft he syn wolgewunnen guth mach geuen, weme he wyl, dat em nicht angestoruen ys, unde laten ane eruen geloff. Hyr up etc.: De man heft an standen eygen unde an varender haue, dat he vorkofft unde vorarbeydet unde dat em gegeuen ys, unde vor gerichte vorlaten in erues laue nicht en steyth, dat mach he wol geuen, weme he wil, ane syner negesten eruen weddersprake, dat stande eygen yn deme richte, dar dat inne licht, de varende haue uth der hanth buthen edder bynnen deme gerichte, wor he wil, van r. w.

Kap. 172.

Eyn makede synem wyue alle syn guth, halff in synem dode to hebbende, de man starff, don wolde de vrowe de makynge, de er vor eyner gehegeden banck gemaket was, vorthan vorgeuen, an eruen unde an standen eyghen, oft sze des mechtig ys to donde, ane eruen gelof. Hyr up etc.: Wat eyn man gyfft eynem wyue gudes, an standen eyghen unde varender haue, dat he er gelaten heft vor gerichte, er deyl gudes mach sze geuen, weme se wil, ane eruen loff, van rechts w.

Kap. 173.

Offt eyn kynth, dat to synen jaren gekamen ys, uplete syn guth vor deme gehegeden dynge synem vormunder, oft dat macht moghe hebben edder nicht. Hyr up etc.: Js dat kynt mundich geweszen unde heft gegeuen deme vormunder erue unde guth vor gerichte ane jemandes weddersprake, alze recht ys, szo heft de vormunder dat guth an synen negesten eruet, dat sy man edder frowe; kan men ock bewiszen unde betughen, dat em syn vormunder icht heft gelauet vor gehegeder banck umme syn guth, dat he in siner vormunderscop gehath hefft, dat scalen des vormunders eruen deme kinde billich holden, van rechtes wegen, heft ock dat kinth sculde gemaketh in synen unmundighen jaren, ane sines vormunders wetent unde willen, dat gelden des vormunders erfnamen unbellich, van r. wegen.

Kap. 174.

Offt eyn man erue edder eygen hefft, unde dat syne kyndere eyn offt dat den anderen kinderen synth van rechte to scaden kamen moge. Hyr up etc.: Dat guth, dat de vader syneme sone geuen hefft vor de gehegede banck, dat syn wolgewunnen guth, unde vorarbeydet heft, dat blifft billiken synem sone ane hindernysse, ouer dat erue unde eyghen, dat deme vader van synen elderen ys angestoruen, dat de erue de dar mundich were vorswegen hebben jar unde dach, alze de gyft schach, dat bliuet ock deme szonen, deme idt gegheuen ys, alze dat de gaue des suluen angestoruen gudes den unmundigen kinderen an sulken deylen gedeylet ys, van r. w.

Kap. 175.

Offt sick man unde wiff begiftigeden myt enander vor rechte, welkerer eyn storue, dat erer twyer guth up den anderen steruen scolde, unde sze darna theen uth de gerichte, unde de man storue, up weme dat dat guth storue van r. Hyr up etc.: Nademmale, dat de man unde syn wiff sick myt al eren guderen, wo sze de hebben myt eynander vor gehegedem dinge begiftiget hebben, alze welker erer storue, dat dat guth den anderen bliuen scolde, unde synt der tidt de man in eyn ander recht getaghen ys, darinne he wedder stande eyghende edder liggende grunde gelaten heft, szo heft de vrowe van der gaue weghen to eres mannes gude, dat he an varender haue unde an redeme gude unde gelde gelaten heft, beter recht, wen eres mannes negesten, van r. w.

Kap. 176.[1]

Oft eyne vrowe ene ane sane[2] nemmet unde vortyeth eres angeualles erer kindere, unde bekennet vor de hegede banck. Hyr up etc.: Nademmale, dat de moder vor gehegeden dynghe kamen ys, unde bekennet, dar ere erue ane sone[2] geschen ys van eren

[1] Vergl. Wass. Rq. S. 147, Kap. 13. (Anfrage nur im Auszug.)
[2] eyne sunderunge: W.

kynderen, dat dat guth der kinder van den eynen up den anderen vallen scole, szo en hadde der kinder styffvader an den XX schocken neyn deyl, darumme mach ock syner dochter ne vorderinghe darane hebben, vortmer wat der moder van ereme lesten manne gudes geboren muchte, unde oft ze besundergen guth gelaten, dat heft sze gelaten up al er kinder up de ersten, alze up de lesten tho geliker deylinge, van rechtes wegen.

Kap. 177.

Eyn man, gnomet Henneke, makede synen wyue half guth vor hegeden dingen, darna starff des mannes bruder, eyn P. genant, unde eruede dem manne guth, unde darna starff der vrowen man; nu vraget de vrowe eyn recht, nademmale, dat sze in de wer kamen ys by eres mannes leuendygen liue, unde heft de were vorth beszeten na eres mannes dode III mante, unde heft dat dem rade vorscatet, oft er dat nu nicht alzo wol angestoruen, alze synen kynderen, nademe alse he ze begyfftiget heft halff unde halff myt alme gude, alze he hadde. Hyr up etc.: Js des mannes bruder P. in eynen anderen gerichte vorstoruen, unde nicht dar de man Henneke unde syne frowe wanden, so ys de gyft machtlosz an deme gude, dat Henneken angestoruen was, unde dat guth scal synen kynderen volghen, hebben sze ouer in eynen gerichte szeten, szo ys vorgeuen de helfte des gudes unde de varende haue, de er angestoruen was, de scal volgen der vrowen half unde de ander helfte synen kynderen, sunder liggende grundt unde stande eyghen, dat in eruen geloue steyt, dat ys myt der gyft nicht vorgeuen, dat scolen de kynder beholden, van r. wegen.

Kap. 178.

Oft eyn man syn wyf begyftigede myt alszodanen gude, alsze he hadde, unde ummer gewunnen, unde denne de vrowe storue, wat se na rechte voreruen moge an deme gude. Hyr up etc.: Dat de vrowe an eres mannes varende guth nicht voreruen mach, men wat dar licht an liggender grundt unde an standen eyghen, dar szo mach sze de helfte voreruen ane ere frunth unde anders nicht, van rechtes wegen.

Kap. 179.

Vortmer spreke wy vor recht etc. Heft Gerdtrade jwe bruder an den Magd. rechte begyftiget syn wyff, myt der gaue ys de summen geldes, de juwe broder hadde, an standen eyghen unde liggende grunde, de in deme Brandenborgeschen rechte liggen, nicht vorgheuen, sunder gy sint dar myt beterme rechte by to bliuende, wen juwes broder wyff myt erer gaue jw darvan drengen moge, unde dat gy der summe geldes myt rechte unde richte besettet hebben, darumme en hebbe gy nyne IIII^c m. noch nichtes gebraken, van rechtes wegen.

Kap. 180.

Vortmer spreke wy vor recht etc. Heft jwe broder Gerdtrade syn wiff myt stande eyghen unde liggende grunde, de em anghestoruen weren, ane eruen voleist[1] begyftiget, szodane gyft moge gy van sulker stande eyghen unde liggende grunde wegen bynnen jar unde daghe wol wedderspreken unde gy synt dar negher unde myt beterme rechte by to bliuende, wen jwes broder wyf jw myt der gyft darvan drengen moge, van rechts w.

Kap. 181.

Vortmer eyn recht etc. Heft de vrowe eren dren kynderen geuen alle ere guth, idt sy bewechlick edder unbewechlick, na eren dode, so volget den kynderen van der gaue wegen nicht mer den de varende haue, wor szy de heft, unde stande eyghen unde liggende grunde, de in deme gerichte geleghen sint, dar de gyft innegescreuen ys, heft se ouer gudere na eren dode gelaten, de in anderen rechten liggen, de sint in disser gyft vorbunden edder vorgeuen, unde de anderen kyndere hebben to den guderen unde de er na der gyft angestoruen syn an liggenden grunden unde an standen eyghen szo guth recht, alze de an der gyft benomet synt, van rechtes wegen.

Kap. 182.

Vortmer: Ys in dem hegheden dynghe clage unde antwerde vorkamen van der Jageduuelschen umme szodane guder liggende grunde, stande eyghen, alze er man Melcher to er brachte, alze in der thosprake hyr vor beroret ys etc. Darjeghen heft de Trepetowesche antwerdet, alze er broder Melcher sze to manne gheuen scole hebben, unde er genoghe myt der medegyft scole schen weszen vor vader erue, unde scole darmede gansliken auegesundert weszen etc. Dar secht sze nen tho, unde wil sick des weren na vroweliker tucht unde wyze, alze recht ys. Sententia etc.: Nademmale Anne Jageduuels wedewe upbrynghet unde settet, dat Melcher Jageduuel eren man Annen syner suster de Trepetowesche to manne gheuen hebbe myt eres vader nagelaten gude, myt alzo vele alze ere to eren dele behoren muchte, myt alszodaneme underscheyde, dat er broder unde er moder scolden beholden hus unde hoff, unde wat darunder inne were, darmede scalden sze van eynander gesundert syn etc. Unde alze denne Anne Trepetowen wedewe szodane

[1] Mitwirkung.

sunderinghe, szo vor beroret is, angespraken werth, szo en mach ze sick myt eres enes hant na vrowelicker wysze nicht auenemen noch unsculdich werden, sunder szo hoch unde myt wo velen bederuen luden sze des van Jageduuels wedewe angespraken werth, szo starck moth se sick des auenemen, myt framen luden unbesculden an eren rechten up den hylghen alze recht ys; oft sze Jageduuel wedewe tuchnisse nicht lyden wolde unde bauen VII manne tuchnisse en derff sze nemen, nener hogher tuchnisse liden, wert denne de Trepetowesche szodanes vorwunnen, alze recht, wes denne in der eestiftige tuschen Melcher unde synem wyue bededinget ys, des sze vullenkamen kan myt eren dedingesluden alze recht is, dar muste denne dat darby bliuen unde dat stande eygen unde liggende grunde van eren olderen herkamen ys, dat kan der Jageduuelschen nicht hinderlick syn, wert ouer de Trepetowesche der sunderinge alse recht ys nicht ouerwunnen, unde hadde sze in de dedingeder eestiftinge eres broder nicht gewillet noch gevulbordet, szo wer sze negher unde myt beterme rechte by sodanen standen eygen unde liggende grunde, de se van eren oldere herghekamen, de sze erem broder nicht vorlaten heft, to bliuende, wen de Jageduuelsche darvan gedrengen mach, van rechts w.

Kap. 183.

Unszen fruntliken gruth to vorne etc. Dogethsame besunderge gude frundynne, szo gy uns van ethliker sake weghen frowen Palmien, Albrecht Westhuals juwes vorstoruen huswerdes nagelaten dochter, an eyneme, unde juwes sulues amme anderen dele anlangende gescreuen unde uns recht darup tho sprekende etc., spreke wy schepen to Magd. uppe de suluen scryfte vor recht: hebbe wy jw myt Albrecht Westhuale, juwen eliken manne, imme I unde negendesten jar also under eynander begyftighet, szo gy er denne de gnante juwe elike man van dodes wegen aue wurden, dat he denne juwe negesten eruen V unde XX m. gheuen scolde unde beholden denne alle guth, wo ouer jwe elike man storue, denne gy alze denne syne negesten eruen geuen scholden LXXX marck unde beholden denne alle guth etc. Js denne nu anne negesten de gnante jwe elike man in godt vorscheyden, unde de bemelten frowen Palmyen syne lyflike dochter, van eyner warynghen frowen getughet, na sick ghelaten, alse denne mach vurder vormeldinghe juwer vraghe, al de gudere, alze hus unde hoff unde alle varende haue, szo juwe wert na sick ghelaten heft deme suluen juwen manne nicht van erues weghen anghekamen, sunder syn eyghen wolgewunnen guder geweszet, unde de ock en deyls myt jw gekreghen, szo heft he ock myt sulken synen eyghen gewonnen guderen tho donde edder tho latende gehath, dat he jw darmede ane vulborth syner dochter unde negesten eruen wol hefft begyftigen moghen, unde daranne kan jw juwe dochter myt erer ansaghe edder ock myt der bysprake, alsze in de gaue ghedan, nichtes hinderen, sunder alze idt in der vorberorden gaue also vurder mede uthgedrucket is, szo gy den doth juwes mannes erleuen worden, dat gy alze denne syne negesten eruen LXXX m. gheuen scholden unde beholden alle guth, des hebbe gy jw nach lude sulker gaue alzo billiken to holdende, unde gy mothen jw uth deme gemeynen gude der bemelten frowen Palmyen de LXXX m. uthrichten, unde hocher kan sze jw nu nicht drengen, sunder gy moghen alle guth bauen de LXXX m. billiken beholden, van r. weghen, vorsegelt myth unszeme inghesegel.

Kap. 184.

Unsen fruntliken gruth to vorne, erszamen beszunder gude frunth, szo gy uns van etliker szake wegen, jw sulues an eynen unde Casper Poleman an anders dele anlanghende ghescreuen, unde uns recht up to sprekende gebeden hebben etc., spreke wy schepen tho Magd. up de sulue scrifte vor recht: hefft na bemeldinge juwer vrage Peter Daueke jwe styfvader myt frowen Mettis, juwer moder twye kinder in der ee getughet unde ghemelte Daueke darna vorstoruen unde de suluen syne beydh kyndere myt syner husfrowen hinder sick gelaten, up de he syne gudere alle geuellet, unde juwe moder darna Casperen Pulman, eren drudden man tho der ee genamen, de suluegbe sick in der eestyftinghe bewilghet, dath he den beyden Peter Daueken naghelaten dochteren vor eres selyghen vader erue VII^{c} m., VIII marck lodyghe suluers, II Leydesche laken unde alle kisten gherede, alsze twen iuncfrowen tho ghehoret, wen se scholen beraden werden, geuen wolde, des gy jw myt den eededinghes luden uth thovoren erbyeden, darna syn de upghemelten II kindere dodes haluen voruallen, unde den van Caspere Pulman sulken eren vederlike gerechticheit unvorvogeth gebleuen, de suluen godere hebben sze erer moder in den schoth gebracht unde geuellet, unde vrowe Metthe jwe moder ghemelten Paleman, erem lesten eemanne, vor den schepen to Prentzlow up ereme husze, unde nicht vor gherichte de godere, de sze muchte tho vorgheuen de macht hebben, vorreykent unde upgedraghen, dat alles hinder jw schole gescheyn syn, unde gy sulken gaue bynnen rechter tyd bysprake unde rechtliken wedderdedinghet, unde darna vrowe Metthe jwe moder ock vorstoruen, unde Casper Paleman vormeynt sulke godere, alsze jwe seleghe moder hinder sick gelaten, vor sick alle to beholdende, unde jw also deme neghesten eruen jwer moder darvan to bringhen etc. Wes denne de suluighen beyde Peter Dauoken kinder erues unde gudes dar to erue ghehorth unde sze nach rechte voreruen muchten unde des sze ock van Paleman, eren steffvader, na lude jwer vraghe unvornoghet gebleuen hinder sick gelaten, dat hebben sze alles erer moder in den schoth gebracht unde geuellet, unde alse denne jwe selighe moder ock darna vorstoruen ys, wes sze denne ock na ereme dode an standighen unde liggenden grunde, de er van erues weghen angekamen synt gewesth, unde de szy ereme eeliken manne myt wyllen unde vulborth jwer, alse eres negesten eruen, in kreftigher stede alse vor gehegeden gerichte nicht upgedragen noch vorlaten hadden, na sick gelaten, de suluen heft sze up jw alsze eren lyffliken sone unde negesten erue gebracht unde voreruet, weren dar ock vorbreuede godere, de suluen muchte men ock na breues lude irkennen unde richten, sunder wes jwe seleghe moder in varende haue gelaten hadde, de sulue ys na ereme dode de Casper Paleman ereme eeliken manne gebleuen, szo dat he jw van der varende haue nichtes derff geuen, noch volgen laten, szunder de anderen erfliken godere moten jw van em alles entrichtet unde heruthgerekent werden, van rechtes weghen, vorsegelt myt unsen ingezegel.

Kap. 185.

Oft eyn man geue syneme wyue al syn guth in sulker wyse, ofth sze sick wedder bemande unde se neme eyn anderen man, unde hadde int alle rede, er se den man neme, jar unde dach beszeten etc. Hyr up: Nademe dat de vrowe enen anderen na syneme dode weddergenamen heft unde heft den louen nicht geholden, so schal men er ock sodane guth nicht volgen laten, sunder ys wes sunderlikes gudes uth deme gude gegeuen, oft sze sick jo wedder bemande, dat schal men er volgen laten, heft se ock van den guderen wes vorkoft, dat moth se den eruen van rechtes weghen wedderschicken.

Kap. 186—189 = M. Fr. II. 2. 14, I. 12. 2, III. 4. 1, 3, III. 1. 7.

Kap. 190.

Vortmer: Hinrick unde syn frunth hebben gebracht Claues Baden vor gerichte gebunden, eyn metzer in syne hanth, unde clagen, dat he myt em szath in guder selschop in byrbencken, unde dat he em dar stack myt deme suluen metzer eyn wunde in syn liff, unde de richter unde schepen hebben de wunde beseen unde hebben de campferdich gedeylet, des Hinrick unde syn frunth clagen, unde vragen umme recht, nademmale de wunde szo verlick ys, unde vruchten sze ga em in dat leuent, oft men en ycht schole setten in de hechte[1], alse szo langhe wente men sze, oft men de wunde scla tho des leuende edder tho deme dode; des deylen unse schepen vor recht, men schole ene setten in des Baden hus tho der tydt, dat men seghe, oft em de wunde sloghe tho des leuende oft to deme dode, Claues Bade unde syn frunth van syner weghen vraghen umme recht: Na der tydt, dat he szo gebunden heft geseten in des Baden hus XIIII daghe unde lenck, oft he icht schole syn recht liden, alse ghedeylet ys, unde darmyt qwyth sy, edder wo langhe he darna syne var sytten schole na dem Magd. rechte. Hyr up etc.: Don Hinrick Vos unde syn frunth brachten Claues Baden in gerichte myt hantafftigher dath unde der clage nicht hantafftich worden, do ys de claghe vornachtet, szo mach he des unschuldich werden, alse recht ys, unde derff nicht lengher sitten.

Kap. 191. 192 = M. Fr. I. 2. 8, I. 1. 21.

Kap. 193.

Oft eyn man den anderen beschuldighe van syner vrunde weghen, dat se em nicht helde unde syne vrunden dat gelauet were unde em nicht uplete al ere guth, dat er angheuallen was van ereme ersten manne, unde de ander dartho anthwerdet, dat syne vrundynnen nicht were ingebracht, alse dat gesecht were, de cleger secht, er sy inghebracht, dat vraget de antwerder daryeghen, oft he dat ydt bewyszen schale, unde wo he dat bewysen schal. Hyr up etc.: De cleger bewyszen sulff drudde tho den hylgen, unde wen he dat gedan heft, szo scal de anthwerder van der vrowen weghen holden, alse dat ghededynghet ys.

Kap. 194 = Gaupp, Schles. LR. S. 274.

Kap. 195.

De borgher van der Bretzen vunden swinen up ere eghen unde iageden de myt eren hunden, unde szy edder ere hunde weren ne dar aue getreden, unde jageden de besetten up der monneke eghen an der tynen (?), dar sloghen sze de swine vor eren hunden, dar quemen to de bure van der bardynne (?) ungeesketh, ungeropen, ungeboden, unde hulpe de swine slan myth eren hunden, oft se ock icht deel daranne hebben moghen. Hyr up etc.: De bure hebben also wol del, de de swine hulpen slan, alse burgher van der Breczen, van rechtes wegen.

---

[1] Haft.

Kap. 196.

Heft eyn man eyne der (?) edder eynen ganck mere men jar unde dach beszeten ane rechte wedderspraken, szo ys he dar negher tho beholden meth syneme rechte, wen em jemant myt syner ansprake entfaren moghe, van rechtes wegen.

Kap. 197.

Vortmer spreke wy schepen vor recht etc.: Do gy sulff drudde unbeschuldener manne an ereme recht vorrichteden up den hylghen, alse recht ys, dat jwe ingezeghel ane den bryff dar jw jwes broder wyff mede schuldighet, ane jwen willen unde vulbort gekamen sy, wen gy dat also vorrecht hebben, darmede entschuldighe gy jw des breues unde ingeszeghels, van rechts w.

Kap. 198.

Vortmer: Jurgen sprecket an Borcharde unde Ludeken unde Tyden, dat erer dryer ingeszeghel synt gehanghen an eynen bryff, de ludende ys, dat sze em gelaueth hebben vor Hansze unde synen eruen, de em schuldich ys VIII marck jarliker renthe vor hundert unde vor allen schaden; hyr anthwerden Borcharth unde Ludeke unde Tyde vorben. unde segghen aff allent dat Jurge benomet heft in syner ansprake unde segghen nen tho alle den stucken, unde kennen nicht der breue unde ingeszeghel unde hapen, sze synt szick des negher to werende. Hyr up etc.: Syntdemmale, dat Borcherth unde Ludeke unde Tyde to deme breue, ingezeghel unde to dem lauete, darumme sze van Jurgen angeclaghet werden, nen gespraken hebben, der denne eyn islick myt synes eynes hanth vorrechten up den hylghen, alse recht ys, dat de ingezeghel an deme breue nicht ensyn, unde Jurgen VIII marck renthe unde allerleye scaden hinder kosth unde teringhe, de daraff queme, vor Hansze unde synen eruen nicht vorlauet, vorbreueth noch vorscreuen hebben, wen se dat also vorrechtet hebben, szo synt sze Jurge van syner schulde weghen noch umme den scaden nicht plichtich, van rechtes w.

Kap. 199 = M. Fr. II. 3. 1.

Kap. 200.

Vortmer: Hinrick Eske claghet an Reggenbokes guth alszo hoch alse II[c] marck, de he em schuldich gebleuen ys, unde wyl dat betughen myt II bederuen luden unde biddet rechtes. Gerdt van der Hamme de anthwerdet to der claghe unde secht, Reggenbuck hefft ghedan allenthen up der strate, unde em hefft nemant ghemanet; nu he vorstoruen ys, nu kummet Hinrick Eske unde claghet an syn guth, unde nu hapet Berdt van der Hamme, Hinrick schole dat bewyszen, edder wes recht sy. Hyr up etc.: Alle guth, dat men besetten unde erclaghen wyl, dat scal men don in dem gherichte, dar dat in ys, heft nu Hinrick Eske Reggenbuckes guth besettet unde angeclaghet in dem gerichte, dar dat in ys, umme II° marck unde heft Gerdt van deme Hamme Reggenbuckes erffname dar voranthwerdet unde wyl he van Hinrick Esken inneringhe unde bewisinghe liden na doder hanth, so scal he de inneringhe unde bewisinghe nach Magd. rechte don sulff VII, alsze recht ys, unde sweren em dat, dat Regghenbuck de II° marck schuldich gebleuen sy, wolde ouer Gerdt van der Hamme der inneringhe unde bewysinghe nicht liden, szo mach he unschuldich werden sulff VII, alse recht ys, unde sweren to den hilgen, dat Regghenbuck der II° marck Hinrike nicht schuldich ys, van rechtes w.

Kap. 201.

Vortmer: Langhe schuldighet Snellen umme XX marck, de em Hinrick syn dode broder sy schuldich gebleuen van rechter schult; hyr anthwerdet Snelle aldus tho, syn broder ys vorstoruen redeliken myt vornunft, unde hefft in synem lesten der XX marck ne bekant, dat he em de schuldich were, unde weth dar ane nicht, unde biddet umme recht. Hyr up etc.: Nademmale Claues Langhe schuldighet Snellen umme XX marck, de em Hinrick syn dode broder sy schuldich gebleuen, unde Snelle secht, dat he van der schult nicht en weth, szo moth Langhe em de schult inneren unde tobringhen sulff VII na doder hanth, alse recht ys, oft Snelle de inneringhe lyden wyl. wolde he ouer des nicht liden, szo mach he des sulff VII entgan, unde sweren, dat syn dode broder em des geldes nicht schuldich gebleuen sy, van rechtes w.

Kap. 202 = M. Fr. I. 15. 7.

Kap. 203.

Eyne wedewe warth kranck, unde in der kranckheyt dachte an dat gadeshus, des nam se eynen apenbaren scryuer, unde gynck uth ereme husze ane staff unde ane leydenth, unde gaff vor deme scriuer dem gadeshusze XVI sch. gr. na ereme dode, alse don de vrowe wedder sunt was geworden, don gynck sze ouer vor eyn apenbaren scriuer, unde gaff de gyfft noch eyns by ereme sunden liue, darna starff de vrowe, unde de eruen hebben dat gelth bekummert myt werlikeme gherichte; oft nu das gadeshus icht myt meren rechten moge blyuen by deme gelde, wen der vrowen eruen darvan drenghen moghe, edder wes recht sy. Hyr up etc.: Moghen de vorstendere myt eneme vulstendighe instrumente bewysen, dat de vrowe by ereme sunden lyue de XVI sch. gr. den gadeshusze gegeuen heft na ereme dode, unde deme vorstendere, dat er dat gelt schuldich was, geheten unde beualen heft, deme gadeshusze to geuende, szo ys dat gadeshus negher by dem gelde tho blyuen, wen de eruen edder yemant anders darane hinderen moghen edder wedderspraken, van r. w.

Kap. 204.

Gy H. hebben uns gefraghet, dat eyn jode myt eynes cristenmanne, dem was up den ruggen gebunden mere men II marck unser pennynghe, unde quam vor den richter unde vor uns unde vor unse burgher buten deme gehegeden dynghe, unde de jode heft geclaghet auer synen dyff unde des landes, dat he em hefft gestalen syn rechte guth, unde dar heft he syn ruchte tho gedan; dar de cristenman tho geanthwerdet, dat he des unschuldich ys, des heft de jode laten vraghen umme eyn recht, wente he darsteyth myt der deverye up synen rugghen ghebunden, oft he icht negher sy auer to gande, des ys em gefunden vor recht van unsen burgheren, dat de jode en neger ys ouer tho gande, de he sze, dat he em rechte do; dyt ys gedeylet myth der scepen vulborth, des heft de jode laten vraghen umme eyn recht, wo he synen dyff tho rechte wynnen scal, wente he eyn jode ys, des en synt wy nicht wys, unde bidden um eyn recht. Hyr up: dat de jode den cristen ouerwynnen scal myt VII cristenmanne, de scholen sweren up den hylgen, dat dath guth up den cristenmanne up den rugghen gebunden ys, dat en dat wytlick sy, dat ydt deme joden eyntgeydt jeghen den cristenman in disser sake, van r. w.

Kap. 205.

Vortmer eyn ordel: heft Block des kyndes vader synes kindes kiste, de he in syner were hadde dorch des derffliken[1] gudes wyllen, dat dar in was upgebraken, do em de Spykermasche den slotel nicht don wolde, darumme ys he nicht plichtich, van rechts w.

Kap. 206.

Eyn heft den anderen angeclaghet umme XII Lub. mark, de he em heft gedan tho beholdende in syner kyste in vrommeden lande, unde de dar angeclaghet ys, heft laten affsegghen de vorben. XII mark unde dat gelt an tho donde, unde allent dat he in synen claghen hadde laten nomen, dat em schedelick moghe syn, sunder des alleyne ys he eyn bekant man, dat he em syne kyste heft geapent in vrommeden lande, dar sze beide geste weren up

[1] ? erfliken.

syn euenture, heft de dar auebraken, dat wyl he vorboten myt synen pennynghen, alse he van rechte scal, des heft de clegher laten vraghen, nademmale, dat he bekent, oft eyne bote moghe myn wesen wen vorben. pennynghe, edder wat recht sy. Hyr up etc.: Nademmale de anthwerder bekenth, dat he deme clegher de kyste gheapent hebbe up syn eventure, wyl he den eydt dartho don, dat dat ben. gelt ane syne vorwarelosynghe em affgegan sy, szo blyfft de anthwerder des ane schaden unde ys deme clegher nen bote mere plichtich darumme tho donde na rechte etc.

Kap. 207—210 = M. Fr. I. 9. 1, II. 2. 12, I. 8. 7, I. 9. 2.

Kap. 211.

Wereth dat eyner vrowen ere man storue, unde de man lethe kynder na, unde de frowe berychtede sick tho der noghe myt der kynder vormunder unde eyn genanth gelt tho geuende, unde sze en wuste doch suluen nich, dat se van deme manne kranck were gebleuen unde telede darna eyn junck kynth tho rechter tydt, unde dat storue tho hanth, dat kynth heft syn deyl van dem gude, dat synen boleken vor was gemaket, unde eruet dat vorth up synen neghesten eruen, unde de makynghe, de synen boleken vorgemaket ys, dat scal em nicht hinderen, van rechts w., gehalt to Magd.

Kap. 212.

Vortmer, wo olt eyn manname edder vrowesname schole syn, dath sze mundich moghen syn van rechte. Hyr up etc.: Wen eyn kynth XII jar olt ys, szo ys idt mundich, van r. wegen.

Kap. 213.

Wereth dat eyn unmundich kynth eyn eruen laten wolde, de scolde men borghen setten, szo lange dat dath kynth mundich worde, weddersprecket dat kynth de gyft edder dat erue bynnen jar unde daghe, szo scholdeme den borghen manen, dat se dat kynth vormuchten, dat idt dat helde, weddersprecke id ouer des nicht bynnen jar unde daghe, szo mach men idt des darna nicht wedderspreken na rechte, idt beneme em denne echte noth etc.

Kap. 214.

Eyne vrowe claghet up eynen man, wo syn kynth V jar olt ghelemeth heft ere kynth VI jar olt etc. De man anthwerdet unde secht neen dartho, unde ys em unde synen wyue unwytlick, unde hapeth, he sze ere des negher entgande myt synes eyns hanth, wen sze em tho tobrynghende. Hyr up etc.: Synthdemmale, dat de vrowe deme manne van synes kyndes weghen umme lemenisse, de syn kynth ereme kynde schole gedan hebben, myt eyner slychten claghe anlanghet unde beschuldyghet, unde de man dat darjeghen upgebracht heft, dat em unde synem wyue unwytlick ys, dat ere kinth der vrowen kynth scal gelemet hebben, unde syn wyff tho der navollynghe vor dem richter unde vor den ersten neen secht, so moth des mannes wyff szick eynes sulken myt eres enes hanth up den hylghen alse recht ys entschuldighen, unde de man mach synen szone, de van V jaren ys, uththeen unde em an sulker lemede, szo sick dat dorch recht behoret, unschuldich maken.

Kap. 215 = M. Fr. II. 1. 2.

Kap. 216.

Eyn man worth gewundet, don quam eyn in syne kranckheyt unde kofte em eyn perth aue unde gaff em rethghelt, unde nam dat perth an, unde an deme XV daghe starff de man, done quam des doden mannes broder, unde dedynghede dat perth an vor vorvergewede (?), wes recht darumme sy. Hyr up.: Nademmale dath de gewundede man dath perth vorkoffte unde leth dath uth syner were ane rechte wedderspracke, szo scal de jene beholden, de dat kofte, na rechte.

Kap. 217.

Oft eyn man eyn erue oft eynen hoff vorkofte, des he nicht ghenumeth edder upgegheuen heft vor eyn gheheghet dynck wytlick richte unde schepen, kummet dar jenich schade van, szo ys de schade, de daraff entsteyt unde schueth, desjenen, de dath erue vorkoft hefft, dath sze denne myt ghenanten worden vorbenometh unde uthgenamen[1], van rechts w.

Kap. 218.

Gerdt heft anghespraken Scroder, dat he em affgekoft heft eyn bode, dar em Schroder noch aff schuldich ys L marck. Hyr anthwerdet Scroder unde secht aff de L mark, unde he sy em nichtes schuldich, unde hapet, he sy em meth synes enes hanth negher untgande, wen he em dat to thobringhende; darup vraghet Gerdt, offt he em kopes bekent, Scroder sede ja, darup vraget Gerth, offt Scroder de bereydynghe ock bewysen schole, alsze recht ys. Hyr up etc.: He scal dat bewysen van rechtes weghen sulf III tho deme neghesten dynghe; szo heft Scroder gedan, unde brachte II bederue lude tho sick, unde was auerbodich[2], darup heft ghevraghet, oft de tughe idt van rechtes weghen nicht scholen seggen, yn wat stunde

[1] benennen.
[2] oberbotich, erbötig.

unde stede, wen unde wor de bereydinghe scheen were, dar szy doch de richtere umme vraghet, dar se em doch nicht upszede. Nachdemmale dat Scroder II bederue lude syne tughe vor gerichte to deme neghesten dinghe, alse em van jw ghevunden ys unde gedeylet was, gebracht heft, unde auerbodich geweset ys, darmede to vulkamende, szo Schode Gerth an eyn sulkes van en upgenamen hebben unde muth dat noch van em upnemen, offt den tughen bereydinghe wytliken ys, unde de suluen tughe deruen in eren tuchnissen nicht uthsegghen stunde unde stede unde wore unde wende bereydynghe schen ys nach Magd. rechte, van rechts w.

Kap. 219.

Vortmer eyn ordel: De borghemeyster unde rathmanne synt plichtich jw to leydende[1] vor unrechte walth unde tho kamende jw tho vorantwerdende tho dissen II claghen unde wes he mer tho claghende heft, de dat jwe lyff unde ere berouen mochte, unde weygherden sze jw des unde leten darbauen jennyghe ordel edder claghen auer jw gan, dar gy scadafftich van worden, den scaden weren se jw plichtyghet to benemende unde gy muchten se umme de weygheringhe unde umme jwen scaden vor jwen ouersten heren edder vor ghérichte vorclaghen, wor gy des bekamen kunden noch rechte, van r. w.

Kap. 220.

Off eyner aueruaren worde edder ouerreden worde myt perden edder waghen, dat he lemet worde darvan also, dat he dat leuent beholde, wo men dat tho vorboten scholde. Hyr up: de lemenysse scal de vorboten, de de perde in syne were nomen hefft, myt synen enen haluen wereghelde, dat synt IX punth.

Kap. 221.

Hefft eyn godere myt synen grotevader ghekoft unde denyghe samende hant unde tynsze in gheweren hebben unde de grotevader den storue, oft he van weghen lene der syn ghesameder hanth gehath hebben, edder vorkofft scole saken (?) unde entfangen. Hyr up: heft jenner eyn bryff, daryn de lenheren bekennen der ghesamende hant, szo hebbe gy van de ghesamende hant weghen to deme tynsze rechte unde deruen des anderverue len entvanghen, dar gy yn samender hanth alle rede mede belent syn unde syn deme heren nicht losz gheworden, unde gy hebben de tynsze myt der gheuen, der sze jw tostadet hebben myt beteren.

[1] Geleit geben.

Kap. 222.

Vortmer hefft vor uns geweset Albrecht, unde hefft angespraken Jasper, wo dat he myt sulffrecht unde vorsate sick ghesettet hebben in syn len, dat Albrechte anghekamen ys van erues wegen, de eruen, de de lenewere beszeten hebben, de hebben sze vrideliken beseten sunder jennygherleye ansprake, unde hebben dat vorlyet mer den eyns, II efte III, unde Jasper heft dat nywerlde vorleghen, noch syn vader oft grotevader nicht, szo heft Albrecht nu dat len vorleghen eynem armen prester, de in de besyttinghe kamen ys dorch breue des biscoppes, alse ys na inholdynghe unde uthwysynghe der confirmacion, darup Albrecht syck vorbaden heft, van den biscoppe van Cammyn synem capittule, vor beide capittule, myt uns bynnen bock vor de geystlikes rechtes syck vornemen unde clock synt, vor deme rade und ock vor uns richter unde scepen r. gude unde vrunth, unde wes de vorbenanten heren in dem rechte edder gheliken derkennen kunde, dar en bauen Jasper Albrecht len, eynen kreyter ghelyet, de deme armen prester, den Albrecht belenet heft unde em suluen to groten scaten brenghet, den he wolde to em unde tho synem gude so hoch alse II[c] rynske gulden, unde secht aff, dat myt vorsate sick schole gesettet hebben in Albrechtes len, unde secht aff alles, wes Albrecht in syne clage toghen heft unde antwerdet to der clage myt underscheyde aldus: er bekennet ys, dat he dat len vorleghen hefft alse syn len unde geystliken personen unde hapet, he hebbe recht tho de lyginghe mer, wen Albrecht unde de genne, deme he dat gelegen heft, de heft de sake gebracht in geystlik recht, dar se noch ynne henghet, unde uth r. nicht entsettet synt, szo hapet he to gade unde tho r., dat se em nenes anthwerdes pleghe sy vor deme werliken rechte unde darumme geueten Magd. recht. Hyr up etc.: Engegen vraget Albrecht, nachdemmale, dat se beyde beszeten synt under eneme richter unde under ener herscop beyde bezeten synt, tho werliken Magd. rechte, szo hapet, he scholde eyn vulkamen antwerde don, unde biddet recht. Hyr up etc.: Syntdemmale, dat Albrecht Jasper in syne schulde angeclaget unde beschuldiget, wo dat he syck myt sulffrecht unde myt vorsate in syn len, dat em van erues wegen anghekamen ys, unde vor eynen armen prester leghen hefft, gesettet hebbe, unde Jasper yn syn antwerde bekent, dat he dat len alse syn len eyn geystliken personen gelegen heft, szo moten beyde parthe umme sulke saken, alse id eyn geystlick len ys, anlanghende, vor ereme geystliken richter kamen, dar an beyden syden ere bewysynghe vorlegghen, unde dar suluest der sake tho uthdrage kamen, war deme

Albrecht dat sulue len myt rechte thosteyt, denne szo muste em Jasper tho syneme scaden antwerden unde kunde sick denne des myt synen insaghen nicht erweren, van rechts w.

Kap. 223 = M. Fr. II. 1. 1.

Kap. 224.

We eyn perth lyet unde heft dat in syne were, unde wert dat vorwarloszet unde tuget em des degenne, de id em lech, unde wyl des degenne vorsaken de dat lech, des mach he unschuldich werden up den hylgen; sprecket em ouer de cleger to myt tughen, des moth em de antwerder entgan myt getughen alse r. sy.

Kap. 225.

Eyn man lech deme anderen eyn perth, dat eyner in synem gheschefte, don he dat tho husze brachte, don banth he dat an eyn krybbe myt eynem tome, unde antwerdede dat perth nemande noch deme werde noch deme gesynde, done de werth to hus quam unde vant dat perth stan by der krybbe, don duchte em, dat deme perde wen we gedan, des gynck he tho deme gennen unde sede, dat deme perde were we gedan, don gynghen sze beyde tho dem perde, don sprack de dat pert geleghen hadde, he hadde em nicht we gedan, denne he noch wolde he gherne don, wath bedderuen luden guth unde moghelick duchte weszen, alszo deden sze beyde dem perde dat beste, dat sze muchten alszo langhe, dat dat perth bynnen VIII daghen starff. Hyr up etc.: Deme he syn perth ghelegen heft, den scal he darumme beschuldighen, dat he em dat heft syn perth gezunth geleghen, unde de hefft deme perde we gedan, unde heft em dat vorwarloszet, bekennet he des, he scal em dath ghelden, unde scal et myt em maken, dat em noghet, vorsaket he em ouer des, dat he em nicht hebbe we gedan, unde dath perth nicht van syner weghen vorwarloszet ys, des scal he van em kamen myt synem rechte up den hylgen, unde spreke ain des myt getughe entgan, alsze recht ys.

Kap. 226—226[b] = M. Fr. III. 9. 3, I. 6, 3, I. 12. 7.

Kap. 227.

Vortmer: Tele Jacob Kunnen wedewe claget an ere dochter Greten unde Claues Wygghere der suluesten Greten man umme vorworth, de sze Jacob Kunnen gesecht unde gelauet hebbe, don he sze bath, dath sze scholden ere moder bozeten laten myt alme gude de wyle sze leuede, unde dar heft Grete unde ere man vorbenomet ja tho gesecht, unde wente dat sze myt erem Clauesze, dath he benennen wolde, szo wolde sze dat bewyszen myt anderen kynderen, dar de auer weren, alse myt Hinrick Kunnen unde Korth Kunnen, eres sones unde myt erer dochter, unde myt der stath swarere[1] knechte, unde der vorbenomeden Hinrick unde Korth Kunnen boszeten borgher syn bynnen Stettin, unde hebben dat suluen bejawordet myt erer suster, de dat ock bevulbordet hefft; hyr up antwerdet Claues Wyggher aldus, offt Grete syn wyff ichtes wat bevulbordet hadde sunder synen wyllen unde wytschop, dat hapet Claues, dat schole machtlos syn, wente he er here unde vormunder ys, vortmer antwerdet Claues Wyggher aldus, he secht aue de clage unde de ticht, de sze em getyget, dat he er bejayt unde bevulbordet schole hebben, dar secht he nen tho unde wyl sick des weren, alse recht ys, unde he hapet, he sy sick negher tho werende, wen em jemant dat to tobrynghende; ok hapet Claues, nademmale, dat eth ere kynder syn, dar sze dat mede bewysen wyl, unde der suluen kyndere eyn deyl, in der vrowen broder syn (?) unde der suluen kynder eyn deyl hebben guth uth der moder guder in erer guth gebracht sunder Claues Wyggher wylle unde vulborth, szo hapet Claues, dath de kynder der moder nicht scholen helpen tughen tho dyssem rechte, unde offt van dyssen tughen vorbenomet de vrowen jemant helpen muchte tho dyssem rechte, szo hapet Claues, he sy sick des negher to werende alse r. sy, wen sze em thobrynghende edder wes recht sy. Hyr up antwerdet Tele Jacob Kunnen wedewe to, nademmale, dat sze thosprecket Greten erer dochterman, so schole sy islick besunderghen vor sick antwerden, unde scole szo stark ere uthgan, alsze er Tele tosprecket, synt der tidt et alle ere kynder synt unde don enen szo vele gelt alse dem anderen, unde hapet, sze moghen er helpen tho eren rechten, edder wes recht darumme sy. Hyr up etc.: Alsze Tele Jacob Kunnen wedewe Greten erer dochter unde Claues Wyggher der suluen erer dochterman anclaget vorworth unde gelouete, alse dysse vrage thogeyt unde inholt, so mach Claues Wyggher sick unde syn wyff weren, up des wyues eyt wol vorantwerden, unde he moth van synes wyues weghen vrowen Telen dysser tospraken bekennen edder vorsaken, bekennet he des van synes wyues wegen edder werth de des ouerwunnen na r., dat syn wyff ereme vader Jacob Kunnen unde Telen der moder gedan hebben sulke vorworth unde gelauete, szo ys sze des plichtich to holdende, vorsaket he ouer des unde werth des nicht ouerwunnen, szo moth he des entgan, nachdemmale, dat he mede geschuldighet ys, unde ys des negher tho entgande myt synes

[1] geschworene.

enes hant van syner weghen, wen dat Tele, synes wyues moder, em dat myt sulken tughen, alse myt eren kynderen auerkamen mach, wente kynder in sulken saken den olderen tuchnisse tho donde, vorlecht[1] syn, unde myt den eynen tughe, alse stathknecht, kan sze szy nicht auertughen, unde Grete syn wyff moth van erer weghen den eyt suluen don, unde er unschult, van r. w.

Kap. 228.

Vortmer: Claues Knuflock heft angespraken Hinrick Kersten unde Baghemyle, wo se em ghelauet hebben eyn vrowe to rechte to stellende, edder vor de szake to antwerdende, dar he tosprake to hadde up IIII^c marck, unde hebben szo ghelauet. Wereth dat se dat nicht szo enhelden edder brachten nicht II uth dem rade van deme Damme, hyr to den barvoten in dem cruceganck to vuller macht to vorschenkende de szake, szo scholden sze de szake unde tosprake vorlaren hebben, szo hebben sze dat nicht geholden, alse idt ghededynget was, szo heft em Knuflock tosprake gedan umme de IIII^c marck myt bewysynghe, darup ys en an beyden syden gedeylet vor recht, we de beste bewysynghe hadde to deme negesten dynghe, de scholde des gheneten. Darna tho dem negesten dynghe syn sze to byden syden in deme hegeden dynghe gewest unde Knufflock quam VII th. (?) gerichte de myt den beden, dat to tugende unde to segghende, alsze recht ys, dat et jo were, alse Knufflock Hinrick unde Baghemyle szede unde begherde darto antwerdes; hyrto antwerdet Hinrick unde secht aff allent, dat em Knufflock benomet in syner clage, unde heft myt syner gewysynghe gewest vor gerichte, de an unde ouer de sake unde dedynghe geweszet syn, unde hapet to rechte, nademmale dat idt nyne hantaftighe gedaeth sy edder sake unde em des negher tho entgande sulff III bederue luden, de ouer de sake geweszet syn, wen Knuflock em des ouergan mach sulff VII, myt den de nicht ouer de sake unde dedynghe geweset syn unde geredet gerichte. Hyr up antwerdeth Knuflock, szo alsze he Hinrick tospraken heft sulf VII bederue lude, de eren louen werdich synt, de dat beden in den hilgen to swerende, dat Knufflokes sake szo were, alze he Hinrike toludede, szo hapet he to r., Hinrick schole sick des so starck hebben to werende, alsze em Knuflok tospraken heft, nademmale em deylet was, de de beste bewysynghe hadde, de scholde des gneten unde r. Hyr up etc.: Syntdemmale dat Hinrick Kersten afgesecht heft allent dat Knuflock in syner clage benomede unde sick Knoflock bewysynghe erwerde

[1] ausgeschlossen.

unde nicht tholaten wolde, so mach he der schult myt bederuen luden unbeschuldet an eren rechten, de men van gethuge nicht vorleggen kan, sulf VII alse he der van Knofloke ansprake ys, entgan unde unschuldich werden, unde mach sick sulf III nicht entleddyghen, sze vurder oft neyn ordele ouer de sake gegan syn, alsze sze er tuchnisse unde bewysynghe beyde sick vor gerichte gehat hebben, van r. w.

Kap. 229.

Vortmer: Ys eyn cleger Beryngher tho Dromel van syner kynder weghen, so alze de fruntschop gededynghet ys tuschen Dromele unde Hinricke van Affenschen szelyghen dachtnisse, sze dedynghe velth Dromel unde wyl der nicht holden unde begheret antwerdes; hyryeghen secht Dromel, idt ys gescheyn, dat he sick hadde vorandert myt eyner erliken wedewen, unde in den dedynghen er se em gelauet varth gheroret, dat he er inbrynghen scholde III^c marck, szo scholde he daryeghen by er vynden in erem redesten gude III^c marck unde szo worth vorbath gededynghet, weret dat he eren doth leuede sunder eruen, van em beyden gheharen, szo scholde he ere negesten eren vedderken V^c marck, des geliken schol de sze ock don synen eruen, des ys de erlike vrowe vorstoruen, unde alse Beringher secht, dat Dromel de dedynghe velth, dar secht he neyn tho unde ys ouerbodich unde biddet etc. Hyr up etc.: Wat de vrowe, de Dromels eelike husfrowe gewest ys, stande eyghen unde lyggende grunde gelathen heft, des sze erem manne vor gerichte in der stath, dat idt kraft unde macht heft, nicht upgelaten unde gegeuen heft, dat heft sze eruet up er negesten eruen, unde alze de dedinghe tuschen den man unde der frowen in der estifftinghe gemaket synt, dar de III^c marck to er inbrynghen scolde, unde de vrowe daran jegen ock III^c marck bringen scolde van eren redesten gude, unde we des anderen doth leuede, de scolde van eres redesten gude, den II III^c marck des anderen eruen, V^c m. van sick keren; de dedinge de alzo bederue lude gededinghet hebben, des is me zo plichtich to holdende, dat redeste guth alze denne de varende haue unde rethgelt, dat reth ys, szo scal men dat reken unde de III^c m. to hope bringen, ys dar wes brock an, dat scal men van den stande eygen betalen, unde dar to legghen unde denne der vrowen eruen V^c marck wedderkeren, unde Dromel mach umme der dedinghe willen der varenden haue to vorne nicht beholden, van r. w.

Kap. 230.

Vortmer: Wobbermyn claget up Joann, dat he em gelauet heft eyne bederue frowe, dar he em vorwordt mede geloueth VIII^c marck, der vorwordt heft he em nicht geholden, alze he nicht wolde, umme VIII^{c} marck unde biddet r. Dar antwerdet Joan tho, he sick heft eyne vrye unde vruntscop gededinget myt bedderuen luden tuschen Wobbermyne unde der bedderuen vrowen unde bekennet, dat he eyn lauer ys, alze to dem negesten dinghe, dat to kamende was, dat erer eyn dem anderen holden scolde, alze edt de bedderue lude gededinget hadden, des heft Hinrick de frowe beslapen II nacht, des drudden daghes wart der vrowen we unde starff des IIII dages darna, dat de frowe nicht en lauede beth to deme dinge, alze ick gelauede, dat hefft godt unde de doth gescheiden unde bidde umme r. Hyr up etc.: Nademmale dat Joan Hinrick Wobbermyne, der louete, bekennet, szo ys he em der plichtich to holdende likerwys, efte de frowe leuede, van r. w.

Kap. 231.

Vortmer claget Hans up Jacob, dat he heft em gelauet van Reymers wegen vor XX marck unde biddet r. Jacob bekennet des lauedes up sunte Michels dach, men he szecht, dat Hans heft Reymer sunderliken dach gegeuen ane synen willen unde vulborth unde heft ene darna yn eynen haluen jare nicht gemanet, unde biddet r. Hyr up etc.: Nademmale, dat Hans Reymer eynen sunderliken dach heft gegeuen ane Jacobs wille, unde hefft Jacob Hanse vor de XX marck besunderen nicht gelauet, szo ys dat borgetoch[1] gewandelt, unde Jacob ys des ersten louetes losz, van rechtes wegen.

Kap. 232.

Vortmer: Des mannes eruen synt plichtich, der frowen erue dat louete to holdende, dar he sze myt der helfte synes gudes begyfftigen scolde, oft sze des bekennen edder em myt r. togebracht werdt, nachdemmale, dat ze na synen dode gestoruen ys, mer der frowen eruen synt ock wedderplichtich in dat guth to bringende sulck guth, alze sze an der vrowen medegyfft brock worden ys, des sze bekennen edder em myth rechte thogebracht werth.

Kap. 233.

Vortmer: Nachdemmale de antwerder bekennet, dat he syne borgen vorsettet heft, vor sodane fruntscop, alze vor erer twyer frunde dar gededinget was, unde wes denne de ancleger bewysen mach, dat tuschen syner suster unde des antwerders zone gededinget, myt bedderuen luden, de ouer de dedinge weszet syn alse recht ys, wes de antwerder daran nicht holden heft, des is he noch plege[2] to holdende, van r. w.

[1] Bürgschaft. [2] verpflichtet.

Kap. 234.

Vortmer: Des mannes eruen synt plichtich, der vrowen eruen dat louete to holdende, dat he se myt der helffte des gudes begiftigen scolde, oft sze des bekennen edder ene myt r. thogebracht werdt, nachdemmale dar ze na synen dode gestoruen ys, men der frowen eruen synt ock plichtich, in dat guth to bringhende sulck guth, alze an der frowen medegyfft brock worden ys, des sze bekennen edder myt r. togebracht werden, van rechts w.

Kap. 235.

Vortmer: Claues Buckholt wiff claget to Hans Tylen unde to Nicolaen, dat se er gelauet hebben in der eestifftinghe, dat ere man scolde in ere were brengen III^c marck, unde mach dat nabringen myt den dedingesluden, eft sze dat bonenen wolde; hyr antwerdet Thyle unde Nicolae unde seggen aue de summen geldes unde seggen, dat ys geschen, dat se laueden vor den vortganck, alse idt eyn szede ys, wor II to hope gelauet werden, dar moten sze to beyden syden borgen setten, dat szo tho holdende, also hebbe wy beyden gelauet in der suluen wyse. Ock sze hadde wol III^c marck in der eestifftinge, dar heft he affgedeelet unde vorkostet unde heft darmede kofft unde vorkofft unde hebben szeten vredeliken III verndel jars myt eynander unde hapen, se syn er des neger to entgande myt eres eynes hande wen sze en tobringende. Hyr up etc.: Syntdemmale Buckholt wedewe ansprecket Hans Tylen unde Nicolaen, dat se er gelauet hebben in ere III^c marck vinck. to bringende unde to antwerdende, alze de eestifftinge tuschen Buckholte unde er gedinget ys, unde settet vorth, se moge dat nabringen, alse r. ys, myt den dedingesluden, nicht vur to bewysende daran, denne Hans Tyle unde Nicolae eyn jewelick myt enes hant vor recht up den hylgen alse recht ys, dat sze Katherine Buckholtes nicht gelauet hebben III^c marck vink. in er were tho bringende unde to antwerdende, alse in der estifftige bededinget scole syn, unde dat Buckholt ock tho der tydt III^c marck vink. hadde, alse he Katherinen to der ee nam, wan sze dat also vorrechtet hebben, so synt se Katherinen vorgenant van des loftes weghen nicht plichtich.

Kap. 236.

Eyn man, genomet Claues, heft angespraken Philippus in dessen worden: Idt ys geschen, dat Hasse myt synen eruen em unde synen eruen heft vorkofft eyn lasst jarliker pacht, dar vor Philippus gelauet hefft dar szo tho holden, alse Hasse vorbreuet hefft, dat Claues myt den breuen bewysen kan; szo brecket Clauese an der pacht XIIII wynspel korns, ane de pacht, de Claues to Philippe myt recht vordert hefft, szo sprecket de Claues Philippe to umme de XIIII wynspel pacht, unde hapet, he scal dar nen edder ja to segghen. Hyrjegen secht Philippus, dat ene Claues ere heft angespraken umme V wynspel, unde doch de houetstul[1] was entrichtet, er he ene ansprack unde hapet, dath de tosprake ummechtich sy, nademmale, dat sze na der bereydinge des houetstuls ys geschen unde hapet, dat he ene vurder antwerden derff umme de XIIII wynspel. Hyr up etc.: Syntdemmale dat Claues Philippe umme XIIII wynspel vorseten pacht ane de pacht, de he tho den gnanten Philippus myt recht eruordert hefft, ansprecket unde claget, szo moth Philippus dem genanten Claues to der vorszetten pacht antwerden, unde kan sick des myt synen insagen, de he darjegen unde wedder gesath unde vorgeuen heft, nicht geschutten noch erweren, van r. w.

Kap. 237.

Oft eyn frowe stande eyghen unde lyggende grunde hadde, de sze erem manne vor gerichte nicht vorlaten heft edder in der estichtinge nicht gededinget ys, dat se em vorlaten scolde, der mach de man sunder eren willen nicht vorkopen noch vorsetten edder besweren, weret ouer, dat de man ere guder beswerde edder vorsettede unde storue, so scolen de eruen wedder vryen van deme erue, dat sze van dem manne nemen, szo verne alsze dat recket.

Kap. 238.

Vortmer: De rath van S. hebben angespraken eren borger gen. Bartolomeus hyr umme, idt ys geschen, dat mer erer borger unde Bartolomeus unde 1 stathknecht weren geweszen in eyn markede, unde taghen wedder uth dem markede, don se quemen dar sze sick besorgeden, don setteden se houetlude, den sze alle horen scholden[2], de beden de houetlude alle, die losze perde hadden, de scholden sze von denjennen, de nicht werhafftig weren, unde baden deme stadtknechte, dat he scholde vor in de wege drauen; do hadde de ock losze perde, de bant he ock an die anderen losze perde, de horden das vorg. Bart. unde vurg. Bart. zone, do szy vore reden, do bant B. zone desz stadtknechts perde losz von synen perden unde leth sze em van henden kamen. Doch volgedt de knecht, der slaue na woll III myle, dar he de perde vant by eynem houe, dan leth he richten. Darna, do sze in de stadt quemen, do ginck de stadtknecht vor den radt meth den anderen borgheren,

[1] Hauptstuhl, Kapital.
[2] Von hier an beginnt eine andere Schrift.

unde sprach em umme undath an, weret he dat benenen wolde; szo wyll de radt dat bewyszen meth den anderen, de meth uppe de reysze wyren. Hyr to anthwerdt B. unde secht, do he de perde affbant, dath was er de lantlude szeten, unde hefft sick doch meth den knechte woll vorscheyden, unde dat em etlike ouersecht hebben, dat he dat vor thetliken hefft gedhan, dar hebben zy em ungütliken an gedhan, unde secht dar neyn tho. Hyr tho . . .: Syntdemmale, dat der stadtknechte synes eygenen werues (?) uth geweszet is, unde dye borgemeyster unde rathmanne to S. suluest bekennen, dat dye myth den Bart. unde oren knechte van deszweghen, dat em B. zyne perde affgebunden hadde unde van aff handen bringen laten, enscheyden is unde B. to der vorrettliken vorzathe nen spreket, dar he den vorrechten up den hylghen alsze recht ys, dat he des stadtknechts perde meth vorrettliken vorzate nycht affgebunden hebbe, wen he dath alzo vorrechtet hebbe, szo is he dem to S. van erer schuldigen nychts plichts.

Kap. 239 = M. Fr. I. 16. 4.

Kap. 240.

Vortmer hebbe gy unsz gefraget alzus: Offt eyner woninghe vormidede, degenne dhe medheth effte he wes medede van eynen anderen in de woninghe, dath em miette worde zo zyner nerunghe, wen de tith de reydunghe desz hustynszes queme, unde he alzo arm were, dat he desz suluen nychten hadde, war he icht mer rechte zick des vorwynnen muchte, wes he in der were unde de alzo vor ein panth zynes husthynszes. Hyr up etc.: Vormidet eyn man eyne woninghe, wen de tynstydt kumpt, zo mach he woll panden, wath he yn der woninghe vindeth, vor zines thynsz van deme jenwardigen jar, van rechts w.

Kap. 241.

Eyn borghere ys gekamen vor recht unde hefft geclaget, dat he myshandelt ys myt worden, woll to XXX malen, alze he aft unde tho ys treden, unde desz hefft he gude tughe, des hefft he vraget, offt he icht to mennige bote scole liden; de antwerde bekenneth dasz, dat he ene mishandelt hefft to eyner tit, to eyner stunde, in eynem weghe, effte he desz nicht meth eyner bote moge losz zyn. Hyr up etc.: Hefft he ene myszhandelt to eyner tit etc., szo mach he dasz meth eynere bote losz werden, van r. w.

Kap. 241[a].

Eyn richter sath medt den schepen an hegeder banck unde sprack eynen schepen to alzo: Wat tho richtende hest, dat deistu mede den radtmanne unde meth den scheppen, unde dat in mynes heren gerichte wert nedergelecht unde vorbaden is, dat hestu myt en gedain. Umme disse rede werth de richter bededinget van den radtmannen unde van den scheppen, unde meynen, he hebbe zick groth jegen sze vorzumet unde vorspraken, unde theen sick disse worth to groten hons unde brake, unde hadde disse worth jegen nemand wen jeghen disszen scheppen gesecht; offt he sick hermede verspraken hefft, darumme vellich unde brocksam geworden is, unde was he darumme braken hefft unde voruallen zy, bidden wyr umme eyn recht. Hyr up: Hefft de richtere den scheppen andres nene worth zecht in der hogeden bancke, wen alzs bauen schreuen steyt, darmede hefft he denne radmannen noch schepen nicht myszhandelt, unde is darumme nenes brakes voruallen, nademe dat de worth nycht unhuftiliken luden, van r. w.

Kap. 242.

Twe brodere weren twydrechtich, desz gynck de eyne up dat radthusz unde bath de radtmanne, dath ze wolden szenden na deme anderen manne; desz quam de ander man vor de radtmanne, dar worden sze entrichtent vor III marck ingheld[1] unde behilden noch vorbas twydracht umme VI marck ingheldes, desz antwordende de neyn, ick wyll desz nycht don; desz wert de erste zornich unde sprack, du bosze schalk, will tu dynes broders wyff unde kynderen erfflosz maken, unde wundende ene an den tornighen mode up dem rathhusze; ouer de wunde wasz nycht campuerdich, wes dar nu recht umme szy. Hyr up etc.: Werden lude krigende vor eynem zittenden rath, unde myshandelt eyn den andren myth untuchtighen worden, der ys darumme plichtig eyneme jewelken rathmanne zyne bote, wundet he ock eyne myt eyner bloetreysigher wunde, darumme schal he ock ze derme rathmanne syne bote gheuen unde den he ock myshandelt unde gewundet hefft, shall he ock II bote gheuen, islike bote ys XXX sch., efft dar van der stath weghen nene grother bote up gheszetten is, van r. w.

Kap. 243.

Sy hebben unsz geschreuen in zwen breuen, dat jwer borghere synt kamen vor jw yn eyn heghede dinck, desze synt beyde moller up eme vlethe; desz hefft de nederste claget an den ouersten umme walth unde umme sulffrecht, dar dye ouerste hefft gelecht eynen block edder eyn holth up zynen grunthboem, he en wolde umme

[1] Rente.

neyn guth wenne umme broke, den sze daran gedan hefft; dar hefft de ouerste up geantwerdet aldus, walth unde sulff r. unde alle de hefft genometh in szyner clage, desz is he unschuldich behaluen, alleyne desz hefft he bekant, dat he hefft gelecht eyn holt up synen grundbom, dar hefft em noth to dreuen unde hefft he dar ankracken, dat wyll he vorboten na eyner penninck bote. Desz hefft de clager gevraget umme eyn recht, offt he dat don moth edder nycht, desz gy oem unde den vor en r., he meeth idt nicht don, desz hefft de cleger bedinget vor eyn r., offt he dat icht vorboten schalde v. r. w., des hebbe gy den cleger vraget vor en r., dat de antwerder vorboten schal deme genen, deme he to r. vorboten schale; desz hefft de clegere gevraget, wat de bote szy, desz szynt gy nicht wys, wath de bote ys unde weme sze tho r. geboreth; hyr umme hebbe gy unsz geboden, dath wy jw daraff entscheyden in unszer schrift; ock hebbe gy unsz geschreuen, dat de mollener beyde ligken in der stath eygendom. Hyr up etc.: De nederste molner, de geclagt hefft up den ouersten myt eyner slichten clage umme walth unde umme sulff r., desz he doch nicht bekenth, desz mach he v. r. w. van oem kamen up den hilghen myth szyns ens hanth, mer dat he desz bekenth, das he hebbe eyn holt up szyn grunthboem gelecht, desz he van r. w. nicht don scholde, dat schal de ouerste molner den nedersten vorboten to r. myt eyner bothe, dat szynt XXX sch., unde schall oem de hindernissen, de her dar ouer gedhan hefft weder don noch szyne werde, unde de richtere vorzuth daran szyn gewedde, v. r. w.

Kap. 244—252 = M. Fr. I. 10, II. 2. 7, I. 9. 5, I. 11. 1, I. 11. 2, Wass. Rq. II. 61, M. Fr. I. 11. 3, I. 20, III. 7. 3.

Kap. 253.

Eyn junckfrow Grethe genanth clagt zo Kerstein, dath he ze eynes nachts sick ufluren lyth in eres bruderes husze, dar sze allene lach unde dranck sze dartho, dath sze szynen willen muste don, dath sze bewyszen mach, dat sze alleyne in dem husze plach to slapende, dath sze nicht glieden wolde hebben umme jennich guth, Kersten secht afft allents dath Grethe benometh in erer clage unde secht to allen stucken neyn unde hapet, he sze er dasz neger tho entgande wen em jemant tobrynde. Hyr up etc.: Szyntdemmale Kerstein to sulker ansprake, de Grete to em angesculdeth hefft, neyn s., szo ys he sulker sake negher unde meth beterem rechte up den hylghen alze r. is unschuldich to werdende, wen dath em Grethe em sodans meth erer vorgeuinghe ouerkamen mage, v. r. w.

Kap. 254. 255 = M. Fr. I. 1. 3, I. 3. 12.

Kap. 256.

Vortmer, eyn de dat ordell scheldet, de doch nicht gswaren hefft to dem rechte, offt de mach r. sick setten to den scheppen up de banck, unde dar szyn ordell spreken wo he wyll, gelikenen gswaren manne, edder offt he buten der banck szyn ordell schole spreken, edder wath r. Hyr up etc.: Wen en sulkeren man ys, de meth rechte ordell straffen edder der schelden mach, so mach meth den schepen up de banck sitten unde ordell spreken up szyn r. Offt he dat meth rechten ordele to vorne vorwervith em unschedelik, offt he to dem rechte nicht gesworen hefft, v. r. w.

Kap. 257—261 = M. Fr. I. 4. 1, 2, 3; I. 2. 6, II. 2. 17.

Kap. 262.

Alzo guth alze XX gulden, de em Hans Dunczer, deme dat gerdel togehoret, van rechter schult schuldich ys, wes de antwerdet, dat em Dunczer hefft eyngezettet vor XXX gulden, unde hefft dath meth wyllen an zyns were bracht, unde hapet, he szy neger by szyner were unde pande tho blyuende alzo hoch alze syn ghelt to secht, wen em aue to clagende. Hyr up etc.: Wesz ys dat phandel neghest to beholdende, dath em Dunker geseth hefft vor szo vele gheldes alze idt oem steyt, wen idt em sten ane clage mach, nademmale he dath vordell in szyne were hefft, ouer up dye betheringe dar bauen, dar mach Claues woll up clagen, v. r. w.

Kap. 263.

Vortmer: Hinrick claget to Peter umme X marck, de szyn perdt vortereth in szynen stalle unde byddet r. Peter antwerdet, he was schuldich Henrike XX marke, der wolde he em nycht belouen, desz szettede he em szynen hyngest dar vor buten dinge unde hefft em dy XX marck ghenczliken betalet unde hapeth, he scholde em szynen hinghest wedder don, wente he em furder nycht gelaueth heth, wen de XX m., de he em woll betalet hefft, unde byddet r. Hyr up etc.: Nademmale Peter Hinricke eynen hinghest to pande szettz vor XX m., de he em schuldich was, unde em dar nicht betalede, so ys Peter des voders, dat dat perth bynnen der szettungen vortereth hefft, plichtich to ghelden unde de kost hefft, mach Hinrick werden meth szynen eede, unde szetten up eyn gnanth ghelt; wysz ouer Peter der werdinge nicht alzo to staden, so mach he dath meth szynem eede mynnen, v. r. w.

Kap. 264.

Worde jemande en panth geszettet v. r. w. vor schulde up enem benanten dach wedder to kofende unde nicht geloszet worde, wyll denne der dath panth geszettet ys darto clagen, szo schal he dat pant bezetten nach gerichte, unde schal drye darto clagen, unde dath meth rechte voruorderen, unde alzo dycke her darto clagen, so dycke schal he dath panth upbyden, unde wan he dath voruordert hefft meth r. unde daran gewyszet ys, so mach he dath vorszetten edder vorkopen in christen edder in juden, unde wen[1] he vorsettet edder vorkofft hefft, wat em denne auer syn ghelt tho loppet, dat scal he gennen weddergeuen, entbrecket em, szo scal he den sculdenere vorth manen, isset dat he sick myt ordele dar aue bewareth in der clage etc.

Kap. 264ª.

Offt eyn gast dem anderen pande settete vor de kande sculth, id sy en etende pande edder ander pande, edder welkerleye szy syn, unde de gast, deme dat panth gesettet ys, werth wechverdich, wath denne myt deme pande tho donde sy, syntdemmale dath de gast myt deme pande nicht lenghen beyden wil, unde ock offt dat geschege tuschen eynen werde unde gast, wath dar recht umme sy. Hyr up etc.: Isset dat eyn gast edder eyn werth pande neme van eyme gaste, edder eyn gast van eynem werde, szo scal he pandes recht mede began unde vorvolgen dat in deme r., alze eyn ander man, id en sy denne, dat he dat pant myt vorworden unde underscheyde neme, van r. w.

Kap. 265.

Vortmer: Philippus hefft vor syne pacht gepandet Ulriks kuye, de Philippus pacht mede hadde yn syner were. Hyr up etc.: Kan Ulrick myt gerichtes tuchnysse edder anders alze r. ys bewysen, dath de kuye in der tydt der pandinge syne weszet syn, alzo ys Philippus plichtich, em syne kuye wedder tho bestellende, dar he de kuye gepandet heft, na Mayd. r., van r. w.

Kap. 266.

Eyn man, genomet Ulrick, de claget up Philippus dat he hefft syne kuye gepandet, unde doch de kuye syne syn unde syn syne geweszet wol II jar thovorne, er he sze panden leth, Philippus secht, dat he hefft IIII kuye gepandet van synen undersaten unde pachtmanne, de pachtman van joghet upgevodet[2] unde in synen haue

[1] Hier tritt wieder die frühere Schrift ein.

[2] aufgefüttert.

upgetagen unde ne uth syne were kamen ys in vurder pandinge. Vlrick secht, dat he dat bewiszen kan myt richter unde myt schepen, dath de kuye II jar vor de pandinge syn syne geweszet. Hyr up etc.: Mach Vlrick myt richte unde schepen bewisen unde vulkamen, alsze r. ys, dat de IIII kuye, de Philippus by synem pachtmanne gepandet hefft, II jar vor der tydt, er he de pandede, sine weset syn, szo ys em Philippus syne IIII gepandeden kuye in dat gerichte, dar he sze uthgepandet hefft, plichtich to antwerdende wedder, van r. wegen.

Kap. 267.

Eyn recht, syntdemmale, dat de vrowe in erer anclage, de se jegen unde wedder Hothvinster angestalt hefft, sulues settet unde vorgyfft, wo dat Hothvinster in gerichte tho Hassen ene tosprake don heft, dath dat hus sy Hassen vorkofft hadde myt C mark houetstoles unde VIII jar vorszeten renthe scolde bewiset weszen, unde vurder under anderen den bororeth, dath Hothvinster in gehegeden dinge gevordert hebbe, dat he Hassen guder panden muchte van des wegen de sulue Hasse wedderumme in gerichte gevordert hefft, dat he der frowen guder panden muchte, szo ys Hotvinster der genante frowen van des hinders unde scaden weghen, den sze in erer schult up II^c m. gewerdiget hefft, ys nicht plichtich, sunder de genante frowe muchte hebben eyn sulkes, alzo Hasse to erem gude vor den gedede myt r. wedder dedinget unde sick des gestuttet unde erweren hebben.

Kap. 268.

Offt her Joan eyn werlik prester ys nach Magd. r. herwede genemen moge. Hyr up etc.: Dat her Joan eyn werlik prester ys, na Magd. r. nen hergewede nemen mach, szunder we des doden negeste swertmoge ys, negest deme prester, deme scal dat hergewede volgen, van r. wegen.

Kap. 269.

Offt kinder uthberaden weren by des vader leuende, unde hadden eynen papen to eynen broder, de nicht uthberaden were, offt de des vader guth alleyne beholet edder wes r. szy. Hyr up etc.: Weren kinder uthberaden by des vader leuende unde hebben eynen broder, de nicht uthberaden ys, de beholdet des vader guth alle behaluen[1] angeeruet guth unde vorbreueth guth, dat alle synen eruen thoscheyt, dat sy gelick, van r. wegen.

---

[1] ausgenommen.

Kap. 270.

Eyn prester wolde eyn erue upnemen, des wolde men em nicht gestaden, don leth he dath synen vrunden upnemen, de en borger was, deme he des belouede, deme worth en vrede gewracht unde starff darna; nu kummeth syn erfname unde wil dat erue vorderen, darwedder kummet ock des presters erfname unde wil ock darby bliuen, unde wil sick holden an geistlik r. unde wil des nicht bliuen by der schepen buke, de sake na r. to vorscheydende. Hyr up etc.: Alle eruen scal me vorderen in gerichte dar se inne liggen, is nu dath erue des presters frunde blotliken to geschreuen unde nicht to des presters unde syner eruen hant, so scole gy des negesten eruen, deme dat erue tosteyth, dat erue thodeylen, van r. wegen.

Kap. 271.

Vortmer her Nicolaus hefft uns gevraget umme r. in dissen worden: unser kindere was unde ys dre, enen brodere, de wy hebben, de wyuede unse vader unde unse suster gaff he tho manne by syneme gesunden liue, unde settede sze beyde van sick unde gaft em sines gudes szo vele, alse he em gande, her Diderick de prummest myn broder unde ick bleuen in syner were unde worden beyde prester, up unsze vader erue na synem hete unde unse vader uns ny heft kerken noch leen vorworuen, des wy prester beyde icht alleyne hebben to dem gelde, edder wes r. sy. Hyr up etc.: Dat her Diderick unde her Nicolaus alleyne eruen syn to dem gelde, dat er vader to Stettin heft gelaten unde hefft dar recht to, nademmale dat er vader en nen geistlik len gemaket noch erworuen heft unde sze van sick nicht gesunderth hefft unde er broder, den ere vader wyuet hefft unde er suster, de ere vader gemannet heft by synen lyue, dat apenbar unde witlick ys, de mogen nene ansprake tho deme gelde hebben nach don, van rechtes wegen.

Kap. 272.

Her Joan, eyn werlick prester, de claget an eyn herwede, dat em anstoruen ys van synes broder szone; hyr antwerdet Heyne unde secht, van deme dat herwede vorstoruen ys, unde he synt twyer broder kinder, offt he nicht beter r. darto hebbe, den her Joan. Hyr up etc.: De werlike prester her Joan ne mach nach Magd. r. nen herwede nemen, sunder wer des doden negeste swerthmoge ys, negest dem prester, deme scal dat hergewede volgen, van rechts wegen.

Kap. 273 = M. Fr. III. 9. 1.

Kap. 274.

Leuen vrunde, alsze gy uns gescreuen hebben, wo jwe heren des landes synt begerende jwe privilegia to horende, unde dat gy en dar kopyen van geuen scolen, unde van uns begheren in deme r. underwysinghe, wo gy darmede varen scolen, off gy des deme plichtich synt, edder en des myt deme rechten warweszen mogen. Hyr up etc.: Wen jwe heren myt jw tho radende hebben edder gy myt jwen heren, unde gy in den saken cleger edder antwerder synt, dar jw in jwer privilegia unde breue to behoff unde nutte ys, darmede tho wynnende, szo muchte gy de privilegia vorbringen unde lesen laten, unde kopyen geuen, besunderghen der articule, de denne tho den saken horen, unde denne anders en derue gy nicht laten leszen edder uthgeuen, van r. wegen.

Kap. 275.

Van gnaden de uns de vorsten gegeuen hebben, de uns ander stede breken willen, wat dar r. umme sy. Hyr up etc.: By der gnade unde r. unde nedderlaghe (?), de jw van der herscop vorbreuet ys, unde gy in gewere hebben, synt gy neger to bliuende, wen jw ander stede de to brekende synt myt r.

Kap. 276. 277[1] = M. Fr. I. 1. 7. 6. Kap. 278 = Gaupp, Schl. LR. S. 272. 273.

Kap. 279[2].

Welck rathman uth deme rade vreueliken geyth unde unrechte samelinge jegen den radt maket, wat he darumme liden scole. Hyr up etc.: De rathmanne, de to deme rade gheswaren hebben, unde darvan gan unde unrechte sammelinge maken jegen den radt, unde wedder r. unde wedder de stath, de mach men darumme besculdigen, bekennen sze denne des, szo hebben sze wedder eren eeth gedan, unde hebben ere burmal vorlaren unde synt meynedich geworden, unde sint unwerdich, den rathstol to besittende, vorsaken sze des ouer, szo moghen de anderen rathmanne dat alle up se beholden in gehegedem dinge, oft dat in gesittende rade geschen ys, unde so denne dat alszo, szo scal eyn jslick eynen jsliken radtmanne sine bothe geuen, dat sint XXX sch., unde deme richter szo mennich gewedde, alse mennyge boten den rathmannen geuen ys. Vortmer hefft denne dat gemeyne volck edder emant unrechte sammelinghe wedder de stath gemaket, dat mogen de rathmanne eynen jsliken besundergen dinckplichtich umme maken unde besculdigen in

---

[1] s. Kap. 473.

[2] Vergl. Wass. Rq. I. 152.

gehegeden dinge, we der denne bekennet, de scal der stath bote myth XXX sch., offt dat up nene andere bote gesettet ys, we des ouer vorsaketh, de mach des unschuldich werden up den hilgen alze recht ys.

Kap. 280.

Eyn ordel: Hebben jwer beruen (? bederuen) frowen erffnamen tho jw deylinge myt alleme r. voruordert, unde hebbe gy ane willen unde vulbort der erffnamen de pennynge uth de kyste genamen unde uth der were wechgedragen, dar hebbe gy unrecht an gedan, alse gy jw denne myt den erffnamen umme de erffstichtinge to enen gantzen ende geeiniget hebben, dar moth dat by blyuen. Hefft dar bauen de rath jwe ghelt genamen unde myt noth de vange affgedrungen unde hebben de erffnamen jw in jwen huse walt gedan, alze jwe vrage uthwyset, dar ys jw ungelick an geschen, dar moge gy ze myt r. umme beclagen, van r. wegen.

Kap. 281.

Vortmer: Eyn knecht hadde braken jeghen de stath unde radtmanne to P., dar he umme bescattet warth, alze ick denne mede in dem rade was, szo vragede ick den knechte, weme he dat gelt geuen hadde, do sede he, he hadde dath ghelt vor Grambowen in de jaden[1] gegeuen vor eyn perth, do szede ick, du scoldest id deme rade geuen hebben, szo meynt Grambow, ick scole darmede den radt gemeldet hebben. Hyr up etc.: Hebbe gy myt deme knechte gespraken unde umme dat gelt, dat he dem rade geuen scolde, gevraget, weme he dat gegeuen hadde, darmede hebbe gy nene radtmeldinge gedan, wente sulk gescheffte neyn heymelick dynck ys, edder sulk gescheffte wezen mach, dat idt radtmeldinge syn moge, unde gy deruen an lyue, an eren noch an gude darumme nene noth liden unde gy sint dar ock nenes wandels umme voruallen na r.

Kap. 282—284 = M. Fr. III. 10. 1. 2, I. 16. 3ª, I. 4. 9.

Kap. 285.

Offt[2] eyn man den anderen doth sleyt unde suluest ock gewundet werth, unde kamen ock in eyn ander gerichte, unde steruet ock van den wunden, wes dar r. umme sy. Hyr up etc.: Nademmale dat de man to Pirne starff, de tho deme Lauesteyne in de acht gedan was, szo was he in deme r. rechtlosz gelecht, darumme muchte syn swertmage syn r. geuordert tho Pyrne ane rechter wedder-

[1] ? Jaden.

[2] Vergl. Wass. Rq. S. 154. 155.

sprake, darumme ys he deme gerichte to deme Lauesteyne nicht voruallen, noch icht plichtich to donde, van r. w.

Kap. 286 = M. Fr. I. 1. 9.

Kap. 287.

Vortmer: We syn recht vorlust an ener stath vor gerichte, de hefft dat auer al vorlaren, offt men des an den richter getuch, des gerichtes tuch ys auer nemant plichtich vor tho bringende in eyn ander gerichte, men genen rechte, dar he rechtlosz vorgeeschet werth, de scal II syner baden senden vor den richter, dat he syn recht vorlaren hefft, dat sze horen, offt men ene ouertugen moge, unde des scolen sze denne getuch weszen, van r. wegen.

Kap. 288. 289 = M. Fr. II. 1. 3, I. 3. 2.

Kap. 290.

Der Torgheloveschen ys er man gestoruen unde hefft beholden kinder van erer beyde lyff gebaren unde ock enen styffzcone, de der kinder broder ys van des vaders weghen; nu hefft sze sick vorandert in eyner anderen stath unde in eynen anderen gerichte, unde hefft den kinderen eres vader erue nicht gemaket, unde hefft uth deme richte vureth karne, weyte, gerste unde molt, unde hefft dat gedan wedder des rechten vormunders wille, darumme szo claget de vormunder de vrowe an unde hapet, sze hebbe dat nicht myt r. gedan, syntdemmale, dat er dat vorbaden unde besettet ys van gerichte; dar antwerdet sze wedder tho unde secht, se hebbe dat up dat beste gedan, alsze yd vorderfflick gudt was, unde besettinge were er nicht witlick. Hyr up etc.: Dat de frowe dat guth uth deme lande gevoreth hefft ane des vormunders wille, dar hefft sze unrecht an gedan, unde scal dath andel der kinder an dem karne wedderbringen in dat gerichte, unde scal den kinderen bote geuen, unde deme richter wedden, van r. wegen.

Kap. 291.

Wat ens gerichtet ys, des men tuch hebben mach van deme gerichte, dar dat inne geschen ys, dar scal nen richte mer ouergan.

Kap. 292.

Eyne vrowe claget up enen man, dat he hefft vorsmadet[1] dat wertlike r. unde doch ene wertlike tosprake hefft up er vorgeuen, unde hefft dat wertlike recht bracht in eyn geistlick r. unde hefft em wertlikes r. ne vorweszen etc. De antwerder secht, he hefft

---

[1] verschmähet.

gebeden den radt up ene stede, da wolde he ere r. werden unde don, dath kunde em nicht geschen. Hyr up hefft he de szake synem szone gegeuen in eyn geistlick r. unde hapet, dat he er vorder nicht plichtich ys, de zake ys ener ronnen[1], de tuschen II huszen lycht etc. Hyr up etc.: Hebbe de beyde to der tydt, alze ze umme de ronnen twydrechtich syn geweszen, bynnen enen gerichte geseten, unde ys deme antwerder nenes rechtes geweygerth van der vrowen weghen vor deme rade, den dat borde to erscheydende umme de ronne, unde ys sze van der zake wegen van des antwerders scult in eyn geystlick gerichte getagen, dar se scadafftich ouer geworden ys, des scaden scal he er bonemen unde scal noch r. van er nemen vor den radtmannen, de se umme den orsprunck van der ronnen nach kenninge[2] myt r. erscheiden scole etc.

Kap. 293—299 = M. Fr. I. 2. 3, 4, 14, 7, 5, 15, III. 1. 5.

Kap. 300.

Eyn man hefft besculdighet syne suster, unde hefft er dyfft getegen, unde des kunde he up er nicht gebringen, unde hefft sick myt er berichtet ane des richters unde der heren wille, wes he darumme jegen den heren unde richter voruallen sy. Hyr up etc.: De man, de syner sustere dufte getegen hefft, unde muchte dat nicht vulbringen unde hefft de sick myt er berichtet ane de heren unde des richters willen, darumme scal he deme richter en gewedde geuen, unde he hefft jegen de heren nicht gebraken, van r. wegen.

Kap. 301.[3]

Vortmer: Eyn man kampuerdighe wunden wracht unde worde vorvestet, unde berichtede sick myt dem sackweldigen, wes des richters bote darvor sy, unde ock offt eyn dede ene morth, dar he umme vorvestet worde, unde berichtede sick myt deme sackweldigen, wath des richters daranne sy r. Ock offt eyn walt dede, dar he umme vorvestet worde, unde he sick berichtede myt deme sackweldigen an den richter, wes des richters brake darumme sy. Hyr up disse III articule en recht etc.: Deyth en man kampuerdige wunden, morth edder gewalt, dar he umme vorvestet warth, berichtet he sick myt deme cleger, dar hefft an de richter syn gewedde, unde nicht mer na r.

---

[1] Rinne, Kanal.

[2] Kenntniss.

[3] siehe unten Anhang Kap. 16.

Kap. 302.

Twe borgher kregen myt enander alszo lange, dat en den anderen wat stortede[1] myt synen swerde, de suluen berichteden sick myt den anderen, des quam der vaget unde der richter unde besculdigeden den, de idt gedan hadde, umme walt, de quam de vor de banck unde bekande des, dath he jenen gescroddet hadde, unde wolde darumme liden, wath em vor eyn recht worde gedelet, unde both syn gewedde. Hyr up etc.: Jwer borger twe, de sick under eynander wat gescroddet hebben unde sick myt willen gesonet hebben, unde dat de vaget unde de richter up sze geclaget unde wolden des nicht umme XL sch., darup spreke wy, dat de sulue jwe borgere jegen jwen vaget unde deme richter nenen brake gedan hebben noch liden scolen, van r. wegen.

Kap. 303.

Vortmer: De Glepewesche claget an Albrecht unde gyfft em scult, also wo sze beyde thogen van ener jarmarket unde wolde wedder to hus theen, dath schach, dat sze de vyende anreden unde wolden en nemen, wat se hadden, unde nemen ener anderen frowen ene lade myt gelde, unde randen darmede wech; in der tydt quam de Glepewegesche unde nam er lade, unde settede, de tuschen er beyde by deme wagen; darna quam eyn der viende wedder riden unde suchte mer gudes in dem wagen unde vant dar do nicht mer unde szede to Albrechte, du kerle, hyr ys mer gudes, dat wil ick hebben, do sede Albrecht, leue here, gerne unde krop under den wagen unde toch er de lade manck den benen heruth, unde antwerdede sze den viende alzo, dat sze er guth nicht beholden muchte vor Albrechte unde biddet recht. Hyr up antwerdet Albrecht aldus, id ys vorgan jar unde dach bauen en jar, dat he vor myt der Glepewes unde noch myt ener frowen, do worden sze angeranth van III roueren myth vorbunden antlaten, unde nemen en dren ere gelt unde nemen darto eyn loffte ener vencknisse van Albrechte, unde he doch nicht en wuste noch de vrowen, we sze weren, unde vorbat alse, de Glepewegesche secht in erer ansprake, dat Albrecht er lade myt sodaneme gude, alze ze gheroret hefft in erer clage, scole geantwerdet hebben den roueren in eren henden, dath secht aue alsze r. ys, unde secht dar nen tho, unde hapet des to r., he sy sick des neger to werende myt synes enes hanth, wen em de Glepewegen ouertughen moge edder wes r. sy. Hyr up etc.: Nademmale dat de Glepewegen Albrechte myt hulpe unde tughe beclaget

[1] stürzen.

hefft umme szodane sake, dat he er ene kyste myt suluerwercke unde anderen gerede uth eren benen, dar ze dat vor den roueren gehut unde bedecket hadde, scole genamen hebben unde den roueren geantwerdet, unde he to der scult nen sprecket, szo mach he sick des entledden up den hilgen myt tugen alzo starck, alze se en anspraken hefft, unde ne mach sick des myt sines enes hant nicht entleddigen, unde ne mach sick des myt sodanen dedinghen, ock dat sick de rouer umme den roff geszonet hebben, nicht scutten edder behelpen, offt he dar by namen nicht mede ingetragen, van r. wegen.

Kap. 304.

Werth eyn gegrepen myt roue edder myt dufte unde werth darumme to deme dode gerichtet, den roff scal de richter beholden jar unde dach, kummet bynnen der tyd emant, deme dath gerouet edder gestalen, unde sick myt r. darto tuth, deme scal de richter dat antwerden unde volghen laten na r., kummet ouer nemant bynnen der tydt, szo mach de richter dat beholden etc.

Kap. 305.

Vortmer: Nachdemmale, dat deme N. bynnen geleyde unde veylicheyt[1] syn gudt genamen, upgeholden ys umme jwen borgher uth der stath unde wedder darin, unde gy radtmanne de gennen, de dat gedan hebben, liden, huszen unde hegen in jwer stath, na alsze vor, unde dath guth in jwer gewalth unde beholden, up jw berchvrede edder darby noch liggende hebben, szo ys de stath daranne sculdich, unde gy radtmanne moge jw myt jwer affengende unde myt jwer unscult rades edder dades dar nicht uthteen, sunder gy sint plichtich, jwe borgere de nemere vor tho bringende, dat se boten unde beteren, edder moten suluest dartho antwerden, alsze denne dat guth vorderfflich ys, dat des de kopman ane scaden nicht syn kan, unde he synen scaden gewerdet hefft, szo moten sze em synen scaden gelden na syner werdynge, edder mogen en den scaden minren myt eren eden unde den alzo gelden na Magd. r.

Kap. 306.

Eyn man clagede up enen anderen man, dat he em myt gewalt unde sulfrechte hadden weyten van synem stucke wechgeuoreth, unde wolde dat war maken, dath schach vor richter unde schepen in enem hegeden dinge, des hefft de antwerder sick getaghen an richter unde schepen unde hefft darna boghereth eyner

---

[1] velicheit, Sicherheit.

kenninge, des hebben em de schepen bekanth, dat en dat witlick sy. Hyr umme dede de antwerder en ruchte unde ene clage umme de walt unde sulffrecht, des em de cleger getegen hadde, alsze en wolde umme pennynge edder umme nen guth, men umme sodane brake, alsze he dar an deme hadde etc., unde offt de cleger wath gebraken hadde an de schepen, wath de broke sy. Hyr up etc.: De cleger, de deme anderen manne getegen hefft, dat he synen weyter geuoreth hefft van syneme stucke myt gewalth unde myt sulfrechte, unde dat he wil war maken, unde dat is geschen vor richter unde schepen in eneme gehegeden dinghe, dat scal he vorboten myt ener bothe, dat sint XXX m., unde dem richter sin gewedde, dat sint VIII sch., unde dat de antwerder myt gerichte umme walt unde umme sulffrechte den cleger beclaget hefft, he en wolde umme pennynge edder umme nen guth, dath scal nene clage weszen unde he vorlusth dar nicht mer anne, wen de vorgenante bote unde den richter sin gewedde, unde he scal nene noth mer darumme liden unde de schepen dar nene brake anne, wente he an sze nicht gebraken hefft, van r. wegen.

Kap. 307.

Eyn man genomet Hinrick hefft angespraken Peter, wo he em tolecht hefft achter synen ruggen myn wen (?) myt rechte, wen dat he Peter scole untfernet unde gestallen hebben XIIII^c m. unde Hinrick hefft vor gevraget umme, offt he Peter muchte anspreken myt gerichte, nachdemmale, dat men in der meynen bursprake biddet, dat nemant scal spreken up heren unde vorsten unde ander bedderue lude, wereth dat jemant dath dede, dat wolde de radt richten an syn hogeste; szo ys en darup gedelet, dat he de clage moge myt geruchte anstellen, offt he bewyszen kunde, dat dat szo geschen were, szo hefft denne de sulue Hinrick dat so bewiset, alse r. ys, unde hefft de ruchte clage to em gedan an dren dingen. Hyr to antwerdet Peter unde secht aff alle stucken, alze Hinrick vorbringet, unde secht alszo: nademmale, dath idt nene handafftighe daeth ys, men dat he ene myt worden sculden hefft, szo hapet he, he sy em darumme nicht plichtich, men ene buthe syner pennynghe. Hyr up etc.: Sintdemmale dat Hinrick Peter vor jw angeclaget hefft, wo dat he em achter synen ruggen togelecht hebbe, dar he Peter IIII^c m. scole entfernet hebben, unde scole den dath denne in deme gehegeden dinge, alze r. ys, bewiszet hebben, szo muth em Peter in sodanes szo menich werue, alsze he em dat in vorwandelden steden ouersecht hefft, des he bekennet, edder alsze r. ys, ouerwunnen worde, myt syner rechten gesetteden bote vorwandelen unde vorboten unde Hinrick mach em to hogher bote nicht drengen, van r. wegen.

Kap. 308.

Vortmer: Worde de radt, richter unde schepen umme sulker willen angespraken edder tho r. geladen, dar se scaden musten umme don, dat scal men van der stath gemeynen gude uthrichten van erer alle weghen, syntdemmale, dath ydt deme rade, deme gerichte unde der gantzen meynheyt anclaget, van rechts wegen.

Kap. 309.

Vortmer: Ick hadde en perth van hundert m., dat id en borger in der stath werue unde dynste, dar ys id my ouer vordoruen, nu meynt de radt, de borgher scholen id my gelden. Hyr up etc.: Ist jw jwe perth in der stath denste unde werue vordoruen, dar derue gy anders nemande umme manen, wen den radt, unde de radtmanne van de stath sint jw plichtich jwe perth tho geldende nach juwer werdinge, sze en mynren sze denne myt eden, alze r. ys, edder de borghermeyster unde en radtman unde de genne, de dat perth van der stath wegen gereden hefft, musten dat vorrechten, dat idt in de reysedynste unde gewerue nicht vordoruen were, van r. wegen.

Kap. 310.

Offt en borger den anderen, de myt em in ener gaisscop beseten were, edder in eneme gerichte, beclagede vor enen uthgewendigeden richte, geistlick edder werlick, umme alsodane sake wille, de erer beyde richter wol hadde mogen richten, unde de sick rechtes nicht geweygerth hadde, oft de beclagede man des to scaden queme, wes dar r. zy. Hyr up etc.: Beclaget eyn borger den anderen, de beyde under enem gerichte edder in ene gaiscop beseten sint, vor enen uthwendigen richter, geistlick edder werlick, umme alszodane szake, de erer beyder richter, dar se undersytten, wol richten mach mit recht, unde rechtes darumme nicht geweygert werth, unde bringe he ene also up kost, teringhe unde scaden, he muth den richter darumme wedden, unde demegenen sine bote geuen unde uth dem scaden bringen, van r. wegen.

Kap. 311.

Wen eyn tho deme anderen claget umme X sch. min edder mer, de he synes to scaden hefft, to deme schaden scal he ja edder nen seggen, van r. wegen.

Kap. 312.

Eyn man sprecket enem knechte tho umme molth, dat he em gedorret hefft, dath he em scaden daran gedan hefft. Hyr up etc.: Nademmale, dat de knecht sprecket, de dat molt gedroget hefft, de scade sy geschen ane syne scult, unde dar he dar sinen eedt tho don, szo bliff he des ane wandel, van r. wegen.

Kap. 313.

Vortmer: Blomenholth hefft angespraken Warsyne, wo he em hefft gebracht Leydesch wanth, dar he sineme eliken wyue scolde affmaken hoyke[1] unde rock, unde den rock hefft he vordoruen, alzo dat Warsyn dat wanth en deel vorbranth hefft, dath mach he bewisen alze recht ys, unde achtet synen scaden up VIII zinsche gulden, unde begeret rechtes; Henninck Warsyn secht aff allent, wes dat Blomenholt benomet in sine sake tosprake unde anthwerdet, dat en (? nicht) witlick ys, oft de rock vorbrant ys, alze Blomenholt secht, doch szo ys ydt sust geschen, dat Blomenholtes wyff van em den rock gehalet hefft, unde hefft den by sick gehat jar unde dach, unde hefft ene noch in siner brukinghe, unde hefft em des rockes nicht weddergebracht unde hefft ock bynnen jar unde dag to em nene thosprake vor gericht gedan, alsze r. ys, unde szo hapet Warsyn to r., he en sy em nu darumme nicht plichtich. Hyr up etc.: Sintdemmale dat Blomenholt Henninck Warsyne anclaget umme Leydesch want, dat he em bracht hadde, darvan he synem wiue enen rock hefft maken scolde, den rock hefft he vordorue unde des wandes en deyl vorbrant hefft, unde den scaden up VIII zinsche gulden achtet, szo moth Henninck Warsyn em den geachteden scaden legeren edder muste den scaden myt synem ede mynren unde denne na syner vormynringe alzo ghelden, unde he en kan sick des myt sodanen gesetten in disser jwer vrage beroret nicht erweren, nachdem he de scult myt nene nicht vorantwerdet hefft, van r. wegen.

Kap. 314.

Vortmer: Claues hefft angespraken Hinricke, alze se beyde nabere syn, szo ys Hinrikes hus broksam unde kranck geweszet, alse he suluen wol geweten unde geseen hefft, unde hefft des nicht gewaret unde gebetert, szo ys Hinrickes hus geuallen up Claueses hus, unde hefft dat ock neddergeuallen unde breken laten, alsze he bewyszen mach alsze recht ys, unde achtet den scaden up II^{c} marck; Hinrick secht aff allent, dat Claues benamet in syner clage, unde

[1] Mantel.

secht, dat id ys geschen in der nacht, dat erer twyer achterhusz nedder sint geuallen van windes unde stormes wegen unde hefft ock nicht geweten, dat syn husz szo brockszam was, unde hefft idt em ock jo nicht gesecht, dat he is betert hadde. Hyr up etc.: Sintdemmale dat Claues in syner anclage nicht settet noch upbringet, dat he Hinrike tosecht unde witlick gedan hebbe, dat syn husz kranck unde brocksam were, unde offt en van des wegen scade schege, dat he den to em vorderen wolde, unde Hinrick to der brocksamkeith des huszes nen secht, dar he denne vorrecht up den hilgen alse r. ys, dat em nicht witlick sy gewest, dat syn hus szo kranck unde brocksam were, dat id Clauese scaden don muchte, wen he denne dat alzo vorrechtet hefft, szo ys Hinrick Clauesze van des scaden wegen, up II^c marck gewerdiget, de em van des geuallen huszes wegen to scal kamen syn, nicht plichtig, van r. w.

Kap. 315.

Twe borger slogen sick, dat ein den anderen wat scredede (?) unde berichteden sick myt enander, darna quam de vaget unde besculdigede den, de dat gedan hadde, hoger den guth, de man bekande, dat he dat gedan hadde, unde wolde darumme liden wath r. were, unde both syn gewedde, wes sze nu darumme jegen den vaget gebraken hebben. Hyr up etc.: Dat jwe II borger jegen dem vagede noch jegen dem richtere nenen brake gedan habben, nademe dat se sick suluen entrichteden[1], van r. wegen.

Kap. 316.

Sloge eyn man enen papen unde beterde dat der geistliken acht, er he beruchtiget worde unde beclaget, dat derff he der werliken acht nicht beteren, men de richter heft eyn gewedde daranne unde de were, dar he dat mede dede, umme des ungerichtes wille, dat dar geschen ys in sineme gerichte.

Kap. 317. 318 = M. Fr. I. 1. 16, 17.

Kap. 319.

Vortmer hebbe gy uns gevraget: wen wy scoth sitten myt unser meynen borgeren rade up dem marcket, offt unse borgere van erem erue dat sze hebben van eren heren buten stath vrygheyt, dar sze auedenen edder tynsern, offt sze darvan unsculdich sint, scoth to geuende geliker wys alze van ereme anderen gude. Hyr up etc.: Dat jw eyn man syn guth vorscatede, dat he hefft buten unde bynnen der stath, wor he dath hefft, dat disse dinck alszo sint,

[1] verglichen haben.

szo hyr bauen geschreuen, hebbe wy unse jngesegel to tughe an dissen bryff gedrucket, anno dom. MCCCXXXVIII.

Kap. 320.

Jwe vrage ys, wy hebben myt uns enen richter, de plach myt al syneme gude scothbar tho weszende, er he dat gerichte kofft hefft, nu wil he stedes vrygh weszen myt alme gude, des wille wy em nicht tostan, unde dat gerichte ys belenth myt eneme kamp landes van unszen vorsten, darumme bidde wy, dat gy uns eyn r. spreken, offt de richter stedes vrygh sitten scole edder nicht. Hyr up etc.: De richter jwe medeborgher, de richter scal al zyn guth na jwer statkor vorscaten gelick enen anderen borgere, súnder den kamp landes, unde hefft her mer gudes, dat tho deme gerichte horet, des en derff he nicht vorscaten, van r. weghen.

Kap. 321.

Eyn geswaren rath unde alle jungen unde werke gemeyne hebben endrechtich gewillekorth, dat alle gerede unde herwede nemant sunderliken nemen scal, sunder se scal gan tho geliker delinge, unde sze brachten dat an eren heren, de gaff dar to syn vulborth unde sprack, he wolde sze stede unde vaste darby beholden, des sint etlike gekamen unde wolden rade nemen alze vor, unde vragen darna, wat r. zy. Hyr up etc.: Is de wilkore umme de rade unde herwede bevulborth unde bestedyget alze r. ys, unde mach men dat bewyszen myt hanthvestende des landeshere darouer gegeuen hefft, szo boreth uns darouer nen r. to sprekende; is ouer de wilkor also nicht bestediget unde behantvestiget, szo ys dat ummesusz, unde de rade velth up de negeste instelle, de dar r. to hefft, van r. wegen.

Kap. 322.

Ene stath hadde gewilkoret myt ouergerade unde hergewede, dat sze scolden eruen, des wolde eyner uth enes anderen heren stath gerade, dar de wilkor was, des worth em de gerade nicht, darna starff enem guth an in der stath, dar genner uth was, deme de rade vor geweret wort, unde de richter dar suluest besettede dat guth van synes heren wegen, dat syne borger de gerade in genner stath nicht volgen kunde. Hyr up etc.: Sint gy der hindernisse, de de richter gedan hefft, nicht ene sake, unde hebbe gy den man, de jwer frowen erffguth gehindert hefft, so derffe gy nene hindernisse dorch r. umme der sake willen liden van em, wente en man des anderen nicht derff entgelden, dar he nicht mede geplichtet hefft, na r.

Kap. 323—334 = M. Fr. I. 3. 6, 5, I. 19. 1, I. 1. 1, I. 3. 8, 9, 1, 7, 16, II. 2. 4, I. 3. 11, 4.

Kap. 335.

Oft eyn man queme in eyn heget dynck unde geue eyn gyft an synem gude wat he wolde unde weme he wolde, oft der schepen dat behorth to bewerende, dat he de gyft recht do, unde oft de gyft myt rechte wedder dedynget worde, dat sze nicht bestan muchte, oft jemant den schepen, vor den de gyft geschen ys, darumme bedingen moge edder oft sze jennyge noth darumme lyden scholen. Hyr up etc.: Vraget jemant, de eyne gyft geuen mach an synem gude, szo behoreth den schepen dath to bewarende, unde scholen em des berichten unde anwyszen, willen sze des nicht don, zo mach me sze darumme bededingen; ouergyft eyner eyne gyft ungevraget na synem muethkore[1], dem behorth suluen dat tho bewarende, dat he de gift rechte do unde geue, wert de gyft denne myt rechte wedder dedynget, also dat sze nicht bestan mach, dar scolle de schepen nemant umme bededyngen, sze scolen ock darumme nene noth liden, van r. wegen.

Kap. 336.

Eyn man ys gekamen vor de gehegede banck unde heft de schepen gestraffet, alzo ze sytten in der vireschar, darumme hebben sze em schult gegeuen, des heft he bekant, unde wat syne bote darumme sy. Hyr up etc.: Heft de man bekanth vor eneme hegeden dynge, dat he de schepen in der banck gestraffet heft, so scal he dat eme isliken schepen vorboten myt XXX sch. unde deme richter so mennich gewedde geuen, alze mennyge bote he den schepen geuen moth, van r. wegen.

Kap. 337.

Oft en schepe eyn ordel vunde dat unrecht were, dath he synen eedt dartho don, dat he idt na synem besten synne gevunden heft, he bliuet des ane scaden, van rechtes wegen.

Kap. 337[a].

Vortmer hebbe gy gevraget, oft uns dar bauen icht mer behorth, wen dat recht kostet tho holdende vor unse arbeyth. Hyr up etc.: Dat jw dar bauen nicht mer boreth vor jwer arbeyth, van r. wegen.

---

[1] freiem Willen.

Kap. 338.[1]

Vortmer: Wat jw gehoret van jwen scryuer unde jwen knechte van enem rechte sunder gelt, des scole gy weten, welck gast uns rechtes vraget unde nympt des unszen beslaten bryff, de gyfft uns van eynen jeweliken stucke, des wy em berichten, XII sch. Magd. pennynge unde unsen scriuer van eynen isliken stucke II gr., edder wat wy em heten nemen, unde weme unse knecht uns bebadet, deme gyft me I gr., weme wy ock unsen apen bryff apen, ys I marck unde unszen scriuer IIII gr. unde darto van isliken stucke de suluen pennynge, de he vor screven synt; dysse dynck holde wy alsus, unde sint alsus vor varen an uns kamen, wo gy suluen kesen, dat de vor bescreuen rechte war synt, dat betugen wy myt unsem ingeszegel etc.

Kap. 339.

Vortmer: Oft lude herinck edder ander gudth schepende, unde dat schep worde loberaftich (?) unde tho stoth, alzo dath idt vorgynghe unde de herinck worde up dat lanth gebracht unde geborgen, oft nu des landesheren voghede sick des heringes underwunden mogen unde denne dath vorvaren unde vorvrachte guth beholden moghen edder nicht. Hyr up etc.: Umme sulker noth willen, dat dat schep laberafftich geworden ys edder sick to stoth hadde unde de herinck up dat lanth gebracht ys, darmede ys nen vorvaren edder vorwracht gudth geworden, unde de vagede van eres heren wegen hebben dar nen r. tho, unde mogen des gudes vorvaren guth nicht beholden, szunder sze synt dorch r. plichtich, des borgen, de dat guth geborget hebben, losz to latende unde den luden, den dat guth is, ungehindert wedder tho antwerdende, unde sze darmede laten varen unde ere beste to donde, van r. w.

Kap. 340.

Vortmer: Peter Boyer claget an schepper Claues, dat he heft em gelauet, in Flanderen to szegellende myt alzo vele gudes, alze he voren muchte up eyne enkende tydt rede[2] to weszende, unde des nicht gedan heft, unde heft to sick genamen synen gadespennynck, he hapet he scole em den scaden legeren etc. Schipper Claues de antwerdet aldus: nademe dat idt em wedder unde wynth benamen hebbe unde ander redelike saken unde noth, he sy em nenes antwerdes darumme plichtich. Hyr up etc.: Wyl schipper Claues synen eydt darto don, dat he der reysze, de he Peter Boyer

[1] Vergl. Wass. Rq. S. 123, Kap. 86. [2] bereit.

to segelende gelauet hadde, van wyndes, weder edder ander echte noth wegen nicht zegelen kunde, szo ys he umme scaden in disser sake nens antwerdes plichtich, van r. w.

Kap. 341.

Leuen heren, eyne frowe ys gestoruen unde heft gelaten eynen szone gewyget to enem accolito, unde geteykent unde gescharen van eynem biscoppe, er syn moder starff, unde heft ock gelaten erer suster dochter van der spinsyde; nu kumpt de szone unde eschet der moder rade to barende unde hapet, he sy dar negher to, wen syner moder suster dochter. Hyr antwerdet de vrowe unde ere vulmechtige jeghen unde szegen, alzo wol dat he to eynem accolito gescharen, gewyget unde geteykent ys van deme biscoppe, szo hapen sze de rade myt meren rechte unde myt beteren rechte boren unde nemen mogen, wenne he, sintdemmale, dat he nicht vorwisset heft, dat he en prester werden wil, edder he scole dat noch van rechts wegen vorwissen edder wat r. sy. Hyr up etc.: Is de scholer to eynem papen alze accolito gewyget, geteykent unde gescharen west van eym biscoppe, er syn moder starff, unde heft sick to syner moder rade getagen unde geholden bynnen jare unde dage na syner heymvarth, aft he uthlendisch wer geweszet, so ys he by syner moder rade negher to bliuende, wen dat ene de vrowe edder ere vulmechtigen darvan dringen mogen, unde dat des scholers vader darto gehulpen unde geraden heft, dat he de rade myt geystliken r. bekummert heft, darumme ys he der frowen edder eren vulmechtigen nicht plichtich, dat geystlike in dat werlike recht to bringende wedder edder jennygen scaden edder hinder darumme to legeren, van rechts wegen.

Kap. 342.

Vortmer: Welke scholer tho eyn papen alzo accolito gewyeth ys unde gescharen van eyem biscoppe, er syn moder storue, de nymmet syner moder rade, unde en derff nene wysheyt darvor to don de prester to werdende, van r. w.

Kap. 343.

Oft eyn belenet scholer, de vicarien heft, herwede nemen ofte baren mogen, wat dar r. umme sy. Hyr up etc.: Dat de belenede unde gewygede scoler, de de vicarien heft, nen hergewede nemen ofte baren mach, oft he eyn geystlick man bliuen wyl, van r. w.

Kap. 344.

Oft eyn scoler de nen prester werden wil, szynes broder hergewede nemen moge. Hyr up etc.: Wil de scoler synes broder hergewede nemen, szo moth he zekericheit don unde in gerichte lauen, dat he wil werlick bliuen unde en leye werden, szo scal em dat hergewede volgen; spreke he ouer in gerichte, dat he geystlick wolde bliuen, so moth he dat hergewede laten volgen den swertmogen, de synen broder negest em de negeste swertmoge ys, van rechts wegen.

Kap. 345.

Vortmer: Wor eyn scholer is, de gewyet wert na syner moder dode, men he muth wissen myt liggenden grunden unde myt standen eruen, dat he prester werden wil, weret dat idt nicht en schege, dat de negesten moghen weten, wer sze de rade vinden mogen offt scolen, dat gehalet to Magd.

Kap. 346.

Eyn scoler ys gekamen unde heft gesecht, dat syn moder gestoruen ys, unde heft gelaten III unberaden dochter unde em, unde heft gefraget, oft he szo guth r. heft to syner moder rade alze de suster etc. Hyr up etc.: Dat de scoler scal nemen de rade like den III susteren, unde scal dat wissen, dat he sick wil wigen laten to enen papen, unde scal ock de rade vorwissen, weret dat he bynnen des auegingе, er he gewiget worde, dath syner moder rade syn deil wedder vallen muchte up zyne susteren alle III, van rechts wegen.

Kap. 347.

Vortmer: Hans Reyges wyff sprecket to Nicolaus Brigher umme eyne rade liue, van erer suster wegen, de myt em gestoruen is, de syn wyff was, unde alzo sze dat bewyset heft, dat se vulle susteren sint unde weren, alze r. ys, hyrto antwerdet Claues Brygher, he sechtaf de clage unde allent, dat em he schedelik ys in zynem rechte unde antwerdet aldus: szyn elike wiff, der godt gnade, Hillen suster geweset ys, heft nagelaten eynen sone van erer twyer lyue gebaren, unde ys eyn scholer, unde heft to der schole gan bauen V jar vor der moder dode, unde geyt dar noch in, unde geschicket unde geneget to der geystliken acht, unde heft suluen bewilliget prester to werdende unde is darto geteykent, bescharen unde gewiget to eynem accolito van synem biscoppe bynnen jar unde dage, men II monde lanck na der moder dode, unde Hille mynes wyues suster geweset ys, unde heft de rade vor der tyd, ere de junge synen sone gewiget worth, myt r. ne angespraken edder beclaget, edder nemant van erer wegen unde were idt noth dorch r., szo wolde ick sodane gelt, dar de rade uppe gewerdiget worde, vorwissen myt liggenden grunth edder stande eygen to eyner wedderkore, oft de junge sick weddergeue in werlike acht, unde hapet to r., szyn sone sy neger to bliuende by syner moder rade, wan eyn de imant aff to drenggende edder wat r. sy. Hyr up antwerdet Hille, Hans Reyges wyff, alze myn suster starff, done de IIII weken umme quemen na myner suster dode, do sande ick II bederue lude to em bosetene borgher unde eren werth, unde leth em vragen, of he wolde de rade legen myner suster, do both he my to, he wolde myt my eynen dach holden, don lede wy den dach up den vrigdach darna unde sede he, den dach kunde he nicht holden, he muste synes arbeydes warden, darna sande ick echter II bederue lude to em. de wysede he aue, dat he er nene rade wolde leggen, unde darna quam de biscop to Stettin unde he ginck to deme biscoppe, unde bath ene, dath he den jungen wolde wigen buten der tydt, des doch de bisscop nicht don wolde, unde tyget em des to rechte, dat he dede umme der rade willen, darna sande sze em dat r., er de junge gewiget worth, unde sze hadde ene in rechtes twange, unde de junge wol in de X weke na syner moder dode gewiget worth, szo hapet de vrowe, sze sy dar neger by to bliuende, wen he myt syner wiginge. Hyr up etc.: Sintdemmale dat de junge to der tydt, don syn moder starff, nicht gewiget was, edder van deme biscoppe to eynen papen geteykent unde gescharen, so en mach he syner moder rade nicht nemen, unde de vader mach de rade ock nicht beholden, darmede dat he den jungen na der moder dode heft laten wigen, unde dat he secht, dat he prester werden scal, unde de rade vorborgen unde vorwyssen wolde, sunder he moth syner husfrowen laten volgen erer rechten suster na Magd. r., van r. w.

Kap. 348.

Eyn scoler toch sick to eynen hergewede, dat was em angestoruen van synen broder, unde was gewyget unde geteykent to eynen accolito, unde wolde prester werden, unde eyn was syn vedder, eyn werlick man, welkere r. hebbe to deme hergewede. Hyr up etc.: Wyl de geystlike sines broder hergewede nemen, szo moth he szekerkeyt don unde in gerichte lauen, dat he wil werliken blyuen unde eyn leye werden, szo scal em dat hergewede volgen, spreke he ouer in gerichte, dat he geystlik wolde bliuen unde eyn prester werden, szo muth he dat hergewede laten volgen deme swertmogen, de synen broder negest em de negeste ys etc.

Kap. 349.

Vortmer: Joan claget an Peter umme II^c m. de he em plichtich unde schuldich ys van rechter schult unde biddet r., Peter antwerdet, nademmale he em tosprecket umme szo vele geldes, szo hapet Peter Joan schole de schult bewisen unde em to bringen, alze r. ys, edder wat recht sy. Hyr up etc.: Nachdemmale Joan Peter beschuldiget umme II^{c} m., de he em plichtich unde sculdich van rechter schult, de muth he em bekennen edder vorsaken, van r. wegen.

Kap. 350—354 = M. Fr. II. 2. 20, II. 3. 2, II. 2. 6, 10, I. 6. 5.

Kap. 355.

Vortmer: Hinrick sprecket to Claueze umme I^{c} m., de he em sculdich is, van eynem kroghe; hyr tho antwerdet Claues, wen em de kroch vorlaten werth, alze er vorrede gegan sint, unde em eyne vulkamen were gedan hefft, dar sick dat van r. behoret, er szy he em nen gelth plichtich to geuende. Hyr up etc.: Is de kruch leenguth, szo muth Hinrick den krugh Clauese vorlaten vor dem leenheren, anders were he darane nicht vorwareth, unde dewile he des nicht en deyth, derff he em de hundert m. nicht geuen, van r. w.

Kap. 356.

Vortmer: Philippus heft angespraken Hans Wendes elike wyff, dat sze em sculdich is II^{c} m. van karne, dat he er heft laten tometen, de sze em secht heft tho betalende den muntteren tho vullernoghe, des sze doch szo nicht geholden, unde he kan bewyszen myt den muntteren, alze r. ys, dat he suluen den muntteren szo vele pennynge bereydet heft unde nicht sze, unde begheret antwerdes. Hyr antwerdet Hans Wendes elike wyff und secht aff, dat Philippus beroret in syner clage, unde antwerdet alszo, dat sze Philippus van deme karne nicht plege sy, wente sze heft de pennynge uthgegeuen, dar sze Philippus heft to vorwyszet, alzo to Jacob Rosowen, unde ys umme der pennynge willen sodder der tydt nicht gemanet bynnen V jaren, szo hapet sze to rechte, se schole de manynge noetlos syn unde vurder nenes antwerders plege, unde dat sze den muntteren secht schole hebben, to der noghe szo vele to bereydende, dar zecht se nen to, unde hapet tho rechte, sze sy em des neger entgande, wen he er dat myt sodaner tosprake thobringen moge. Hyrjegen secht Philippus, dat he anders nicht geweten heft, wen dat de pennynge den muntteren wol to willen bereydet sint geweszet, anders hadde he sze ungemanet nicht gelaten bynnen V jar, unde heft suluen de pennynge mothen bereyden unde betalen, alze he wol bewyszen mach myt dem muntteren, unde wol dath sze secht, sze hebbe den muntteren de pennynge tho der noghe nicht gesecht tho bereydende, szo hapet Philippus to rechte, nademmale dat ze zecht, dat sze de pennynge den munteren gegeuen heft, dat Philippus ock wytliken ys, jodoch ys de bereydinge Philippus up unhulpelik unde nicht noghescheen, unde heft de pennynge suluen moten bereyden, alze vorgescreuen ys, unde alse sick Philippus des suluen benamen heft, unde nicht sze, sze scole em syne pennynge geuen, de sze em schuldich ys, heft sze jemande wat gedan, dat mach sze em affmanen. Hyr up etc.: Syntdemmale, dat Hans Wendes elike wyff in erem antwerde upbringet unde settet, dat sze Philippus van deme karne, in syner sculth uthgedrucket, nicht plege szy, unde vorder beruret, szy hebbe de pennynge uthgeuen, dar sze Philippus heft to vorwyszet, mach se denne sulff III vramer lude unbeschulden an eren rechten, de men von tughe nicht vorleghen mach, bewyszen unde vulkamen, alze r. ys, dat sze de pennynge dem gennen, dar se Philippus togewyszet heft, uthgeuen hebbe, also ys sze Philippus van der schult wegen nicht plichtich, van r. wegen.

Kap. 357.

Vortmer: Alze Peter Clesth syner moder erue anclaget, alzo hoch alze CC marck, der em syn moder bekanth heft in erer kranckheyt, unde he de clage myth tughen angeslagen heft, szo moten syne weddersaten, de dat guth vorantwerden willen, des bekennen edder vorsaken, bekennen sze des nicht, szo moten sze entgan des alzo starck, alze angespraken syn, nu de tuchnisse bauen VII manne tuchnisse nicht entgeyth, edder sze mothen de tuchnisse liden, denne moth Peter Clesth benomen, worvan de scult zy, unde up de hilgen, dat szyn moder em so vele schuldich ys gebleuen, unde sine hulpere unde tughe moten sweren, dat em dat witlyck szy, van r. w.

Kap. 358. 359 = M. Fr. I. 2. 10, 11.

Kap. 360.

Vortmer: Oft eyn here lege enem manne ein scultambacht yn ener stadt, dar Magd. r. were, unde behelde daranne II pennynge in allen braken, oft de sculte vortan richte moghe, hoge unde syde[1] sunder vrage synes heren, wat dar r. umme sy. Hyr up etc.: Welke here enen manne lygeth en scultambacht, de scolde de walt hebben, dat he gerichte hoge unde syde sunder vrage synes heren, sunder de here neme dat myt vorworden uth, unde wath synes heren del daranne sy, desz scal he werden an dem gerichte etc.

Kap. 361.

Vortbat spreke wy vor r.: Hefft Albrecht van Borken dat testamente vor de schepen up de kamer gebracht unde dat up de kamer

[1] niedrig.

laten leszen, unde szo in der schepen ladhe gebracht, unde isset vor gerichte in gehegeden dynge to rechter dincktydt unde in rechter dinckstath vor den IIII benken, dar de richter myt den schepen gedinget hebben, unde nicht luthbar gemaket und ouerropen edder geleszen vor dem volke, alzo ys dat testamente machtlosz unde mach na Magd. r. nicht bestendich syn unde sulke tuchnisse, alze de schepen darumme don, alze juwe vrage uthwyszet, is nicht bestendich, syntdemmale dat idt in gehegeder banck, in rechter dyncktydt in den IIII benken nicht geschen ys, unde de richter van gerichtes haluen mach des myt den schepen nicht en tughen, wente de schepen moghen szodane saken nicht tugen, de up sulke gauen unde eruen unde eygene gan, unde de schepen bliuen des ane wandel unde mach en an eren eeden, eren unde werdicheyt, unde der frowen unde eren kinderen an erem erue unde gude nicht schedelick syn, van r. w.

Kap. 362.[1]

Vortmer spreke wy vor r.: Syntdemmale, dat dat testamente vor enem hegeden dinge bynnen den IIII benken to rechter dinckstadt unde to rechter dincktydt vor den beleenden richter unde vor den schepen unde vor alme volke nicht geleszen unde luthbar unde ouerropen is unde in der schepen bock darvan nicht gescreuen steit, unde beleende richter de noch leuet, unde do eyn richter was, do dat testamente vor den schepen gebracht wart, myt den schepen van r. haluen dat alzo nicht entuget, so ys al szodane testamente unde tuchnisse, dat de schepen also alleyne tugen, dat dat up der borghermeysterige geschen ys, machtlos unde ummesust geschen, unde de schepen bliuen des ane wandel unde men mach en an eren eeden, an eren, an erer werdicheyt unde der frowen unde eren kinderen an ereme erue unde gude nicht schedelik syn, dat dat testamente in der schepen lade gelegen heft jar unde dach, unde myt anderen hulpereden, de de testamentarii gesettet hebben, alse dysse vrage uthwyset, darmede moghen sze sick nicht helpen unde der frowen unde eren kynderen er guth affwynnen, van r. w.

Kap. 363.

Oft eyn man syn testamente dat he by gesunden liue unde by volmacht vor gerichte gebracht unde de schepen gelecht heft, in syner kranckheyt vor enen apenbaren notario wedderropen moge: Hyr up etc.: Dat testamente, dat de man gesettet heft by syner volmacht, dat he vor gerichte brachte unde by de schepen gelecht

[1] Vergl. Kap. 364.

heft, dat scal dorch r. macht hebben, nademmale dat idt vor gerichte unde richtere unde schepen nicht wedderropen ys, edder gewandelt, unde de wedderropinge, de he in siner kranckheit vor dem notario gedan hefft, scal daranne nicht hinderen, na Magd. r.

Kap. 364[1].

Vortmer: Syntdemmale dat dat testamente vor eynen gehegeden dinge unde nen den IIII benken to rechter dinckstath unde tho rechter dincktydt vor deme lenden richter unde vor den schepen unde vor allem volke nicht geleszen, vorluthbar und auerropen ys, alseme alle gyffte unde gauen dorch r. don scal, unde van deme testamente in deme schepenboke ock nicht gescreuen steyt, unde de belende richter dar de noch leuet, unde do en richter was, do dat testamente vor den schepen gebracht worth, myt den schepen van gerichtes haluen des en also nicht getuget, so ys alle testamente unde tuchnisse, dat de schepen alszo alleyne tughen, dat idt up der borgermeystere geschen ys, machtlos unde ummesus geschen, wente me des anders nergende, wen vor den beleenden richter unde gesworen schepen to r. dinckstat unde to r. dincktydt apenbar vor allen luden muchte, alzo vorgescreuen steyt, unde de schepen bliuen sulker tuchnisse unde testamentes, dat machtlos gedelet ys, ane wandel, unde ne mach en an eren eeden unde an eren eren unde werdicheit, unde der frowen unde eren kinderen an erem erue unde gude nich schedelich syn, unde darmede, dat dat testamente in der schepen lade gelegen heft bauen jar unde dach, unde dat dar gevunden ys, wat vorwere, dat scolde vorgan unde myt anderen ordel unde hulpereden, de de testamentarii wedder de frowe unde ere kinder gesath hebben, alzo clage unde antwerde uthwyset, darmede behelpen unde der vrowen unde eren kynderen er guth affwunnen, van r. wegen.

Kap. 365.

Twe lude quemen eyn hegede banck, dar mishandelde eyn den anderen, de dar gemishandelt warth, de weren syne bote, unde dat worth gehalet, nu frage wy, we de kost legeren scal. Hyr up etc.: Nademmale, dat gy dat gehalet hebben umme erer beyde pennynge, szo scal de genne, de dath recht vorlust, de teringe unde de kost legeren, van r. wegen.

Kap. 366.

Eyn man hadde den anderen mysgehandelt unde both darvor syne bote vor gerichte; des weren de schepen nicht wisse unde leten

[1] Vergl. Kap. 362.

dar eyn recht umme halen, wat de bothe weszen scolde; na vraget de anthwerder, nademmale dat he bote both vor gerichte, oft he de kost gelden scolde, edder nicht. Hyr up etc.: Nademmale dat he syne bote both, unde em des de schepen bystan, alszo ne derff he de kost nicht gelden, van rechts wegen.

Kap. 367.

Twe lude quemen vor de gehegede banck, dar mishandelde eyn den anderen myt worden, unde de gemyshandelt wort, de beclagede den anderen, des wart em gedeylet eyn bote, de bote hebben sze uns wisse gemaket, nu vrage wy vort umme eyn r., we de kost scal gelden unde legeren. Hyr up etc.: Hebben de schepen dat ordel laten halen van erer beyde wegen, we vellich wert, de scal de kost gelden, van rechts wegen.

Kap. 368.

Eyn man bekande, dat he eynen gemishandelt hadde vor gerichte, des wort ene bote up em gedeylet unde he both de bothe vor richter unde vor schepen, des konden ze sick nicht entrichten, wath de bote were, sunder sze wolden dat recht darumme halen laten. Nu vraget de, de sine bote both tho geuende, oft he de kost van r. scal geuen edder nicht. Hyr up etc.: Nademmale dat he syne bote gebaden heft vor richter unde vor schepen, bestan sze em des, alszo schal he de kost nicht gelden, van r. wegen.

Kap. 369.

Ock hebbe gy uns laten bidden, dat wy willen entscheyden, we de kost in allen rechten gelden scal. Hyr up etc.: We an der sake vellich werth, de scal tho r. redelike sake gelden.

Kap. 370.

Eyn borger hadde eyne wesze to erue, de gaff he up eynen anderen borgher unde synen eruen, unde eyn half scok gr. jarlikes tinszes em edder szynen eruen den tinsch tho geuende, unde dat sze sick des beyde vorwilleden, des ys wol XXXIII jar unde de tyns ys genamen unde gegeuen wol XL jar unde in VIII jaren ys he nicht gegeuen dorch ergeringe des missinges[1] geldes, wen de man, de de wesze hadde, bath unde wolde geuen geringe gr., unde de den tynsz scal heuen unde hebben, de wolde hebben gr. alsze genge unde geue weren to der tydt, alsze sick umme de wesze vorwilleden, unde umme den tyns wolde he de gr. vornoget hebben

[1] Wohl Meissener (siehe unten).

an wicht myt anderen pennyngen, unde de heren van Mytzen hebben suluen dat ghelt gesettet III vor enen in de stath to Juterbuck, darumme de wesze licht unde muth den heren to schatte geuen na Bemescher werynghe, unde de borgher mothen er schot geuen na Bemescher weringe, erue, kopynge, tynze, tolle unde geleyde synt gesettet na Bemescher werynge alsze III geringe gr., wes en dem anderen plichtich moge weszen, bidde wy umme r. Hyr up etc.: Nademmale dat de an der wezen dat halue scock gr. vorwillet ys unde gegeuen auer XXIIII jar, alsze desse vrage uthwyzet, szo en darff de man, de de wesze heft uthgedan unde syne eruen de geringen gr. nicht nemen, sunder ys in juwe stath eyn gemeyne sette unde wanheit, dat men erue, kop, tynsze, tolle unde geleyde gyft na Bemescher weringhe szodaner gr. unde der gr. III vor eynen Bemeschen geszettet ys unde tho geuende plecht, szo ys de man, de de wesze upgenamen heft to tynsze unde tho tolle geuen na der stath geszette unde nicht na der heren, van r. wegen.

Kap. 371.

Oft lude eyne munte to tynsze hebben gegeuen, unde er here sze up eyne ander munte bringen wolde, wat dar r. umme sy. Hyr up etc.: Sintdemmale, dat de lude van older Bemescher munte gegeuen tho tynsze, szo mach sze de tynshere up ander ghelt nicht drengen, hefft he sze denne laten darumme panden, daran he en breck gedan, van r. wegen.

Kap. 372.

Vortmer spreke wy vor r.: De renthe, de Gerdtrode de olde by den van dem Gryfenwolde gekofft sick hadde unde synen rechten eruen hefft laten toscriuen, de renthe unde houetstol hefft he na synem dode geeruet up syne beyden szone unde hefft denne junge Gerdtrode, syn wyff, begyftiget myt al synem gude, darmede ys de renthebreff nicht vorgeuen, sunder weren van den renthen jennyge tynsze by juwes broder leuende bedaget unde nicht betalet, de volgen der frowen, na lude erer gauen, unde de frowe heft an den breuen, dar de renthe in vorscreuen ys, nen recht, syntdemmale, dat sze by name darinne nicht benomet ys, van rechtes wegen.

Kap. 373.

Vortmer: Peter Tymmerman de hefft tyns unde jarlike renthe up Claues Boddekers guth, nu hefft gevunden up synem gude unde in szynen weren herinck unde ander war unde heft de boszettet unde beclaget umme synen jarliken tyns, unde hapet myt deme, dat he dat gevunden hefft up der were, he moge synes tynszes daranne nakamen; Peter denne de antwerdet darto unde secht, he szy gekamen in Boddekers hus, unde heft dar ingebracht szyne perde unde ander ware unde hefft szyne perde gevureth in synes werdes stal, unde ere vuder betalet unde de andere ware gelecht in synes werdes husze umme wonliken tyns, unde hapet, dat Tymmerman syn guth nicht anclagen mach umme scult, de em Bodeker sculdich ys, edder wat r. sy. Hyr up etc.: Tymmerman ne mach Peter syn guth nicht affclagen umme den jarlingen tyns unde renthe, den he an Bodeker husze hefft, doste Peter denne syn guth vorantwerden bynnen III dyngen unde vorrechten, dat Bodeker dar nicht ane hebben mach, van r. wegen.

Kap. 374—383 = M. Fr. I. 21, I. 3. 16 (I. 15. 1), I. 9. 6, I. 15. 2, 3, II. 2. 13, I. 15. 4, II. 2. 21, I. 15. 5, I. 2. 12.

Kap. 384.

Offt eyne frowe, de eynen man hefft, edder eyne wedewe umme scult edder umme ander saken, dar nene hantafftige dath by were, vor gerichte besculdiget worde, myt hulpe unde tugen, unde de vrowe des vorsakede unde nen darto spreke, offt he sick des myt tughen unde myt hulpe so starck entleddigen schole, alze sze anspraken weren, edder wes r. sy. Hyr up etc.: Werth eyne vrowe, de eynen man hefft, edder ene wedewe umme scult edder anderen saken, dar nen hantafftige daeth by were, vor gerichte beschuldyget myt hulpe unde tuge, unde de vrowe des vorsakede, szo muste sze sick des myt hulpe unde tugen alzo starck entleddigen, alsze sze anspraken were, sunder bauen VII manne tuchnisse scal men nicht tolaten, edder sze musten de tuchnisse liden unde muste sick des myt eres enes hant nicht entleddigen, van r. wegen.

Kap. 385.

Vortmer sick ener tuge vor to bringende, de scal he hebben, edder he werth vellich syner clage etc.

Kap. 386[1].

De glosze in deme VIII capittel des ersten bokes des lantrechtes benomet etlike, de nicht tugen mogen unde secht, dat alle erlosze lude nicht tughen mogen, dat syn al de de huren holden dorch eren nuth, unde de vordeylet sint, unde de drogeliken don an vormunderscop edder an deme, dat me em to beholdende dede, edder dat er kumpenye anlecht, ut ff de his, qui no. infa. L. I[2],

[1] Sachsensp. I. 8 (Ausg. von Zobel, Leipzig 1561). Bl. XXXVI, Nr. 5.
[2] L. 1 D. De his, qui notantur infamia (II. 2).

unde drencker, spellude unde dobelere, apenbar morder unde rovere, meynedige lude unde de nicht XIIII jar olt syn, dat scal me vornemen in borliken saken, in pynlyken saken scal he bynnen XX jaren nicht syn, ut quarta q. III testes[1] etc.

Kap. 387.

Ock synt andere, de nicht tughen mogen, na dem suluen lantrecht, alze de vorvestet ys, de mach nicht tugen bynnen deme gerichte, dar he inne vorvestet ys, unde ock de in des rikes acht ys, vor geistlikeme r. muth he ock nicht tugen, de in dem banne ys, ut lantrecht L. II c. LXIIII[2] unde heuet an: Is mutte nen wyff etc.

Kap. 388.

Des rikes densthman muth nicht ouer den vrygen schepenbaren man tuch syn, dar dat an syn lyff edder an syne ere edder an syne erue gheyt, lantrecht L. III c. XVII[3] unde heuet an: Vrye lude etc.

Kap. 389.

Wer sick vor gerichte to tughe bedet, er he van rechtes wegen gevraget wert noch rechte, der ys van den tugen gelert, lantrecht L. III c. XXXV[4] unde heuet an: We szo den anderen sleyth etc.

Kap. 390.

Wer trugelossz beredet werth edder hervlichtich ut des rikes denste, deme vordeylt men sine ere ut L. I art. XL unde heuet an: Wer truchlosz beredet werth unde de erlos ys, de ne mach nicht tugen alzo vorscreuen steyt.

Kap. 391.

Alle de rechtlos syn, de mogen ock nicht tugen, dat sin kempen, unde ere kindere, spellude, alle de unechte gebaren synt, unde rufft unde dufft szonen, edder wedder genne, wen sze des vor gerichte ouergewunnen werden, edder de er lyff, huth edder hare leddegen, deve, kerkenbreker, vordelde lude, der dodenrouer, ouerhurer, morder, meyneder, loddere, touerer, vorgyfftygher, valsche rugen or rouer unde wokerer, uth lantrecht L. I c. XXXVIII[5] myt syner glosze unde heuet an: Keynpen unde ere kinder et L. III c. LXVIII[6] in glossa unde heuet an: Wor me nicht dinghet, L. III c. XIIII[7] in glossa unde heuet an: Der richter etc.

---

[1] C. IV, qu. 2 et 3, c. 1. [2] Hom. c. 63. [3] Hom. c. 19.
[4] Hom. c. 37. [5] Zobel a. a. O. I. 37. [6] a. a. O. III. 70.
[7] a. a. O. III. 16.

Kap. 392.

Under dessen twen worden erlos unde rechtlos werden vele mere beholden, allene werden sze nicht szo eygenliken uthgedrucket.

Kap. 393.

Ock szo mogen gebaren vrunth, dat heten moge, nicht tughen ut lantrecht L. III c. XXX in gloss.[1] unde heuet an: Welke inkamen man, unde wo dat eyn bestant heft, de leret Guil. in spec. de teste c. I.[2]

Kap. 394.

Grote viande unde grote vrunde, ane magescop, mogen ock nicht tughen, dar sulues in spec.

De sick vorplichtet unde voreneth hebben myt eren eden, dat heten conspiratores, de mogen ock nicht tughen, dar sulues in spec. etc.[3]

Kap. 395.

Joden, heyden, ungelouesche unde kettere, de moghen ock nicht tugen jeghen den cristen luden etc.

Van dyssem unde der materien der tughe unde dat dartho horet, dat konde me gantzliken unde vulkamen up III sexsternen kumme scriuen, na geystlikeme r. etc.

Kap. 396.

Vortmer bekenne wy rathmanne unde schepen der stath to Stettin unde betugen apenbaren, dat de Dammesche szee, dar unsze borger umme to r. gan, ys der stath eygendom to Stettin, unde ys eygendom geweszet wol III jar unde I^{c}, alse der stat privilegia uthwyszen, vortmer tughe wy, dat de pacht des Dammeschen szees by unszeme leuende unde by unszeme denkende jo vorlaten unde entfangen ys vor gerichte unde vor schepen bynnen Stettin. Vortmer betugen wy schepen, dat wy hebben unsze bock dar men inne scryft vorlatinge unde entfanginge alles gudes van olders her laten leszen unde vinden, darinne dat van LXXX jaren beth teher de waterpacht des Dammeschen szees vorlaten unde entfangen ys vor richtere, unde vor schepen bynnen der stath to Stettin, vortmer hebbe wy laten vorbaden vor unsen syttende radesstole unse schepen van der Wyke, unde hebben en gevraget by eren eden, oft de waterpacht vor richter unde vor schepen up der Wyke je vorlaten unde entfangen were, des seggen sze unde tugen by eren eden, dat sze des

---

[1] Zobel a. a. O. III. 32 (diess Citat spricht aber nicht von Magen).
[2] Guil. Durantis Specul. jur. Lib. I, part. 4, §. 1.
[3] Ebd. a. a. O.

erne erdencken edder gehoret hebben, dat de waterpacht up dem Dammeschen szee jewerlde dar vorlaten unde entfangen were, men wen des noth was, szo hadden sze gerichte auer hals unde auer hant umme brake unde gescichte, dat up dem Dammeschen sze geschen was; ock tughe wy, dat wy des ny gedencken edder gehoret hebben, edder in unszen schepenboken vinden, dat vorlatinge unde entfanginge des szees unde der pacht, de geschen syn vor richter unde vor schepen bynnen Stettin, wederspraken sy myt rechte. In huius rei evidens testimonium secretum jure civitatis praesentibus ego tenus est oppressum anno domini MCCCLXXXVII octava die sancti Joannis apostoli evangeliste. Hyr up etc.: Is de waterpacht vor den schepen vor der Wyke vorlaten, alze sze bekennen, unde hefft me de vor richter unde vor schepen bynnen Stettin alsolange tydt, actentich jar vorlaten unde entfangen, alzo scal de gyfft macht hebben, de de Westvasche bynnen Stettin an der waterpacht gegeuen hefft, van r. wegen.

Kap. 397.

Offt ener den anderen beclaget myt getughe, de geslagen were, muste de cleger de tughe vorbringen vor dem antwerde, oft syn weddersath wolde. Hyr up etc.: Sprecket eyn man den anderen an myt getughe vor gerichte in eym heget dinck, de man de scal syne tughe hebben vor den antwerde, oft genne, de angespraken werth, eschet de tuge, hefft he erer nicht, szo werth he vellich an der clage, van r. wegen.

Kap. 398.

Sint de dedingeslude vorstoruen, alzo mach de vrowe em des entgan, alsze r. ys, myt anderen bedderuen luden, men hogher wen sulff VII derff sze em des nicht entgan, van r. wegen.

Kap. 399

Vortmer were eyn unhorsam borgher, de darna stunde, edder sick myt etliken vorbunden hadde, dat he twedracht unde werre[1] maken wolde tuschen dem rade unde der meynheit, edder dat he hulpe unde radt dartho dede, dat idt van anderen luden schege, dat witliken unde apenbar were, desz he bekande edder vor gerichte myt rechte ouergewunnen worde, dem mach de radt syn burmal wol upseggen, unde myt r. tho ewigen tyden vorwyszen, wente de de dath deyth, de maket sick suluen darmede anruchtich unde scalbar, unde hefft syn burmal unde krudere (?) erlike ambachte vorlaren, van r. wegen.

---

[1] Streit.

Kap. 400.

Eyn borgher, de eyn echte wyff hefft, ys gekamen by der nacht in des badels hus, de der stathknecht ys, unde in der stathusze wanet, unde de sulue hefft gewoldenborget[1] myt des badels echte wyve, alszo dat dat geschrey ys gehoret van den naberen bauen unde benedden, ock hefft he dem badel syn gewant entweye gerethen unde ene geslagen, szo alsze em doch en vrede gevraget ys van der stat wegen, des sanden de rathmanne na dem borger, de de walt gedan hadde unde bohelden ene up dem rathhusze vor den brake, des hebben ene szyne frunde geborghet vor eyn gelt, ene wedder in to stellende unde darumme to lidende, wat r. ys, unde wat he darmede gebraken hefft an de stath, des bidde wy eyn recht. Hyr up etc.: Dem borgher, de de walt gedan hefft unde dem vrede gebraken hefft, den schole gy darumme besculdigen, bekennet he des, szo scal he den vrede unde de gewalt vorboten myt sodaner bote, alze jwe koer steyth, vorsaket he des, szo scal he des myt synem ede unsculdich werden up den hilgen, alse recht ys, nademmale dat he in der hantafftigen daeth nicht gegrepen ys etc.

Kap. 401.

Eyn ys geweszet vor deme gehegeden dinge unde hefft angeclaget myt gerichte eynen anderen, dat he ys kamen myt gewalt unde vorsate, unde wollte enen morden unde erslan, unde hadde an em gebraght vletende wunden myt rechter vorretnisse unde wolde em entwaldigen syn lyff, alze he wolde umme nen guth, men umme sodanen brake, den he daran gedan hefft, des sprack de scultе deme cleger to umme XX m. suluers, dat he em syne clage vulvoren scholde, alsze he sze angegrepen hadde, dar settede he em wisheit[2] vor, de ys gekamen de ander unde bath eynen man, de syn wort helde, unde hefft laten vragen umme eyn recht. Sint der tydt, dat he angeclaget ys myt gerichte, myt morde unde vletenden wunden, myt vorretnisse, oft he dat to recht icht bewyszen scholde, edder wat dar eyn recht umme; des ys em gegunth, dat he dat myt rechte bewyszen scolde, dar ys jegen gefraget, wer he icht myt r. bewyszen scolde, dat is em gedeylet vor richter unde schepen, des heft de antwerder laten vragen umme eyn recht; sint der tydt, dat he nicht bewyszen muchte szodane stucke, alsze he benomet hadde in siner clage, offt dat ruchte nicht muchte machtlos syn, edder wath dar eyn recht umme sy, des ys em gedeylt vor recht:

[1] Gewalt verübt. [2] Sicherheit.

nademmale he der stucken nicht bewyszen muchte, so scolde syn ruchte machtlos syn, des hefft vort laten vragen umme eyn r., synt der tydt, dat syn ruchte machtlos sy, des worth em gedeylt vor eyn r., he scholde wedden, des heft vort laten vragen, synt der tydt, dat syn ruchte machtlos sy unde de geweddet hefft, offt de by der vorclage icht muchte syn, edder wath darumme eyn recht sy, sze dat vristende de schepen beth in dat ander dinck, do warth em gedelet vor eyn recht, dat de cleger scolde bliuen by der vorclagen, do quam de cleger unde bat eynen anderen dedingesman, de syn wort sprek, unde clagede up den suluen man, dat he were kamen myt gewalt unde macht unde sulffrechte unde hadde ene dor wedder geslaghen unde wyllen to mordende, he en wolde umme nen guth, wen umme den brake, den he darumme gedan hadde, unde bath gerichtes to syner clage, des quam de antwerder unde kande des dat id em myt worden, myt werken unde daden, wort szo na gebracht, dat he des nicht muchte laten, he muste liues noth weren, heft he daran gebraken, dat wil he boten, deme richter unde schepen, cleger, na eynem Magd. r., des ys deme richter gedeylet VIII sch. unde cleger XXX sch., des hebben sze laten vragen umme eyn recht, offt sze umme de sake jennege noth scolden liden, ys em gedeylt vor eyn r., dat he umme de sake nene noth scole lyden, van beyden syden, des leth de schulte vragen umme eyn r., synt der tydt, dat sze em gelauet hebben XX m. suluers, myt syneme recht vort tho varende, alszo sze em vormeten hadden, oft he de XX m. icht vorvolget hadde, edder wath dar eyn r. umme zy, wider des hebben sze vort laten vragen umme eyn recht, sint der tyd, dar se gescheyden syn myt eym Magd. rechte, deme sculten syn gewedde unde dem cleger syne bote, ofte de brake icht muchte leddich unde los syn edder wat eyn r. zy. Hyr up etc.: An al den saken unde ordele hebbe gy schepen recht gevunden, unde nachdemmale, dat de cleger de clage, de he myt ruchte begunde, alsolange warde, dat de clage myt r. affgedeilet unde entscheyden worth, szo en ys de cleger deme sculten der XX m. nicht plichtich, unde sine borgen scolen leddich unde los syn, van r. wegen.

Kap. 402.

Eyn borger bath den anderen myt em to tynde umme tymmer (?) unde worden darouer geuangen unde sunderliken bescattet, des hefft de jenne, dede beden was, to dem anderen geclaget umme X m., darmede he sick geloszet heft, genner antwerdet alsze, dat he van synen X marken nicht en weth, sunder he bekennet, dat he ene gebeden hadde, en vor nenen schaden gelauet, ock hadde he ene darup ne getagen, doch both he em szo vele, alze he to der tydt hadde, an gude, do he geuangen warth, daran genoget em nicht. Hyr up etc.: Wil de cleger myt syneme ede bewiszen, dat syn guth szo guth sy geweszet an eygen unde an varnder haue, alze X m., do he myt em uth voer, unde X m. tho schattinge geuen hebbe, so scal em de antwerder de X m. weddergeuen, unde de cleger scal dat bewyszen myt synes enes hant, unde de antwerder scal den edth seen unde horen, van r. wegen.

Kap. 403.

Eyne frowe ys begyfftiget van erem manne myt alle synem gude vor richter unde vor schepen, dar de man sat geuangen umme syner undath willen, nu hefft de here van deme lande ene tosprake to em gedan unde hapet, sintdemmale, dat de man in synen lande heft de undat gedan unde syn lant darmede vordoruen, oft he schole syn guth ock vorbraken hebben, wes eyn r. zy. Hyr up etc.: De gyfft de de geuangen man in fencknisse vor richtere unde schepen syner vrowen gaff, unde nicht in rechter dinckstath, ys machtlosz, unde wat de sulue gerichtede man erues unde gudes gelaten heft, dat behoret synen negesten eruen, unde he heft des myt der undath der valschryge nicht vorlaren, hadde he ouer valsche pennynge laten, dar he umme gerichtet ys, dar hebben syne eruen nen r. to, van r. wegen.

Kap. 404.

Jacob heft angespraken Hinrike, dat he hefft eynen waterganck gemaket ouer synes vader erue unde doch de vrowe hefft bekant, don Hinrick dat erue kofte, dat de waterganck dar nicht en was, des tuth sick Jacob an de schepen, dar dat vorwetet ys, des vraget Hinrick umme r., syntdemmale, dat he dat vredeliken heft boszeten jar unde dach sunder ansprake, oft he icht neger sy to beholdende den waterganck, wen ene Jacob den affwynnende. Hyr up etc.: Nademmale Jacob Hinrike beclaget, dat he em eynen waterganck hebbe gemaket ouer synes vader erue, szo muth Hinrick bekennen edder vorsaken, oft he dat gedan hebbe edder nicht, bekennet he des, dat he den waterganck hebbe gemaket, do Jacobs vader leuede myt syner wytscop unde vulbort, szo muth Jacob dat liden unde muth des nu nicht wedderspreken, hefft he ouer den waterganck gemaket, sodder dat Jacobs vader starff, des muchte he nicht don wedder Jacobs wyllen; sprecket ouer Hinrick, he des waterganges nicht gemaket hebbe, sunder dat he ene myt dem erue koffte, wente denne de vrowe en den hoff gegeuen hefft, alze sze den hadde unde he de gyfft also angenomet hefft vor gerichte, szo steyt dat an der vrowen bekantnisse, nachdemmale sze denne sprecket unde vor gerichte bekant heft, dat nenen waterganck hadde, dat scal sze waren myt erem ede, unde deyt sze dath alzo, mach Hinrick des waterganges nicht beholden, van r. wegen.

Kap. 405.

Vortmer: Umme eyne sake mach nemant mer wedden wen eyns, unde wer eyn wedde vorboreth unde deme richter to rechtme daghe nicht en gyfft, dat synt V weken, szo mach de richter darumme panden, isset dat he dat myt ordel erworuen hefft, van r. wegen.

Kap. 406.

Vor halue wedderkeringe wert gemaket also bescheyden, offt lude er kindere tho samende geuen, unde bescheydeden dat alszo, weret dat erer eyn storue sunder borth van em beyden gebaren, dat me denne den frunden den haluen brutschat scal weddergeuen, oft sze wol kinder to samende hebben gehat, dat helpet nicht, men he edder sze, de dar leuendich blift, gyfft nicht mer van sick, wen de halue wedderkeringe an dem brudtscatte, de em mede worth, dyth scriuen de van Magd.

Kap. 407.

Offt eyn man enen vredebreker in synem husze, dat me em sulf VII wol geholdender lude ouertugen mach, dat he der dath sculdich sy, unde ys to dode geslagen, szo scal me ouer den doden richten alszo, oft he leuendich were, unde sprecket de, de dode szy des unsculdich, de vorlecht[1] alle tuch, szo moth ene de cleger myt campe ouerwynnen, van r. wegen.

Kap. 408.

Her richter, ick clage jw, dat sick Hans underwunden heft ouer eynes erfeygens unde mynes gudes, dat my angeuallen ys van myner grotmoder up myne moder, van myner moder up my, dar ick eyn recht erffname to byn, alsze dat em de houe nicht gegeuen noch upgelaten ys vor richter unde vor schepen, darto antwerdet Hans alszo: Her richter, alze my Peter beschuldet umme eyne houe, des hebbe ick de houe beszeten unde gehath in witliken weren IIII jar by syner grotmoder leuende, de my de gewere rumede ane alle weddersprake, darna by syner moder leuende alzo dat syn grotmoder de gewere ouer sze nie gebrachte, unde hebben de houe

[1] schliesst aus.

na syner moder dode in nutliken geweren hath wol XIIII jar ane alle ansprake, alse he myt my to steghe unde to weghe unde to der kerken gegan heft, unde em witlick ys geweszen, dat ick de houe vormedet hebbe unde vorwandelt alzo dicke, alse my dat noth ys geweszet, wes dar eyn r. umme sy. Hyr up etc.: Nademmale dat Hans de houe ansprecket vor syn angestoruen erueeygene van syner grotmoder up syne moder unde van syner moder up em, unde Peter sick eyn eygenlike were daran duth, dat szyn grotemoder em de were gerumet heft, de gewere moth he bewyszen myt richter unde myt schepen, unde myt gerichten in gehegedem dinck, dar krafft unde macht hefft, dat em de grotemoder edder er dochter de houe gegunth edder upgelaten alse r. ys, kan he idt ouer nicht bewysen, szo heft he nene eygenlike gewer daranne, unde Hans ys negher daby to blyuende, wen idt em Peter myt der unrechten were vorentholden moghe etc.

Kap. 409.[1]

Vortmer: Tho Magd. recht ys eyn mangelt unde en wergelt allens en, wergelt ys XVIII m. fynes suluers, en halff wergelth IX m.; ock wen men sick uth der veste sweren scal, szo scal me anders nicht sweren, unde men scal den edt anders nicht stenen, wen aldus: de vestinge, dar ick ingekamen byn, dat ick dar myt willen nicht lenger inne syn wil, dat my goth helpe unde sine hilgen, ock were jw de richter vorgeuallen unde de schepen, so scolde mede darto bringen, dat he dat myt deme sackweldyghen szo schicken wolde, ock jemant recht laten halen, wat en wergelt were, ganz edder halff, szo bedet vor de wunden IX m. fynes suluers, wolden sze dar bauen r. halen laten, so wynnen gy dat ordel gelth etc.

Kap. 410.

Eyn unser borgher hefft angeclaget unser borgher IIII myt ener samender hant, dat se synt gekamen myt gewalt unde sulffrechte, unde hebben en gekrencket an syn lyff unde an syme gude unde ere, unde hebben em gedreuen uth synen werke, dat sze ne hebben gedan myt rechte edder myt jennygerleye bewysinghe, edder myt jennygerleye hantafftiger daeth, alze he en wolde umme jennych guth, wen umme den brake, den sze darumme gedan hebben, unde byddet gerichtes. Darjeghen de IIII laten vragen, synt der tydt, dat se angeclaget syn myt ener samender hant, oft nicht eyn islick besunderen antwerden muchte, edder wes r. zy; des hebbe wy

[1] Siehe auch Kap. 413 und 436.

gevunden vor recht, szynt der tydt, dat eyn islick heft besunderen brodt unde rock, dat eyn islick besunderen wol antwerden mach, des heft de ene geantwerdet unde sprack, oft de gewalt sulffrecht by ticht (?) unde hogher wen guth van allem, wat he genomet hefft in syner clage, wente he ene uth synem werke nicht heft gedreuen unde bekennet, dat he heft gedan na rad der meynen werke unde syner kumpane unde heft em gelegert syn werck umme de sake, de he up sick heft, alze dat witlick ys den rathmannen unde dem richter, den schepen unde gemeynen borgheren alsz lange, wente he dat van sick bringet, szo willen sze ene na szo gerne to eynen kumpane hebben alze vor, heft darjennyge broke an gedan, dat wil he vorboten myt eyner pennynck bote, na Magd. r. Des heft de cleger darjegen laten vragen: sint der tidt, dat he claget hogher, wen guth unde draghen an syn guth unde an ere unde an vodinghe[1], oft he des nicht negher sy to werende, wen idt em jennich man zy to vorbotende myt eyner pennynck bote edder wath r. szy. Hyr up etc.: Men scal nemande sin wercke vordeilen, er me ene vor gerichte vorwynnen sulker sake, dar he na rechte syn werk mede vorlaren hebbe, hebben de IIII manne den cleger myt gewalt sunder gerichte syn werck neddergelecht, dar mach he sze umme besculdigen vor gerichte myt samender hant, edder enen jeweliken besunderen, welker de bekennet, de scal em vorboten myt XXX sch. unde scal deme richter darumme wedden VIII sch., welker des vorsaket, de mach des unschuldich werden unde he scal synes werkes bruken, de wile em vor gerichte dat nicht gedeylet werth etc.

Kap. 411 = M. Fr. III. 8. 1.

Kap. 412.

Ersamen heren unde guden vrunde. Ick hebbe enen gewundet unde de richter unde schepen hebben de wunden kampuerdich erkant, unde darumme byn ick vorvestet, des hebbe ick deme gewundeden manne gebaden, dat ick em de wunde vorboten wil, alze r. ys, unde des bidde ick my in den rechten to lerende, alsze wo ick hyrmede varen moge; offt my de richter veligen unde leyden[2] moge, dat ick my uth der veste then moge, sintdemmale dat ick my des vorbaden hebbe, dat ick em de wunden vorboten wil, alze r. ys, edder oft he my dar bauen in de veste beholden moge edder wes r. szy. Hyr up etc.: Wyl gy umme der wunden unde lemenisse willen, dar gy umme vorvestet syn, nicht lenck in der vestinge weszen, szo moge gy deme richter, de jw vorvestet heft, biddende, dat he jw

[1] Nahrung. [2] sichern und geleiten.

geleide geue, gy willen in der vestinge nicht lenger syn unde deme cleger syne wunden unde lemenisse beteren na rechte, szo ys de richter des plichtich, dat he jw dartho geleide, unde den cleger dartho vorbade, dat he dat van jw neme, unde alze denne de wunde unde lemenisse an den vingeren in ener schycht geschen, unde de wunde van richteren unde schepen kampuerdich erkanth ys, szo moghe gy dat beteren myt eynem haluen wergelde unde dat muth de cleger van jw nemen unde jw uth der vestinge lathen unde eyn jewelyck, de beclaget unde vorvestet ys, de muth deme richter syn gewedde geuen, wolde ock nu nicht de cleger vorkamen unde wolde dat werghelt nicht van jw nemen, szo moghe gy jw doch uth der vestinge then unde myt deme wergelde beszytten alszolange, wente he jw dat myt rechte afvordert, van rechtes wegen.

Kap. 413 = Kap. 409.

Kap. 414.

Vortmer: En man wort dotgeslagen vor der stat in eynem anderen gerichte, unde in deme suluen gerichte wart de morth vorvestet, darna quemen des doden mannes frunde in de stath vor gerichte, unde ene dar ock wolden vorvesten in de stath, nademmale, dat de dode man eyn medeborgher in de stath geweszeth was, unde oft me des don mach, des bidde wy eyn recht. Hyr up etc.: Dat sine vrunde em wol vorvesten moghen in der stat, ouer se moten up em clagen to III dingen unde em volgen alze r. ys, unde in deme drudden dinge mach men ene vorvesten, van r. wegen.

Kap. 415. 416 = M. Fr. I. 1. 10, I. 3. 3[b].

Kap. 417.

Geschege eyn wilkor in eyner stath, unde muchte me dat bewyszen myt des heren breue, den de here behantvestet hadde, dar moth sick eyn yder an laten noghen, van r. wegen.

Kap. 418.

Wes sick eyn cleger unde antwerder vor gehegeden dinge vorwilkoren, des richter unde schepen bekennen, dat scal alzo bliuen, unde sint ock jeneghe ordel gevristet van den schepen, so scal me nicht vurder dedingen, de ordel werden denne ingebracht, van r. w.

Kap. 419—426 = M. Fr. I. 1. 12, I. 5. 3[1], 4, II. 4. 2, II. 2. 19, II. 2. 1, 2, 3.

Kap. 427.

Vortmer: Alse gy uns vormals gescreuen hebbe up twyer manne ansprake unde antwerde, szo hefft sick Ludeke drye vorbaden vor

[1] Siehe oben Kap. 54.

gerichte dem neyne eyne volghe to donde, dat doch Stöben nicht van em nemen wolde, szo hapet Ludeke, he scole Stöben nicht mer plichtich syn van Gregers wegen; Stöben antwerdet, alszo wol dat Ludeke sick III vorbaden hefft, dem nene eyne gnoch to donde, szo heft he Greger to entbaden, dat he kamen scolde unde geuen und nemen recht, szo ys Greger gekamen to twen tyden to Stettin unde wolde recht van Ludeken nicht in der stath. Hyr up etc.: Syntdemmale dat gy vor tyden an uns van der suluen szake wegen gescreuen hebben unde den suluen juwen breuen beroreden, alsze Greger en gast unde wechverdich geweszen ys, szo heft he Stöben mechtich gemaket syn r. to beschermende unde tho vorantwerdende, dar wy jw denne dar van der suluen macht wegen, zo hyr bauen beroreth ys, upgespraken hebben, ys denne Ludeke myt Stöben, de van Greger mechtig gemaket was, darna vor gerichte unde sick in gerichte vorbaden deme nene, na uthwysinge unses ordels, ene volge to donde, unde gevraget, wo vake he sick vorbeden scholde, darup em denne gedeylt ys, dat he sick drye in gerichte vorbeden scolde, alse sick denne Ludeke in jegenwerdicheyt Stöbens drye in gerichte, so em dat gedeilt was, vorbaden hefft, deme neyn eyne volghe to donde, nu Stöben, Gregers machtman, eyn sulkes van em nicht upnemen wolde, szo schal doch recht Ludeke des gedelden edes van Stöben in vulmacht Gregers leddichunde los weszen, van rechts wegen.

Kap. 428—434 = M. Fr. I. 14. 1, I. 8. 1—6, 8.

Kap. 435.

Unsen fruntliken gruth to vorende etc. Ersamen besunderen guden frunde. Szo gy uns twyer parth gesette, alse clage unde antwerdt, Berent Hillen unde Matthias Gyszen in vormunderscop Claues Tornowen selegen nalaten wedewe cleger an eynem, unde Claues Jacob antwerder amme anderen dele anlangende bescreuen ghesant unde uns recht darup to spreken gebeden hebben, spreke wy schepen to Magd. up de suluen scryfte vor recht: Moghe de gnante Berner Hille unde Mathias Gyszen in vormunthscop Claues Tornowen naghelaten wedewe myt eneme sulfstendigen instrumento dorch enen apenbaren scriuer, alze r. ys, fultogen unde bogrepen to bringende unde bewiszen, dat sick bemelter Claues Jacob myt der nagelaten wedewe Claues Tornoweschen de heringes haluen, szo em Claues Tornow upgeladen hadde, in erme eygen husze berekent, unde dat der frowen an dem heringe noch I unde LXX r. gulden hinderstellich gebleuen unde dat he er dartho gelauet, he wolde personliken darna wanken[1], sodane ghelt vore den hering to manende, cleger alszo, wu r. ys, vullenkamen, deme moten bemelter Claues Jacob sulker syner bewysinge na, szodane hinderstellige schult van dem heringhe zu manen van den gennen, den sze den herinck vorkofft heft unde muth der vrowen szodane hinderstellige scult schicken unde tho henden reyken, wo ouer de cleger sulke des gnanten Claues Jacob vorberorede bewillinghe dorch eyn sulfstendich instrumente nicht uthvuren, dar denne de sulue Claues Jacob myt synes ens hanth up den hylgen, alze r. ys, vorrichten, dat he myt dem heringhe nicht anders gehandelt, sunder dat he den up beuel unde gehete Claues Tornowen vorkofft, ere ock szodans hinderstellich gelt in to manen unde to schicken nicht thogesecht noch gelauet hebbe, wen he dat alszo vorrichtet, szo muth he der vrowen anwysinghe don, wor unde wem he den herinck vorkofft hebbe, unde denne mach der frowe szodane hinderstellinghe scult sulues inmanen edder manen laten, unde bemelter Claues Jacob were er bauen dat vurder nicht plichtich van r., vorszegelt myt unsem ingezegel.

Kap. 436.

In eyner underwysinghe Hans Tydekens weghen Hans Penckowen in Ruppyn, ut Lantr. Lib. II art. XVI, Lib. III art. XVI (?): gewere scal eyn jewelick man don unde deme eyn vynger wert ghelemet, dem behort darvor der teynde deel van eynem wergelde. Eyn werghelt ys XVIII punth pundigher pennynghe, dat scholen alle weszen, sulver pennynghe unde jewelick punt scal weszen szo guth alsze ene fine marck lodiges suluers, unde wath dat alme in rechte gheprouet unde gheluttert ys, szo synt dat XVIII fine lodighe marck fynes suluers, hyr aff hefft eyn vinger dat X deel tho both, de affghehouwen edder gelemet ys, unde nicht mere.

Kap. 437.

Wunden sick twe myt kampbare wunden, de ene szande tho deme richter synen vrunth, unde lete clagen, de ander kummet nu suluen unde claget deme richter unde bewyszet, des se ys negher by der ersten clagen tho bliuende, wen genne, de ersten synen frunth an den richter sande to clagende.

Kap. 438—440 = M. Fr. I. 14. 2, 3[2], 4.

[1] wandern, umhergehen.

[2] Am Schlusse steht in der Handschrift: contra spe. L. I. art. 51 in gl. . . penninck.

Kap. 441.

Offt eyn man hadde eynen unechten szone, de worde geedelet van deme pawes unde hadde ock echte kindere van syner eliken frowen, mach nu de dar geedelet ys myt den anderen kinderen ock erue nemen, nochdeme dat de pawest unsze r. nicht krenken mag. Hyr up etc.: De kinder, de van deme pawest geedelt sint, de mogen erue nemen myt den anderen kinderen, de elick gebaren synt van vader unde moder, van r. wegen, contra spec. L. I, art. 51, ut in gloss.[1]

Kap. 442. 443 = M. Fr. I. 8. 11, I. 7. 6.

Kap. 444.

Vorbat sint wy gevraget umme recht, offt eyn gebaren vormunder de eyn lantverinck[2] were unde nicht erfszeten, unde mundigen kinderen vormunder setten wolde, de der kinder moder entjeghen unde nicht gerecht weren, unde darmede ummeginghen, dat sze der kinder moder enteruen en . . .[3] guden (?) unde voruntrughen wolden, offt de vrowe denne icht myt des richters unde myt des rades hulpe eren kinderen vormunder setten moghe, dar de vrowe unde de kinder an vorwareth moghen syn wente to der kindere mundigen jaren, sintdemmale dat sze erer kinder negeste eruen unde warderinne ys edder wes r. sy. Hyr up etc.: Wolde eyn gebaren vormunder, de eyn lantverinck were unde nicht erfseten were, syneme mundelinghe ander vormunder setten, des en mach he nicht don ane des richters unde des rades unde der kinder moder wille unde vulborth, sunder wil he suluen nicht vormunder syn, de darto gebaren ys unde der kinder moder unde negesten eruen van jar to jare rekenscop don, szo muchte der kinder moder, de er negeste erue ys, myt willen unde vulborth des richters unde des rades eren kinderen wol vormundere keszen, de en nutte unde beqweme synt, alzo langhe wente dat de kinder mundich werden edder ere jartal krigen, dat sze suluen vormunder keszen mogen, van r. wegen.

Kap. 445.

Vortmer: Ys dar eyn swertmoghe, de der unmundigen junckfrowen thohoreth van eres vader weghen, de in dat drudde edder dat verde leth, de er to enen vormunder doch unde darby varen wil, alsze sick dat im rechte behoret, deme muth me de vormunderscop thostaden, unde er broder van der moder wegen edder de anderen frunt, de dar van den olderen umme gebeden hebben unde vor

[1] Sachsensp. I. 51, §. 1. [2] Landstreicher. [3] Lücke in der Handschrift.

gerichte nicht bestediget syn, moge er vormunder nicht syn, id sy denne, dat dar nen swertmaghe were, de dar duchte unde dat de junckfrowe suluen, oft sze XII jar olt were, sze to vormunder kore, so muchte sze dat wol don, van r. wegen.

Kap. 446—449 = M. Fr. I. 1. 18, I. 6. 4, I. 5. 2[1], 5.

Kap. 450.

Vortmer: De radt van Stettin unde de hertyghe unde de sculte claghen an Hanszes guth, unde an Hoddynghshuszen guth, alsze vorvluchtich sint geworden umme valsche pennynge willen, de se halth unde gebracht scholen hebben in de stat to Stettin, alsze sze de vorvlucht nemen unde ein ander de gebrant warth up sze meldede, nu hapet de rathmanne, nademmale dat sze valsch to richtende hebben, sze scolen dar r. to hebben, unde de hertieh hapet ock, nademmale dat se sine stede unde lant vordoruen hebben, szo hebbe dar nemant r. to, wen he; de sculte antwerdet, nademmale, dat he en bolenth sculte ys, unde hefft r. to allen braken, unde sze affrumich[2] sint geworden, szo hebbe dar nemant r. to wen he; hyr antwerdet Hoddinges wiff tho, dat sze ingebrocht hefft myt halueme gude, szo hapet sze, dat he er deyl nicht vorbraken hefft, edder wes r. sy etc. Hyr up etc.: De hertick unde de rath, noch de scolte hebben an des affronnigen mannes gude nicht, sunder wath he syner frowen gegeuen hefft in gehegeden dinge, dat scal er volgen na utwisinge der gyfft. Is dar mer gudes, dat is sine unde siner eruen na sineme dode, van r. wegen.

Kap. 451 = M. Fr. I. 7. 2.

Kap. 452.

Hinrick Gans ys en cleger gheworden to Gysen hyrumme, dat he sick underwunden hefft syn wolgewunnen guth, wereth, dat he dat benennen wolde, szo kan he dat ouer bewyszen, alze r. ys; hyr antwerdet Gysze unde secht dar nen tho, men dath ys geschen, dat Gans hadde gheschepet in eyn schep gudere under der schipperen merck, do de schipper qwam to vromden lande, dar starff he, do besetteden sine sculdener, den de schipper sculdich was, dat guth, do vorvur dat Gyse unde toch dar ock hen, unde tock sick mede to den guderen van enen unmundigen kindes weghen, dar he eyn vormunder tho was, unde was des schippers kynth, unde vorderede myt r., dat he XXX m. krech van desz kindes weghen unde Gans wuste dat wol unde wolde dat guth nicht en setten, wes hyr r.

[1] Siehe oben Kap. 53. [2] flüchtig.

umme sy. Hyr up etc.: Hefft Gyse in vormunderscop des schipperen unmundigen kindes to des suluen schipperen gudere myt anderen sculdeneren geuorderth unde myt des richters wille dat gut, dat de schipper na sineme dode gelaten hefft, gesleten (?), unde ys Ganse sodane vorderinge witlick gewesen, unde heft he dar ne to der tid nicht gespraken, szo ys Gyse by deme eruorderden gude, dat he van des unmundighen kindes vader gude myt r. heft eruordert, negher unde er to bliuende, wen Gans en van dem eruorende gude drengen mach, van r. wegen.

Kap. 453. 454 = M. Fr. III. 5, III. 1. 4.

Kap. 455.

Offt en man ene mishandelinghe dede buten dinckdaghen myt worden edder myt werken, unde worde darumme tho r. geladen in dem daghe, dar id inne schen were, unde nicht vorqweme, wat syn wedde darumme sy. Hyr up etc.: Deyt ener mishandelinge buten dinckdagen, darumme scal ene de richter to dinck baden, kummet he denne nicht to r. dincktydt, so wynnet de cleger sine bote unde de richter sin gewedde na rechte.

Kap. 456.

Offt eyn man edder wiff besculdiget worde, de to spysekope wegen mate, ellen unde wichte anrorende weren, oft de saken de rathmanne edder de schulte tho richtende hebben. Hyr up etc.: Al de velsche unde voredelike spisekop, unrechte wicht unde unrechte mate unde de ellen scholen richten de rathmanne unde nicht de sculte, van r. wegen.

Kap. 457 = Gaupp, Schles. LR. Kap. 273.

Kap. 458.

Wes erer twe, de to sokende hebben erer saken by dem rade edder by den schepen edder by anderen bedderuen luden, bleuen, wolde sick denne de ene darvan theen unde zynen weddersaken anders vorclagen, szo ys em genne nicht plichtich, anders vor to antwerdende, isset dath he des bekantnisse hefft an den bedderuen luden etc.

Kap. 459—461 = M. Fr. I. 2. 2, III. 1. 2, 3.

Kap. 462.

Offt apene wunden, de ane richte beclaget werden, in welkeme rechte sze bestan mogen. Hyr up etc.: Hefft de cleger de wunden myt gerichte nicht kampuerdich gemaket unde geclaget, so mach he de wunden nicht hogher dedingen, wen vor ene blothrunsth, van r. w.

Kap. 463.

Vortmer: Lange hefft angeuaren Peter myt ouelen[1] worden unde myt wapender hant unde heft ene gewundet sundergen an sinen kop also, dat he em harn knaken (?) dar unde entweyet hefft gehowen, jodoch so is dat vlesch unde huth umme den bregen ungewunden unde ungeseret, wer nu de sulue wunde scal kampuerdich syn edder nicht. Hyr up etc.: Nachdemmale Lange Peter gewundet heft unde en synen harn knaken an synen kop dorch unde entweyget gehowen, so ys de wunde kampuerdich, van r. wegen.

Kap. 464.

Spreke wy schepen to Magd. vor recht. Is juwe kint in disseme jar vor pyngesten brodt byddendes haluen vor enes borgers dore bynnen Prentzlow, Hans Bytekow gnant, gekamen, unde de suluestе en bred uth synen vinsteren geworpen edder gestoth edder losgehangen unde geuallen, unde dat sulue bred juweme kinde up syn houet unde bregen geuallen also harth unde sware gewundet, dath eth imme twellften dage van sulken geschefte gestoruen ys, we jwe vrage darvan wedder meldet etc. So denne sulke geschicht uth Hans Bytowen husze an juweme kinde geschen ys, szo muth he jw, wan gy em darumme redelick sculdigen werden, darto antwerden, unde szo he bekennen worde, dat sulke gescichte to der tyd van syner vorsumenisse gescheen were, szo muste he jw, alse des kindes negesten swertmagen, wo dat eyn knecht ys, myt eneme gantzen weregelde, dat syn XVIII punt pundigher pennynge unde maken XVIII m. fines suluers edder ander pagemente[2] nach des fines suluers werden, edder wer dat kint ene frowelcke kunne, myt eynen haluen werghelde vorwandelen unde vorboten, unde deme richter syn gewedde geuen, worde he ouer nicht tostan unde bekennen, dat sulkes myt synen willen edder vorsumenisse were geschen, szo muchte he sick denne up den hilgen, wo recht ys, entleddygen unde auenemen, unde he ys jw darouer vurder nicht plichtick, kunde gy ouer irvaren, we dat brod uth gestoth unde affgeworpen hefft, den suluygen moge gy darumme beclagen unde sulkes myt rechte to em soken unde vorderen, van r. weghen.

Kap. 465.

Unszen fruntliken groth to vorne. Ersamen besunderen gude frunth. Szo gy uns van etliker sake weghen Peter Evert, den beckerknecht, an enen unde jw suluest amme anderen dele anlangende,

---

[1] übel, schlecht. [2] Zahlmünze.

gescreuen, unde uns r. darup to sprekende gebeden hebben etc., spreke wy schepen to Magd. up de sulue scryfft vor r.: Hefft Peter Everth, alse he in juwes nabers husze, dar gy in ener collacien geweszet syn unde ock dar gekamen ys, unnutte worth van juwer erliken husfrowen gehath, dar auer gy en myt worden straffeden, des he jw darto noch heft willen slan, unde hebben to em, in deme alsze he na jw sloch, myt eynen metzer affwer in noth gedan, unde em alszo in sinen arme twye steken, wen denne de wunden recht kampuerdich weren, alsze nagels dep unde ledes lanck, dermalen alsze men sulke kampbar wunden to meren unde to beleydende plecht, nicht geweszet weren unde sick ock susth to eyner lemenisse des armes edder der gantzen hanth nicht gethogen, szo hadde he ock nene pynlike clage darumme to jw anstellen, sunder na rechter vorgander dynckkundinge brocklich, alse umme ene sine rechte gesathe bote der haluen to jw mogen clagen, wen ouer de wunden beyde, edder der eyn, in sick na rechter mate, edder van der lemenisse wegen, de sick dar uth begeuen hadde, kampbar geweszet, szo hadde he syne clage wol pynliken darumme an to stellen ghehath, wen he ouer de clage to rechter tydt unde alsze recht nicht angebracht, sunderen de quernacht darouer hadde gan laten, szo hadde he ock des anderen daghes syner clage to jw nicht mogen don, de ock alszo flumich (?) nicht vorvolgen, sunder he hadde denne to dren uthgelechten rechten dinckdagen suluest edder dorch synen vulmechtigher syne clage mothen anstellen unde voruolgen unde wo denne also nicht geschen, were syne clage umesust unde alsze nicht wy he ouer sine clage alze wo r. ys voruordert hadde, so muchte gy doch to deme drudden dinge to recht vorkamen, unde jw to der antwert stellen, darmede gy de vestinge breken, dat he denne ouer jw nicht kan geuordert werden, unde van jw in denne juwen antwerden an beyderleye saken nicht der nothwere he helpen wolde, unde dat dar nemandes mer, de werth jwe naber, darby geweszet were, de jw noch geseen hadde, unde juwen wedderparth jw des szo slichten nicht gelouen wolde, muste gy dat myt juweme ede vorrechten, dat dar nemandes mer bygeweszet were, unde muchte denne gy de nothwere uthvuren, myt deme werde unde anderen vramen luden unbesculden an eren rechte unde darouer were gy denne juwen wedderparte der wunden haluen vurder nicht plichtich, edder szo gy de nothwere, alse wo r. ys, nicht uthvuren noch bybringen kunden, muste gy em, so de vorwundige to rechter tydt alse in vrischer daeth kampbar beleydet unde bringet were, pynlich myt der rechter hant edder borchlich myt eneme haluen wergelde dar vorhasten unde beteren, wo ouer de vorwundige na vorbenomeder wise nicht kampbar, sunder blutrunstich geweszet were, muste gy em myt syner rechten gesetten bote vor beteren unde deme richter darumme, sze sy kampbar edder nicht, syn gewedde geuen, van r. wegen.

Kap. 466.

Unszen fruntliken gruth to vorne. Ersame besunderen gude frunth. Szo gy uns van ethliker sake wegen, Matheus Bulow in vormunderscop syner eliken husfrowen an eneme unde jw suluest amme anderen dele anlangende, gescreuen unde uns r. darup to sprekende bedden hebben, spreken wy schepen to Magd. up de suluen scryffte, unde to ersten van weghen des sulueren gebendes unde des rockes vor recht: werde gy van deme gnanten Matheus Bulow angeclaget umme eyn gebende, dat sine elike husfrowe jw unde juwen vorstoruen husfrowen vorkofft hebben, unde ock umme enen rock, den se der suluen juwer eliken husfrowen vor VI m. vinckenogen[1] vorkofft hebben unde noch unbetalet sy, unde ys juwe antwerth dartho, dat jwe elike husfrowe der Matheus Buloweschen dochter myt juwen willen unde geheth vor erer moder gekoft heth ouer V edder VI jaren vorgan umme sodane gelth, alze dat er moder vormals gekofft hadde, unde dat gy juwen wyue beualen hebben, dat se erer moder vornöginghe don scholde unde dat er vornöginge geschen sy, des gy jw tyen willen an er sulues to eres enes hant, unde ys desgeliken ock jwe antwerth van deme rocke, dat eth vorgan sy wol by X jare, dat gy er den affkofften, wenner sze hebbe des vornöginghe gekregen unde wille gy er dat ock laten to eres énes hant, worde jw denne de genante Matheus Bulow edder syn wyff de betalinghe unde vornöginge des vorbenomeden bendes unde rockes, alse gy unde juwe vorstoruen wiff affgekofft hebben, tostan unde bekantlick syn, szo muste dath ock darby bliuen, unde gy weren er denne der twyer stucke haluen vurder nicht plichtich, worden sze jw der vornöginge also nicht bekentlick syn, so muste gy de betalinge kregen, sze alse r. nabringen unde bewiszen, unde ghy kunden jw des nicht to eres enes hant nicht then noch vorlaten, van r. wegen.

Kap. 467.

Vurder up de anderen twe puncte van wegen des sulueren peles[2], unde der twyer hoykenhechten[3], spreken wy schepen to Magd. vor r.: Werde gy van jwen wedderparte van wegen des speles

[1] kleine Münze. [2] Kopfputz der Frauen. [3] Mantelspangen (?)

unde der twyer hoikenhechten, de sine elike husfrowe juwen vorstoruen eliken wyue gelegen hebbe, slechte ane getuge angespraken unde erbedet he sick ock der hechte haluen to keyner getugnisse jegen jw tho donde, szo moge gy en ock to getuchnisse, der he sick nicht vormeten noch erbaden heft, to donde edder de sculde den vorbaden stucken haluen myt eden to bewarende in rechte nicht gedringen, sunder ys jw antwerth van wegen des peles, dat juwe elike husfrowe der Matheus Buloweschen dochter sodanen peel, darumme jw Matheus Bulow ansprecket, nicht hinder sick gelaten hebbe, sunder etlike spangen, de sick geliken peelspanghen, hebbe se gehath tho froweliken schyrung unde de suluen tzeliken (?) anderen eren medegesmide vaste benegeth up unde an ere cleder unde dar gy sodane ere nagelaten sulueren gesmide unde ander stucke, de to gerade gehorenden, alze eyn vormunder juwer twyer eliken dochter entfanghen hebbe unde weten van nenem ligende unde dath gy ock van juwer dochter alze gerade van erer moder angekamen, anders neyn hechte entfangen hebben, wen alze se an eren clederen geneget hadde, unde to erer froweliker czyringhe gedragen hebbe, unde anders nicht weten, wen dat sy juwes wyues geweseth syn. Dhorsten gy denne alse desser saken eyn antwerdt myt juwes enes hant vorrechten up den hilgen, alze r. ys, dat jw nich witlich sy, dat de Bulowesche juwes wyues moder der suluen jwer husfrowen erer dochter enen peel unde ock de II hokenhechte, darumme gy nu van jwen wedderparte angelanget werden, gelegen, unde dat de jwer eliken husfrowen weren wente an eren doth, alse er gelegen guth gehad hebbe, sunder dat gy ethlike spangen, gelick peelspangen, de sze to erer froweliker czyringhe an eren clederen gedragen unde gehath hefft, unde ander gesmide unde stucke to gerade gehorende, alze eyn vormunder siner dochter entfangen hebben, unde anders nicht en weten, denn dat sulke peelspangen unde ock de hechten jwes eliken wyues gewest syn, wen gy eyn sodans vorrechtet unde myt jwen eden bewereth hebben, darmede entleddege gy jw der sculde van wegen des peles unde der twyer hokenhechten, unde syn denne jwen wedderparte derhaluen vurder nicht plichtich, myt unsem ingezegel.

Kap. 468.

Unsen fruntliken gruth to vorne. Ersame besundere gude frunth. Szo gy uns umme r. gevraget hebben in dessen nagescreuen worden: Id ys geschen, dat ick Stentzke Ingermundhe myt r. angeclaget hebbe Hans Clinkebile in sulken worden: Ick Stentzke Ingermunde do eyn clage to Hans Clinkebile, dat he sick in myner kemmede beslaten hefft unde myne kyste unde slote geapent heft, unde dat myne vorlaren hebbe, dat ick nicht wil umme gelth unde guth geleden hebben, des ick tho em wil so hoch alse virhunderth rynsche gulden, de ick to den tyden vorlosz, unde hebben disse vorberurde clage barchlich unde nicht pynlick angestalt, indeme Hans Clinkebil eyn inwaner unde medeborgher tho Prentzlow was unde noch ys, unde dar sulues hus unde hoff unde ander liggende grunde hadde unde noch hefft, szo hebbe ick ouer lathen heyschen tho r. vor synen huze, szo he denne villichte umme syner sculde, der he nicht to betalende wuste unde nicht umme syner vodinge efte neringhe uthe waz, hebbe ick umme mer sekerheit mynes rechten en lathen heyschen unde vorbaden myt des richters breue unde den breff gesant tho Gartze, viff mile van Prentzlow gelegen, szo dat em de vorbadinge vor witlick warth, alsze r. ys, alzo dat Werner van der Schulenborch, van bevelinge wegen disses suluen Hans Clinkebiles in syner eghene werdicheyt vor deme sytteden rade to Prentzlow, dar mere vromen lude an unde ouer weren, gesecht unde bekanth hefft, in deme denne disse vorbenomede Hans Clinkebil ny tho antwerde vorgekamen ys, noch to der ersten, noch tho der anderen, noch tho der drudden clage, so hebbe ick vullekamen vorderinge to em gedan unde sodane summen geldes vorberoret up en gewunnen unde my nach rechte thogedeylet ys, so verne he nicht hulperede brachte in rechter tyd, disse vorberorde myne vulkamen vorderinge hefft sze hen gestan wol eyn jar, dat he ne werlde heft hulperede vorkundiget edder vorkundigen laten, sunder nu in dem begen adventus Dni heft he vor deme werdigen rade gesecht unde vor hulperede upgebracht, wo in deme breue darmede he to r. geeschet unde vorbadet were, nen sunderlick geleyde gescreuen wer gewest, szo dat he hadde veylich aff unde to kamen und em were to wetende worden wenn ere he gekamen hadde to r., so hadde ick en willen angripen unde in grote pyne bringen, szo dat he van pyne wegen scolde hebben bekennen moten sodaner bosliken dat, der ick scult gegeuen hadde, weret ouer sake, he nicht hadde willen bekennen, szo scolde ick sodane hebben willen vorboten myt gelde, darumme ys he nicht vorgekamen wesen unde meynet sick darmede to entsculdigende, unde so to synem vulkamen antwerde tho kamende; darwedder entjeghen segge ick, dat he my sodans myt unrechte auersecht, ick my an em to vorhalende ny besinnet hebbe, anders den ick myt r. erweruen unde don muchte, unde meyne ock de richter edder ick umme nen sunderlick geleyde noch r. to genne, de vorplicht were, dat he deshaluen veylich aff unde tho kamen muchte, sunder vor unrechte gewalth hadde he jo geleyde geboth, alsze eyn bederman hefft, de to r. geeschet wert, unde segge vurder, dat he nen geleyde tho der tydt geeschet hefft, ock nen leye in rechte ingebracht hefft, darumme hape ick, he scole myt sulken vorgeuen neyn hulperede bestentlick erweruen moge, sunder ick scole billiker bliuen by mynen gevordeden rechte unde vorvolgeden gelde, wen he myr nu dat vorsperren moge. Hyr up spreke wy schepen tho Magd. vor r.: Is Hans Clinkebil eyn inwaner unde medeborger to Prentzlow gewesth unde noch ys, ock hus unde hoff unde ander liggende grunde dar sulues gehath unde noch hefft, hadde gy denne deme suluen Hans Clinkebile syn hus unde hoff edder ander liggende grunde in deme gerichte gelegen myt gerichte unde r. vor eyn benant summe geldes besath unde bekummerth unde dartho up de besate unde de benomede summe geldes alse r. ys geclaget unde hadde em de richter sulke clage unde besath vor der drudden clage myt synen breue vor gerichtes wegen alze r. ys vorkundiget unde witlick gedan, were he denne tho der drudden clage nicht vorgekamen ock nemant van synent wegen, unde hadde he ock sine echte noth nicht vorkundiget noch bestenyget, eft em de daran hindert hadde, sunder hadde he de drudde clage up de besathe ane rechte weddersprake laten auergan, szo dat jw de besaten gudere vor juwen vor benomeden summen in der drudden clage van gerichtes haluen geweldiget weren, szo muchte gy jw der benomeden summen geldes unde der gerichteskoste an den besaten guderen, wen gy de nach geluffte des gerichtes alsze r. ys uthgeclaget hebben, wol erholen unde Hans Clinkebile kunde sick denne myt sulken insagen hyr vor jwer vrage beroreth dajeghen unde wedder nicht behelpen, hadde gy ouer des genanten Hans Clinkebils gudere nach vorbemelter wise alse r. ys nicht besatet unde uthgeclaget, unde hadde gy en ock sulues personlicken myt demegennen, de des van gerichtes wegen tho donde nicht dinckplichtich gemaket unde tho deme rechte gestedyget, szo kunde gy darmede, dat gy en vor syneme husze unde ock myt des richter breue in eyn ander gerichte vure dat recht to Prentzlow to kamende, unde tho rechte to stande geheyschet unde geuordert hebbe, up den suluen Hans Clinkebil noch up sine gudere nicht gewunnen noch eruordert hebben, van r. wegen, vorsegelt myt unszem ingesegel.

Kap. 469.

Unsen fruntliken gruth to vorne. Ersame besunderen gude vrunth. Szo gy uns van etliker sake wegen Symon Wistock den cleger an eneme, unde jw sulues alsze eynen antwerder amme anderen dele anlangende, gescreuen unde uns r. darup to sprekende gebeden hebben etc., spreke wy schepen to Magd. up de suluen scryffte vor r.: Is Symon Wistock by nachtslapender tydt syn sone Lucas affgeslagen unde gemordet unde hefft he darumme, alze he nicht geweten hefft, we degenne syn gewesen, de den morth began hebben, in dat gemeyne geclaget vor gerichte ouer de morder, ock de genne, de radt dat vulbort unde hemelick medewetenth darmede gehat hebben, unde syn r. tho en geuordert, hefft jw deme gnante Simon Wistock darna in vore racht (?) gekregen, up szodans, dar he dat bluth van der stede, dar he sinen szone doth vant, wente vor jwe hus gesporeth unde gevunden hefft unde jw darna nicht lange vor den ersamen radt to Prentzlow laten eschen, unde hefft he jw alse gy dar jegenwardich gekamen syn, scult gegeuen, dat gy synen sone hadden helpen bringen van deme leuende to dem dode, unde de morth wer uth unde in juwen huse geschen unde tyede jw ock rades, dades, vulborth unde medebewetendes, unde hebbe gy sulues darto geantwerdet in gegenwardicheyt des rades unde gesecht nen, dat gy des mordes unde dartho ock rades, dades, vulbort unde medewetendes unsculdich weren, unde wolden umme der sake willen nicht wyken. Hefft denne de ersame radt up de tyd in der sake nicht mer gedan, sunder syn gy van en gescheyden unde in jwe hus gegan, hefft jw denne de genante Symon nicht lange darna, alse gy uth juwen huse gingen, umme juwe werff to bestellende, myt sinen vrunden bohaluet angegrepen unde myt groten haste torn, unde hath de straten up unde nedder gevoret myt geruchte unde groten geschreye vor des richters hus unde jw alle dar beclaget alse enen, de sinen szone hadde helpen van dem leuende to dem dode bringen unde gebeden umme rechtes to geuende, he wolde jw na juwen vordenste richten laten, unde hebbe gy ouer dartho geantwerdet unde gesecht, gy weren des unschuldich, unde heft he jw nicht willen tho borghe geuen up r., sunder hebben se jw mith louen des richters in holth unde iseren gespannen szo lange, dat idt ruchtich worth unde de rechte handeder, de den morth gedan hadde, des in ervaringe qwam, dat de an den ersamen radt to Prentzlow gescreuen unde bekant hefft des mordes, dat me nemand mer darmede beruchtigen scolde, den sy weren beyde alleyne gewesth, do se sick under slogen, unde he hadde en darto gebracht, dat he sick sines liues noth muste jeghen em weren unde wolde en nocht geschicht der sake unde synen vormoge gerne vorszonen, hefft jw denne Simon Wistock des mordes gelick wol nicht willen vordragen, sunder jw to borghe gedan to r. tho antwerden na lude syner clage; syn gy denne des vorberorden mordes haluen in hantafftiger dath begrepen, noch darumme edder sust, umme daeth, radt, vulbort unde medewetent van deme genanten Simon Wistocke myt rechten clagen in de vestinge gebracht, unde worde gy ock myt getuge nicht angespraken, szo moge gy jw ock der suluen daeth ock rades, vulbort unde mytwetendes myt juwes enes hant up den hylgen, alsze r. ys, wol entleddigen unde unsculdich maken, unde he kan jw denne darouer to hogher entleddinge nicht drengen, unde wen gy denne darmede jegen em in rechte fulkamen syn, hebbe gy en denne derhaluen, dat he jw myt der vorberorten sake unde dath beruchtiget, unde der haluen myt synen vrunden alsze enen misdeder getrecket unde in behechtnisse[1] gebracht hebben, alsze dat alles in juwen scryfften beroreth ys, wedderumme to beclagen, dat moghe gy myt rechte to em szoken, vurder dartho ys he jw denne plichtich to antwerden, unde gy mothen jw denne beyder syth, nach clage unde antwerth in rechte dar auer scheyden lathen, van r. wegen, vorsegelt myt unsem ingesegel.

Kap. 470.

Unsen fruntliken gruth tho vorne. Ersamen besunderen gude frunth. Szo gy uns etlike scryfte, ick sulues an eynen, unde Tomas Leneberghe umme anderen dele anlangende gesant, unde uns r. darup to sprekende gebeden hebben etc., spreke wy schepen tho Magd. up de suluen scryffte vor r.: Hebbe gy tho Prentzlow enen borger van nygen Ruppyn, Carsten Bardenick genomet, unde Margareten syner eliken husfrowen II perde unde enen wagen in Tomas Leneberge huse unde woninge myt willen unde vulborth juwes richters dar sulues to Prentzlow umme etliker sculde unde honliker sprake willen myt r. bekummerth unde besath ys, deme Tomas Leneberch myt deme vurmanne, de Kersten Bardenick unde Margarete syner husfrowen to Prentzlow gefurth hadde, vor den genanten richter gesecht, dat de perde unde wagen des vuremans horden, unde nicht des up gnanten Kerstens noch siner eliken husfrowen, unde umme lonen unde tholatinge gebeden, de II perde unde wagen to nemande unde wech to bringhen. Hefft denne de richter to Prentzlow deme gnanten Tomas Leneberch uppe syn bede unde vorbringen alzo secht, weret dat he sick seker unde wysze wuste, darane tho vorvarende, dat de perde unde wagen Kersten Bardenickes unde Margareten syner eliken husfrowen nicht weren,

[1] Gewahrsam.

szo weren perde unde wagen nicht besatte, unde dat darup de gelouinge geschen sy, darne denne Tomas Leneberch myt synes enes hant vorrechten up den hylgen alse r. ys, dat sulke II perde unde wagen, de in synen huse besatet weren, des vurmannes horeden, de de gnante Kersten Bardenick unde Margareten syne eliken husfrowen gevoreth hadde, unde dat he der gnanten Kersten noch syner eliken frowen tho gude nicht vordedingede, wen he dat also vorrechtet hefft, szo ys he ock van jwer schulde wegen nichts plichtich unde derff van jw umme disser sake willen nenen noth lyden, ock so muchte gy deme gnanten Kersten nach Margareten syne elike frowe personliken nicht besetten, sunder meyne gy tho deme gnanten Kersten Bardenick unde Margareten jennyge sculde edder gerechticheyt to hebben, darumme mogen gy sze personliken dinckplichtich maken, unde to deme rechten bestedigen, wor gy rechts myt em bekamen konnen, darto sint sze jw plichtich tho antwerdende, unde gy mothe jw denne an beyden syden darouer noch clagen unde antwerden myt rechte erscheyden laten, van r. wegen, vorsegelt myt unsem ingesegel.

Kap. 471.

Unsen frunthliken gruth to vorne. Ersame besunderen gude frunth. Szo gy uns umme r. gevraget hebben, in dissen nagecreuen worden, offt en geswaren schepe synen vrunden edder vrommeden, he szy cleger edder antwerder, buten gehegeder dincktydt unde stede, mach den radt geuen geliken anderen bedderuen luden, de to der schepenbanck nicht gesettet noch gekoren synt, unde offt de saken in scryfften scholden kamen unde gesettet werden, offt eyn geswaren schepe de scryfft des clegers edder antwerders besetten moge, unde dar suluest ouer myt den anderen geswaren helpen ordel unde r. up spreken mach, edder offt de syne gesettede scrifft myt der scrifft des anderen partes to hope gesant worde na erer gelegenheyt to der hogesten banck, dar ordel unde r. upgescreuen worden, oft denne de sulue schepe, de de scrifft des enen partes gesettet hefft, myt den anderen schepen dat affgescreuen ordel mach helpen vordern unde erkennen na r., unde vortmer darna ordele helpen vinden up de sulue sake, so vele alze erer behoff ys, szo lange, dat de sake geendet werth edder wat hyr umme r. zy. Hyr up spreke wy schepen tho Magd. vor r.: Werth eyn geswaren schepe umme rath gevraget, so mach he uthwendich gerichte edder buten gehegeder banck unde stede synen frunden edder vrommeden, he sy cleger edder antwerder, wol rath geuen unde syn guduncken seggen, gelick anderen bedderuen luden, de tho der schepenbanck nicht gesettet noch gekaren sint, worde ouer eyne sake in scryfften ouer tho geuende gedeylet, so mach de geswaren schepe in der suluen sake, dar he des clegers edder antwerders scryfft gesettet unde gemaket hefft, myt den anderen geswaren schepen keyn ordel edder r. nicht ouer spreken noch deylen, sunder worde de sulue sake nach scryfftliken sculden unde antwerden to hogher banck umme belegeringe willen gesanth, szo mach de beswaren schepe, de des eynen partes scryfft in der sake gesettet unde gemaket hefft, de uthwendigen afgescreuen unde geholeden ordel myt den andern schepen wol helpen fordern unde erkennen, worde jw ouer nyge ordel ap de affgescreuen unde gehaleden rechtsprake by den schepen, dar de sake vorhenget, vurder vinden unde begeuen, der suluen nyge ordele mach de geswaren schepe, de in der sake gescreuen hefft myt den anderen schepen nicht helpen erkennen noch deylen, van r. wegen, vorsegelt myt unsem ingesegel.

Kap. 472.

Mach eyn rath in eyner stath ock schepen kesen edder mogen de schepen under sick kesen, wen en schepen brock syn. Hyr up: Hefft de rath eyner stat, dath jwe olde wanheyt alzo langhe, dat nener manne anders gedencken mach, alzo mogen sze by deme kore myt r. bliuen, unde de schepen kesen unde up de banck to richtende bestedigen unde setten ordel to vindende, worouer de schepen den kore hebben, schepen to kesende, den scal en de rath nicht nemen noch vorhinderen, sunder sze by ereme kor vulkamliken bliuen laten, van r. wegen.

Kap. 473 = M. Fr. I. 1. 6 (s. oben Kap. 277).

Completum est hoc opus (unlesbar ? hujus) praesentis libelluli anno domini MCCCCCXVIII feria II post Oculi.

Anhang.[1]

Kap. 1.

Spreken wy schepen to Magd. vor recht. Sintemal de vorbouende fredebreker, als he myt des Pötters perde unde wagen vor jwe stadt varende gekamen unde vor jwem borgermester, de to der tidt dar suluest vor dem dare geweset unde gefraget, wes he schelinge myt dem ehrenmanne hadde, sick to der daedt bekande unde also mit perde unde wagen in apenbarer daedt begrepen unde

[1] Von anderer Hand geschrieben.

gefencklick gesettet worden, so kan he sick ock darmit, dat he namals, alse he vor gerichte gebracht, gesecht, dat he ful geweset unde alle datjennige, darumme he besculdiget, nicht gedaen hadde, na recht nicht behelfen, sunder he moth fredebrekers recht darumme dulden unde liden, van rechts wegen.

Kap. 2.

Scheppen zu Leiptzte. Unsere fruntwillige dienste zcuvore, vorsichtige auch wise unde leuen herren unde frunde. Up die frage, so yr uns zcugeschickt unde gebeten habt, euch daraber des rechten czu beleren, sprechen wir schepen zcu Liptzte vor r.: Ob wol der gefangen, den yr by euch sitzen habt, bekent, das er by dreen wochen by dem, so des dorchluchtigen hochgeboren fursten etc., unsers gn. herren, unsicherer gewest unde eyns anslages, wie eure frage vormelt, mit ehm eyns worden, unde wider ausgesagt, wen se aus ewer stat ungehindert kamen wern, do wolten etzlike andere ock ehn in enen krugk komen unde uff de jarmarckt in etzliken ummeliggenden steden halten unde wainten, ab sie ymands von kaufleuten auss unde in tzihen wollen, konden aberkommen, desulbigen zu berauben unde zcu bonemen, unde wie ehr ock sulcks alles mit bowilligt angenomen zcu fulbringen, unde sine gantze meyninge unde vorsatz gewesen, unde uff der fanct begriffen ist, dennoch, der wile ehr noch nicht hant angelangt unde sulchen sinen bosen willen mit den wercken vorbracht hat, so moget yr inen darumme alse enen reuber zcu sinem leib unde leben nicht straffen, besunder de wile ehr gantzen vorsatz unde willen gehabt, sulche untat zcu fulbringende unde albereit uff der fart sich dar zcu zu schicken gewest ist, darumme so mögt yr ym wol wilkorlich an sinem leibe, aber nicht zcum leben straffen lassen, also nemlich, das yr inen lasset zcum stauppe schlagen, ader ene zceit in gefencknis enthaldt, ader auff enen genugksamen vorstandt unde vorzicherunge unde gewonliker urfeedt auss dem gericht ewichlick vorwiset, doch sulchs alles ane abbruck seynes leben, v. r. w.

Kap. 3.

Scheppen von Magd. ordel hir up: Hefft ein erbar raidt van Stettin, als erer twe, der ene etlike roverie unde undath gedan, dorch de stadt gereden, up bouel des hochgebornen fursten unde herrn etc. na geeylet unde hebben den enen gekregen, efft den wol de seluige bekant, dat he by dem, de entkamen is, by dreen wecken geweset unde sick mit ehm voreiniget, ymands vorgedachtes hertogen fredhe efft hoffgesinde gefencklich antoreren, ock den na to riden, efft sie ymands van kopluden kanden auerkomen, de to berouen unde solkes alles bewilliget unde angenamen. De wile he dennoch kein wercklike undath bekant, so kan men en doch umme sodanen bosen willen tom liue pinlich nicht straffen, sunder men mach ehn up gewonlike unde genochlike orfeide ut dem lande vorwisen, darmit men sines bosen vorsatz sicher sin mach, v. r. w.

Kap. 4.

Scheppen zcu Lieptzk. Unser fruntwillige dinst etc. sprechen wir schepen zcu Lieptzk vor recht. Hat Jorgen Berlin zcu sinem frunde Merten Sekolau gesagt, so gedachter Sekolau im Georgen Berlin halb geuen wolde, so er was von der sache, de Sekolau wedder Richarden van der Schulenborch zcu haben vermeinte, bekomen wörde, so wolde er enen brieff an den Schulenborch maken lassen, das er solte gedencken, das ehr mit ehm entrichtet wörde, daruff Sekolau bewilliget unde hette gemeint, es solte ein fruntlike brieff gescreben worden sin; ab dan wol Georgen Berlin volgende enen brantbriff gescreben lassen unde Richarde van der Schulenborch an sein thor gehangen, so kan doch Sekolau darumme peinlick nicht gestrafft werden, sundern ist billich zcu vordrage unde leddich gelassen. Aber Georgen Berlin kan sich dardorch, das Sekolau vordragen unde leddich gelassen, von der straffe nicht erleddigen, er kan aber, weil der brandt nicht geschen, er auch in ubunge edder namen vleisse des brandes nicht befunden, als ein mortbrenner nicht gestrafft werden, sunder wo de andere sine mishandelinge, darzcu er sich neben dusser that bekant alleine, edder mit dusser daidt alle samptlich, des todes straffe nicht wirdig wern, so mochtet yr ynnen des angeslagen briffs halben zcur stauppe slain unde ewichlich vorwisen lassen, edder aber ynen so lange in gefenglicher vorwaringe entholten, biss das er genugsam vorsecheringe mache, sich an gelich unde recht benugen zcu lassen, v. r. w.

Kap. 4a[1].

Casus. Claws Gabell ist vorstorben unde hatt nach sich gelassen auff eyner sytten seynes groszvattern Henninck Dorgelow genanth schwester von voller geburt kindt als die Bartram Sonnenbergsche, zur andern seiten seyner groszmutter, welche ghedachts Henningks Dorgelaw ehelich weib gewesen, schwester von der mutter, unde von halber geburt kinder, als die Michell Dramkesche sampt iren

[1] Das Folgende bis zu Ende ist von anderer Hand mit deutschen Buchstaben geschrieben.

geschwistern. Nu ist die frage, ob die Michell Dramkesche sampt irem anhang mit gedachter Bartram Sonnenbergesche Claws Gabels erbe zw gemeinen rechten zu entpfahen, nach personenzall gleich, oder aber die Bartram Sonnenbergesche darumb das ihr mutter der verstorbenen Claws Gabels groszmutters schwester von voller geburt neher sein, dan die Michell Dramkesche sampt irem anhangk, welche desselben Claws Gabels groszmutter schwester von halber geburt kinder sein unde was also darumb recht sey. Zum andern wirt gefragt, auff den fal, so das gemeine recht der voller geburt keinen vortrit gebe, ob dan nach Sassischen rechten einige zweiunge zwischen voller unde halber geburt sey. Auff den ersten theil der frage wirdet geandtwurdt, das nach gemeinen beschriebenen keyserrechten die Michel Dramkesche unde ire anhangk Claws Gabels erbe zu empfangen gleich nahen sein. Erstlich darumb das beide teill demselben Clawes Gabell im gleichem funften grad vorwanth, denn nach demselben gemeinen keyserrecht so schreit die zweyung der geburt nit weiter, dan an schwester unde bruder unde derselben beyder kinder, in volgenden unde weiteren graden hort sie auf, also das in den ferrern graden allein angesehen wirdet, wie nahe einer dem verstorbenen vorwandt, nicht aber mit was banden ehr demselben zwgethan, das ist, ob ehr von halber ader voller geburt dem vorstorbenem zugehore, das gibt der text in l. post consanguineas §. legitima ff. De suis et legittimis heredibus, conjuncto §. Si vero neque fratres in aut. de heredibus ab intestato col. 9. So firmirts der Bartolus auch ausz denselben texten in praedicto §. legittima, do er spricht: quod illud quod dicitur, utrum sint ex uno parente an ex utroque, non habet locum, nisi quando tractatur de successione fratrum vel patruorum. Secus de successione ulteriorum §. Si vero neque fratres, ibi enim sola propinquitas inspicitur in gradu, non vincula, quibus junguntur. Darumb auch so wirt das erbe genomen in solchem fall nicht nach der wurtzel, sondern nach den hewbtern, also das der erbschafft so viel theil müssen werden, als viel der personen in gleichem grad beyderseits befunden d. §. Si vero neque, unde in aut. post fratres C. de legittimis heredibus.

Auff den andern punct der fragen wirdet geandtwurdet, das auch nach Sechsischen rechten obgedachte person beidersits des verstorbenen erben zu entpfahen gleich, dann alhir sein wir in dem fall, do sich das erbe vorschwestert unde vorbrudert hatt, in welchem die, so sich gleich nahen zu der syp zeyhen, die nehmen auch gleich teil daran, es sey man ader weib, lib. I, art. XVII; nachdem aber ein gewanheit eingewachsen, nach welcher der spruch, das die halbe geburt in ein weiter gelied schrit, als do stehet lib. II, art. XX, durchausz gehe uber alle grade, nach welcher gewonheit das recht interpretirt unde vorstanden wirdet, so were der gewonheit nach in berurten vorstandt des rechtens an orten des Sechsischen rechtens die Bartram Sonnenbergesche Claws Gobels erbe zu entpfahen neher, dan die Michel Dramkesche v. r. w. Das auff angetzeigten fall solcher masze wie oben angetzeigt nach underschiedt der rechten zu andtworthen sey, thun wir Benedictus Pauli unde Sebaldus Ministerer beide der rechten doctores auf eines itzlichen besseren vorstandt bekennen unde haben des zu urkundt unser beder pitschafft auffgedruckt.

Kap. 5.

Scheppen to Magdeburg. Sprechen wir sch. zu M. vor recht: Wehre Clawes Gobel (eweren itzigen schreiben nach) zcu wichbilde recht in godt vorstorben, so hette er auch vormoge des gedachten weichbilde rechts, darinne die halbe gebort stille steit, seine gutter, souil er der gehapt unde unuorgeben hinter ime vorlassen, uff die Bartram Sonnenbergesche als seiner groszmutter schwester tochter von voller geburt an einer unde die Michel Dranckesche sampt iren geschwistern, als des verstorben groszmutter schwesterkinder halber geburth, zcu geleichen teile nach personenzcall gebracht, gestammet unde vorerbet, v. r. w.

Kap. 6 siehe mein Princip der Successionsordnung nach deutschem, insbes. sächs. Recht (Gotha, 1860) S. 67.

Kap. 7.

Scheppen tho Magdeborch. Unsen frundtliken grudt mit erbedinge alles guden, theuerne ersamen vastwisen hern. Wi geuen J. E. W. gudtlich tho erkennende, dat wi na thosprake unde andtwerde etliker twistiger parte, de vor uns schriftlick ingelecht, wo J. E. W. uth dissen bigelechten acten tho vernehmende hebben, umme ordel unde recht gefraget werden, dewile wi des nicht sin ryke, bidden wy fruntlick J. E. W. wolden unz hirup iuwe milde beleringe, wes Maydeburges recht sy, gunstigliken mitdeilen unde densuluigen J. E. W. rechtsprake sampt den acten iuwen ersamheiden ingesigell wedderumme vorschlaten tho schicken.

Kap. 8.

Ersamen hern, wi fragen J. E. W. furder umme recht, dat erste, so einem ein erffgudt is angestoruen, ofte desuluige erfname na gewonheit iuwes gerichtes nicht sy plege, so he anders inheimes is, dar sodan fall gekamen, binnen jar unde dach vor gerichte sick dartho tho thende, unde ock sine gebort darup tho bewisende, so he in dissem zumich, offte gemelte erffgudt darna an konnicklike gewaldt nicht solle vorfallen sin, edder de erffname idt suluige na sinem gefall, wen idt ehm geleuet, moge macht hebben tho erforderende, edder wo lange dilatie em tho sodaner gebort bewisunge van gerichtes wegen will geboren, bidden gunstiglick uns hirup tho belerende. Hirup spreken wy schepen tho Maydeb. vor recht: So yemandes binnen landes is, unde weit einen erffal de ehme angestoruen, unde fordert den suluigen in jare unde dage mit rechte nicht, desuluige versumet sick daranne, unde mach nach verschinunge itzt berurder tidt von wegen siner versumelicheit im rechten tho keiner widernforderunge gestadet werden, v. r. w.

Kap. 9.

Ock bejegent uns alhier offte in gerichte, dat sick eelude under malckander, de wor ein dusent efte twe dusent gulden rike, dem eruen tho grotem nadeell unde schaden, ock wor schon de nicht en sin, dem gerichte tho vorfange, mit X edder XX fl. begifftigen, unde so in unse bock id vortekenen laten, wanner auers darna einer hiruan vorsteruet, effte sodane begiftinge, de wile de binnen jar unde dach van den eruen nicht is bygespraket, eck moge ene stede hebben, edder efte de nagebleuene des vorstoruenen frundtschepft nicht sy plege de begifftigunge tho vorbeterende, nadem de up mennichfoldicheit erer guder vele tho geringe is, edder efte dar nicht ein mathe by were, wo hoch de begiftinge up sulcke gudere wesen solle, bidden gunstiglick uns hirup tho belerende. Hirup spreken wy s. t. M. v. r.: Wo sick twe ehelude mit einander ehrer guder haluen gerichtlich begifftigen, unde de suluige ehrer twyer gedane gaue steidt bauen jar unde dach ohne rechtlike insage edder der eruen unangefochten, so erlangt se ock im rechten ere krafft also, dat se hernachmals nicht mach vorlecht, noch to rechte unkrefftig gemaket werden, v. r. w.

Kap. 10.

Schepen to Magdeborch. Dogentsame besundere gude frundynne. So gy uns etliker sake wegen gescr. mit anbegynge, dat gy enen eeliken man, Hans Raff genant, ungeferlick XIII jar gehadt, de itz kortzen vorstoruen, unde gy van sinen nalaten erue, vor ege ener constitution, umme de helffte aller nagelaten gudere anbelanget werden, der entjegen gy in gutliker handelinge vorgenant, dat jwe eheman zeleger, alse gy ehm in jwe gudt, dat erer XII° fl. wert was, genamen, jw togesecht unde gelauet, III^{c} fl. unde mer intobringende, ock de suluigen guder, de jw erues haluen angekamen, ane jwen wetten unde willen mit V^{c} m. beszwert; so vorhape gy, de erffnamen sollen vor allem donde, ehr se in dat gudt mit jw to deilen unde tor erffrichtinge gestaden, sulcke III^{c} fl. intobringende unde de V^{c} m., de ane jwen willen up dat gudt gedain to fugende sculdich unde vorplicht sin etc., uns recht darup to sprekende gebeden etc. Spreke wy schepen to Magdeborch up de suluige jwe scriffte unde fragen, wo de eres inholdes allenthaluen mitbringet vor recht: Kenne gy jwe anteigeten unde beroreten bewisen unde nabringen, dat jw Hans Roff, jwe man zeliger, do gy en in jwe guder tor ehe genamen, III^{c} fl. intobringen geredet unde togesecht, unde sulke itz berorde summa by sinem leuende nye ingebracht hadde, so weren ock sine erffgenamen sodane uningebrachte III^{c} fl. an der helffte unde erem parthe der guder erstliken unde vor aller erffdedinge afftorekende unde to kortende, ock de V^{c} m., de jwe vorstoruen man ane jwen wetten unde willen up jwe angestoruen stande eygen, grunde unde gudere genamen unde beswert, wedderumme tofugende edder an erem dele afftoreken sculdich unde vorplicht, were jw ock bauen datjenige wider begifftinge geschen, der suluigen hebbe gy jw, vor jwe richticht billich to brukende, unde wes bauen de uningebrachte, affkortende III^{c} ff. unde friginge der V^{c} m. unde begifftinge wo vorgeroret an gudern auerich (?) vorhanden bliuen wort, des moge gy jw, na bemeldinge der constitution, alse gewonlick jegen jwes mannes frunde ferner inholden, van rechts wegen, vorsegelt etc.

Kap. 11.

Berlinckhaueschen togeferdigt. Szo gy uns etliker saken haluen gescr. unde darup recht to sprekende gebeden hebben etc., in welcke scryfften gy anteigen, dat gy vor twen jarn enen man tor ee genamen, de sick in der ehededinge hefft bewilligt, sine guder, ock wes he an bareschop hadde, in jwe gudere to bringende, szo hebbe gy van dem sinen nach der tidt nicht groth gesparet, sunder van jwen redesten gudern sine vordeckede schult, der he in der eestifftinge nye gedacht, betalen mothen, unde so gy noch so vele hedden, were ehn doch, so gy sinen schuldenern betalinge don solden, darmit nicht gehulpen, ock dat etlike herkomen, den he sculdich is gewesen, ehr gy ehm vortruwet, unde clagen sick vor gerichte to jwen gudern, de gy ehn nye vorlaten, unde he hebbe van etliken papen gelt genamen unde dat suluige vor gericht up jwe guder vorteilen laten unde jwe itzige rechtsfrage darup meldet, wes jw men in betalinge siner schulde van jwen gudern entphangen, des gy nicht genante, dat scolde ehm an sinem andeel billich affgerekent werden unde de cleger sollen sick an jwe gudere nicht wisen laten etc., spreken wy schepen to Magd. up de suluigen jwe scriffte na gelegenheit der saken vor recht: Hadde jwe man, wo gy in itzigen scrifften vormelden, siner bewillinge na, in der eestichtinge van ehm geschen to jw in jwe guder nichts gebracht, so were gy ock sine vorswegene unde unupdeckede schulde, he he tovore, ehr gy ehm vortruwet, ock ane jwen wetten unde willen gemaket, van jwen gudern to betalende nicht vorplicht, unde efft wol der suluige jwe man sinen gelouigern up jwe gudere vor gerichte etzlike schult hefft vortecken laten, so hefft doch sulcke gerichtlike vorscriuinge up jwen gudern, de wile gy de suluigen jwem manne eygendhomliken nicht gegifftigt, im rechten wedder crafft noch macht, unde wes he wider an geltschulden by etzliken papen gemaket unde ane jwen willen geborget, darvor doruen jwe unuerlatene guder in rechten nicht hafften unde de suluigen cleger mogen sick mit rechte an jwe guder nicht wisen laten, wes gy auer vor jwen man uth jwen gudern mit gudem willen sinen gelouigern betalt, dat moth ock ane wedderforderinge billich betalt bliuen, van rechts wegen.

Kap. 12.

Von inbringent eines mannes, so he ein wiff nymmet, unde dat jenne, wo he in den eededingen geredet, nicht hefft ingebracht, schepen to Magdeb. erkandeniss. So als Simon Howers moder, des suluigen Simon Howers, eres vorstoruen sons nagelaten wedewe, umme erffrichtinge unde de helffte der nagelaten guder gedachts eres sons anthut unde bescoldiget unde bemelte Simon Howersche sick darjegen behelpet, dat Simon Howers, als se ehm tor ee genamen, gelauet hebbe, III^{c} m. ehegeldes intobringende, unde alleine XVI fl. ingebracht, unde bauen LX fl. vor der ehescichtinge sculdich gewesz, vorhapet, de klegerynne solle sodane III^{c} m. mit XVI fl. nachmals inbringen unde de sculde helpen betalen etc. Efft den wol Simon Howers moder ere sonen in der ehestichtinge nicht gelauet, de wile se deme noch erue to nemende vormeint, so moth se ock wes ere sone intobringende sick bewilliget, vor aller erffrichtinge inbringen, unde wes von bewisliken schulden, de Simon Hower by sinen leuende gemaket, unbetalen buten steit, dat suluige moth als den ock ut gemeinen gude vorgenoget werden, wes ouer by sinen leuende betalt, daran derff sin moder an erem deel keine vorkortinge liden, sunder se kummet to geliker deilinge der auergen billick, van rechts wegen.

Kap. 13.

Der Roueschen ordel ut dem keiserliken camergericht ehr to erkanth. Wir Karl von gotes gn. remischer keiser zcu allen etc. bekennen unde don kunth allermenichlich mit dussem unsen breue, das an unsem keiserliken camergericht also der eddel, unser unde des rikes leuer getruwe Adam graue unde her van Richlingen unser keiserliker camergericht, das mit sampt dem eddelen, ersamen, andechtigen, gelerten unde unser unde der richs leuen getruwen, den zcugeordenten urtelern, an unser stadt unde unseren namen in nachbenometer unser unde des richs stadt Speire besessen, hat in der rechtferdigung unde saken, darinne der erbar unse leue andechtige Anna wilantz Hansen Roues nachgelassen witwe, einer yder appellation van ener urtel, dorch des hochgeborn barones unsers leuen ohms unde forsten unde wilant Georgen hertogen to Stettin unde Pomern hoffrichter unde raidt, wider sze unsere unde des richs getruwen Peter Trampen, Peter Smidt unde Baltazarn von Roue gesprachen, an uns unde gedachten unseren camergericht vorgenomen, darzcu ock angemaster nichticheit halben, jegen itzgemelten Trampen Smidt unde Roue auff unser ausgange keiserliche ladunge gestanden. Nach aller der parthien handelingen, furthregen, bewisingen unde beschenen rechtsetzen, in gerichtsacten daraber geobet, nach der lenge klerlich unde grundtlich beschreuen, darzcu ock vorgender besichtung der suluen uphuth, dato entlich urtel eroffnet unde ausgesprachen worden eres inholts von werte zcu worten hir nach bescreben: in sachen der appellation zusschen Annan Hansen Rhoues nachgelassen witbin, appellirerin eins, unde Peter Trampen, unde des sulbigen mitkrigers vorwanten appellaten anders theils, yst nach allen vorbringen zcu recht erkant, das in beeden vorigen instancien nichtichlick gesprachen, unde darauff von nuwen zcu erkennen unde zcu erkleren, das de bemelte witwe de angesagenen guter unde erbschafft mit dem gedachten Trampen unde sinen zcugewanten zcu thailen unde zcu schiechten schultich, doch sollen de sulben Trampen unde vorwanten de dree hundert guldin, in der verheyratinge zcugesagt, ock inbringen edder in sulcher deilinge abgeen lassen, darzcu de gutere, one ehr der witben wissen unde willen beswert, widderumme erleddigen unde vrighen, ock ehr der witben de vormachte funffzich gulden unde wispels korns, in act. angezogen, zcu vorausvolgen, unde auss bewegeden ursachen sein beitertheit auffgelauffen kosten jegen einander compensirt unde vorgelicht, urkunth disses breues, besigilt mit unsers keiserliken cammergerichts anhangende ingesegel unde gegeben in unser unde des rychs stadt Spyr, am XIII tach des monts Marcy nach cristi unsers hern geburt 1532.

Kap. 14.

Schepen to Magdeb. Frunthliken groth tho vorne. Gi hebben uns rechtes geschreuen nach dissen worden: ein man Arnt hadde eine frowe, de hedede Heddewich, Arnt sterff, Heddewich bleff leuendich, unde er gaff ere gudt ein del dorch godt in ereme testemente bi volmacht, unde ein del bleff unvorgeuen, des worth de frowe gefraget bi errer volmacht, we erne neigeste erfnam wer, so sick ein de hetede Heigene, unde sin suster, dat horden papen unde leigene unde ock ein del der schepen, de frowe sterff, unde eine ander frowe de wolde er neigeste erffnam wesen, unde sprack dath guth an unde wolde bewisen mith einem manne, den se bi sich hadde, dath se de negeste were, de man wolde dat sweren mith sinem rechten, dat se were ander suster kinder, des leth de frowe fragen, offt se icht neger were, wenn Heine unde sine suster edder wes recht sy. Heine leth fragen, sint der tidt Hedewich seluen bekanth hefſth bi erer volmacht vor papen unde vor leigen unde vor ein del schepen, dath he unde sin suster ere neigesten weren, effth he icht bi deme arffe bliuen schole, wath recht is darumme. Hir up spreke wi schepen van Meideborch ein recht: We der frowen arfe wil nemen, de schal kamen in ein gehege dinck, sine mageschop benomen, wo na em de dode frowe thohorth, unde dath sweren mith sines eines hanth up de heilligen, dath em de frowe so na thohorde, welke denn sick neigst dartho thut, dem schal dath arue bliuen, synth se ock likene na, so deigelen se dath arfe gelick, van rechtes wegen.

Kap. 15.

Vordermer frage gy, oft ein mann dede eine morth edder kampfwerdige wunden edder wath he dede, dar men en umme vorfestede, unde he sick mith dem sackweldigen unde mith deme richter berichtet unde uth der vesthunge sich toge, unde darna wil bruken der burschop unde ouen sin anbacht, dath he vor tho ouende placht, afft he dat don moge sunder des rades volborth, van rechtes wegen. Hir up spreke wi schepen: berichtet sick ein vorvestet mith dem kleger unde richter umme kampuerdige wonden edder des geliken, unde tudt sick uth der vestunge alse recht is, de beholt sine burschop und mach ouen sin ambacht also voren, van rechtes wegen.

Kap. 16.[1]

Efft ein mann kampwerdige wunden wrochte unde worde vorfestet, unde berichtede sick mith deme sackweldigen, wes des richtes broke daran si, ock afft ein dede einen morth, darum he vorfestet worde, unde berichtede sick mit dem sackweldigen, wath des rechtes daran sy, ock affth ein eine gewalt dede, darumme he vorfestet worde, unde he sick berichtede mith deme sackweldigen an den richter, wes des richtes brock daran sy. Up disse dre artikel spreke wi schepen tho Meideborch ein recht: Deith ein mann kampwerdige wunden, morth edder gewalt, darum her vorfestet worde, berichtet he sick mit den klegere ane den richter, de richter hefft daran sin wedde unde mer nicht, van rechtes wegen.

Kap. 17.

Efft ein mann einen mishandel dede buten dinckdagen, mit worden edder werken unde darumme worde tho rechte geladen in deme dage, dar ith in geschen were, unde nicht vorqueme, wath sin wedde darumme were. Hir up spreke wi schepen ein recht: Deith ein mishandel buten dinckdagen, darumme schal eme de richter tho dinge gebeden, kummet he den nicht tho rechte, so winnt de kleger sine bote unde de richter sin gewedde, van rechtes wegen.

Kap. 18.[2]

Ock wo olth ein mansmann edder frowesmann schole sin, dath se mundich wesen mogen, van rechtes wegen. Hir up spreke wi schepen tho Meideborch ein recht: Wann ein kinth tuelff jar alt is, so is idt mundich, van rechtes wegen.

Kap. 19.

Schepen tho Meideborch. Forthmer afft ein mann eine morth edder kampwerdige wunden dede unde vorfestet wirde, unde ere sick berichtede mith deme sackweldigen anwetenheit des richters, unde queme darna in gerichte unde vorbode sick deme richter tho donde, des he em plichtich wes, also sin gewedde, offt he em darbauen icht mer plichtich si, he schole on uth der festunge laten, van rechtes wegen. Hir up spreke wi ein r.: Berichtet sick ein forfestet mann mit deme kleger, dar hefft de richter nicht mer an, wan sin gewedde unde wil he sick uth der vestunge then, des schal eme de richter staden up sin recht, van rechtes wegen.

---

[1] Siehe oben Kap. 301. [2] Siehe oben Kap. 212.

Kap. 20.

Vortmer: Offt ein mann deme anderen geantwerdet worde bi der hant, unde hedde en in iserne unde holte[1] unde he sick suluen we dede edder storue, wes des richters brock daran were unde des sackweldigen. Hir up spreke wi ein recht: Wolde de mann sick mit sineme ede afenemen, dath he den anthwerden mann anders nicht gehalden hedde, wan alse de richter em vorlauede unde ane sine vorwarlose vorgan were, so bleiue he des ane schaden, van rechtes wegen.

Kap. 21.

Vorthmer: Worde ein mann gewundet, also dat en ein'leth in deme fingere worde halff affgehowen, edder in de hanth, dar he an gelemeth worde, offt dat eine kampuerdige wunde schole sin. Hir up spreke wi ein recht: Werth ein mann gewundet an de hanth edder fingere, dat he darvan gelemet wert, dat is eine kampferdige wunde, van rechtes wegen.

Kap. 22.

Vortmer: Offt ein man guth hedde yn sin gewer, dat sin were, edder eines anderen unde eim dat antogede mit rechte, unde dartho en nicht vorbadede, unde ehr stunde em des billiker wige, offte he an vorbadet hedde offt ithliker wis wesen schole, van rechtes wegen. Hir up spreke wi ein recht: We under einem manne gudt beklagen wil, de schal dat thuvorne mit deme richter edder mit sinem baden besetten edder jenen de dath gudt under sick hefft dinckplichtich maken, van rechtes wegen.

---

[1] Lücke im Ms.

IIa — c.[1]

[1] Die Papierhandschrift Nr. 307 (15. Jahrh.) in der grossherzogl. Hofbibliothek zu Darmstadt enthält Blatt 1—152ᵃ die „Regula juris Magdeburgensis" mit dem Prolog: Ad decus et decorem u. s. w., von welcher auch noch andere Handschriften vorhanden sind. Blatt 152ᵇ—158 folgen ohne jede Unterbrechung und mit gleicher Schrift eine Reihe von Magdeburger und Leitmeritzer Schöffensprüchen, Blatt 159—165 der „Arbor consanguinitatis et affinitatis" von Joh. Andreae. Bis hierher reicht eine in der Giessener Universitäts-Bibliothek unter Nr. 967 befindliche Kopie der Darmstädter Handschrift. Blatt 165, col. 2—187 enthalten den „Libellus de ludo Scaccorum" von Jacobus de Cesol ordin. fratrum praedicatorum in 4 Büchern, Blatt 187ᵇ—188ᵇ von anderer Hand ein Weisthum des Raths und der Gemeinde zu Frankfurt a. d. Oder und ein von dem Oberhof zu Brandenburg im Jahre 1376 an die Schöffen von Frankfurt a. d. O. ertheiltes Urtheil. In dem Senckenberg'schen Corpus jur. German. (Tom. I. p. II. Nr. V, Collect. diplom. Nr. 6. p. 9. 10) sind die beiden zuletzt erwähnten Stücke aus der Darmstädter Handschrift abgedruckt, das erstere aber dem Rathe von Frankfurt am Main zugewiesen und ebenfalls in das Jahr 1376 gesetzt (Praef. §. 13). Diese Auffassung, welche auch in Gengler's „Deutschen Stadtrechten des Mittelalters" S. 111 und in Stobbe's „Gesch. der deutschen Rechtsquellen", Th. 1, S. 538, Anm. 24, wiederkehrt, erscheint mir unhaltbar. Die in der Handschrift enthaltene Sammlung ist höchst wahrscheinlich in Böhmen, und zwar an einem Orte abgefasst, in welchem das Magdeburger Recht galt; dafür spricht namentlich der Hauptbestandtheil derselben, die „Regula juris Magdeburgensis" und die Aufnahme von Urtheilen der Schöffen von Magdeburg und Leitmeritz; aber auch die Handschrift selbst scheint böhmischen Ursprungs zu sein, da auf dem ersten Blatte ein Prager Domherr, Georg Hirsberger, als Besitzer genannt ist. Es liegt doch sicherlich näher, das obige Weisthum dem märkischen Frankfurt zuzuweisen, dessen Recht durch Vermittelung des Berliner und Brandenburgischen Stadtrechts dem Magdeburger Recht verwandt war (vergl. Gengler, „Deutsche Stadtrechte" S. 575, desselben, „Cod. jur. municipal. German." S. 274. 275, mein „Princip der Successionsordnung nach deutschem, insbes. sächs. Recht" S. 92); dafür spricht aber ausserdem der freilich rein äusserliche Umstand, dass in der Handschrift das unzweifelhaft märkische Weisthum vom Jahre 1376 und das angeblich vom Main ergangene unmittelbar auf einander folgen ohne jegliche Hinweisung auf die Verschiedenheit beider Städte. Hierzu kommt endlich, dass die Bezeichnungen der Münzen und die Taxen im Weisthum nicht dem in Frankfurt a. M. geltenden Rechte, wohl aber dem der Stadt Frankfurt a. d. O. entsprechen, und dass eine Bestimmung auch in dem von Fidizin herausgegebenen Stadtbuche von Berlin steht, woher Frankfurt a. d. Oder sein Recht erhalten hat.

Ich lasse zunächst die Schöffensprüche von Magdeburg und Leitmeritz folgen (IIᵃ), sodann die Willekor von Frankinforde (IIᵇ) und das Brandenburger Schöffenurtheil (IIᶜ).

II[a]

Schöffenurtheile von Magdeburg und Leitmeritz.

Kap. 1.

Sequuntur interrogationes etc. Wir schepphen der stat zu Meideburg enpyten allen den diesen briff sehen adir horen vnsern dinsthaftigen willen. Man hat vns nach Magdeburgischim rechte gefrogt in disen worten, dy ernoch geschriben stan.

Czu der irsten, ob der burgermeyster vnd dy gesworen keyne willekor adir kein gesetze machen mogen dem richtere vnd seyme gerichte zu schaden ane des richters willen adir nicht? Hir[1] awff spreche wir vor eyn recht: Der burgermeister vnd die gesworen en mogen kein recht gesetzen adir keinen willekure machen dem richter vnd seyme gerichte zu schaden an des richters willen wider das gesatze vnd geschribene recht, von rechtes wegen.

Czu dem andern mole, ob der burgermeister adir anders ymand mit der meysten menige des rotes vnd nicht mit dem gantzen rote den richter adir ymands schedlichen vorzewgen mogen vnd besagen adir nicht? Hir awff spreche wir vor ein recht, dasz der burgermeister adir andirs ymand kein man mag vorzewgen adir besagen mit gezweitem rote, er en sey des nehir zu entgeende, dan es ymand auff yn brengen moge, von rechtes wegen.

Czu der dritten vroge, wo eyn erbrichter den dritten pfennyng hat an eyme gerichte vnd wird ymand vor im beclaget in gehegeter bank vmb eynen totslag adir vmb wunden adir vmb ein andir vngerichte adir worvmb das sey vnd beruffet sich do der cleger adir der antworter an das hogeste gerichte vnd dy sache vor dem hogsten gerichte berichtet wirt mit pfennyngen, ob der erbrichter seinen dritten pfennyng behalden sol, sind dem mole das dy clage vor dem erbrichtere begunst ist vnd her ir keynem rechtes vorsaget hat? Hir awff spreche wir vor ein recht: Geschicht ein clage vor dem erbrichtere von welcherley sache das sey vnd wil man dy clage vorrukken zu dem hogsten richtere wider seinen willen also, als er keynem manne rechtis versaget had, vnd wirt di clage berichtet vor dem hogsten richtere, do sol der erbrichter seine teil an habin, sind dem mole das dy clage vor im begunst ist vnd dy beruffunge mit seinen willen nicht geschehen ist.

---

[1] Vergl. M. Fr. I. I. 10 (Laband S. 26).

Czu[1] der virden vroge, ob ein erbrichter abegienge vnd erbite das gerichte auff seynen son, ob sein son das gerichte icht mit allem gerichte behalden sol gleicherweys, als es sein vater vor besessen hat adir nicht? Hir auff sprechen wir vor ein recht: Wy der vater das gerichte auff seinen son geerbit hat, also sol der son das behalden mit allen gerichten vnd mit allen rechten, von rechtis wegen.

Czu der fumften vroge, ob ein richter vor seine buze ader eyme andern manne vmb schult, dy er yn der gehegeten bank irvolget hat vnd im irteilet ist, als recht ist pfenden moge ane der scheppfen kegenwortikeit adir nicht? Hir awf spreche wir vor eyn recht, dasz der richter mag wul pfendin vmb sein busse adir vmb eines andern mannes schult sunder der scheppfen gegenwortikeit, ob er das so irvolgen habe mit rechter clage, das im dy scheppfen das irteilen yn gehegeter bank als recht ist.

Czu der sechsten vroge, wenn ein man ein orteil gestrofet hat, ob dy scheppfen adir ymand keyne rede do vndir gestosen muge, ee danne das vrteil yn gebracht wirt adir nicht? Hir auff spreche wir ein recht: Swene eyn man ein orteil gestroffet hat vor gerichte in gehegeter bank vnd die scheppfen das gehort haben, so en mogen dy scheppfen noch kein man do kein rede yngestozen, ee danne das orteil in gebracht wirt, von rechtes wegen.[2]

Czu der sibenten vroge, ob der richter vnd dy scheppfen erstorbin sind bynnen wicbilden, ob do noch ein man seine gabe adir ein gelubde, das vor in geschehen ist, in gehegeter bank beweisen vnd behalden muge mit sechs dingmannen zu sich selbsibende awff den heiligen adir nicht? Hir awff spreche wir vor ein recht: Sind dem mole das der richter vnd dy scheppfen instorbin sind in wicbilde vnd ist ymands gegebin vor eyn gabe vor gehegeter bank, dy er in seinen geweren hat, vnd er beweisen mag, der gabe ist er nehir zu behaldene selbsibende mit fromen lewten dy dingpflichtig seind auff den heiligen, denne dene sy ym kein man entpfuren moge vorbas, me wer einen man beschuldiget vmb ein gelubde, als der richter vnd dy scheppfen irstorbin sind, vnd spricht man in an mit gezewge, des ist er nehir zu entgeende selbsibende uff den heiligen, wen is kein man auff in brengen moge, von rechtes wegen; das diese ding recht sein, das irzewge wir mit vnsern ingesigel.

---

[1] Vergl. M. Fr. I. 7. 18; Kulm. R. (Leman) II. 41.

[2] Vergl. Planck, Das deutsche Gerichtsverfahren Bd. 1, S. 280. 281.

Kap. 2.

Fruntleichen grus mit gunst zuvor. Ir habt vns rechtes gevroget nach disen worten: Ein vrowe vor gehegeter bank sprach: Her hofrichter, mein eevater ist mir abegangen, der hat gelassen erb vnd varende habe auff dreihundirt schok groschen, das noch leyt vnvorruckit, dozu klage ich noch toter hand uff dem virden teil, die mich anirstorben ist mit recht. Der antworter sprach: Her hoferichter, mein vater quam mit guten willen mit gesunden leybe vor gehegete ding vnd tete mir ein gabe, do lys man ruffen, ob ymand dor kegen reden wolde, da nymand dor wider rette, do teilten dy getrewen scheppfen im orteil, er mochtes wul thun, also tete eyner dy gabe alles das er hatte vnd ymmer gewunnen mochte, das ich zewgen mag mit scheppfen der gehegeten bang, dy gabe habe ich besessen rulichen beyde iar vnd tag vnd wil mich vnd das gut vorantworten vnd vnschuldig machen vnd bitte orteil irvaren, ob ich billich do bey bleyben sulle adir was recht sey. Dy vrowe sprach, her hoferichter, wen ich an die stat ny byn kommen, do man gutes vorzygen pflegt vnd angevelles zu vorlassen, so bitte ich orteil zu irfaren, ob er mich mit der antwort vberkomen muge vnd meyn veterliches angeval mitte entgeen, adir was recht sey. Hir auff spreche wir scheppfen der stat zu Magdeburg ein recht: Hatte der vrowen vater stande erbegen, das im von seinen elderen anirstorben was, das mochte er sunder volbort vnd willen seiner tochter nicht vorgeben, ob si mundig was vnd ab si dy gabe bynnen jar vnd tag widersprach, als recht ist, doran behelt sy yren tail, hat si aber bynnen jar vnd tag, als sy mundig was, dy gabe nicht widersprachen noch rechte, so hat si sich vorsewmet. Vortmer was der vrowen vater hatte varnder habe vnd was er hatte eygen vnd erbes, das er selbir gewunnen vnd irworben hatte adir im gegebin was, das mogte er geben, wem er wolde, dar an hat dy tochter keyne widersprache noch vorderunge an, von rechts wegen. Dat. nostro sub sigillo.

Kap. 3 = M. Fr. I. 7. 4.

Kap. 4.

Sequitur. Unsern grus zuvor: Ewir vroge ist, wir haben eyn orteil vbir velt geteilet iegen der politize, des trat eyner dar mit seyme vorsprechen vor eyn geheget ding vnd nam ein gespreche vnd quam wider vnd rette sein wort selbir ane lawbe vnd setzte seinen rechten fuz uff dy gehegete bank vnd hat das selbe geteilte orteil vbir velt gestrofet vnd geschulden mit sulchen worten: Iir herren: alhy setze ich meynen rechten fuz auff dy gehegete bank vnd straffe vnd schelde das vrteil, wer das geteilit hat, der hat eyn falsch orteil geteilit, dorvber bitte wir vns ein recht zu sprechen, ob er das mit rechte adir mit vnrechte getan hat adir nicht etc. Hir awff spreche wir scheppfen zu Magdeburg ein recht: Wer orteil stroffen wil, der sol mit rechten orteilen irwerben, das man im dy bank irlawbe, das er sitzende eyn besser orteil vinden moge vnd domit zyhen, da sich das hingeboret, dorvmb hat derselbe stroffer das orteil nach rechte nicht gestroffet vnd ist dorumb den scheppfen, dy das orteil hatten holen lassen ubir velt, eyme itzlichem dreyssig schillinge zu buze vorvallen vnd dem richter also mannig gewette, als her den scheppfen buze giebt, von rechtes wegen.[1] Vortmer so habt ir gevroget: vnd ob er darmit vnrechte getan hat, bitten wir vns eyn recht zu sprechen, was er dorvmb vorvallen sey vmb den falsch, den her daryn getragen hat, wes dorvmb ein recht sey. Hir auff sprechen wir scheppfen zu Magdeburg ein recht: Das dy vberen scheppfen, zu den das vrteil geholt was vbir velt, owch muge beschuldigen derselben man, das er in valsch vnd vnrecht zugeleget habe, bekent er is odir wirt er is vorzewget mit rechte, das er es in gerichte stat getan hat, so sol er owch eyme itzlichen der scheppfen dreysig schilling zu buze geben vnd dem richter als mannich gewette als er buze gibt, von rechtes wegen.

Kap. 5.

Sequitur. Unsern etc. Ewer vrog im rechte di ist alsus: Es ist gescheen, das ein kind quam in eyn gehegt ding mit seinen nehesten frunden vnd wolde do seinem gut ein vormunde kysen. Do sprach wir zu desselben kindes frunde, ob es nu zu seinen jaren komen were vnd wy alt es mochte gesein, das wir ein recht dar ubir mochten sprechen, do sprechen sy, er hat seiner jare wul vnd ist owch wul mundig, seinem gute eyn vormunde zu kysen, vnd kunden vns dy zale sein jare nicht vorrichten vnd dorvmb byten wir ewr weisheit eyn recht zu sprechen, wy alt eyn kint sal sein seiner jaren, das es mundig mag gesein, wen wir selbir des vnweiz sein. Hir awff spreche wir scheppfen zu L.[2] ein recht: Ein[3] itlich kind, es sey ein knechtlin adir eyn medelin, wan is ubir seine zwelf jare komen ist, so yst es worden mundig seiner tage adir seyner jare, von rechtes wegen.

---

[1] Vergl. M. Fr I. 4. 2.

[2] Leitmeritz. Vergl. Gaupp, Deutsche Stadtrechte des Mittelalters, Bd. 2 (Breslau, 1852), S. 256 ff.

[3] Vergl. M. Fr. I. 9. 1, und oben I. 212. 213, Anh. 18.

Kap. 6.

Sequitur. Den erbern vnd vorsichtigen mannen entpiten wir richter vnd dy gesworn der stat zu Lewthmeriz vnsern dinst zuvor: Wisset, liben herren vnd besunder frundt, es sind drey[1] sache, dy ehehafte not heiszent, suche, herenot vnd wassernot, welche diser sache eyne den man yrret, das her zu dinge nicht en kummet, dy sal er nennen, vnd ist das en suche gehindirt hat, so sal her also sprechen: Czu dem dingtage mocht ich nicht komen vor suche, dy ehafte not heiset, das mir got helfe vnd alle heiligen, hat en abir der andern sache eyne gehindert, dy sal er nennen.

Kap. 7.

Sequitur aliud. Unsern etc. Ewer vrog ym rechten, di ist alsus: Eynem manne quam eyn orteil zu vrumen kegen eim andern manne, do liis im derselbe man, dem das orteil vromen quam, ein recht orteil werden, wenne ym das orteil zu vromen were komen vnd genem zu schaden, was er nu kegen ym bestanden sei? Do sprach der antworter: Herre, wenne ich orteil kegen orteile habe gevrogt durch eyner rechten gerechtikeit willen, nu lat mir ein recht vrteil werden, ab ich nv kegen ym keiner sache bestanden sey adir was dorvmb ein recht sey, des bite wir ewer weisheit zwischen yr beyder rede eyn recht zu sprechen. Hir awff spreche wir s. zu L. ein recht: Das der antworter dem cleger nichtes bestanden sey, von rechtes wegen.

Kap. 8.

Unsern fruntlichen grus zuvor: Ewer vroge ist also: Ein man brachte den andern vor recht vnd gerett von ym eyner antworte seiner clage; do sprach diser: Was sal ich im antworte, her ist mir nicht geadelt, her ist ein velcher vnd hette mich vor vier jaren gerne vorbrant, hette her gemocht vnd were vngetrew, her hette gestoln yn einer mulen, das her auff en beweisen wolde mit dem halse. Das claget diser alsbalde zu ym auff vrischer tat vor hegeter bank; yener bekant, her hette is getan. Do vroget diser eynes rechten also, als er mich beret hat, das mir hoer get wen an meyn gelt, wy her mir das bessern sul. Hir awff spreche wir s. zu L. ein recht: Der man, der den cleger ubil geschulden hat vnd dy obgenanten missetat ubirsprochen hat, sal im das vorbussen mit dreysich schillinge pfenninge vnd sal dem richter geben sein gewette, von rechtis wegen.

---

[1] Sachsensp. II. 7: vier.

Kap. 9.

Sequitur. Lyben herren, es hat sich geburt, das eyn vrowe in gehegeter bank leget zwen vinger auff das crewze vnd sald einem manne noch yder clage eyn eyd sweren, da baten in dy scheppfen vnd andir lewte, das er si durch gote ledig lisse, do ging er mit lawbe an ein gesprech vnd quam wider, da baten yn dy scheppfen abir mit andirn dingelewten vnd sprechen zu ym: Liber, las sy ledig durch dy libe gotis; do sprach her hinwider, yo yo ich las sy ledig, do besatzt das der vrowen vorspreche mit scheppfen awf gehegeter bank vnd trat dar vnd lys der vrowen ein recht werden noch solcher rede, als der clager gesprochen hat, yo yo ich las sy ledig, ab dy vrowe im icht fürbas der eyde noch den clagen ledig sall seyn von dem clager, adir ab er si fürbas zu kein eyden noch denselben clagen mag getreiben adir was eyn recht sey. Do sprach der clager, ich habs nicht also gemeynt vnd wil ir mit nicht ledig lassen, wen wir des unwez sein, so bite wir ewer weisheit ein recht zu sprechen, ab dy vrowe nv icht billiche derselben eyde ledig sulle sein adir ab der clager sy fürbas betwingen mit keinem rechten mag zu keynen eyden adir was recht sey. Hir awff spreche wir s. zu L. ein recht also: Als der man dem dẏ vrawe gesworn wolde haben vnd sprach vor gehegter bank, yo yo ich wil sy ledig lassen, so ist das billich vnd recht, das her sy ledig lasse vnd her mag nicht in der sache mit der busse wider an sein recht getreten, von rechtis wegen.

Kap. 10.

Sequitur. Unsern etc. Ewer vroge im rechten, di ist alsus: Ein man beczog einen scheppfen, wy das er gestolen habe in seynen casten vur hilde, des hot sich derselbe scheppfe intworcht mit hantwerkelewten, mit scheppfen vnd mit dem burgermeister, das das nichten ist vnd ihm unrecht getan habe, das hat diser zu ienem geclaget vor gehegeter bank; das bezewgnusz das hot diser bekant vnd meynt das recht dor ubir zu leiden, wen wir sein vnwissende sein, biten wir ewer weisheit ein recht zu sprechen also, als diser eyn scheppf ist, wie diser ym das bessern sulle. Hir awff sprechen wir s. zu L. ein recht also: Als der man ein scheppfen buzer sache gezygen hat vnd her im darane vnrecht getan hat, so soll derselbe man dem scheppfen das vorbussen mit XXX schillinge hellern vnd dem richter sein gewette, von rechtis wegen.

Kap. 11.

Sequitur aliud. Unsern etc. Ewer vrog ym rechten, di ist alsus: Gescheen ist vor eim gehegetem ding, das ein man einem dingetage versawmet hat, vnd dem wart geteilt sein helfrede zu thun dorvmb, das her den dingetage vorsawmet hat vnd der tat er nicht wedir vorbracht dy und trat dar vnd vellet clage vmb seinen veterlichen anval, do er die clage gevellet hat; do trat der antworter dar vnd sprach noch der clage des clegers: Her richter, also das dem cleger helffrede geteilt ist zu brengen alhy in eim gehegetem dinge vnd der nicht gebracht hat als recht ist wissentlichen den scheppfen auf gehegeter bank, vnd dy clage e gefellet hat, e her dy helferede gebracht hat, so bite ich in eim rechten zu ervarn, ab her dy clage nu mit recht getan hat adir was darumb recht ist. Do sprach abir der cleger dowider, her richter, also als der antworter alhy vor gehegeter bank zu meyner clage gehort hat vnd wider mein clage keyn widerrede getan hat, vnd auch mich vor meyner clage vmb dy helffrede ny gemant hat, vnd nu hertrit vnd dor noch stat noch der clage, di ich getan habe, vnd meynt mir di zu vorbrechen schedlichen in einem rechten, so bite ich zu ervarn in eim rechten vrteile, ab ich nv nicht neher sey zu bleiben bey meiner clage, di ich getan habe, vnd auch dy volge der clage vbirgangen ist, e her mich mit keynerley rede do von treiben muge, adir was recht ist, vnd e im orteile zu schaden komt, so bit ichs zu holen awff mein freys gelt, do yr andir ewer recht holit, dorvmb, liben herren, biten wir ewer weisheit zwischen ir beider rede ein recht zu sprechen. Hir awff sprechen wir s. zu L. ein recht: Hat man dem manne, der eynen dingetag versawmet hat, helfrede geteilt mit sulchem rechte als das recht ist vnd hat her derselben helferede nicht getan adir vollenbracht, so hat her dy clage vnbillichen getan, wer abir dem manne dy helffrede geteylt andirs, den das recht awsweiset, so hette her kein unbillich getan von rechtis wegen. Dicz orteil dirleuchte wir euch also, das man dem manne weder zu dem ersten dinge des richters noch zu dem andern dinge helfrede sold geteilt haben, sunder were her geladen in das dritte ding in solcher masze als recht ist vnd war her nicht gestanden, so hette man ym billich helfrede geteilt. Hir vmme dy helfrede, dy dem manne in dem ersten dinge geteilt ist, dyselbe ist ym vnschedlich, van rechtis wegen.

Kap. 12.

Sequitur. Wir s. der stat zu Magdeburg bekennen offenlichen in disem briffe, das wir sind rechtis gevrogt an disen worten: Es ist geschehen vor eim gehegeten dinge, das ein man dar trat vnd clagt zu einen gute vnd erbe adir wer das vorantworten wolde, vnd sprach in seiner clage alsus: Her richter, ein emuter hab ich gehabt, vnd dy nam eynen andern man, zu dem brachte irres eygen geldes LX ß. gr., dy si von meinen rechten vormunden erhaben hat vnd desselben geldes vndirwand sich derselbe man vnd leget das in sein gute vnd hat darvmb erbe gekawft, domit er sein gute gebessert hat, vnd zu demselben gute vnd erbe clage ich, adir wer das vorantworten wil, das dyselben LX ß. gr. in demselben gute bliben sint vnd an mich gevallen vnd gestorben sint nebendinger[1] mit allem rechten, wenn an ymanz andirs, wil man mir das gelawben, das ist mir lip, vnd ab man mir das nicht glawben wil, so wil ich das bezewgen mit s. auff gehegeter bank mit als manchin, als ich der bedarff zu meynen rechten, vnd donoch starb derselbe man, den mein emuter lenger vbirlept hat wol drey vyerteil eynis jares adir wul ein halp jar, vnd do nach ym starp awch mein emuter, wil man mir das gelawben, das ist mir lip, das dyselben LX ß. gr. nach meiner muter tode nebendiger an mich gestorben sind von demselben gute, dozu ich geclagt habe vnd clage, adir wer das vorantworten wil, vnd ap man mir das gelawben wil etc. In der andern clage sprach der cleger, her richter, do derselbe man mit meiner emuter lebt, do gelobt er yr ungehindert zuvor aws allen seinen gute lediglichen zu geben seines eygen geldes zu rechter morgengabe C ß. gr. zu denselben LX ß. gr., dy dar owch von denselben gute vnd erbe nach meyner emuter tode an mich gevallen sint, ap man mir das gelawben wil, das ist mir lip, das diselben C ß. gr. nach meyner emuter tode nebendiger an mich gevallen sint, wen an ymantz andirs, vnd ap man mir das nicht gelawben wil, so wil ich das nach toter hant beczewgen mit alle dem czewgen, als man sulche gelt nach toter hant beczewgen sal, wi mir der s. auff geheti bank etc. Do tratt der antworter vnd sprach alsus: Als der cleger hergetreten ist von seiner emuter, mich vnd meyn gut beclagt hat, das diselbe vrowe sein muter solde bracht haben yres eigen geldes LX ß. gr. in meins vaters gute vnd habe darvmb er erbe gekawft zu seinen erbe mit anderm erbe, das in dasselbe gut komen ist, do widerrede ich nicht, no spreche ich, her richter, in meyner antwort, das dyselbe vrow sein emuter zu meynem vater komen ist mit guten willen vnbetwungen vnd hat im dyselbin LX ß. gr. bracht zu hawse vnd hat im dy gegeben vnd wen her den ir rechter vormund gewest ist, in derselben zeit hat her vorkauft gut vnd erbe mit undirscheide zu leyben, vnd vrlawbt sich von der stat vnd

---

[1] Wahrscheinlich eine nordböhmische Form für nêwendig (Magd. Fragen, herausg. von Behrend, S. 271); neyrwendig (Kulm. Recht IV. 85) = näherverwandt. Ich verdanke diese Deutung Herrn Dr. Becht in Zeitz.

ist awswendige der stat gewest 1 jar 11 jar 111 jar 1111 jar V jar zu Prag in der stat vnd hat do seines besten gewart vnd gesucht vnd kein mitleidunge mit der stat nicht gehabt in denselben jaren noch keyns geliden, ap man mir das gelawben wil etc., das si dieselben LX ß. gr. meinem evater gegeben hat mit guter vornunft vnd hat im dy geantwort mit gutem willen vnd ab man mir das nicht gelawben wil, so wil ich das beweisen von meynes evaters wegen, wi mir der s. awf gehegeter bank etc., vnd bit vmb recht, ap ich im nicht billichen neher e bleiben sal bey meyner beweisunge, e mich ymand hoger getreiben mag, adir was dorvmb ein recht sei. In der andirn antwort sprach der antworter alsus, als der cleger hergetreten ist vnd spricht: Her richter, das mein evater seiner emuter C ß. gr., das bekenne ich nicht vnd enpit darvmb meyn vnschult vnd wenn den mein evater vnd dyselbe vrowe abgestorben ist vnd dasselbe gut vnd erbe vnd all das er gelossen hat, an mich gestamt vnd anderstorben ist nebindinger, wen an ymand andirs, vnd hab auch dasselbe gut vnd erbe ken der herrschaft vnd ken der stat rat mit allerley gabe noch meines evaters tode vorstanden, vorgebin vnd vorrotin allen gaben, vnd auch mein evater an dy stat ny komen ist, das her yr dyselben C ß. gr. vorreicht adir vorgeben zu rechter morgengabe, noch auch ny in der stat buch noch register noch vnder der stat ingesigel bestetiget, das bite ich zu dervaren in dem rechten, ab ich yn nicht billig vnd nehir zu bleiben bin bey meyner gewere vnd das zu beweisen, wy mir der s. awf gehegeter bank etc. e her mich mit keynem zewgen noch totir hant vmb sullich gelt hoher getreiben muge adir was etc. Do sprach der cleger: Her richter vnd yr s., das besetz ich mit euch alhy auf gehegeter bank vnd bite euch meiner clage indenk zu sein, di ich geclaget hab, wen ich yn meyner ersten clage vnd in der andern zeugen gefunt hab, als ir wul gehort habt vnd her in seiner antworte keynen gezewgen gefunt hat, vnd meyn urhanherrn vnd mein anherrn vnd al mein eldern mit der stat geliden haben vnd ny ken vrlawp von der stat genomen haben vnd ich ein mitburger der stat bin, ab ich nicht billichen vnd e bey meynen zewgen bleiben vnd den vorfuren sal, als ich mich vormessen habe in meiner clagen, e her sich des erweren mag yn keinen dingen, als yr vnser beyder rede nu wul vornumen habt. Do sprach der antworter: Ich bite euch, lyben herren, e yr mir das zu schaden teilt, das yr das holt awff meyn gelt, wo yr andir ewir recht holit, des bite ich vmb ein recht nach disen clagen vnd antworten darawf ein offen vrteil vnd di ewerm ingesigel, was ewr weisheit darvbir vindet zu eynem rechten adir was recht sey. Hir awff spreche wir s. zu Magdenburg ein recht: Do des clegers emuter dem manne die LX ß. gr. gab, do worin di sein, darmede mochte her don, wat her wolde, dar hat ire sone nicht me vorderunge an. Mer hat der man derselben seiner vrowen icht zu morgengabe vor richter vnd skeffin geben, dat man beweisen mag, das is gevallen uppe ere erffnamen, hatte her ere auer wat geloubet zu gebende, vndene hefft her ire des nicht geleistet, besculdiget der vrowen sone seynes stiffvaters erffname, dorinne bekent der erffnam, des her schal dat halden, versagit her aver das, so mach he des sik entledigen up den hiligen. Sprickt men ene mit zugen an, so mach he des mit zugen entgan von rechtis wegen, to orkunde, dat dit recht sy, des hebbe wie vnse ingesigl ghedrucket lassen an disen brieff. Item das obgeschriben orteil ward geteilt zu Magdeburg, vnd darnach wart das zu L. geteilt in sulchen worten: Also als des clegers muter nam ir eynen elichen man vnd brochte eine yres eygen geldes LX ß. gr., der her sich vndirwant vnd legete dy in sein guter vnd kawfte eine darvmb erbe, dorvmb hat sich das also irgangen, das dasselbe erbe dem manne ist vorlangt, erblichen zu besitzen vor gehegtir bank, so ist dasselbe noch seinem tode gevallen uff seine nestin erben, also das dy vrowe adir ir nehistin erbin von ir wegen kein gelt adir recht mogen doruffe gehabin, von rechtis wegen. Das der antworter sein vnschult, dy her gebotin hat vor dy C ß. gr., nehir ist zu beweisen, dan das der cleger mit seiner clage den antworter gehindern muge doran, von rechtes wegen.

Kap. 13.

Sequitur. Unsern dinst etc. Ewer vroge im rechten ist alsus: Es ist geschehen, das ein man den andirn landtrecht[1] sald thun vnd knyte nyder vor das crewze[2], des lys in der selbschuldig ledig vnd das gerichte wold in nicht ledig lassen, denne auff sein recht, nv meynt diser das recht darvmb zu leyden. Bit wir ewer weisheit ein recht zu sprechen, was des wandil zei gen gerichte. Hir awff spreche wir s. zu L. ein recht: Also als man den man, der do lantrecht thun solde, ledig liis des eydes, so iren das ziemlich, das yn das gericht owch ledig liis, ab man den richter des gebeten hette durch got, von rechtis wegen.

---

[1] oder *recht tun*, vergl. Planck a. a. O. Bd. 2, S. 20.

[2] Vergl. über diese Form statt der gebräuchlicheren Berührung der Reliquien Grimm, Weisth. Bd. 2, S. 344, Bd. 3, S. 401.

Kap. 14.

Sequitur. Unsern dinst etc. Ewer vroge ist alsus: Es geschach, das der voyt gunde eynen manne vych einzutreiben vnschedlich seinem rechte, des teilt wir ym sein pfantrecht, bit wir euch, liben herren, eyn recht zu sprechen, was sich von rechte geburte zu pfantrechte von pferden, von kuen adir von andirn cleinen vihe, das man vor den hirten treibit. Hir awff sprechen wir s. zu L. ein recht: Queme das vieh, es wer cleyne adir gros, ymande schaden tete, vnd wurde dasselbe vich gepfant an den schaden vnd der schade wurde beweiset noch rechte, vnd wuld man denselben schaden nicht bessern noch fromer lewte roth, sunder das dy besserunge des schaden wurde gewunen mit notrechte[1] vor gehegeter bank, so hette der voyt adir der richter sein gewette auff dem, der dy besserunge muste thun, von keinen andern pfantrechte wisse wir nicht, das der voyt adir der richter mit rechte solde haben an viechpfendunge, es wer clein adir gros, von rechtis wegen.

Kap. 15.

Sequitur. Unsern etc. Ewer vrog im rechten, di ist alsus: Es ist gescheen, das ein man den andern wunt, vnd quamen vor den richter albede vnd vorburgten an einander, dornach besayten dy scheppfen ein lemde nicht vor vul in gehegter banck, do wart dozwischen geret, also das man dyselben zu frunt macht mit des richters willen. Do teilit wir dem richter sein gewette, doran wolde her im nicht lassen genugen vnd sprach: Ir heren, wenne dem manne von seiner wunden wegen besayt ist ein lemde nicht vor vul, ab her mir dy nicht bessern sal höher, den mit einen gewette von recht wegen, des macht vns weizer, liben herren, ob der richter bey einem gewette bleiben sal, adir ab ym icht mer dozu geburet von rechtis wegen. Hir auff spreche wir s. zu L. ein recht, das der richter yme billichen lest genugen an den gewette. Ét sunt octo schill. gr., das ym dy scheppfen geteilt haben von der lemde wegen, dy sy besayt haben nicht vor vul, van rechtis wegen.

---

[1] Vergl. Behrend, Stendaler Urtheilsbuch (Berlin, 1868), S. 96. b.

IIᵇ [1]

Willekor von Frankinforde.

Kap. 1.

Der rat gemeynlich werke vnd gemeyne der stat Frankinforde habin gelybit vnd gewilkort disse rechte: Czun irsten: der rychter sal dem clegir synes rechtin syn behulpen czu eyme gantzin endin, er her syne buse phendit, vorsumet sich abir der clegir an syme rechte, das sal deme gerychte nicht czu schadin komen.

Kap. 2.

Item der rychter yst eyme ichlichen clegir plichtyk bryue czu gebin ummesust czu syner vorbotunge. Sundir deme schryber sal man von eyme bryue eynen gr. geben. Ouch sollin dy borger der irsten clagin vnd busin vry syen. Lydet her dy ander clage vnd nicht darczu antwirt, so mus her sy beyde vorbusin; antwert her abir nicht czu der drytten clagin, so mus der ancleger alle dry vorbusin vnd leysten. Wen ouch der anclegir antwert czu der andern clagin, so sal man der clage nicht lasin schryben. Wer dy clage darorbir lessit schryben, der sal deme ancleger schadelos haldin kegin deme rychter vnd sal der stat eyne marck silbers syen vorfallen.

Kap. 3.

Item also ouch der gemeynen stat wilkor vnd eyntracht yst: Wen man noch dren clagin phenden sal vnd phandis weret also dicke, also dy ratmanne ere dyner darumme senden vnd phandis geweryt wirt, so dicke sal her der stat vnd den ratmanne czwene schillinghe gr. syen irsten, den der phandis weryt, ouch wen eyner dry clagin myt deme rychter irfordirt vnd eynen fredin geworcht wirt obir das gut, den sal man an das gut weldigen. Entschedit her sich denne myt deme anclegir nicht darnoch bynnen furzen tage, so sal der anclegir noch der stat wilkor eyn vorfeste man der stat bys an dy czeyt, das her sich myt deme anclegir entschedit, vnd dy festunge sal her abebrenge noch des ratis wille.

Kap. 4.

Item ab mer clegir weren czu eynes manes gute wen eyner, der irste clegir, deme der frede geworcht wirt, der hat macht, erbe vnd gut czu vorkouffin, dar em der frede obir geworcht yst myt der anclegir vulbort. Wer denne das meste gelt darumme wil gebin,

---

[1] Darmstädter Handschrift Bl. 187. b. Vergl. oben S. 145, Anm. 1.

der sal deme gute aller negist syen czu behaldin vnder den clegern, dy den fredin darobir habin. Weldis ouch ymant thurer kouffen, dem sal man das lihin, uff das der beclagitte mensche synes gutes deste bas make genysen.

Kap. 5.

Des bote[1] lon von iclichem borger adir borgerynne jo das virtel jaris eynen Frankenfordischen phennig, dy im abir nicht viertelon gebin werdin, dy syner bedorffin, gebin im von iclicher vorbotunge vnd besetzunge eynen Frankenfordischen phennig. Lazin aber vnse borgir vnd jnwoner ymande besetzin adir czu deme rechtin vorbotin vor der stat, dy gebin deme boten czwo phenge. Der gast gebit in der stat II phenge, vor stat IIII phenge, ouch sal der bote von den scheppin keyn virtelon nemen.

II c [2]

Brandenburger Schöffenurtheil.

Noch gotis gebort thusint drihundirt jar jn deme sechz vnd sibenczigesten jare an deme frytage vor Invocavit worden dy scheppin czu Frankinforde usgesant kegin Brandinborg also Mosckow Frytcze Belkew vnd Hasinfelde czu irfaren yn eyme Brandinborchyschem rechte desse stuckin, dy hy noch geschrebin steyn; dunne gabin en dy scheppen czu Brandinborg vor eyn recht uff desse stucken:

Czu deme irsten, das nymant das obirste gerychte sal habin vnses herren des marggrauen, der jn deme rate siczet.

Ouch sal der obirste rychter nicht syen jn der gehegitte bank, her habe denne czu clagen.

Ouch sal der rychter nymant beclagin myt geczuge vmme keyner hande sache.

In gehegitte bank sal der nedirste richter alleyne siczen, der belenit ist, ys en were denne, her hette czu clagin sachin, dy em bilich geborte czu clagin, so mak her wol eynen andirn richter seczin an syne stat, bys her syne clagin getan hat.

Vnd wen eyner deme andirn eyde vntheschit, der mak eyner deme andirn nicht vortragin, das sy denne des richters wille, daran hat der richter acht schillinge cleyner phenge, de sal der gebin, der dy eyde solde thuen vmme syne broche.

---

[1] Vergl. Fidicin, Histor. diplom. Beiträge zur Gesch. der Stadt Berlin, Bd. 3, S. 70, Bd. 1, S. 43.

[2] Darmstädter Handschr. Bl. 188. Vergl. oben S. 145, Anm. 1.

Wer eyner den andirn beclagit vmme schult vnd der clegir byet syne vnschult, so sal der eyt also gehin: das gelt, das N. der anclegir kegin myt (? mir) benvmit hat yn syner clagin, das bin ich im nicht schuldik, das myr got so helfe vnd heylighen.

Der swester kinder[1] synt negir erbe czu nemen, wen der muter bruder.

Wer den andirn mishandilt myt worten, der gibt deme clegir drysik schillinge der cleynen phenge vnd dry scherff czu eyme butil.

Wen eyn scheppe gekoren wirt, so darff her deme rychter nicht sweren.

Ouch bedorffin dy scheppin alczu male nicht czu deme dinge siczen, ys en sy denne notzachin, also mort adir vorfestunge.

Item ab der rychter enghen scheppen myt worten anfure adir myt beruffin, dy scheppin mogen wol uffsteyn vnd mogin wek gheyn.

Dy scheppin mogin us orem buche schryben vnd ynschryben ane des rychters wiszen, was yn not yst; ouch mak nymant tedinghen obir der scheppen buch, wes dar jnne steyt, was ouch geschyet vor gehegitter bank, dar mak ouch nymant neyn vor sprechin.

Ouch mogen czwene scheppin recht holin czu Brandinborg myt der stat bryve, ab sy nicht dry sendin wellin.

Wer eyn recht vorborgit czu holin, weme das recht czu lut, der sal dy kost geldin vnd dy ratmanne sollen den schaden tragin dorch der armen wille.

Vmme schulde adir vmme gelobde mag man wol clagin myt geczuge adir vmme schadin nicht.

Wen eyner eyne czug clage benomit myt des richters wille, der sal dem rychter gebin eyn schilling gr., das yst syen geczuck; so mus der beclagit wirt der clagin enighen selb drytte vnvorsprochin lute, gibt her abir des schilling gr. nicht, so hat dy clage keyne macht.

Ouch sal nymant erbin brechin, dy vorne an der strase syen, do der stat geschos adir wache abegheyt adir ore gerechtikeyt, adir dy strasin vorbuwen, dar ouch ore gerechtikeyt an lyct, her thu denne das myt der ratmanne wille.

---

[1] So steht in der Handschrift, nicht „bruder", wie irrthümlich in meinem Princip der Successionsordnung S. 94, Anm. †) angegeben worden ist. Die obige Bestimmung entspricht weder dem sächsischen noch dem Magdeburger Rechte, welche die Kinder der Geschwister und die Geschwister der Eltern zugleich berufen (mein Princip der Successionsordnung S. 36, Stobbe, Beiträge zur Gesch. des deutschen Rechts S. 50).

III
Niederrheinische Schöffensprüche.

Die folgenden niederrheinischen Schöffenurtheile, Rechtssprüche und Protokolle von Nr. 1—21 sind dem königl. Staatsarchiv zu Düsseldorf entnommen. Diese Urkunden sind, mit einer Ausnahme (Nr. 21), auf Pergament geschrieben und bis auf eine (Nr. 20) Originale.

Nr. 1. Urtheil der Schöffen zu Aachen (1309).

Universis[1] ad quos praesentes littere peruenerint nos judices et scabini regalis sedis Aquensis notum facimus, quod scabini de Horion constituti coram nobis Aquis tempore quodam praeterito recitauerunt nobis oretenus quendam casum, super quo requisiti, quid esset juris, distulimus sententiam diffinire, donec huiusmodi casum significaremus dom. abbati de Stabuleto[2], mittentes ei nostrum nuncium cum litteris nostris, quod ipse dom. abbas mitteret scabinos suos de Stabuleto ad nos Aquis ad respondendum scabinis de Horion, qui de ipso grauiter se conquesti cum hac intimacione, quod si ipse non faciet hoc, nos non possemus superesse, quin oporteret nos dictare jus et sententiam scabinis de Horion antedictis. Qua littera transmissa dom. abbas fuit extra patriam, ita quod non fuit tunc responsio nobis facta. Ipso tandem reuerso dom. abbas transmisit ad nos suos nuncios Winandum Juleimant et Jacobum dictum de Trina, rogans nos per eosdem, quia ipse esset princeps imperii, quod nos ipsum dom. abbatem et suum conuentum et suos subdictos in iure suo vellemus custodire. Quibus erat responsum, quod nos hoc pro posse nostro libenter facere deberemus. Processu temporis reuersi sunt scabini de Horion ad nos Aquis, cum magna instantia nos rogantes, quod propter deum et propter honorem sacri Romani imperii eis ius et sentenciam dictaremus. Nos autem pro bono pacis hec iterato distulimus ad quindenam, ad experiendum, utrum dom. abbas vellet ad praemissa respondere. Transacta vero quindena, scabini de Horion ad nos Aquis iterum peruenerunt,

[1] Original mit 5 Siegeln (6 fehlen). [2] Stablo.

petentes, ut prius, quod eis ius et sentenciam dictaremus. Et tandem, cum non posset diucius hoc differri, nos matura deliberacione praehabita, dictauimus eis ius et sentenciam cum hac clausula, si est ita; quo facto, superuenerunt Winandus et Jacobus antedicti cum litteris, sigillo dom. abbatis Stabulens. et sigillo dom. Heinrici investiti ecclesie Stabul. sigillatis, in quibus erat conscriptum quoddam factum ante scabinos de Stabuleto peractum a scabinis de Horion contra dom. Johannem dictum Bliot celerarium monasterii Stabulens., nomine monasterii Stabulens., dicentes, quod non esset ita, sicut scabini de Horion nobis recitaverunt. Quo audito, scabini de Horion unanimiter responderunt, quod non esset credendum litteris illis et quod scabini de Stabuleto nunquam deberent illas litteras approbare, quia dom. abbas, qui est pars aduersa contra scabinos de Horion, sigillauit eas et quidquid ei placuit, potuit facere scribi et sigillari. Hoc audito Winandus et Jacobus praedicti dixerunt uno ore, quod hee littere essent bone et recte et quod scabini de Stabuleto deberent eas approbare. Et hoc volebant ipsi acceptare sub pena mille librarum nigrarum Turon. Sed scabini de Horion nullam penam ponere voluerunt. Nos autem volentes scire puram et meram huius rei veritatem, misimus ad dom. abbatem de Stabuleto, quod ipse laboraret ad hoc quod scabini Stabulens. accederent ad nos Aquis. Et tandem scabini Stabulens. constituti personaliter coram nobis Aquis approbauerunt unanimiter ipsas litteras, quas Winandus et Jacobus attulerunt, praesentibus scabinis de Horion et hoc audientibus, et ipsi scabini de Horion contra approbationem ipsarum litterarum, quam fecerunt scabini de Stabul., nil dixerunt. Et nos finem litibus imponere cupientes misimus scabinos de Stabul. ad villam de Horion, ubi dicebantur condiciones esse factae inter partes praedictas, ut secundum veritatem et noticiam ibi compertam ius et sententiam dictaremus. Quod tribus vicibus est peractum. Tandem reuersi sunt ad nos Aquis tam scabini de Stabul., quam scabini de Horion cum litteris conscriptis super testimonio iurato et audito in villa praedicta. Quibus nobis lectis et intellectis interrogauimus scabinos de Stab., quae dictarum parcium habent meliorem veritatem, quia ipsi melius nouerunt testes quam nos ipsos. Scabini vero de Stab., deliberatione super hoc matura et diligenti prehabita, concorditer respondebant, quod ipsi hoc acciperent super iuramentum et fidelitatem, quod et quam ipsi fecerunt sedi sui scabinatus, quod ipsi ignorarent, que dictarum partium haberet meliorem veritatem. Quibus omnibus sic peractis, ambe partes sibi ius et sententiam dictari a nobis cum magna diligentia petiverunt, quia scabini de

Stabul. ignorabant, quid esset iuris in casu habito inter partes. Et nos tam a scabinis de Stabul. interrogati, quam ab utraque parte moniti, super casu huiusmodi quid sit iuris, deliberacione prehabita diligenti, secundum ius et consuetudinem regalis curie Aquens., que caput est sacri Romani imperii cis alpes, per diffinitivam sentenciam taliter respondemus, quod scabini de Horion possunt alloqui dom. abbatem de Stabul. pro condicionibus et pro articulis, quos requirunt, et quidquid ipse recognoscit eis et confitetur, hoc ipse debet eis facere et tenetur, et quidquid dom. abbas non confitetur eis, sed negat, ante hoc faciat eis ius sicut ipse tenetur et ubi ipse de iure tenetur, nisi forte scabini de Horion possint ipsum conuincere et probare, sicut de iure debent, suam intencionem, hoc est cum suis patentibus litteris et cum litteris patentibus sui capituli vel cum suo capitulo. Dicimus eciam per ius et per sentenciam, quod littere ille, quas dedimus scabinis de Horion cum illa clausula, si est ita, nullius sunt momenti et quod nullius habent roboris firmitatem, quia comperimus ad ius et ad noticiam et ad veritatem, quod hoc non est ita, sicut scabini de Horion nobis oretenus recitabant. Testimonio presencium litterarum sigillis nostris sigillatarum et ego Gerd Anelant miles et scabinus Aquens. sub sigillis conscabinorum meorum litteris hiis appensis hec esse vera, que prescripta sunt, recognosco. Actum et datum in crastino purificationis gloriose virginis Marie, anno dom. millesimo trecentesimo nono.

Nr. 2. Urtheil der Schöffen zu Aachen (1312) und Bergheim (1313).

Universis[1] et singulis presentes litteras visuris et audituris nos Guntherus Conradus de Eyflia, Johannes de Vico, Henricus de Glessene, Conradus dict. Wreyke et Gozvinus de Glessene scabini in Bergheym notum esse volumus publice protestantes, quod per presentes sentenciamus et per sentenciam diffinimus, quod donatio omnium bonorum propriorum censualium necnon et hereditariorum seu quocumque alio nomine aut iure censentur facta abbatisse et sororibus S. Clare domus Colon. per dom. Gunthardum de Ouerons-heym militem et dominam Agnetem eius collateralem[2], est et erit firma, utilis et perpetuo valitura, approbantes et affirmantes infra scriptam sententiam per subscriptos judices et scabinos Aquens. latam, continentem et dictantem, quibus modis et forma iidem dom. Gunthardus miles et dom. Agnes eius collateralis predictis abbatisse et sororibus huiusmodi donationem utilem possent efficere atque

---

[1] Original, Siegel erhalten. [2] uxorem.

firmam; cuius sententie Aquens. de verbo ad verbum tenor talis est: Vniuersis ad quos presentes littere perueniunt, nos judices et scabini regalis sedis Aquens. notum facimus confitentes, quod dom. Gunthardus miles de Oueronsheym exposuit nobis presentibus Conrado de Eyflia, Gunthero et Johanne de Vico scabinis de Bergheym et testantibus rem presentem, quod idem dom. Gunthardus et dom. Agnes eius uxor pari manu et consensu contulerunt et donauerunt omnia bona sua propria, censualia et hereditaria, quocumque iure censentur, domui Colon. ordinis S. Clare, petens a nobis edoceri, qualiter idem dom. Gunthardus posset tantum facere domui Colon. predicte, quod ei de iure debeat hec donatio esse utilis atque firma. Nos autem super hac re requisiti, quid sit iuris, deliberacione prehabita diligenti, secundum ius et consuetudinem regalis curie Aquens., quae caput est sacri imperii cis alpes, per sententiam taliter respondemus, quod idem dom. Gunthardus in primo matrimonio sciens eo tempore, quo ipse bene ac de iure facere potest et eis, quibus ipse hoc facit, est utile ac firmum, compos mentis, corporis et rerum suarum constitutus, propter hoc persönaliter coram judicibus et scabinis in judicio, ubi hec bona sunt placitabilia[1], debet cum sua bona voluntate donare omnia bona sua propria, censualia et hereditaria, quocunque jure censentur, domui Colon. ordinis S. Clare renuncians ad opus et ad usus eiusdem domus Colon., cum calamo dictis bonis quorum bonorum possessionem se exuens, idem dom. Gunthardus debet inuestire dictam domum Colon. cum iuris plenitudine protinus de hiis bonis et ipse de dictis bonis se non intromittet in posterum et non intrabit hec bona, nisi hoc sit in hospitis tenore, et sic hec donacio erit utilis et firma domui Colon. memorate. Dum autem sententia hec lata fuit et consensus (u) scabinorum Aquens. debito approbata, interfuerunt dom. Arnoldus miles villicus Aquens., qui dicitur primus Arnoldus et Arnoldus de Bodenberg aduocatus, qui judices sunt Aquens., Wilhelmus Neythere, Gerardus Anelant et Jacobus nunc milites et scabini, Wilhelmus de Hasselholze, Hermannus Quecke, Herbertus Gotzname, Johannes filius Juelonis, Johannes Kalf, Gerardus de Luchgene, Arnoldus Wilde, Arnoldus de (*unlesbar*), Arnoldus de monte et Wilhelmus nepos domini Wilhelmi Neithere scabini Aquens. In cujus rei maiorem certitudinem et memoriam firmiorem nos judices et scabini Aquens., qui sigilla propria habemus, ad peticionem dicti dom. Gunthardi sigilla nostra presentibus litteris duximus apponenda. Nos autem Arnoldus Wilde

---

[1] gerichtsständig ?

et Wilhelmus nepos domini Wilhelmi Neythere predicti, qui propria sigilla non habemus, sigillis conscabinorum nostrorum litteris hiis appensis utimur in hac parte. Actum et datum feria quarta post diem S. Barnabe apost., ann. dom. MCCCXII. Nos igitur scabini de Berghem predicti presentibus protestamur, dictos dom. Gunthardum militem et dom. Agnetem eius uxorem compotes mentium, corporum et rerum suarum ultro pari manu et vnanimi consensu, tempore et loco de iure debitis et obseruatis sollempnitatibus debitis et consuetis omnia sua bona dicte domui Colon. donasse, ipsis renunciasse, de eorundem possessione se penitus exuisse, nec in posterum se de ipsis intromisisse nec ipsa ulterius intrasse nisi in hospitis tenore et fratrem Walterum procuratorem dicte domus de eisdem inuestiuisse et pure et simper omnia et singula fecisse, quae de iure aut consuetudine hoc facere debuerunt, sentenciantes, ut prius, huiusmodi donacionem sepedicte domui esse firmam, vtilem ac de jure in perpetuum valituram. Et quia proprio sigillo caremus, sigillum honor. dom. dom. Gerardi comitis Juliacens. rogauimus hiis apponi. Et nos Gerardus comes Juliac. ad rogatum dictor. scabinorum nostrorum in Bergheym sigillum nostrum duximus presentibus appendendum. Datum feria quarta post festum beate Margarete virginis, ann. dom. MCCCXIII.

Nr. 3. Urtheil der Schöffen zu Bonn (1375).

Wir[1] Golel Roysgen, Daniel van Molenheym, Rulf van Sucthteym, Herman Roythanne, Johan Munfart, Johan Craynheym ind Heynrich van Gylstorp, scheffen zu Bunne ind vort die ander scheffen gemeynecliche dun kunt allen luden, die desen brieff solen sien of horent lesen, dat uns kundich is, dat vrauwe Aleid vame Konsen, abdisse nu zer zyt des goytshus zo Seyne[2] enbynnen Cöllen gelegen, as van wegen irs goytshus in der juncfrauwen gemeyneclichen ouermitz des gerychtsboden zo Bunne in cumber heit dun legen assulche eyn dryttedeil eime molen, as Wilue der vait van Lustorp ind na eme syne eruen van dem vurg. goytshus zo hauen plagen umb zwey malder rocken korns Bunscher maissen pachts, ind is dy molen gelegen zo Overwoislich ind up dem Ryne, da dy molen zo hangen pliet, also wir dit van der abdissen ind etzeliche irre juncfrauwen uff dem cloyster verstanden hauen, dat yn de pacht versessen sy ind nyt worden, ind darumb dem kumber nagevoilgt hant ind dat dryttedeil der molen usserdynckt hant, as des gerychts reicht is,

[1] Original, Siegel erhalten. [2] Sion.

unverantwert van ymanne. Ind na dem usserdynge oiuermytz den amptman zo Bunne dar an geburt ind geweldiget is na reichte ind geweynden des gerychts zo Bunne, also is die selue vurg. abdisse as van wegen irs cloisters vursch. vur gerychte comen ind urdels heit dun versuycken, synt dat sy dat drytte deyl der molen vur die versessen peichte der zweyer malder korns, dar vur sy it ouch ussgeleynt hatten, usserdinckt hant unverantwert van ymanne, as vurschr. steyt, so wy sy vort damit vuren sulen; also hain wir scheffen vurschr. ouermitz ouch den vurschr. amptman mit urdeil gewyst in gerychte, dat sy dat deil der molen weder vur ere wislich erue behalden ind besitzen mogen of vort usslenen, ind damit dun alle eren vryhen willen enbuyssen hyndernisse of wederspraiche ymans. Alle argelist is gentzeliche in allen puncten dis briefs ussgescheyden, ind dis zo urkunde hain wir scheffen vurschr. gemeynecliche unser gemeyne ingesegel an desen brief gehangen zo getzuge der wairheit. So gegeuen is in dem jare uns hirren, da man schreif na goitz geburde dusent druhundert vunf ind seuentzich iair des zwentzichsten dages in dem Mey, zo latine maius genant.

Nr. 4. Rechtsspruch der Schöffen von Bonn (1376).

Wir[1] Daniel von Molenheym, Heynigen des alden vaitz sun was, Clais van Gylstorp, Rulf van Seichteym, Herman Roytkanne, Johan Münfart ind Johan Craynheym, scheffen zu Bunne ind vort die ander scheffen gemeynecliche dun kunt allen lude, die desen brief solent sien off horent lesen, dat uns kundich is, dat frauwe Lutgart van Veyhen camererse nu zor zyt ind juncfrauwe Meckel van Braichel, cloisterjuncfrauwen des goytshus zo Dyckyrchen ouermitz des gerychtsboeden zo Bunne in cumber[2] hant dun legen, also der beyde dat an uns bracht heit ind dos gogiet[3] heit, as dat reicht is. Also sulchen hoff, erue ind gut, as van dem vurgen. goitshus rurich was ind Milue Bufs gut was ritters, ind is zo Urner gelegen mit alle syme zogebur, wyngarde, artlant, wesen, büsche, zynse ind peichte dar zo gehorende, wie grois ind wie cleyne die synt, nyt da an ussgescheyden, ind eyn deil ouch hoifgut is, ind eyn deil leyngut, also as van dem hoyfsgude, dat an uns bracht hant Kyrstiain van Hurte, eyn schulteisz nu zor zyt up dem houe zo Urner, Heidenrich van Droytzagel ind Henkin Reusgin, zwene gesworen des hoyfs, den dat hoyfsgut kundig is ind dat ertzoynt vur uns hant, as vur dem hoen gerychte, dat dat hoifsgut up dem houe urkunde der

[1] Original, Siegel fehlt. [2] Arrest. [3] bekannt.

geswoiene na geweynden des hoyfs ouch usserdynckt sy ind vur versessen zynse ind peichte des goitshus van Dyckirchen vurg. ind hant die vurgen. vrauwe Lutgart ind jungfrauwe Meckel dem cumber nagevoylcht mit reithe des gerychts zo Bunne ouch ind dat leyngut ouch usserdynckt unverantwort van yman, ind vort na der hant darumb vur gerychte comen synt ind erschenen zu Bunne vur dy banck ind urdeils hant dun versuycken, ind ouermitz den amptman an eyn urdeil wart gestalt, synt die vurgen. vrauwe Lutgart ind jungfrauwe Meckel as van irs gemeynen goitshus wegen dat gut usserdynckt hetten, as vur ene versessen zynse ind peichte as vurschr. steit, ind nyman dat vorantwert hette, so wie sy dan vort damit varen suylden. Also hain wir scheffen vurschr. ouermitz den amptman zu Bunne in gerychte gewyst mit urdeil ind wysen vur reicht, dat die vurgen. jungfrauwen des goytshus van Dyckirchen dat gut ind erue antasten mogen, buwen, machen, brechen, buyssen ind damit dun alle eren vryhen willen, as mit eren wislichen guyde ind erue, verkoyffen, versetzen off usslenen ind keren in wes hand sy willent enbuyssen hyndernisse off wedersprache ymans, den gruntleynhirren ind deme houe zu Urner irs reichts doch alle zyt unverloren; alle argelist, nuwe vunde ind quede behentgeit[1] geistlichs off werentlichs reichts off geweynden herweder namails eynge zyt zo suycken off zo vynden synt gentzeliche in allen puncten dis briefs ussgescheiden. Ind dis zo urkunde hain wir scheffen vurschr. gemeynecliche unse gemeyne ingesegel an desen brief gehangen zo getzuge der wairheyde. Do gegeuen is in dem jare unss hirren, do man schreiff na goitz geburde dusent druhundert seys ind seuentzich jair up sent Seruais dach des heyligen mertelers.

Nr. 5. Rechtsspruch der Schöffen von Bonn (1378).

Wir[2] Daniel van Molenheym, Heynigin des alden vaitz sun was, Clais van Gylstorp, Rulf van Seichteym, Johan Munfort, Johan Croynheym ind Heynrich von Gylstorp, scheffen zo Bunne ind vort die ander scheffen gemeynecliche dun kunt . . . ., dat uns kundich ys, dat her Heynrich Vamme Reche canoich ind wechman (?) nu zer zyt des goytshus zu sent Cassius enbynnen Bunne gelegen in cumber heit dun legen alsulch eyn huys als Heynkin Roede burger zo Bunne ind syne kynder van den vurg. hirren zo lene haben umb eynen erflichen zyns as 15 marc ind 11 schill. penn. Coltz (? Coln.) pagementz, die de selue Heynkin ind syn irste wyf Grete van dem

[1] böse Ausrede. [2] Original mit Siegel.

huse jairs zo gelden plagen ind nu der kynder anirstoruen erue was, ind den zyns nyman verrychten woylde, ind Heynkin ind syne kynder dat gehuse abuwich[1] hant gelasen, also wir dat gesien hauen, ind is dat hus Hyrtzenouwe genant, so wy dat hynden ind vur mit alle syme zogebur gelegen ys ind heit de selue her Heynrich dem cumber nagevoylgt na reichte des gerychts, ind heit dat huys also erdynckt unverantwert van ymanne ind dat van wegen ind in namen der hirren vurschr. ind vur ere versessen zynse ind abu as vurschr. steit, ouch is uns kundich as ouermitz den geswornen voyden, de des vur uns gegiet heit, dat he desen kumber ouch kunt gedain haue Heynkins kynder mit namen Kyrstiain syme sone, Greten ind Fien sinen dochtern, die wail zo eren dagen comen synt, ind des cumbers ouch nyt verantwerden woylden, ind is darumb de vurg. her Heynrich ouermitz den amptman zo Bunne an dat huys, sowie dat an me Rynne enbuyssen der stat gelegen ys, geburt ind geweldiget also, as des gerychts reicht ind geweynde ys, ind darna dat huys iar ind dach besessen hant ind gychtiche leynhirren in syme hand gehait heit, die eme des gieden van wegen der hirren vurschr. ind anders nyman, ind de selue her Heinr. darna, do iair ind dach umb waren, weder vur gerychte an dy dynckbanck comen is, ind ouermitz synen vursprechen urdeils heit dun versuychen ind zo urdeil wart gestalt, synt her Heinr. van wegen der hirren vurschr. dat erue usserdynckt hette, as vur ere versessen zynse ind kuntlichen abu, so wie sy dan vort damit varen sulden, also hain wir scheffen vurg. ouermitz den amptman mit urdeil gewyst in gerychte, dat sich die vurg. hirren des huys annemen mogen, zu besitzen ind zo behalden, wenden, keren, brethen, butzen ind damit dun alle eren vryhen willen gelyche as mit anderen erem erue ind guyde enbuyssen hyndernisse off wederspraiche ymans beheltenisse, doch off de vurg. Heynkin eynige kynder me hette ind van syme ersten wyue, dem deser kumber noch ussgedynge nyt offenbairt were, syns kyntzdeil an dem erue ind den gruntleynhirren irs reichts unverloren. Alle argelist ind quade behentgeit[2] geistelichs off werentlichs reichts off geweynden herweder namails eynge zyt zo suycken off zo vynden synt gentzliche in allen puncten dis briefs ussgescheyden.• Ind dis zo urkunde hain wir scheffen vurschr. gemeynecliche unse gemeyne ingesegel an desen brief gehangen zo getzuge der wairheyde. Gegeuen int iair uns hirren dusent druhundert eicht ind seuentzich iair des irsten mayndages in der vasten.

---

[1] baufällig. [2] Bosheit.

Nr. 6. Urtheil der Schöffen von Bonn (1389).

Wir[1] Daniel van Moilenheim, Roilff van Seichtem, Herman Roickanne, Henrich van Gilstorp, Tielman van Vckroide, Johan Wynmar ind Heinrich van Moenhouen scheffen zu Bunne ind die ander scheffen gemeinlichen dun kunt allen luden . . . ., dat uns kundich, as so wie her Johan van Oppenheim ein vicarius in dem goitzhus sent Cassius zu Bunne as ein bürgentgl. ind beweire der priester broiderschafft in dem seluen goitzhus zur zyt in naymen ind van weigen der priester ind der broiderschafft gemeynlich oeuermitz den geswoiren boiden des gerychtz in cumber gelacht hait eynen haluen morgen wyncgartz an zwen stucken geleighen, eyn vierdel up Birkenwyer neist Wilhelm Muysginc up eyner syte ind up die ander syte Sophien Humboltz, ind vort dat ander vierdel is geleigen in dem Walsacher neist Fleirtzhein an eyne syte ind up die ander syte Henkine Wurolff, ind dat is ein inuerbund (?), in dat vurg. irste vierdel ind gild seys pennyneghe zynsz Henkine Soiten burger zu Bunne jairs as eyme gruntlenhern ind heit hey de vursch. her Johan in Urben der priester broiderschaft vursch. die vurg. zwey vierdel wincgartz in cumber gelacht vur zwene alde gulden schilde guder van müntzen ind van goilde ind swair an gewychte erfflicher jairlicher renten ind gulden, dar vur dat egenante veirdel wincgartz usgeleent was ind dat ander ein inuerbund (?) dar in was, wilche vurg. wyncgarde wairen Belen van dem goithus Bingerssen zu Bunne, as der boede dys geboitz ind cumbers vur uns gegiet heit, ind darup dem seluen hirren Johanne van der vorg. broiderschaft weigen rychtliche daighe bescheiden sint, dry viertzien daige ycliche viertzien daige neist na einander voilgende, up wilche rychtliche daighe her Johan vursz. comen is ind heit dem seluen cumber nagevoilght, as reicht is, ind heit vort den amptman an uns mit urdel doin versoiken, wie hey da mit vort nairen sole, ind wir hayn mit urdel gewyst, dat hey vunff ind zwentzich pennyncge ind syne gewelde gelt, as des gerychtz reicht is, solen leigen hinder den amptman ind dat vurg. eruc, as dat vierdel wyncgartz dat inverbund an dem Walsacher vursz. vur umb den lenhirren in syne hand wynnen ind weruen; also heit hey dat in syne hand van wegen der priester broiderschaft vursz. gewunnen ind geworuen gichtichen lenhirren ind sin geweldegelt gelacht ind is oeuermytz den amptman daran rychtlichen gerycht geboirt ind geweldighet na reichte ind gewoinden des gerychtz zu Bunne, ind dat jair ind dagh besessen, as der lenhirre vursz. des vur uns

[1] Original, Siegel fehlt.

gegiet heit. Ind ouch darna vur gerychte comen is ind heit urdels oeuermytz synen vursprecher doin versoiken, sint dat hey dem vursz. cumber nagevoilght haue ind dat vurg. erue userdincght, as reicht is, unuerantwort van nymanne, ind sin geweldegelt hinder dat gerychte gelacht heit ind haue dat jair ind dagh besessen, so wie hey nu damit vort vairen sole ind oeuermytz den amptman zu urdel wart gestalt ind wart an gerichte gewyst vur reicht na reichte ind gewoinden des gerychtz, nadem dit allit alsus erganegen ind geschiet is, as vursz. steit, dat as nu vort de vurg. her Johan van Oppenheim van weygen ind in naymen der priester broiderschaft vursz., of we ein vurgeneger is der seluen broiderschafft, dat vursz. erue as den haluen morgen wyncgartz wenden ind keren mogen ind damit doyn as mit yrem wislichem erue ind gude, alle argelist hie an usgescheiden. Ind dis zu urkunde ind getzuge der wairheide han wir scheffen zu Bunne gemeinlichen unse gemeyne ingesegel an desen brieff gehanegen zu eynen gantzen steidicheide. Datum anno dom. millesimo trecentesimo octuagesimo nono die secundo mensis Julii.

Nr. 7. Urtheil der Schöffen von Bonn (1392.)

Wir[1] Daniel van Molenheym, Roylf van Sechtheym, Herman Roitkanne, Heinrich van Gylstorp, Johan Wenomar, Thielman van Oyckroide, Johan Suestgin, Girlach vom Nuwenkelre, Johan van Dudestorp, Johan van Olmisheym und vort die ander scheffen gemeynlichen zo Bunne doen kund allen luden, die desen brief solent sien of hoirent leesen, und herzugen offenbayr in desen geschrifte, want der geystliche irbar vaeder in goide, her Rutger van goitz verhenckenisse abt des moynsters und cloisters zo Heysterbach, ordins von Cycias[2] in dem gestifte van Colne van synen und synz cloisters wegin van Heysterbach vurschr. vur uns comen und herschenen is, und hait uns gezoent und kund gedaen oeuermytz eyn offenbair instrument gemacht und geschreuen oeuermytz eynen gemeynen notarium und ouch myt symen gewoynlichen zeygen gezeyghent, so wie hee seluer vur zyden comen is in dat dorp zo Vleyrtzheym, wilchs dorps hirlicheit in werhinclichen gerychte und sachgen gruntlichen und gentzlichen zo male an den abt zoer zyt und an das conuent van Heysterbach zogehoyrt und an nyemanne anders, so as die scheffen van Vleyrtzheym dat offenbarlichen in gerychte bekant haynt na innehalden des instrumentz vurg., und is comen deselue abt vurschr. vur die scheffen zo Vleyrtzheym, da sy

[1] Original mit Siegel. [2] Cisterz (Citeaux).

saissen in bynnen dynckbencken, und hait gesunnen und die scheffen vurg. gemaent up jren eyt, dat sy ime eyn recht oirdeyl woilden wysen her up, of eynch man, de syn eyghen erue, dat syn eyghen were, de her nyemanne ynt af ingilt zo erflicher[1] besytzinge usgelehent hette, as dat vellich wirt, wamyt dat man dat wynnen und werben sole; do antwerden ime die scheffen vurschr., doch myt guden vurrade, den sy darup hatten, und spraghen dese wort: Up den eyt, den wir uch heren, her apt und dem cloister zu Heysterbach vurg. gedayn han, so saegin wir, so we eynch gut van uch of van urme cloister bynnen deser banmylen zo Vleyrtzheym van uch zo erue hait, dat sal hee und mach wynnen und werben intgeen uch of yemanne van uren wegin myt zwen pennyncgen und nyet me, und wysen dat vur recht. Dat recht wedersprach der abt na innehalden des instruments und berief sich offenbarlichen zoer stund van dem oirdeyl und sprach dese wort: Das oirdeyl wedersprechgin ich und wysen vur eyn myrre recht: so we syn eyghen erue of gut hait zo erfnisse[2] usgedayn, wenne dat vellich wirt, dat sal man wynnen und werben myt al sulchen pachte und tynse, ast us dem eygenen verlehent is, und beroiffen mych des an ur heuft, da ir ur oirdeyle pliet zo hoylen, an die scheffen zo Bunne myt naemen, al da zo neemen und zo geeuen, wat die scheffen zu Bunne wysent vur recht. Do antwerden die scheffen von Vl. algemeynlichen und sunderlichen, dat sy nyet bedorften eynger underwysyncgen, noch ouch darumbe nyet inwolden varin noch wandelin anders worumb eynghe underwysincge zo hoylen, da sy seluer under in andern volcomen wyssyngheit und kuntschaft hetten, und versachten und versmaiden an ire heuft zu vaerin umb dat oyrdeil vurg. zo hoylen, so as al dese punte genzlichen und clairlichen in dem instrument geschreuen synt. Herumbe na der hant is der abt vur uns scheffen zu Bunne comen, ast vurgeschr. is, und hait gebeedin flelichen und ernstlichen gesunnen an uns, dat wir umb goitz willen und umb des rechten willen, want hee uns herkente vur dat heuft van alders und alwege des werhenclichen gerychtz zo Vl., da sy ire oyrdeyl plient yr hoylen, dat wir ime eyn recht oirdeil her up woilden wysen; doch umb waelstayn (?) und alle vare zo verhueden und dat wir die gude irben lude die scheffen von Vl. myt gesaistgeide (?) und bescheidingeide hervolchden, so schreuen wir und senten an sy unse brieue under unsen gemeynen scheffendum segille und warnden sy und maenden in den brieuen umb des besten willen, dat sy in

[1] ? erbzinslicher. [2] erfzinsse.

bynnen eyner gerumer zyt und termyne by uns zu Bunne wolden commen myt uns zo oeuercommen und eyndrechtich zu werden in dem lantrechte, sowie man dat recht und oirdeil, dat der abt an sy gesat und gestalt hatte, mochten rechtverdigen und rechte wysyncge darup doyn. Und wont die selue scheffen von Vl. in bynnen der zyt und termyne nyet en quamen noch comen synt, noch auch geyn reedelich beschuttenisse[1], warumb sy nyet comen syn, uns geschreuen noch in boyden haynt, und die zyt und termyn is oeuergancgen, so is der abt anderwerf by uns gemeynlichen und vur uns comen van synen und syntz conuentz wegin und hait uns ernstlichen gebeedin, as van irst bekort[2] und an uns gesunnen, dat wir ein recht lantoyrdeil in der sachgen vurg. willen sprechgen und wysen, und herumb want wir demseluen abte noch ouch nyemanne anders, de des an uns gesynt, recht oirdeyl versagen in solen noch in mogen, ja as verne as uns dat antryft und geburt, zo sprechgen und zo wysen, so sprechgen wir scheffen van Bunne vurgen. algemeyneclichen myt guden vurrade und wysen dat vur lantrecht, so wie eynch eygen gut of erbe hait zo erfnysse usgedayn, wanne dat vellich wirt, dat sal man wynnen und werben myt al sulchen pachte und cynse, ast us dem eygenen verlehent is, und dis zo getzughe und oyrkunde der wayrheyde al deser vurgeschr. dyncge hayn wir scheffen van Bunne vurg. algemeynlichen myt unser alre willen und wyst unse gemeyne scheffendum ingesegel an desen briei doyn hancgen. Datum an. dom. MCCC. nonagesimo secundo ipso die beate Barbare virg. et martiris gloriose.

Nr. 8. Entscheidung des Erzbischofs von Cöln (1394).

Wir[3] Friderich van goitz genaden der heiligen kirchen zu Colne ertzebischoff, des heil. römischen rychs in Italien ertzecanceler, hertzoge von Westfalen etc., doin kunt allen luden, also as die erber broder Ruthger abt des cloisters van Heysterbach ordens van Cycias in unsme gestichte gelegen vur sich ind syn conuent an die eyne syte, ind die scheffene gemeynlichen des dorpes zu Vlairtzhenn an die ander syte sulcher zweyliger sachen tuschen yn gainde van eyns ordels wegen van den vurg. scheffenen gewyst, as van erfflichene reichte gewyns ind gewerues des vursch. abtz ind conuentz gude Vlairtzheim gelegen, as dat vellich wirt zu wynnen ind zu weruen mit zwen peningen ind nyt me, ind davan die vursch. apt sich bewissen hatte an den scheffenstoil zu Bunne, as an dat heuft

---

[1] Einrede. [2] gebeten. [3] Original mit Siegel.

der vursch. scheffene, da sy yre ordele plegen zu hoilen, ind ouch, as van volgingen derseluer scheffenen an den scheffenstoil zu Bunne, as wir ergenckenisse der sachen in eyme offenbaren instrumente clairlichen hain gesien, an uns synt bleuen, ind die in unse hant gesat haint, lantrecht off mynne darup zo sprechen na jnhalt des compromissbriefs ind ansprachen ind antwerden uns dar oyuer gegeuen, also hatten wir dieselue sachen, ansprachen ind antwerden unsen wysen reden ind vrunden beuolen, sich up die sachen eyne mit unsen scheffenen zu Bunne, na deme uns des gelouft is zu eruaren, ind uns davon zu underwyssen, ind want unse scheffene van Bunne eyn lantrecht, as wir dat in yren besigelten brieuen gesien hain, hain gewyst van der vurschr. zweyungen wegen in deser formen, so wer eynich eygen gut off erue hait zu erffnisse uyssgedain, wanne dat vellich wirdt, dat sal man wynnen ind weruen mit al sulchme paichte ind zynse, ast uyss deme eygenen verleent is, up wilch recht na ansprachen ind antwerden ind gelegenheit der sachen wir uns mit den vurg. ind andern unsen vrunden versunnen ind bevraget hain, ind uns ouch nyt bessers versynnen, so vallen wir deme vurg. reichte zu ind bestedigen ind confirmeren ind wysen dat vur lantreicht in den vursch. sachen, ind sagen ouch, dat die scheffene van Vlairtzheim, wanne des noit mee geburt, dat vurg. reicht vur yre lantrecht solen wysen ind halden. Ouch sagen wir vur eyne mynne, dat vurschr. reicht zu meessigen, so wilch paichter zu Vlairtzheim, die huerich is in dese sache ind zweydrechtigeit vurschr., as eynich eygen gilt off erue vellich wirt, wilt gehoirsam syn ind gesynnet genaden ind dat zu dancke wilt nemen, van deme sal der abt ind conuent van Heisterbach vurg. nemen zu gewynne ind zu gewerue haluen paicht, ind off yman wer van den pachtern vursch., die dar widerstreuen wolden, da mogen der abt und conuent wider den mit hartgkeit ind strengheit diss rechtz vortvaren gantze paicht van deme zu nemen. Ind deser dinge zu orkunde hain wir unser ingesigel an desen brieff doin hangen, die gegeuen is zu Poppilstorp in der jairen unss heren dusent druhundert vier ind nuyntzig des Satersdages na unser vrowen dage annunciatio . . .

Nr. 9. Urtheil der Schöffen von Brüstein (1386).

Allen[1] denghenen, die dese theghenwordighe lettern sullen zyen ofte horen lesen, scouteyten ende scepenen der vryheit van Bruestein saluyt ende groete in onsen hern met kennisse der wairheit der zaken onderghescreuen. Ghi sult weten, dat voer ons ende

[1] Original, Siegel erhalten.

in onser teghenwordicheyt daervmme lyflyc comen syn ende gestain eerbare manne ende bescheydene, te weten, her Heinric, herre van Dyepenbeke ende van half Bruestein, ritter vercoper van der eenen syden, ende her Heynric van Hauert, commendoer des huys van Bernschem, coper tot orbere[1] ende behoef[2] des voirsz. huys van der ander zyden, die voirsz. herre van Dorpenbeke bekande ende openbaerlic belide[3], dat he op der tyt der daten deser letteren wetteliken vercofht hedde den voirsz. herren Henrik van Hauert einen bosch gescheyten Guylker bosch met allen den rechte den voirsz. bosch toehorende gheleghen tusschen die goede van den natenbainde op die eyn zide, ende die bossche der voirsz. herren van Bernschem op die ander zyde, om ene czeker summe van ghelde, den voirsz. vercopere volcomelike betailt met alrehande condicien ende contracte der voirsz. comenscape ghecondicioneert ende ondersproken[4] alsoe, als die lettere darom gemaect ende met onsen ghemeynen zeghel bezeghelt, declareert ende openbaerlike bewisende is. Ende want in die selue lettere ouermids versuymenisse ofte verghetenisse scriuers derseluer letteren nen poent ofte clauseln achter ghelaten is, hier ondergheserieuen, to wetene, dat die vorstere ofte die ghesworen boden der voirsz. herren van Bernschem ghesat, ofte die von horen weghen tot eweliken daghen ghesat sullen werden, in den voirsz. bosch panden ende scot sullen moghen nemen, draghen ende dryuen gheliker wys als si altois in die bosche den hoeren toebehorende ghedain hebben, sonder yemans wederseggheu, beyde der heren der vriheyt van Bruesthem voirsch. hoecheyt ende heerlicheit uytghescheyden. In orconden der waerheyt al des bouen ghescreuen is, wy scepenen voirsz. hebben onsen ghemeynen zeghel, des wi in deser gheliker zaken to ghebrueken pleghen, to beden ende met wille beyde der partien bouen ghescreuen aen dese lettere ghehanghen, ende gegeuen in den jare der gheboerte onss heere, doe men screet dusent driehondert tachtentich ende sasse, XIX daghe in augusto.

Nr. 10. Urtheil der Schöffen zu Burtscheid (1337).

Universis[5] tam presentibus quam futuris ad quos presentes literas contingerit peruenire ..... Nos judices et scabini ville Porchetens. infra scripti notum facimus et tenore presencium publice recognoscimus et protestamur, quod cum dom. Arnoldus, dom. de

---

[1] orbår, Nutzen.

[2] In lateinischen Urkunden steht dafür: ad opus et ad usum, siehe oben Nr. 2, und Loersch, Aachener Urkunden Nr. 3 und 4.

[3] sagte aus. [4] besprochen. [5] Original, einige Siegel erhalten.

Breydenbenth miles emisset erga Tilmannum dom. Trilbuch et Katherinam eius uxorem legitimam de Porcheto redditus seu pensionem annuam et hereditariam decem marcarum pagamenti Aquensis in quibusdam bonis suis sitis ibidem apud Porchetum singulis annis ipso dom. Arnoldo et suis heredibus perpetue (sic) et hereditarie persoluendis, et que bona dependent a domina abbatissa et conuentu Porchetensi tamquam verum allodium monasterii Porchetensis, et postquam ipsa abbatissa huiusmodi empcionem et vendicionem intellexit esse factam, ipsa accessit ad judicium Porchetense et contradixit eandem empcionem et vendicionem asserens, quod ipsa vellet eosdem redditus et pensionem prescriptam pro eodem denario obseruare et exhibuit ibidem denarios redempcionis sue, dom. Arnoldo prefato ibidem eciam presente, et requisito per judicem ab eodem dom. Arnoldo, utrum ipse vellet eosdem denarios siue pecuniam redempcionis recipere et huiusmodi requisitione facta, ipse respondit, quod vellet ipsos denarios redempcionis libenter recipere, et propter hoc ipsa domina abbatissa dedit vrkundiam (sic) suam ibidem judic. et scabinis predictis, vlterius vero requisitum fuit ab eodem dom. Arnoldo, vbi vellet ipsos denarios redempcionis reponi; qui respondit, quod ante cambium regalis sedis Aquens., et ad hoc ipsa dom. abbatissa respondit, quod libenter hoc facere vellet et expedire cum effectu, et in hoc ipse dom. Arnoldus contentus erat bona fide et absque dolo. In quorum omnium testimonium, fidem atque robur nos Arnoldus aduocatus, Symon dictus in den brugh, villicus, armigeri Heinricus dictus Opilio, Tilmannus dict. Tyls van den bremen, Petrus de Erclenas, Johannes dict. niger, Heribertus quondam Johannis Rufi de Aquis, Johannes dict. haen et Petrus dict. de Vilen, scabini ville Porchetens. predicte sigilla nostra presentibus litteris ad instantes peticiones dom. abbatisse predicte duximus fideliter apponenda. Datum et actum ann. dom. millesimo trecentesimo tricesimo septimo, sabbato proximo post diem et festum beatorum Mauricii et sociorum eius.

Nr. 11. Urtheil der Schöffen zu St. Gereon in Cöln (1306).

Universis praesentes litteras visuris et audituris nos Heinricus scultetus, Hermannus thelonarius, Petrus ejus filius, Johannes dictus Grin. de Bergerhusen, Hupertus dictus de Bergerhusen, Arnoldus dictus bure, Hermannus filius Geberti, Matheus scabini judicii beati Gereonis in Colonia notum facimus et publice protestamur in hiis scriptis, quod comparuit coram nobis in figura judicii praescripti Berta legitima Gerardi dicti de noua janua ciuis Colon. et querimonia sua monstrauit de Philippo dicto episcopus de Bickindorp et de Johanne fratribus vocatis coram nobis per nuntium nostrum ad instantiam praedicte Berte, quod praedicti fratres tenentur ei in septuaginta marcis usualis pagamenti ex causa mutui, de quibus 70 marcis praedicti fratres confessi sunt publice et recognouerunt se teneri ipsi Berte in hunc modum die certo ad hoc posito et statuto et se soluturos praedictam pecuniam promiserunt sine aliqua dilatione protrahenda, prout quemlibet eorum pro rata sua contingebat iure ciuitatis Colon. Philippus vero praedictus de triginta et tribus marcis confessus est, Johannes vero frater ejus de triginta et septem marcis. Cum ipsa dies elapsa sit et praeterita solutionis et praedicta pecunia a praedictis fratribus eidem Berte minime soluta aut per aliquem nomine eorum sit, quare ipsa Berta comparuit coram nobis in judicio, asserens conquerendo, sibi nullam solutionem factam fuisse de praedicta recognita pecunia a fratribus praedictis nec ab aliquo nomine eorundem. Dedit igitur sententia ipsi Berte, quod eadem Berta per nuntium nostrum ad hereditatem praedictorum fratrum unam vocationem fecit, sic et secundam et terciam et quartam, nec ad aliquam vocationem praedictarum vocationum praedicti fratres comparuerunt aut aliquis nomine eorum prosecutus est dicta bona aliquatenus defendendo et super praemiss. respondendo, quare ipsa Berta comparuit iterato coram nobis et arrestauit bona praedicta pertinentia ad praedictos fratres prout iacent in campis seu in terminis ville de Bickindorp et aream sitam in eadem villa ac omnia bona alia sub iurisdictione praedicta ubicunque iacentia et prosecuta est praefata Berta arrestationem praedictam legitime factam, sicut sententia ipsi Berte dedit, prima quindena, secunda et tertia et durantibus quindenis tribus praedictis vel infra praedicti fratres non comparuerunt aut aliquis nomine eorum, dedit igitur sententia ipsi Berte, quod bona praedicta ubicunque infra iurisdictionem beati Gereonis sita sub arrestatione occupata per annum et diem jacere deberent et jacuerunt et nemo ex praedictis fratribus aut aliquis nomine eorum durantibus die et anno praedictis comparuit bona praefata ab huiusmodi arrestationis seu occupationis honere defensare et releuare, et sic elapsis die et anno praescriptis comparuit demum ipsa Berta coram nobis in iudicio petens humiliter sibi a nobis fieri super hiis iuris et iusticie complementum. Dedit igitur communis sententia ipsi Berte super eo, quod nos scultetus et scabini praedicti tamquam pro nostro interesse una cum Berta praedicta accessimus Bickindorp et ipsam Bertam introduximus in possessionem praedictorum bonorum, pertinentium ad praedictos fratres, prout iacent in campis seu in terminis praedicte uille de Bickindorp cum area iacente in eadem villa sub districtu judicii beati Gereonis, ut praedictum est, intimantes nihilominus propter maiorem certitudinem futurorum accidentium omnibus vicinis ibidem circumsedentibus ac existentibus, quod si aliquis se intromittere vellet de praedictis bonis et asserens, se ius aliquod hereditarium habere in eisdem, quod ille, si quis esset, ad proximum iudicium infra iudicium in die iudiciali, quod dicitur dinclig dach, comparetur praedicta bona defendendo recepturus et accepturus, prout demonstrat ordo iuris, et quia nemo comparuit, parte altera comparente et expectante, ipsam Bertam stabiliuimus et certificauimus in possessionem praedictorum bonorum ita quod ipsa Berta praedicta bona ac possessionem ipsorum bonorum tenebit et habebit tamdiu, donec ipsi Berte de sorte totius debiti principalis coram nobis recogniti praedicti ut praedictum est et de expensis ratione judicii factis in toto et plenarie fuerit satisfactum. In cuius rei certitudinem et firmitatem ampliorem praesentes litteras sigillo nostro communi appenso non obligationis titulo, sed tamquam testes omnium praemissorum duximus roborandas. Actum et datum anno dom. MCCC sexto in vigilia nat. b. Joh. bapt.

Nr. 12. Rechtsspruch von Gulse (1347).

Wyr[1] gemeynde von Gulse beyde riche inde arm, inde wir gemeyne scheffen von Gulse dun kunt allen dye dussin breyff seynt oder hurrint leyssin, dat wir sprechin uf unsin eyt alse wir billiche solin, dat wir ney andirs ingehurtin sayn von allin unssin alderin, wen dat dye vaydige zu Gulse rurthe inde queme von unsme herrin me apthe des cloystirs von Syberg, inde wir vurg. gemeynde bydden unsse gemeyne scheffenyn vorgen., dat sie ir gemeyn ingesigil an dussin breyff heyn. Inde wir scheffenyn vurg. sin bekennyn, dat wir von dir vurg. gemeyndin beyde unsse gemeyne ingesigil an dussin breyf hain gehangin, inde dur breyf is gegeffin an me anderin dage na sente Mertins dage des heyl. bysschofs in deme jayre do man schreyf na godis geburte dusint druhundirt inde sebyn inde veyrzich jayr.

Nr. 13. Urtheil der Schöffen zu Guntersdorf (1334).

Wir[2] Herman Sterre schultesse, Henrich van Sulpze, Bartholomeus van Crele, Gerlach Offerman, Henrich Spek, Johan Spek syn broeder ind Henrich Lumbel gesworen des oyuersten gerichts zo

[1] Original mit Siegel. [2] Original, Siegel theilweise erhalten.

Guntersdorp doen kunt allen luden, die diesen brief solen syen ot huyren leesen, dat Engelrayt eyne nunne zu Sarne ind Nesa eyne nunne zo deme wyer bi Colne, doichtern Wilne Hermans Hirtzelins ind Sophien syns elichen wyfs, die noch leyft, burger zu Colne, eynre deylungen gesunnen ayn Sophien irre moyder vurg., ais van eichtzien morgen lantz, die gelegen sint in deme velde van Guntersdorp und van eyner haluer hoyfstat, die darzo gehoirt ind gelegen is inme dorpe zo Guntersdorp, des wyste der gesuoren der vurg. Sophien zo eyn dirdeyl van den vursch. eichtzien morgen ind iren dryn kynden mit namen Hilgere irme sonne, die buyssen lantz is ind den vurg. zueyn nunnen zuey dirdeyl, des quamen dieselue zuay nunnen Engilhayt ind Nesa, also ais Henrich van Sulpze ind Bartholomeus van Crele unse medegesuoren, die darzo geschikt ind gesant waren, unss dat geurkunt ind ayn unss braicht haint mit urloyue ind mit meichte irre meysterschaf, ind ire zuey deyl dat is ir eiclich vire morgen van den vursch. eichtzien morgen lantz, ind mit irme deyle der vurschr. haluer hoyfstat gegeuen ind upgedraigen haint Sophien irre moeder vurg., also dat Sophie ir moeder die vursch. eicht morgen lantz van irre doichter wegen mit irren seyss morgen, die ir zogewyst sint, vur eyn dirdeyl durch reicht behalden sal ind wenden ind keren mach, war dat sy wilt, herumbe so is die vurg. Sophie vur̄ unss komen ind hait ouermitz rayt ind mit willen der neysten vrunde van beyden lynien irre kyndere, die sy hait van Wilne, Gotschalke vam Lebarde irme lesten manne, vierzien morgen lantz van den vursch. eichtzien morgen lantz mit der vurg. haluer hoyfstat ind mit eyme haluen sumbrin euene ind vunf penn. cynss, den man jairs zo kirstmissen in dat selue gut van hrn Storrenheyne reichte ind redeliche verkouft ind upgedragen vur sich ind yre eruen, Johanne des wyrts soene van Guntersdorp ind Druden syme elichen wyue ind irren eruen umbe vierehundert ind nuynzich mark, eynen gulden florin gut van goilde ind van deme suayrsten gewichte der stat van Colne vur nuyn ind zuenzich schillinge gerechnet, wilche vierehundert ind nuynzich mark dar Sophie vurg. vur unss ergiet ind bekant hait, dat sy entfangen hayue van Johanne ind Druden syme wyue vurg. ind ir weyle bezalt sin ind dat sy die in urbur[1] ir ind irre kynder gekeirt hayue, ind des vur sich ind yre eruen van der vurschr. summen gelts Johanne ind Druden syn wyf ind yre eruen quyt, loss ind ledich geschoilden hait, ind die selue Sophie vur sich ind

[1] Rente.

vur yre eruen up die vurschr. vierzien morgen lantz ind up die halue hoyfstat ind up dat halue sumberen evene ind vunf penn. cynss mit halme ind mit hande ind mit munde, so we dat des seluen guts reicht ind gewoynde is, vorzegen hait, ind der usgegangen is zu henden Johans ind Druden syns wyf vurg. ind irre eruen, ind sy dar ayn geerft hait ind sich ind yre eruen davan enterft, also dat Johan ind Drude syn wyf die vursprochen vierzien morgen lants myt der haluen hoyfstat ind mit eyme haluen sumbrin even ind vunf penn. cynss erflichs reichts behalden solen ind sy ind yre eruen wenden ind keren mogen, war dat sy willent, sunder ymans wederrede, behalten Hilgere der vurg. Sophien soene synre viere morgen lantz van den vursch. eichtzien morgen, so wa iem die zo reichter daylungen geuallen mogen. Alle argelist in diesen dingen usgeschlossen, ind want alle diese vursch. ding vur unss geschiet sint, ais sy durch reicht soilden, ind wir darumbe unse urkunde entfangen hain, so hain ich Herman Sterre vurg. schultisse myn ingesegel, des wir gesuoren vurg. mit iem in diesen sachen gebruchen, yn unsen beden vur unss ind zo beden Sophien vurg. ayn diesen brief gehangen, ind ich Sophie vurg. bekennen, dat alle diese vursch. ding ware sint ind ich des in urkunde ind stidicheyde alle dieser dinge gebeden hain vrome ind ersame lude, hrn Johanne Oyuerstoils van Effenricker scheffen zu Colne, hrn Peter vam Lebarde ind Richwine vam Lebarde synen broeder myne suayger ind neyste vrunt mynre kyndere, dat sy yre ingesegel ayn diesen brief gehangen haint. Ind wir Johan Oyerstoils van Effenricker scheffen zu Colne, Peter u. s. w. gezugen, dat diese ding ware sint. Gegeuen is dis brief, doy man schreyf van unss. hrn geburde MCCCXXXIV jare up sente Thomas ayuent des heyl. apostolen.

Nr. 14. Rechtsspruch der Schöffen von Kente[1] (1399).

In nomine domini amen. Anno nativitatis eiusdem millesimo trecentesimo nonagesimo nono, indict. octava secundum stilum et consuetudinem civitatis et diocesis Colon. mensis Septembr. die vicesima tertia hora primarum vel quasi pontificatus sanctissimi in Chr. patris et domini nostri dom. Bonifacii divina providentia papae noni anno decimo, in mei notarii publici et testium infra scriptorum ad hoc vocatorum specialiter et rogatorum praesentia, personaliter constituti venerabiles viri Johannes de Nyuenheim armiger officiatus, dominus Gotschalcus Tylen celerarius et Eckardus Scharpman scultetus in Lechennich nomine et ex parte reverendissimi in Chr. presb.

[1] Original. Kente, jetzt Kenten im Kreis Bergheim.

et domini nostri Frederici archiepiscopi Colon. ex una, ut dixerunt, et viri Hennekinus Knure, Tilmannus Heep, Grelacus Brant, Gerardus Myit, Wynnekinus vp me dreysche, Heinricus Smackwal, Engelbertus textor, Heinricus de Suchtelen, Gobilinus oem filius Christiani villici iurati ville et dominii in Kente prope Berchem parte ex altera. Quibus sic praesentibus et astantibus praefati Johannes de Nyuenheim, dom. Gotschalcus celerarius et Eckardus scultetus pro parte dom. nostri Colon. interrogauerunt, monuerunt et requisierunt praefatos villicos juratos et quemlibet eorum virtute juramenti sui praestiti ipsi domino districtus ville in Kente, prout etiam alias per eosdem fuerunt moniti et requisiti, qualiter ipsum dominium et villa hactenus ab antiquo esset servatum et ad quem spectaret pleno jure. Qui ad partem se trahentes et interim, ut videbatur, deliberati reversi responderunt concorditer, quod media pars ipsius ville et dominii pertineret ad dom. meum Colon. et ad ipsius dyocesim, et reliqua media pars pro una medietate pertineret quondam dom. Hermanno de Moelenarcke dum vixit, et alia medietas predicte medietatis ad quandam dominam de Biveche. Item dixerunt, quod dom. noster Colon. esset superior judex totius ville et dominii, quodque haberet subditis illius ville quibuscumque praecipere, prohibere, inhibere seu demandare pleno jure. Item dixerunt, quod dom. noster Colon. haberet ibidem superiorem scultetum statuere seu ponere, qui prae aliis scultetis ab aliis partibus positis haberet praesidere, sic quod sculteti pro aliis partibus positi vel ponendi non debent plus habere de judicio ibidem, quam minores pene, vulgariter dicte kleyne wette, coram dicto judicio prouenientes, que solum eos contingere possunt ratione partis officii predicti et non ultra; omnia vero alia quacunque via vel modo in quibuscumque causis apud judicium provenerint seu commissi fuerint, etiam per quascumque personas debent solum et in solidum ad dom. Colon. cedere et ad ipsum spectare et pertinere. Item requisiti et moniti virtute sui juramenti ut prius, an scirent aut audiuissent dici a suis predecessoribus aut aliis quibuscumque, an predicta villa et dominium seu aliqua partium ipsius ville et dominii ab aliquo domino seu dominio de jure haberetur seu haberi deberet jure feudi. Qui interim deliberati, ut videbatur, responderunt concorditer et vnanimiter, quod nescirent neque etiam umquam dici audiuissent, quod ipsa villa seu dominium vel aliqua partium predictarum ab aliquo domino vel dominio in feudum haberetur vel condependeret, sed quod sex vel septem annis circiter proxime elapsis intellexerunt a quibusdam externis, quod ipsa villa et dominium predicta deberent nomine feudi a dominio Kessel haberi, possideri et teneri, sed utrum hoc sit verum vel non, nequiuerunt se expedire. Item requisiti virtute sui juramenti ut prius, anne eis constaret et recordarentur, quomodo Tilmannus Kollendier famulus, scultetus et commissarius domine de Broeche coram ipsis requisitis alias fuerit interrogatus per eosdem requirentes, an aliquod impedimentum seu obstaculum umquam habuisset per dom. nostrum Colon. vel suos officiatos ibidem, quominus dictus Tilmannus omnia jura et redditus spectantes et pertinentes ad partem domine de Broeche commode percipere posset et leuare, qui tunc respondit et dixit, quod numquam habuisset aliquod impedimentum, quin semper et commode omnia que ad partem domine sue quoquo modo spectant, libere sustulerit et perceperit sine cuiuscumque etiam contradictione ad usum et utilitatem dom. sue predicte. Etiam interrogatus dixit, quod dom. Colon. neque aliquis ex parte sui umquam aliquid plus leuauit, quam de jure potuit et debuit. Ad que ipsi requisiti bene deliberati . . . . unanimiter responderunt, quod eis bene constaret, quod predictus Tilmannus Kollendier coram ipsis . . . . sit interrogatus et requisitus et quod predicta verba sic ut prescribuntur uel effectum dare retulit et confessus fuit, ipsique etiam premissa sic reputant et tenent, nec umquam audiuerunt in oppositum aliquid recitari. Quibus sic ut premittitur peractis dicti requirentes antedictos villicos, juratos sic requisitos omnes et singulos et quemlibet eorum monuerunt virtute sui juramenti prestiti, an circa predicta inviolabiliter intenderent permanere et ipsis in veritate assistere et quod se bene deliberarent, an eis aliquid plus uel aliter constaret de predictis. Super quibus pecierunt eorum clarum responsum. Qui statim tunc uno ore responderunt, quod nihil eis aliter quam prescriptum est constaret nec scirent et circa premissa vellent perpetuis temporibus firmiter permanere. Super quibus omnibus et singulis premissis memorati requirentes nomine et ex parte predicti reverend. dom. Colon. requisiverunt a me notario publico infra scripto fieri unum uel plura publicum seu publica instrumenta ad dictamen cuiuscumque sapientis. Acta fuerunt hec Lechennich in publico foro ibidem ante domum Mecze Roeden, presentibus ibidem honestis et discretis viris Heinrico Danielis seniore, Wilhelmo Blawck et Johanne Kardorp scabinis in Lechennich nec non Tilmanno Weylde sculteto ville, in Kente testibus fide dignis ad premissa vocatis specialiter et rogatis in testimonium omnium premissorum.

Et ego Hermannus Hermanni de Knyck dictus Colon. publicus . . . . notarius . . . . etc.

Nr. 15. Urtheil der Schöffen von Mertzen[1] (1364).

Wir[2] richter ind scheffen des hoifs van Mertzen doin kunt allen luden, dye diesen breif solen sien of hören lesen, dat vur uns komen sint up die stat, da man des hoifs guyt van Mertzen mit rechte dedincgen guden ind intguden mach, die heren canuniche van unser vrauwen zo Aache, mechtig gemacht van irme deychen ind capittel up eyne side, ind Willem Wanne, was sun Konen van Oytwilre mit gehencnisse[3] ind willen Leifmode syner witzliger huysvrauwen up die ander side, hauen uns richter vurschr. gebeden van beyden siden, dat wir umbe irre beiden wille gedain hauen, dat wir manen wolden ind maynden die scheffen des hoifs van Mertzen, dat sie wysden mit rechte na gewoinden des hoifs van Mertzen, zo wat kunne rechte Willems guyt vursch. gelegen were, dat uys deme houe van Mertzen rorende were, warumb wir scheffen vurschr. van manen uns amptmans vurschr. mit rechte ind umb recht, so hain wir gewyst vur recht ind wysent as recht na alder herkomen ind gewoinden des hoifs van M. unwiddersprochen in eynger zyt van yman, des man gedencken mach, dat Willems lantz vunfzein morgen, is si wenich me of min, des veir morgen gelegen sint zo Oytwilre hender des heren houe van Aachen, ind eylf morgen gelegen by den beynden zu Oytwilre, wilge vunftzein morgen vursch. wir gewyst hauen ind wysen vur recht, dat kurmeyds guyt si in den hof zu M., ind der here des hoifs van M. vursch. na dode desgheins, de dat guyt in der hant hait, eyne kurmeyde hauen sal, dat is zo wissen, dat berch ind dal up deme lande vurschr. macht ind gemacht hait in deme jare, ind da man dat lant mit ackert ind mit der kurmeyden aft van doder hant geuelt, ist der here schuldich zo lenen, sunder yt me darzo te heyschen ind damede so sint die vurschr. 15 morgen lantz los, vri, ledich ind quyt van alme deinste, beswernis, bede of schetzincge zo hayschen, pacht of zins of eynge gulde sunder argelist; vort hain wir schepen vurschr. van manen uns amptmans gewyst . . . ., dat Willems vurschr. lantz nuynindtzwantzig morgen, is si me of myn, zo M. gehoerent, vri eygen syn ind nyt ingeldent noch zyns noch pacht noch gulde noch gheynre kunne besweirnisse, wilche 29 morgen gelegen sint in dem kirspel van Oytwilre hender deme dorpe zo Buschwert, ind dese 29 morgen, der geyt man uys ind in vur richter inde scheffen des hoifs van M. mit eyme helpenbeynen metze, mit eynre groenre

---

[1] ? Merzenich im Kreis Düren. [2] Original, Siegel vorhanden.
[3] Erlaubniss.

wasen[1] ind mit eynen silueren pennineghe, as man eygenz guytz uys ind in pleit zo gayn up des heren recht, datz ze wissen, eyn einber wyntz; vort ist zo wissen, dat wir richter ind scheffen konnen, dat Willem van Oytwilre vur uns komen is vur gericht ind hait bekant ind bekent, dat he vorkoift hait in eynre rechter komentschaf mit guden willen ind vurrayde syn ind synre huysvrauwen in sinen gantzen stoele in der zyt, do heit mit rechte doin moichte, dy vurg. 15 morgen kurmeitz lantz ind dy 29 morgen eygentz lantz yclichs na sime rechte uysgegancgen, sich intguyt ind dy vurg. heren geguyt ind geerft, as wir dat vur mit urdel gewyst hain, as man zo recht doin sal inde ploicht, ouch gemaent wysen wir ind hain gewyst vur recht, want unser neit dan seis scheffen an desen vurg. puncten in syn geweist, dat so wat da gescheit is, dat also gantz is ind so vaste, of wir alle dabi syn weren geweist, sunder alle argelist in allen puncten ind sachen vurschr. in alinger wys uysgescheyden. In urkunde der ewigher wairheyde, so bekennen wir Heinrich Rynck van Mertzen, Gotschalc van Oitwilre, Henckyn van Oitwilre, Heyne van Oitwilre, Herman van Mertzen ind Henckyn Brogger, scheffen des vurg. hoifs van M., dat wir van allen desen vurg. puncten

---

[1] Vergl. Grimm, R.-Alterth. S. 112 ff. 170. Die ursprüngliche Bedeutung und Anwendung des Messers und des grünen Rasens ist hier in Vergessenheit gerathen. Wenn schon der elfenbeinerne Griff des Messers darauf hinzuweisen scheint, so ist die Nichterwähnung der festuca oder des calamus, für deren Einkerbung und Bezeichnung das Messer in fränkischer Zeit nothwendig war, auffallend. Und doch finden wir in zahlreichen niederrheinischen Urkunden die Auflassungsformel „mit Halm und Mund, *calamo et ore*“ (s. oben Nr. 2. 13, Loersch, Aachener Rechtsdenkmäler, Urkunden: Nr. 3. 4. 7. 23. 24, Heusler, Instit. des deutschen Privatrechts Bd. 2, S. 73 ff.). Mit Uebergabe des calamus, welcher an die Stelle der festuca getreten ist, wird nicht die Tradition vollzogen, sondern die Auflassung, der Verzicht auf das dingliche Recht, vorgenommen. In obiger Stelle, welche vielleicht sämmtliche Akte der Uebertragung zusammenfassen will, ist das Messer genannt, aber nicht der calamus, ohne welchen das Messer keine Bedeutung hat. Die Urkunde Nr. 3 bei Loersch (a. a. O. S. 175. 176) hält den Akt der Tradition und der Auflassung auseinander und nennt für beide Akte den calamus (*Wilhelmus . . . dedit et supraportavit cum calamo medietatem domus, W. renunciavit cum calamo eidem medietati domus*). Der silberne Pfennig in obiger Stelle steht wohl in Zusammenhang mit dem „vredepenninge“, welcher vielfach auch bei Auflassungen dem Gericht gezahlt werden musste (vergl. Stobbe, Die Auflassung des deutschen Rechts in Iherings Jahrb. Bd. 12, S. 192, Anm. 155) und der weiter unten genannte Eimer Wein war gewiss auch für Richter und Schöffen bestimmt, welche dieselben, entsprechend einer uralten Sitte, nach Beendigung der gerichtlichen Thätigkeit vertranken. Vergl. Grimm, R.-A. S. 191, 869, 870. — Zu dem elfenbeinernen Messer bemerke ich noch, dass Grimm a. a. O. S. 187 auch weisse Messerstiele erwähnt.

urkunde van beyden partyen intfancgen hain ind want wir egeyn segil in hain, so hain wir gebeden ind bidden unsen leuen herren hern Reynarde, den heren van Schoenvorst ind Steffain van M., richter ind amptman vurschr., dat sie ire ingesegele an desen brief hain gehancgen, ind wir Reinart here zo Schoenvorst ind des hoifs zo M., want wir wale gewitzit ind informeirt syn, dat alle dese vurschr. puncten mit urdel ind recht uns hoifs zo M. gescheit syn, ind unse scheffen des hoifs zo M. van mannenisse uns amptmans alle puncten ind yclich sunderlinghen vur recht gewyst hain ind urkunde daraf intfancgen hain, so hain wir umb beiden wille der scheffen ind der partyen up beyden siden unse segil an desen breif gehancgen in gezugenisse ind stedichgeyt der wairheyde, ind ich Steffain van M. amtman myns lyeuen heren vurschr., want dese puncten vur mir gescheit syn, as eyn amptman, so wie sie vur geschreuen steint, so hain ich myn segil mit myns heren segel an desen breif gehancgen in gezugenisse der warheyde. Geschreuen in den jaren uns heren dusent drihundert seistzig ind veir des mayndachs vur sent Philips ind sent Jacobs dage der heyligen apostelen.

Nr. 16. Urtheil der Schöffen zu Neuss (1435).

Wir[1] Wilhelm Blioff ind Michel van den oeuerscheffen zo Nüisse doen kunt ind betughen offenbarlich, dat vur ons komen synt Jacob Schalant burger zo Nuisse ind Claisgen syn elige huisvrauwe, int haint willentlich erkant, dat sy eindrechtig worden synt mit der erwirdiger vrauwen Alheyden abdissen ind mit dem conuent gemeynlichen des gotzhuiss zo Gnadendale by Nuisse umb sulche echt wyse penninge jarlicher erfrenten, alz dat vorschr. conuent vordert an huse der elude vorschr. in Nuisse op den bochel gelegen, dat geheiten was Walbexhuis etc. So verre dat sy verdingen haint, dat Jacob ind Claisgen elude mit gesamender hant dieselue echt wysse penninge erfrenten gesat haint ind setzend mit disme briefe erflichen ind ewelichen op yr huys in der ouerstraissen genant Schalantzhuis, dat van alders gegolden hait dem gotzhuse zo Gnadendale viere wysse penn. erfrenten, also sal dat selue huis nu vort dem gotzhuse van Gn. beswert syn tosamen mit twelff wysse penn. erfrenten, halff sent Remeismyssen ind halff to Paischen to heuen in eymme erflichen ewigen rechten ind dat vorschr. huis up dem bocheln sal vortan then ewigen dagen los, ledich ind vry blyuen van allen anspraechen ind vorderingen der echt wyssen penn. erfrenten in breuen off rollen off anders wae geschreuen an dat

[1] Original, Siegel erhalten.

gotshus, want alle die briefe ouermitz dissen brieff doit ind machtlois synt gededingt then ewigen dagen sunder alle argelist ind firpelie[1] ymans der leuen mach in geistlichem off wertlichen state. In ewich gezuich deser wairheit so hain wir scheffen vorschr. van kentnisse ind beden wegen des ersamen hirren Peters Bichters zo Gnadendale van wegen der abdissen ind des conuentz vorschr. dese scheidinge erkennende ind van beden ind kentnisse wegen Jacobs ind Claisgens vorschr. unse segele an dissen brieff gehangen. Datum ann. dom. MCCCCXXXV crastino b. Servatii episcopi.

Nr. 17. Zeugenverhör zu Orsoy über das Gericht in Eversal und Strommeurs. (1262).

Testes[2] ecclesie Campens.[3] de judicio in Euersole[4] et Stromorse[4] producti et auditi Orsoye in cimiterio contra comitem de Morse ann. dom. MCCLXII tempore quadragesime ante palmarum, Henricus miles de Asdunc dicit testando et paratus juramento confirmare, sicut ceteri testes jurati, quod curtem in Stromorse et judicium ipsius curtis cum omnibus bonis sibi curti attinentibus, quae pater ejus semper libere possederat et ipse post mortem patris ecclesie Campens. uendidit in ipsa libertate perpetuo possidendam pacifice, libere et quiete. Nec quisquam hominum umquam ea bona impeciit temporibus eorundem. Gerhardus preco dicit, quod ipse habuit praefate curtis judicium pluribus annis a patre dom. Henrici de Asdunc et ab ipso dom. H. similiter, nec aliquis umquam dicte curtis bona aut judicium impeciit suis temporibus, aliquid juris se in eis habere recognoscens. Idem dicit Bruinstenus, idem Theodericus de Redincshouen, idem Theodericus de Euersole et Giselbertus Hermannus super montem, Wiricus de ?, Johannes de Euersole, Henricus Lodder, Gerardus Scillinc, Arnoldus Wlpes, Gerhardus, Bruno Helewalt, fere centenarius, Karsilius, filius suus, Gerhardus de Husen, Walbero van den hagenbome, Henricus de Eik, Amis filius dom. Jacobi de Orsoye, cujus fuerat judicium in Euersole diu antequam pater comitis de Morse aut ipse nunc comes in Morse illud obtinerent, addens pro intersigno, quod pater suus equum quendam extraneum Ruberge inuentum et sibi praesentatum reddiderit judici in Stromorse requisitum. Item intersignum aliud, quod pater dom. H. de Asdunc nauem quandam cum diluuio aquarum iactatam prope Ruberg, quam judex de Euersole sibi usurpauerat iniuste in curru suo reduci fecit in domum suam. Idem dicit Theodoricus Birbuick de Ruberge, idem dicunt omnis ciuium vni-

---

[1] Trug. [2] Original. [3] Cisterzienser-Abtei Camp. [4] im Kreise Mörs.

uersitas in Euersole et in Ruberg, omnes seniores prouincie illius et tota terra, testantes, quod ad judicium comitis de Morse ex Euersole nemo pertineat praeter tm̄ (? tantum) homines septem mansos colentes, de quibus quatuor mansi pertinent in curtem Esmer et III mansi ad curtem abbatis sci Pantaleonis in Benshem sitam, dictam Therlinden. Predictorum autem hominum testimonium audierunt ex mandato et commissione dom. comitis Clyuensis Gerhardus de Stochem, Henricus Dunker, Arnoldus Kirsecorth, Henricus burggrauius de Dinzlake, Godefredus frater ejus, Henricus de Spellen milites, sacerdotes de Orsoye et Buidberge et alii quam plures honeste persone tam clericorum quam laicorum.

Nr. 18. Rechtsspruch der Schöffen von Utrecht (1335).

Nos[1] scultetus et scabini Traiectenses, scil. Johannes de Mulken, Heinr. Teysen, Nicholaus de Mauro, Arnoldus etc. protestamur, quod coram nobis in plano judicio sedentibus pro tribunali dom. Egidius de foro cerasorum presb. tamquam mumbiurnus dominorum de Iuncis bona quondam dicte herthoghinne, prout ante et retro sita sunt in platea albifactorum, cum universis suis appendiciis super Heinr. manentem super portam duorum montium pro defectu census, quem ut dixit habere non poterat per trinas quindenas, sicut moris est, fecerat pernoctari[2], cui sententialiter ad opus eorundem dominorum bona supradicta adiudicauimus et pronunciauimus in manu sua tenere per annum et diem jure cuiuslibet saluo, quo anno reuoluto reuertatur ad nos, dicemus ei, quid juris ordo in praemiss. ulterius (*nicht lesbar*) esse faciendum. Datum ann. dom. MCCCXXXV, fer. sexta ante diem b. Thome apost.

Nr. 19. Erklärung zweier Schöffen von Utrecht (1336).

Nos[3] Johannes Gruter et Florencius de leoperdo scabini Traiectenses protestamur, quod Heinricus Mannes super portam duorum montium effestucando renunciauit bonis unde mentio fit in littera[4] pernoctationis, cui presens est annexa cedula ad opus venerabilium virorum dominorum de Iuncis in tantum, quod tempore effestucationis per omnia fuerat satisfactum, recognoscens idem Heinricus, se nichil iuris in eidem bonis habere seu optinere. Datum anno MCCCXXXVI feria secunda ante festum purific. b. Marie virginis gloriose.

---

[1] Original.

[2] *pernoctare*, übernächtich werden lassen, Versäumen des Fälligkeitstermins, indem nach diesem eine Nacht vergangen ist.

[3] Original, Siegel erhalten. [4] S. oben Nr. 18.

Nr. 20. Urtheil der Schöffen zu Unkel (1379).

In[1] nomine dom. amen. Ad perpetuam rei memoriam. Nouerint vniuersi et singuli praesentia visuri seu audituri, quod anno et nativitate dom. MCCCLXXIX indict. II mens. Julii die XI hora none uel quasi, pontif. sanctissimi in Chr. patris et dom. nostri Vrbani diuina prouidentia pape sexti anno secundo, presidente in judicio circumspecto viro Johanne nunc sculteto venerabilium virorum dominorum decani et capituli ecclesie beate Marie ad gradus Colon. in Vnkel, ut idem scultetus asseruit ad subscripta congruis loco et tempore die predicta iudicio congregatis nichilominus et conuocatis omnibus quorum interestat (sic) vel qui interesse potuerunt et voluerunt et propter hoc congregata magna hominum multitudine de incolis ville Vnkel et villis spectantibus ad bannum et districtum Vnkelens., videlicet de Berghe, Schuren et Breytbach, ibidem procedens in medium sub astantium testimonio testium subscriptorum venerabilis vir dom. Tilmannus de Smalenborgh decanus eccl. b. Marie ad gradus una cum discretis viris Johanne de Lysenkirchen celerario magistro, Adolpho de Werda magistro in medicinis, Godofredo de Berka, Hilgero de Nussia, alias de Hofsteden, Johanne Stakelwegge et Johanne de veteri campo concanonicis et confratribus suis vice et nomine tocius capituli et singularum personarum eccl. b. Marie ad gradus praedicte, indicto prius silentio alta et intelligibili voce dixit et proposuit ipsumque Johannem scultetum hortabatur in sensum et verba subsequentia: Scultete, alias orto dubio inter quosdam hic stantibus (sic) et celerarium nostrum tunc temporis de solutione pensionum nostrarum et de juribus eccl. nostre, que hic habemus et hactenus habuimus potissime in ea parte, qua dubitabatur, quis uel qui incolarum huius ville soluere debent nobis annuatim pensiones et de quibus bonis pensiones ipsae soluerentur, et an celerarius eccl. nostre pro tempore vice et nomine nostrum ipsis incolis vel ipsi incole celerario uel capitulo nostro specificare debent ipsa bona, de quibus pensiones ipse soluerentur, potissime cum certam summam et quotam ab incolis et inhabitatoribus ville, cuius dominium altum et bassum, merum et mixtum imperium ad eccl. nostram spectans demonstratur constare nobis annuatim soluendam et habito propter hoc recursu ad maius tribunal in Bunna. Si bene recolitis, scabini Bunnens. super eo judiciali compulsati per eorum sententiam pronunciauerunt et declarauerunt, quod ex quo

[1] Abschrift auf Pergament. Das königl. Archiv enthält auch eine deutsche Copie ebenfalls auf Pergament.

incole et inhabitatores ville huius confitentur et expresse confessi essent coram eis, quod anno nobis quolibet certam summam et pensionem et certa iura soluere teneantur de bonis nostris in districtu Vnkelens. cum villis suis pertinentiis supradictis, quod incole ipsi et cultores huiusmodi bonorum tenerent et debent huiusmodi bona nominare specificare et declarare, unde cum ea propter de presenti diem presentem nobis ad audiendam huiusmodi bonorum specificationem et alias ad exprimendum, declarandum et magis delucidemus bona, jura et pensiones nostras praefixeritis, hortor vos, quod omnes hic astantes et praesentes, quos pro maiore parte ecclesie nostre estimo fide juramenti uel pensionibus obligatos per fidem et juramentum eorum, quibus ecclesie nostre et capitulo nostro obligantur, moneatis et requiratis, quod hic et nunc iudicialiter et sententialiter declarent, specificent et exprimant sententiam scabinorum Bunnens. in hac parte, ut praemittitur, latam atque diffinitam, ut et juuenes diffinitionem huiusmodi sententie discant et seniores amplius in soluendo pensiones nostras et jura nostra obseruando non esitent uel errent. Quibus sic propositis, dictis et intellectis memoratus scultetus indicens silentium omnes ibidem praesentes alloquebatur et ordiebatur in hunc sensum: Vos boni homines omnes, senes et juuenes, quemadmodum audiuistis dom. nostrum decanum praesentem suo et suorum fratrum et ecclesie sue nominibus exponere vel causam conuocationis vestre et statuti iudicii presentis, ita vos omnes coniunctim et diuisim in virtute juramenti et fidei, quibus obliga (sic) ecclesie et capitulo b. Marie ad gradus, hortor, moneo et requiro, quatenus deliberetis vos super expositis et propositis per dom. decanum et deliberate omnique vestrum vnanimi consensu, scitu et voluntate iuxta eciam et secundum jus, consuetudinem et ritum hactenus hic obseruatos jura ecclesie et capituli eccl. b. Marie sepedicte hic exprimatis et pro jure et sententia et ad futuram memoriam declaretis atque pronuncietis. Qui quidem omnes ibidem congregati se trahentes ad partem et aliquamdiu deliberati tandem redeuntes ad praesentiam sculteti praesidentis per discretum virum Tilmannum de Berghe scabinum in Vnckel ad hoc, ut asseruerunt concorditer, ordinatum et deputatum, responderunt in hec uerba uel similem intellectum habentia: Venerabiles dom. decane et can. hic astantes et presentes, ut premittitur, ecclesie b. Marie ad gradus vosque scultete, quia placuit vobis experiri de juribus eccles. vestre, dominorum decani et capituli eccl. b. M. ad gradus predicte, ego pro me, vice et nomine, iussu et vnanimi voluntate et consensu omnium hic praesentium et de certis scientia et mandato eorundem ac nomine huius ville et pro ea dico, quod ista villa Vnkele cum suis attinentiis et pertinentiis ac eius proprietas et dominium spectat ad eccl. b. M. ad gr. et omnia bona huius ville ac pertinenciarum eiusdem ac banni et districtus huius ville sunt allodium dicte eccl. et dependent ab eadem ipsique ecclesie nichil dempto pro juribus et pensionibus suis efficaciter et realiter obligata, ipsaque bona consueuerunt distingui per viginti et vnam partes siue feoda, que quidem viginti vne partes vulgariter leen dicuntur et de quolibet leen seu parte soluuntur et solui debent singulis annis et certis temporibus dominis decano et capitulo eccl. b. M. seu eorum celario ipsorum nomine dimidium mald. tritici, tria mald. siliginis, tres pulli et XV oua, verum cum per diurnitatem temporis bona huius ville ad diuersos heredes descenderint et per decessum et mortem hominum multipliciter sint variata et distracta, non miramur, si tempore praeterito difficultatem in demonstratione huiusmodi XXI parcium seu feodorum uel dubium habuimus, partes etiam seu feoda bonorum predictorum non debent in plures partes partiri seu diuidi, quam quodlibet feudum seu leen in quatuor partes, etiam vnumquodlibet feudum minus continere non debet, quam triginta jurnales, prout etiam hec per sententiam scabinorum Bunnens. predictorum latam et per nos allatam et receptam recognoscimus pro juribus dictorum dominorum et eccl. b. M. ad gr. plene fore declarata et in antea perpetuo obseruanda. Rogamus igitur vos, dom. decanum et capitulum, quatenus parcatis nobis, si difficultatem habuistis et passi estis defectus in solutione pensionum vestrarum amplius et de cetero, quatenus deus dedit, melius et certius soluemus vobis quinymo libenter saltim pro posse et nosse specificabimus vobis huiusmodi XXI feoda siue leen seu partes de quibus prefertur et omnia bona districtus et banni Vnkelens. dependent. a vobis et ab eccl. vestra et si non descripta fuerint omnia in istis XXI feodis seu leen, ea propter non minus dependent ab eccl. vestra et sunt vestra illa bona, de quibus soluuntur pensiones vini, que in vulgari appellantur winpaichte, non minus vobis sunt obligata et vestra bona feodalia sunt, quam ea que ipsis bonis XXI feodis et leen ascribuntur et in simili juramentum vobis praestatur de omnibus bonis tam de illis bonis, quae ipsis XXI feodis siue leen ascribuntur, quam de illis, de quibus wynpaicht soluitur. Rogamus igitur uos, quod egre non feratis, si in una die ipsas partes seu huiusmodi XXI foeda siue leen non possimus, ut tenemur, specificare, quia quidquid in una die facere non potuerimus, faciemus in alia. Nos fatemur insuper expresse, quod etiam illa bona, que nos propria nobis vsurpamus vel libera forsan, licet millia talia sint, appellamus, ab ecclesia vestra dependent et vobis sunt obligata pro juribus et pensionibus vestris, licet tempore aliquo ad hanc praetensam consuetudinem, ymmo magis abusionem, deuenerimus, quod aliqua bona libera de facto et non de jure appellamus uel propria nominamus. Praecarissimi domini, habeatis nos excusatos, nos erimus vobis fideles in juribus vestris et ecclesie vestre, sitis generosi domini nostri, cum aliud a nobis requisiueritis, faciemus quod debemus et ad quod tenemur et astringimur, nos et bona nostra vobis simus et semper remanebimus pro juribus vestris obligati. Qua sententia seu quibus uerbis sic prolatus memoratus dom. decanus acceptans huiusmodi declarationis sententiam et quantum pro ecclesia et capitulo suo faceret, de quo protestabatur, mandauit mihi notario publico subscripto meque requisiuit ad hoc instanter, quatenus super huiusmodi sententia, declaratione seu uerbis et responsione publicum conficeremus instrumentum sub astantium testimonio personarum. Acta sunt hec in villa de Vnkel ante domum Johannis nunc sculteti supradicti, praesentibus ibidem honorabilibus viris et discretis dominis, nobili Wilhelmo de Groithusen, milite Arnoldo de Hackenberg, vicecurato eccl. in Vnkel, Lodewico campanario ibidem, Petro Vynkelgin pastore in Solre presb., Theoderico Korffhuys clerico, Tilmanno de Berghe, Gerlaco op der straissen nunc judice, Wymmaro de Breitbach et Grentz de Breitbach scabino, Engilberto Slime, Gerardo Nune, filio sculteti praedicti, dicto Grentz de Schuren scabino, Sinardo Opilione, Johanne de Ottersbach, Lodewico Bessem, Hentzone Alden, Johanne Schillingh alias Bucheler, Gerardo Lewen, Heinrico famulo dom. Johannis de Lysenkirchen et Philippo famulo dom. Hilgeri praedicti testibus ad praemissa.

Et quia ego Johannes Gerardus de Wippa clericus Colon. dioc. publicus imperiali (auctoritate) notarius et in curia Colon. iuratus praemissis omnibus et singulis una cum praedictis testibus interfui eaque sic fieri uidi et audiui, ideo hoc praesens publicum instrumentum exinde confeci, quod propria manu mea conscripsi et signo meo solito et consueto signaui requisitus ad mandatum dom. decani predicti in testimonium praemissorum.

Nr. 21. Rechtssprüche der Schöffen von Vlerzheim[1] (1248).

Conradus Dei gratia s. Colon. ecclesiae archiepiscopus et Italiae archicancellarius etc. omnibus hoc scriptum visuris salutem in omnium

[1] Dieses Schreiben des Erzbischofs Konrad enthält eine Reihe von Rechtssprüchen der Schöffen von Vlerzheim. Vidimirte Abschrift aus dem Original. (V. liegt im ehemaligen Aargau oder Bonngau.)

Salvatore. Ad notitiam omnium volumus pervenire, quod cum controversia esset inter abbatem et conventum de valle S. Petri et Paynum militem advocatum curiae de Vlertzheim super jure ipsius curiae et advocatiae, nec possent concordare abbas et conventus praedicti, suam coram nobis querimoniam deposuerunt postulantes, ut aliquibus committeremus, qui audito jure et investigato diligenter ipsorum et advocati nos possent reddere certiores. Nos vero ipsorum justis postulationibus inclinati ad hoc specialiter ordinavimus Adam militem dapiferum tunc temporis officiatum nostrum, Gerardum nobilem de Dudensdorp, Eh. militem de Dudensdorp, Walewanum militem de Fuchenheim, Jacobum militem de Hart, Adolphum cognomento Haste; itaque praesentibus praedictis et quibusdam scabinis de Bonna et de Meckenheim quibusdam scabinis et de Reinbach quibusd. scabin. praesentibus et scabin. de Newkirchen et aliis quam pluribus probis et honestis praesentibus, scabini de Vlertzheim interrogati ex parte abbatis et conventus praedictorum sub juramento habito consilio diligenti dixerunt, quod advocatus nullum jus habet neque judicium neque in curia neque in strata publica, nec alibi in Vlertzheim, nisi scoltetus ipsi faciat querimoniam. Item dixerunt, quod advocatus nullum habet jus instituendi vel destituendi aliquem scabinum vel aliquem alium officiatum curiae, nisi quod scabinos electos et a scolteto praesentatos debet in sedem suam installare. Item dixerunt, quod de omni querimonia, quae facta fuerit scolteto, advocatus nihil habet juris, donec calamus porrectus fuerit scolteto pro vadio[1], et tunc tertia pars emergentiarum erit advocati. Excipiuntur ab hac sententia, cum infeodati curiae de bonis suis vadiant scolteto, similiter cum homines censuales vadiant de censibus suis, in quibus nihil juris habet advocatus. Item dixerunt, quod cum aliqua querimonia mota fuerit scolteto, scoltetus potest eam prosequi, sicut ei placet, nec advocatus potest eam compellere ad prosequendam aliquam querimoniam. Item interrogati de tribus temporibus, quae dicuntur witzliche dinc, si advocatus tunc habeat aliquod judicium, dixerunt, quod nihil plus illo tempore quam alio. Item dixerunt, quod si quaestio oriretur de terminis agrorum vel pascuarum vel silvarum, officiatus curiae, qui dicitur hunne, juratos deberet ducere per omnia bona villae, praeterquam per bona curiae, ubi scoltetus debet ducere scabinos ad terminos assignandos. Nomina scabinorum de Vlertzheim sunt haec: Albertus de Velde, Johannes

[1] d. h., bis die Schuld oder Leistungspflicht feststand; vergl. Stobbe, Reurecht, Thl. 1, S. 17; Heusler, Institutionen des deutschen Privatrechts, Bd. 2, S. 232 ff.

de Berge, Henricus Vnledege, Thr. filius Dentis, Gotzwinus et Godefridus fratres ejus, Godefridus scoltetus senior. Acta sunt haec ann. dom. 1247, et ne haec omnia praedicta imposterum alicui in dubium venire possint, cartam conscribi fecimus et sigillo nostro roborari. Datum ann. dom. 1248 mense Julio in festo Margarethae virginis (LS.).

Nr. 22. Copia[1] ex parte capituli Cunibertini producirten weisthumbs und protocolli de anno 1556 über dorfschaft Mawenheim.

NB. Diesem weisthumb muss man pro informatione nachsehen, wan man mit den herrn Cunibertinis handeln solle.

Hernach folgende der erwürdigen und würdigen herren dechandts und capitels der collegiatkirchen St. Cuniberts in Cöllen erbgewaldt und grundgerechtigkheitt der herligkeit irsz dorf Mawenheim, negest Cöllen daselbst bey der Eigelsteins portzen gelegen, und desselbigen dorfs freyheit, recht und gerechtigkeit, so iahrlichs darselbst uft dem ungebotten gedinghen und sonst wie von alters gewöhnlicher weis gefroicht, erkandt, geurtheilt und gehalten ist worden, und auch hinfüro nach gelegenheit der furfallenden sachen also gefroicht, erkandt, geurtheilt und gehalten soll werden.

Hirnegst folgent die limites, markzeichen oder pfoell darhin binnen und zwischen desselbigen dorffs Mawenheim herligkheidt, jurisdiction, recht und gerechtigkeit erstrecken und von alters her sich erfinden thut, alsz nemblich anfahent und umbgaende:

Zum irsten von dem heiligen stöcksgen ahm Restbuchell bisz auf den Weisenstinn auf der Neuser straszen ligende, von dem stein ouer die viertzig morgen bisz an den stein gelegen am liefacker, weiters von demselbigen stein auff die Ossendörper strasz bisz an den Heiligenstock, bisz an die Scheiffersburch, von der Scheifferburch an die Hinckenhegge, von der Heggen bisz ahn datt Bracker kreutze in der Neusser straszen, von dem kreutze bisz auf die stein in der Neeler straszen, und von dan an widerumb bisz

[1] Die vorliegende Abschrift aus dem vorigen Jahrhundert befindet sich im Habelschen Archive (ad Fascic. Nr. 210—219). Die Schrift ist voll von Fehlern, so dass vielfach der Sinn nur gerathen werden kann, nicht selten aber ganz unverständlich ist. Das Weisthum ist reich an Anschauungen des älteren deutschen Rechts und bietet auch in sprachlicher Beziehung Interesse. Das königl. Staatsarchiv zu Düsseldorf besitzt das Weisthum in lateinischer Sprache in einer Abschrift des 15. Jahrh. (abgedruckt im Archiv f. d. Gesch. des Niederrheins Bd. 6, S 391 ff.), sowie eine deutsche Uebersetzung desselben aus gleicher Zeit. Der lateinische Text und die letztgenannte Abschrift sind in dem folgenden Abdruck benutzt.

auf die strasze und das vorschriebenen Hilgenstock am Restbuchell darselbst, dan erstlich angefangen ist.

Diesz seint die drey achten[1] desz dorfs Mawenheim und dessen herligkeitt. Im anfange des gerichtes wirdt von wegen der ehrwürdigen herren dechandt und capitelsz der collegiatkirchen zu St. Cuniberts dem gericht bann vnd fridt gebotten.

Und ist diesz die erste acht.

Es erkennen die geschworne die herren zu St. Cuniberts dechandt und capitull samender handt vor grundtherren, erftherren und gewaltherren, aber unseren gnädigsten churfürsten und herrn erzbischouen zu Cöllen zur zeitt vor ihren schirmherrn. Item kennen und wissen zu gedachten herrn dechandt und capitull gebott und verbott, stock und bloch, gyfft und drifft, fundt und fanck[2], wildtfanck, halszbandt, klockenklang, gericht und herlichkeitt, so weit und breit, asz herligkeitt geidt, von dem himmel in die erdt undt von der erden in den himmel.[3]

Die zweite acht ist:

Off iemandt den anderen onerarnden (? onerirte) und onerurlte (? verunehrete), off auch einige unrichtigkeitt under den wegen, under den bergen und under den waszerflüssen wären oder auch einige waffengeschrey, depfferey, verrederey, morderey, wucheley, houuerey, fuiststrich, metzerzuige, bludige wunden sich erstunten zu drewen, darzu man maszen und falsch gewicht, wie solches von alters her gewöhnlich ist, befunden wurden, darüber soll der bott die nachbahren zu sich nehmen, und wes dessen und ihnen bewust, gerichtlichen, wie recht ist, einbrengen, uff dat die herrn bey ihrer hoich und herligkeit bleiuen und darinnen nit geschwecht werden.

(Die dritte acht ist: NB. Dieses findet sich in einem zettlein, jedoch under selbiger handt beygestochen.

So jemandt in der herligkeitt angegriffen wurde, der des todts pfligtig oder eins leiffsstraff gebührte, denselben sal man uff den dritten tag unszern gnädigsten herren churfürsten und schirmherrn an den Ossendorpfer weege über den larffacker liebern, um daselbst durch ihrer churfürstl. schutzen empfangen und heimgeführt soll werden.)

---

[1] Diese Bezeichnung für Urtheil, Weisthum der Schöffen ist dem Niederrhein eigenthümlich gewesen, ebenso als Regel die Dreizahl (vergl. z. B. Grimm, Weisth. II. S. 640, 669, 683, 701, 724, 754; III. 844; VI. 556, 669, 684, 685). Ueber eine grössere Zahl der Achten s. Grimm II. 673, 676, 679, 687, 694, 705, 727; VI. 661, 673.

[2] In vielen Weisthümern steht statt dessen das Wort Prunt, vergl. Grimm VII. s. v. Prunt.

[3] Vergl. Maurer, Frohnhof III. S. 38.

Die dritte acht ist:

Ob auch jemandt von vorigen angezeigten ursachen sich zu beklagen und derwegen ichtwasz einzubringen oder gerichtlichen vorzutragen wisze, dasz still er das thue binnen sitzenden gedinge.

In dem jahr nach der gepurth unszers herrn Jesu Christi, alsz man zahlt tauszent fünffhundert fünffzig sechsz donnerdach den sybenden des monaths May ist nach alter gewonheitt durch die geschworne zu Mauwenhen ungepotten gedinge gehalten gewohnlicher weis, und seint der geschworne nahmen und zunahmen wie folgt:

Johan Loeper scholtisz
Gysp. Loeper
Gerhardt Mudder
Thoenus Loeper
Kleyn Johan
M. Wilhelm von Neell
Dresz Loeper zu Woringe

Und es sall von wegen der herren dechandt und capitelsz bey den geschwornen zu gericht sitzen der herr kellner des capitelsz zur zeit zusambt ihro secretario alsz schreiber.

Es haben die geschworne dasz gedinge beschlossen und ist der dinckstull durch den scholtheiszen mit ban und fridden gewohnlicher weis bekleidet worden. Demnechst ist die erste acht in aller maszen, wie vurschrieben von wort zu worten verlautet und mit hellen auszdrücklich worten der gemeinden vorgetragen und folgends durch die geschworne, wie auch hiebeuoren und von alders her beschen, dieselbige acht also war, klar und uffrichtig decernirt, erkandt und geurtheilt worden.

Demnechst ist der gemeinde die zweyte acht oder vroge in gleicher gestaldt offentlich und von alters her gepruchlicher weis vorgehalten in vorgeschriebenen worten. Darauff der bott mit der gemeinden sich berathschlaget und über die angezeigte puncten fleiszig bedacht, aber niemanden in denen angetzeigten puncten bruchig oder pfärenfellig (?) befunden. Derwegen dan der scholtheisz die geschworen und den botten von wegen der gemeinden gefraget, vermöge der dritter acht, darauff sie geantwortet, sie wiszen itzo mahl nichtz inzupringen, damit dasz ihren erb-grundt und gewaltherren an ihrer habender recht und gerechtigkeit im theill oder zumahl verkürtzung oder verhinderung geschehen sey. Es ist aber Johan Kleyn geschworener ausz und vor ungehorsamb erkandt.

Es seint auch danselbst im sitzenden gedinge vor dasz gericht erschienen die erbahre Johan von Wermerschkirchen, Neps wirtt und Catharina truw eheliche hauszfrawe, frey, losz, ledig, ungedrungen und ungezwungen, starck und gesundt, freyen willens und wohlbedachte gemoedt, und haindt einer den anderen und insonderheit dem letztlebendigen von ihnnen beidene alle ihre gerede und ungereide, liggende und varende, itzige und zukünfftige hab und gueteren mit hand, halme und gichtigem munde gegeben, verschossen, auffgetragen, geerbt und gepant, in all nichts dauon ab nach auszgescheiden, wie desz orths erbrecht gewohnlich und gepruchlich ist, und haben den scholteisz umme dasz siegell gebetten.

Anno dom. 1557 uff donnerdach den acht und zwantzigsten des monaths Januarij ist zu Mawenheim in aller maissen wie vor vngebotten gedingk gehalten worden, und ist dem gericht ban und fridt uffgekundigt und seint die achten öffentlich vermeldet und vor uffrechtig gerichtlichen erkandt und geurtheilt worden, und dasz in beysein herr Johan Plagmers kellners zu St. Cunibertz. Nachdem der bott sich mit der gemeinden verraethschlaget, haben sie in die bruich eingebracht, wie dasz einer genandt Arndt zu Eszberg, juncker Wilhelm, wohnhafftig und Bruin Godtschalck schiffer zu Morhem darselbst zu Mawenheim binnen der herligkeitt zusambt nach zween andern iügstlich uff eyner brulofft[1] uffrarich und den herren in die bruchen gefallen gewesen sein, darauff die geschwornen in der herren handt uff gnadt erkandt.

Es hatt der scholtheisz von wegen desz kellners vurgegeben, wie dat etliche auff des herren wier (? were) gefecht haben, derhalben wasz den nachbahren dauon kundig intzubringen beuohlen, daruff die nachbahre geantwortet, sie haben zu mehrmahlen gesehen, dasz etliche gefechtet haben, aber sie seindt der zu kehren nit mechtig gewesen oder (? one) sulchs zu thuen beuelch gehabt haben.

Thonis der froenhalffen (?) zu Ochssdorff haidt van macht eynes kheiners (?), so ihme der bott gesant, die die widder Reynartte Helmichs zu Zoisz (oder Zons?) bestehe auff scher tauszent und zweyhundert schaaff, taxiert uff acht dler gedinght, und deren gegentheill ingewandt zu erste; darauff die geschworne dieweil niemandt ihnen Thöniszen nach landrecht die erste klagt zu stunde erkandt haben, welches Thönisz veruhrkundt.

Anno 1557 den 6. Maij haben die herren scholteisz und geschworne zusampt oder in beysein desz herren kellners gepreuchlicher weis dasz gericht beseszen, und ist dem gericht durch den scholtheiszen ban und fridt geboden worden, wie von alters gewöhnlich. Demnach seint den geschwohrne die drey achten offentlich verlauth und vorgetragen den, welche also angehort, habe sie die geschworne dieselbige wair und uffruchtig erkandt, und uff die zwitte acht ist

[1] Hochzeit.

gefraget worden, dat Blindt Michell hette zwey nachbahren auszgeheischen mit einem knebelstab zu schlaen, nemblich Gysen und Pilgren der ursachen, alsz sollen sey sein weiff und kinder von dem landt gekehrt haben.

Item Klein Johan hatt gescholden Gyse und den bodden boszwichter und verräther, dasz sie sich beklaget mit verhoffung, derselbiger solt bruchfellig und straffbahr sein, und stellen dat zu erkenntnusz der geschworne, darauff die geschworne Gysen wisen in der herren handt, so ehr in der herligkeit betroffen wurdt, mach der bode uff seine gerechtigkeit ihnen in hafftunge halten, bisz erklerung besserung dar.

Thönisz froenhalffen zu Ochszendorff und der Reynhart Helmichs principalen und Gottschalcken zu Merhem alsz burgen hatt die zweyte klage beide durch die bodde vorgeladen gedinget, und dieweil niemant erschienen ist, ihme dieselbe in der nacht oder zu stunden nach landtrecht erkandt, welches Thönisz hat verurkundet.

Und ist weiters von wegen der dritter acht nichts vorgedragen, sondern dasz gericht aufgedingt worden.

Demnach anno 1557 den neunten septembris ist widderumb dasz gericht durch scholteisz und scheffen bekleidet, besessen und den gericht ban und fridden geboden worden, wie dasz gewöhnlich.

Folgents seint die drey achte vermeldet und uff recht erkandt und ist von wegen der zweyte und dritte achten nicht newes einkommen noch vurgetragen worden. Folgents hat der geschworen Damen ahm wall vor einen geschworen angenohmen, der auch seinen aidt gewohnlicher weisz dem gericht geschworen hatt. Negstdem seint die limites, maltzeichen oder pfeell darzwischen desz dorffs herligkeit, jurisdictio und gerechtigkeit gelegen, und wie obgemelt vor auffrecht und wahr bekhant worden.

Anno 1558 den 27. Januarij habe scholteisz und geschworne dasz gericht bekleidett, ban und fridt geboden, und seint die drey achten nach vermeldung derselbigen, wie gepreuchlichen, war und uffrecht erkandt, und ist nichts newes vurgebracht, dan alles in friden verpliben.

Item von wegen desz herrn abbatz und cloisters hoffs zum Aldenberg ist zum geschworen angenohmen und ingesetzt worden Tillman Lorner, der nach dem gericht seinen gewöhnlich aidt geschworen hatt.

Thönisz zu Ochszendorff hatt widder Reinharten Helmichs und Gottschalck seine burgen hieher citirt, gedinget die dritte klagt mit verhoffung, dieweil niemandt erschienen, verhofft ehre noth erwonnen zu haben unangesehen inhalt der missiuen, so von gegenparth wegen dem scholteisz ist behandigt worden und hat solches zu recht gestalt, dieweil aber die geschworne nicht alle zusammen bey handen gewesen, haben sie den termin bis zum negsten entnewert.

Auff den 26. Febr. alsz scholteisz und geschworne dasz gericht haben besessen, hant Reinhardt Helmichs widder Thöniszen von Ochszendorff froenhalffen, arrestanten eine inhibition vom official des churfürstl. geistl. gerichts Cöllen aussgangen gerichtlich insumiren (sic) lassen, und folgends vorgegeben, dieweil er Thonisz auff heut dato ein nothgedingk anclagt gehabt, so stelle er Rheinart sich vor seinen burgen Gottschalck, um denselbigen zu quitiren, und sich vor recht gestalt mit bitt, und begert gemelten Gottschalcken damit in ansicht der inhibition getrewt zu haben, darüber rechts begehrent, über dieweilen ime die inhibition insumirt gewesen, haben sie darüber bisz zu derselbigen renovatio nit erkennen wollen.

Demnach auf donnerdage den 5. Maij seint scholteisz und geschworne widderumb zu gericht geseszen, und handt demselbigen ban und fridden wie gepreuchlich gebotten und seint die drey achten vermeldet und gefragt worden und alles wie uff recht erkandt und befunden und nichts ungepeurliches dargegen befunden noch eingebracht worden, dan alles in rauwe und friede verplieben.

Es erkennen die geschwornen, so jemandt von ihnen geschwornen das gebott empfangen hette, zu gerichtsaesz zu erscheinen und er auszbliebe, der soll dem scholteisz ein wett schuldig sein, und so aber einer zum dritten mahl auszpliebe, dem soll der bott die güter so ehr vergehet, zuschlagen, bisz er sich mit den herrn zu St. Cuniberts vertragen hadt. Daran und auszgescheiden sein soll gebott, gewalt, herren noith und auswendigkeitt. Desz scholtheiszen wett ist achtenhalben schilling.

Anno 1559 auff donnerdage den 26. Januarij ist das gericht gewöhnlicher weis gehalten, die drey a. vermeldet und gefraget und folgents vor wahr und uffrecht erkandt worden, und alle dingen sein in fridden befunden, auszgescheiden, dasz dair gefraget ist worden, dasz Derich desz sewenhirden sohn ist durch Euerten den jüngern gebluetwundet worden. Es haben die herren kirchmeistere zu St. Cunibertz zum geschworenen praesentiert Tilman Engelsz kirchleymesser, welcher auch angenohmen und seinen gewöhnlich aidt praestirt und geschworren haidt und geidt von wegen eilff morgen landts der kirche zustendig. Es erkennen die geschworene, dasz ein ieder newe geschworner dem scholteisz schuldig ist ein malder haber, ieder geschworene zween raderalbus[1] und dem bodden einen raderalbus. Darm Schoell hatt etlich landt Klein Johan auffdhuen sagen, alsz nemblich eilff morgen den herren zu St. Cunibertz zustendig, und fordert von demselbigen drey malter korns und ein sumber und die geschworne thunt ihme der erster klag gestandt, und erkennen ihme zu die zweyte.

Demnegst uff donnerdach den ersten desz monaths Junij ist dasz gericht durch scholteisen und geschworne in beysein des herrn kellners besessen worden und es hatt der scholteis dem gericht bann und fridt gebodden, und es seint die drey achten oder vrogen mit fleisz mundtlich vorgetragen, verlaubt und bestettiget worden, und dieweil von wegen der zweiter und dritter achten nichts vorgefallen, seint alle sachen im frieden verplieben.

Anno 1560 uff donnerdach den 15. Februar. seint scholteisz und scheffen zu gericht gesessen und es hatt der scholteisz von wegen seines herren dechandt und capitulsz zu St. Cunibertz alsz grundtherren, und unszers gnedigsten herren churfürsten alsz schirmherrn dasz gericht mit bann und fridt befreien und es seint die drey achten dairselbst innen verstentlich vorgeleszen, und auch vor wahr und aufrichtig erkandt; und es haben von wegen der zweyter und dritter acht die nachbahren gefragt und vorgetragen, wie dat desz halffmans Hermans gesyndt, alsz nemblich Euirdt von Weiler und N. Pyffer zu Merhem sich geschlagen und geblutwundet hetten. Ferners haben sie vorgetragen und gefraget, wie dat Johan von Wermerszkirch Nepis wirt halde zu viel schaaff, und dasz der wirt und Herman der halffman sich geschewt haben, und dasz hausz dieser herligkeit. Soviel aber die schaff thut belangen, darauff der Nepis wirtt geantwortet, so ehr einige schaaff zu viel hätt, dat will er seiner herschafft anzeigen, der sall die abdracht thuen . . .

Anno 1561 uff donerdach den 13. Febr. haben die herren auff anhalten desz herren kellners erkandt, wannehr einer geschworener ablibig wirdt, alszdan so sall sein herr vor dem ehe dasz gericht besitzet, den w. h. dechandt und capitull zu St. Cuniberts irstlich eine andere bekenne person praesentiren und so die person denselbigen darzue bequem ist, alszdan sall die person dem gericht praesentiret werden, und so der alszdan bequemer befunden wirdt, sall an dem gericht den gewohnlich aidt praestiren.

Wilhelm hoeffsmidt haitt dairselbst Johan Patten gerichtlich beklagt, alsz dasz ehr ihne zwey fercken auszer beschehenem kanner

---

[1] Albus mit dem Gepräge eines Rads.

gelaissen hab, begert denselbigen anzuhalten, die vercken wiederumb zu bestellen oder aber ihme vor den principallen zu erkennen. Darauff Johann Patt in ansehen, dasz er solches bekhante mit antasten an den gerichtsstab, dem gericht die boisz bekant, sofern er boissfellig wehre und hatt angezeigt, wie dat Vitt die vercken gehohlt, und folgents bekandt, dat syne kinder ihme Vyten die vercken heimgetrieben hetten, welches Wilhelm hoiffschmitt verurkundet.

Anno 1562 auff donerdag den 22. Januarij hatt der herr kellner von wegen des capitelsz dasz gericht gewöhnlicher weisen zu besitzen begehrt, darauff der scholteisz und geschworne dem herrn kellner angezeiget, wie dasz sich graf Herman von Neuirnar alsz ein vormunder Adolffs graffen zu Neuirnar und herren zu Alpen etc. sich mit verpott und gepott der herligkeit Mawenheim undernemer, und die scholteisz und geschworne an ihrer alter langwiriger hergebrachten gepranch understunden zue perturbieren, so lang aber die herrn probst, dechandt und capitell als ihre oberherren solches ihnen alsz ihren unterthanen nit abdragt deden, so durfften sie dasz gericht gewöhnlicher weis nit besitzen, den sie befruchten sich, so sie dasz deden, es würde ihnen übell darüber gahn und dessen in schaden fallen, wannie aber ihnen eine solche betrewunge abgeschafft wurde, alszdan wollen sie sich aller gebühr und gehorsam wissen erfinden zu lassen und dem gericht gefolglich sein, alszbalt der herr kellner ein solches angehoert, hatt er im nahmen der erw. und w. herren probst, dechant und capitelsz von alsolcher ungebührlicher molestation und bedrewung öffentliche bezeigt und protestirt.

Anno 1563 auff donnerdage den 28. haben die herrn dechant und capittel übernutz angezwungt, dasz botten ihre scholteiszen und geschworne thuen beuehlen, dasz gericht binnen Cöllen in dem umbgange ihrer collegiatkirchen zu besitzen, wie dasz dan solches von alters wol beschehen wehre, aber es sein daselbst etliche geschworne erschienen und haben angezeigt, dasz sie nit alle erscheinen nach dasz gericht besitzen durfften, ehe und zufoeren ihnen der gefaerlichkeitt des graffen von Newenaers ein abdragt geschehen wäre, von welcher bedrewung und ungepürlicher insperung[1] des grauen von Newenaers haben sich die herren scholaster und kellner offentlich protestirt und bezeuget in nahmen der sämptlicher herren dechants und capitelsz.

Auff montag den 28. Junij hatt der gerichtsbott den herrn dechan und capitell angezeigt, welcher gestalt der graff von Newenar

[1] Hemmung, Hinderniss.

durch den bodden der vogteyen in Mawenheim ein gebott hatt auszlaessen gahn und die sämptliche hauszleutt auffgebott ghen Volckhauen zu erscheinen, zu sehen und zu verhelffen einen miszdhetigen vom leben zum doth zu pringen und dasz auff hohe straiff und peen des grauen von Newenarsz. Welches die herren dechan und capitell angehoert haben, sei sich von alsolcher thadtlicher handelung des grauen von Newenars, dasz ehr innen in ihre hoich und obrigkeit greiffe . . . ., und dasz ehr dardurch ihre recht und gerechtigkeit zu Mawenheim mit der thadt understunde zu schwechen, offentlich protestirt und sich bezeuget, und haben folgents Herman ihren halffman und Becker Johan den bodden von wegen der gemeinden verbotten, dem graffen von Newenars von wegen des geboths widder desz dorffs und hobs gerechtigkeitt nichts zu handelen nach gefolglich zu sein. Darauff die gen. Herman halffman und Becker Johan der bodde von wegen der gemeinden vorgegeben, dasz sie die gemeinde zwanck und forchten halber, auch schade und unwill, so inen derhalben angetrewet wäre, dem gebott zu gelieben nit hinterlaszen dörfften, und wollen sich von wegen alsulcher gewaltthädiger ingriff und bezwanck öffentlich protestirt und bezeugt haben. Geschehen u. s. w.

Demnach umb die 9. stunt ungefehrlich, alsz die nachbahren zu Mawenheim zwancks halber des graffen von Newenars gehn Volckhauen zu verhelffunge der execution des miszthätigen haben erscheinen müssen, ist daselbst von wegen der w. h. dechant und capitelsz vur dem ehrentuesten Jost von der Reue, Newenarschen scholteiszen zu Hackenbroech der nachbarschafft zu Mawenheim, Volckhauen und Hackerbroech erschienen Melchior Keiszer, der rechten licentiat, und hatt daselbst von alsulcher ungehörter, ungebührlicher thädtlicher ingriff in seines herren dechants und capitulsz erbgerechtigkeit desz dorffs Mawenheim offentlich protestirt und sich bezeugett, darauff genanter Reue scholteisz geantwortet, dasz alsolche beschehen gebott durch eigentlich befelch seines gnedigen herren graffen Hermans von Newenar beschehen were, deme er nachsetze und blieben moiste, und sich deszen auch bezeuget.

Anno 1565 uff donnerdag den 18. Januarij haben die herrn dechan und capitell durch hrn Johan Plagner ihren kellner durch scholteiszen und geschworne dasz gericht gewöhnlicher weis zu besitzen angehalten, daruff der scholteisz zusampt etlich geschwornen erschienen und von wegen der sämbtlichen geschworne angegeben, so lange innen der zwanck und forcht des graffen von Newenar nit abgeschafft wurde, so durfften sie von wegen ihnen beschehener drowunge dasz gericht nit besitzen, sonst wolten sie den herrn dechant und capitell in aller gehorsambkeit gern glieben, dessen sie sich bezeugten, gleichfalsz auch der herr kellner im nahmen des capitelsz sich bezeuget hatt.

Anno 1556 uff montag den 15. Julij haben Tilman Loeper, scholteisz, Thönisz Loeper, Adam Schöler und Klein Johan, geschworne und Gyss der bodde ein beleit gethaen über ein doitlichem, alsz nemblich, dasz einer genandt Adolff Sunderman vom Curten Herman desz halffmans diener, so gestern abent gesunt, die trap uff schlaeffen gegangen und in der nacht nackent uffgestanden und ist der trap abgefallen und durch den fall den haltz gequetscht, zerbrochen und also todt verplieben, und denselbigen besichtigt und also befunden ihn, dat er einich ander zeichen desz todts ursach gebent an ihme gehabt oder sie an seinem gantzen leib befunden haben, und wüste derhalben der christlichen graefft zu bestellen etc.

Folgen noch eine Reihe Protokolle und Aktenstücke über Differenzen mit dem Grafen von Neuenahr.

Jura et consuetudines curtis in Mawenheim.[1]

In den nahmen gottes amen.

Want die menschliche gedechtnusz vergencklich ind hinvellig (*caduca*) ist, ind die dynck die man in der zeit bedryfft mit der thydt vergahnet, yd en sy dan sache, dat die myt leuendighen getzuge geewiget werden, darumb ist, dat wyr herrn desz hoszpitals desz huysz sente Johannes von Jerusalem in Cöllen, Contzen genandt von Heidelberg[2], Hildeger Kleingedanck, genandt Printz, Richolff Rychmoide sohn genandt Vamme Irregange, Peter der bruwer, genandt van Bunne, Siboede genant Underkesteren, hiemanne ind geschwoiren desz hoeffs van Mauwenheim, genant der vroenehoeff, die vrieguet (*allodium*) is der kirchen sante Cuniberts in Cöllne, beheltnisse (*salvo jure*) durch all deme hoeue syns rechten, umb sulche vergenglicheide wille der gedechtnisse ind umb alle tzweiunge, die ya uns ind unsen nachkommelyngen hiemannen uperstain (*oriri*) möchte, zu vermyden mit bereidenen raide vlyszligen, so hain wyr diessin brieff doin machen, ind darynne alle recht des hoeffs ind guede, die man danaff heldit ind affstygend doin beschryuen

---

[1] Hier beginnt der lateinische Text, derselbe ist, soweit diess erforderlich schien, dem deutschen in Klammern beigefügt. Der deutsche Text ist hier nach der älteren Düsseldorfer Handschrift berichtigt. H. in den Anmerkungen bezeichnet die Habelsche Abschrift.

[2] Hildenberg: H.

denghienen, die dat begehrt hauent ind begehrent, alsoe soe wat in dem gesprochen brieue van den rechten des hoeffs ind van den gueden danaffstigende ind die wir danaff halden ind intfangen hauen, beschrieuen vunden wirt, dat dat stede, vast, unuerbrichlich ind vur bestant in ewigheit gehalden weirden sall, aswaill van uns die nit ghamvordich sin, as van unsen naevolgeren in zukunfftigheit ind dieghien, die in dem vursz. brieue an eynige guede des hoeffs, die sie danaff halden, beschrieuen funden woirden, vur wair ind witzliche herrn ind besiszere der guede in ewigkeit gehaelten woirden soelen, ind dat sie die guede alsoe gewoenlige ind wytzelige nae gewoenden ind rechte des vursz. hoeffs ankoemen sint, dat sie die mit rechte behalden ind besitzen moegen, halden ind besitzen soelen, keeren ind wenden sunder wederrede, beheltenisse alletzyt deme hoeue sins rechten, mer die rechte ind die gewoenden des vursz. hoeffs sindt, as wir die gesein hain, gehalden woirden (*servari vidimus*) ind gehalden hauen ind halden alsoe mit namen, dat die hyemannen ind erffgenoissen, die die guede des vursz. hoeffs besitzent ind die intfangen haint, die zer tzyt sint alle jaire zu drin tzyden, mit namen, des neisten donresdages nae krystdage, neiste nae deme mayndage, den man nennt gesworen[1] maindache, ind nae deme hoegetzyde zu paischen, desgelichs up denseluen donresdach ind nae hoigetzyde der geburt sente Johans baptisten, desgelichs up denseluen donresdach soelen ind schuldich sin zu soeken in dem vurgen. hoeue die gerychte, die man gemeynligen spricht wyszlige gedinge oder ungeboden gedinge, mit gheyne boeden noch geboede dairup zu intfangen, as an den eirsten dach des vurg. gerichts, mer nae deme eirsten dage zu tzwen veirtzen nachten mit deme boeden ind geboede, wilchen gerichten der vait des vursz. hoeffs mit namen der proest der kirchen sente Cuniberts vursz., die zer tzyt is, in eygener personen ind nyman anders in sin statt, dat en sy dan mit volbort ind willen der hiemanne, vursitzen sall, ind aldae sal der gesehworen boede des vursz. hoeffs schuldich sin zu vrogen alle die erffgenoissen ind hyemanne, die da neit enkoement bynnen der geboirligen tzyt des vurgemelten gerichts. Item is hie schuldig zu vroigen die hoeuereede (*areas*), die man gemeynligen spricht abuwingen[2], item die unrechten ind ungewönligen wege (*vicos non justos uel consuetos*). Item ist hie schuldich zu vroigen die ungewoenligen schaiffe, die man nennet ungerechte sweit (?). Item zu wissen, dat van rechte

[1] Vergl. Schiller und Lübben, Mittelniederdeutsches Wörterbuch s. v. mandach (III. S. 21 a. E.); Grimm, Weisth. Bd. 7, S. 262.

[2] ? unbebautes Land.

desseluen hoeffs der hoeff, den man nennet vroenhoeff, hauen sall hundert schaiff mit eyme sunderlingen hoirde, item einen steere item eynen oessen, den man nennet varre, ind eynen beire[1] (*aprum*). Item sy zu wissen, dat eyn eyclich hoyue (*mansus*) affstigende van dem vurgen. hoeue hauen mag veirtzig schaiff usgainde vur deme gemeinen hoirde van rechte desseluen hoeffs, ind zu wissen, dat weyrt sache, dat dairumb, off umb gebrech off ouertredinge enniger rechte vursz. ymant gevroigit is worden ouermytz[2] (*per*) den geschwoiren boeden vursz. dem vaide, die alsoe gevroigit is, die is schuldig van eicliger vroiginghe eyn pant, dat man gewoenlichen nennet ein wedde, welche wedde dem vaide zugericht wirt, as verre hie selue dar vursitzet, vur sieuen schillinge ind sees pennynge, mer dem schultheiszen, as verre hie mit stede halden der hiemanne vursitzet (*si de consensu hyemannorum presederit*), vur tzwentzich pennynge, doch van genaiden hain wir gesein, dat eyn eiclich zu sinen schaiffen hatte eynen herde[3] (*de gratia autem vidimus, quod quilibet ad suas oves habebit unum pastorem*). Item zu wyssen, dat die tzynslige hoyuen, die legent ind gerechent weirden vur veirtzig morgen in den vursz. hoeff gehoerende, soelent ind schuldich sin zu betzailen ind zu gieuen in denseluen hoeff den tzynsz ind den tzeinden (*et decimam*) ind dat recht, dat man nennet upkoeminge ind nedervall.[4] Item die hoyuen, die man nennet redehoyuen[5], en sint zu gheyner tzinse off tzeinden schuldich noch zu deme rechte, dat man nennet upkoeminge ind nederuahl, mer alleyne zu dem pachte (*pactam*), as man in den naegeschreuenen puncten vinden sall. Item zu wissin, dat eyn eiclich hoyue tzinslich gildet ind schuldich is zu gelden alle jair up hoegetzyde sente Margareten vunff penninge ind eynen hellingh (*obolum*) vur dat recht, dat man nennet snydegelt, ind dairumb der hoeff neit hauen en sal einghen vurarnden man namnet vursznit, mer alle gemeynlige (*ipsa curtis non habebit aliquam primam messionem que dicitur vursnyt, sed omnes communiter*). Item zu wissen, dat ein eiclich tzinszlich hoyue geldit ind schuldich ist zu gelden alle jaire in myddem moye[6] tzwentzig pennynge. Item[7] up hoegezyt unser leuen vrouwen Marien, as sie geboeren wair, tzwentzig pennynge. Item up hoegezyt sente Andrees des h. apostels ein ind tzwentzig penn., alsoe dat die summe dis tzins van eynre eicliger hoyue stiget an vünff schillinge ind einen penn. Mer zu

[1] Eber. [2] vermittelst. [3] Von *doch* an fehlt: H.
[4] Besthaupt, s. Ducange, Gloss. s. v. optimale.
[5] Vergl. Maurer, Frohnhof III. S. 106.
[6] mey: H. [7] Item bis pennynge fehlt im lat. Text.

wyssen, dat man vur dat recht, dat man nennet gewerff[1], soe wie dicke dat geschiet, geuen sal deme scholtheiszen zo sinre anehmicherde (*ad gratum ejus*) vunff schillinge. Item zu wissen, dat ein eiclich hoyue gildet ind schuldich is zu gelden alle jair up hoegezyt zu palmen eyn halff malder euen[2] (*avene*). Item up hoegetzyt sente Remeysz veir hoenre ind veirtzein eygere off ein halff offaveir[3] drie hellinge (*dimidium aut tres obulos*) vur ein eiclich hoin, soe wilch her intfangen wilt. Item zu wissen, dat dairvmb die hoeuereden, dair in die vursz. hoyuen gebuerent, sin ind bliuen soelen van allen tzeinden der hoynre ind der vruchte des landes ind der boeme ain alleyne as vursz. is (*praeterquam supra scriptum est*) vrie ind los. Item dat van eynre eicliger doeder hant, die einich guet des vursz. hoeffs intfangin hait, geboiren sall deme schultheiszin van eynre eicliger hoyue eyne kurmede, die is gesat vur sieven schillinge ind sees penninge, wilcher penninge der schultheisze hauen sall sieuen schillinge, die hiemanne sees penninge. Item zu merckene sy, dat eyn eiclich hant die ennige guede des vursz. hoeffs intpfangen wilt, gieuen sall ind schuldig is zu gieuen den hiemannen van einre eicliger hoyuen vur dat recht sulchs entfencknisses echtzein penninge. Item zu wissen, dat want die vurgen. herren zu sente Johan unse mithiemanne umb reede yrre meisterschafft (*ratione sui magistratus*) unmechtich sint zu diesin vurgen. puncten, id is gehalden ind hain gescin gehalden woirden, in deme vursz. hoeue in alsus dayner wyse (*in hunc modum*), mit namen, datt die herren setzen off ordineiren soelen einen mumber off procuratoir vur sich, den man gemeynligen nennet stale, as die doit is, soe soelin sie betzailen yr curmede, ind den hyemannen ir recht van eynre eicliger hoyue, as die an der doyde hant, as dat vursz. is, ind alsoe vortan in doide eyns eicligen sulchs yrs mumbers off procuratoirs. Item zu wissen, dat nae gewoenden ind nae recht des vursz. hoeffs gehalden is, dat die hant, die einiche guet des vursz. hoeffs intfangin hait, enterven mach sine erffgenoissin in den gueden, id en sy den, dat sie öuermitz die hiemanne (*mediantibus hiem.*) eyne gicht by leuendigen lyue, eyn vermechnisse tuschen manne ind wyue, eyne wedem off eyne gicht umb der bruloicht wille, off eine updracht (*transactio*) underkoemen wer, off alsoe, dat yman oeuermitz die hiemanne ytzliche guede in sinen off sinre erffgenoissen name intfangen hette ind iae (?), diese rechte (*suscepisset. Hec itaque jura . . . .*) ind gewoende des vursz.

---

[1] Siehe Maurer, Frohnhof III. S. 532. 533; Grimm, Weisth. I. 672; III. 63. 19. [2] Hafer. [3] ossauen: H.

hoeffs as die vursz. sint, die sint van unsen vurvaren bis an unsz zubracht, ind wir hain die van unsen vurvaren den hiemannen gesein gehalten wesen, ind as sie an uns zubracht sint, soe hain wir sie gehalden ind soelen gehalden weirden ouch an unsen nakoemelingen in zukunfftigende; mer want, as vursz. is, wir hiemanne vurgen. umb unsen ind unser nakoemelinge gemach (*commodum*) ind affzuwerpen alleyne allen zweiuell, soe hain wir diesen inthgamwordichen brieft doin schreiuen ind want die brieff sunder coste neit bereit en mochte weirden, nach neit gehalten weirden mach, soe sall ein eiclich hieman uff erffgenoisse einicher gueder, die hie van dem vursz. hoeue heldit, as verre as hie sine guede, die hie heldet off entfengit off zu halden off zu entfangen gebürent van dem vursz. hoeue, geschrieuen wil weirden in diesin brieff gieuen van eynre eicliger hoyue vur ein eiclich urkunde van geschrichte (*de scriptura*) neun penninge, der die hiemanne hauen soellen seesse, der schriuer zwene, ind eyn zu dem geluchte der kirchen zu Mauwenheim ind alsoe nieder zu stiegen van dem morgen bis an eynen haluen morgen, ind alsus sall dat gehalden woirden, as verre dat geburt zu verkoyffene off zu verwandweruen (*mutari*). Ind zu wissen sy, dat dat schryn, dae inne die vurgen. brieff gelegt is, hait drey schlussele, die man drien hiemannen beuelen sall ind beuoelen weirden soelen, ind dat is gesat ind sall gesat weirden in dem huys des hospitals sente Joanns vursz., wilch schryn neit upgedain sall weirden, dae en sin zu dem mynsten veir hiemanne intghainwordig, mer doch soelin sie alle geheischit weirden. Ind zu wissen sy, dat man ind wyff vur eyn urkunde geachtet weirden soelen. Diese brieff ist gelacht in dat selue schryn des neisten donresdages nae sente Seruaisdage in intghainwordichkeit aller hiemanne vurg. in den jairen uns herren duyszint tzweyhundert sees ind achtzich.[1]

Scrinium curtis in Mawenheim.[2]

Dit sint die puncte ind die rechte, dae mit dat vursz. schryn anvangen ind begunt ist, ind daeynne manicher kunne geschrichte nae der tzytt geschrieuen steint.

Vort sy zu wissen, dat unse vurfairen die Printze an dem guede dairumb wir dingen ind arbeiden, geschrieuen steint in demseluen schryne under andern geschrichten, dat naegeschreuen volgit.

Item kunt sy allen luden as waill den intghainwardigen as dem zukunfftigen, dat Hildeger Kleyngedanck genant Printz ind Styne sin wyff haldent ind besitzent tzwoi hoyuen airtlantz[3] tzinslich van

[1] Hier endigt der latein. Text. [2] Scr. — M. fehlt D. [3] Ackerland.

dem vursz. hoyue van Mauwenheim mit einre hoeuereede dairan gehoirende, die Hupert genant van Saltzgassen ind sin wyff yn gegieuen hait zu Hielige umb der bruloicht wille ind hadde die gegulden intgain Weuemair ind sin wyff, welche hoyuen die vurgen. Hilger ind Styne alsoe gewoenlige ind witzlige durchvort haint, dat sie die vortan mit rechte ind sunder widerredde besitzen soelen ind wenden moegen, beheltnisse deme hoyue vursz. sins rechten.

Item kundt sy allin luden, dat Hilger genant Printz vursz. heldet ind besitzet van dem vursz. hoeue eyne hoyue airtlantz tzinslich mit eynre hoeuerede dair tzu gehoerende, den hie yme geworuen ind gegulden hait intghain Constantin genant van Buterich ind Elizabeth sin wyff, wilche hoyue die selue Hilger alsoe gewoenlige ind witzlige besessen haitt ind durchvort yn recht, dat sie den vortan mit rechte ind sunder wiederrede behalden sall ind wenden mach nae lusten sins willen.

Item kunt sy, dat die selue Hilger vergoilden hait intghain Matthys genant Vamme Speigeln Vetter ind Loren sin wyff eyn halve hoyue airtlantz tzinslich mit eyner hoeuereede, die was Hermans sons Wilue Richolffs genant Vamme Irregange, wilche halue hoyue die vursz. Hilger van deme vursz. hoyue heldet ind alsoe gewoenligen ind witzlige besessin hait, dat hie den wenden mach nae lusten sins willen.

Item zu wyssen, dat die selue Hilger alsoe wolde ind geordinoirt hait vur uns, dat wer sache, dat yn unuersichterlige dat ane sy, off anders sunder testament geburde zu steruen, dat Styne sin wyff, Euierart Tilman ind Gotscalk gebroidere des vurgen. Hilgers, die der selue Hilger seine truwehende gesait hait ind geordineirt hait syn testament, dat in diesem schryne gelacht ist, mit syme siegele besiegilt, van den vurgen. eynre hoyuen ind eynre haluer, die hie sunderlinge gegulden hait truweligen vollenvoren soelen, id en were dan sache, dat die selue Hilger dat woilde wandelen. Dit is gescheit ind geschreuen des neisten donresdags nae hoegetzyde sente Seruais in dem jaire uns herren duysent tzweihundert sessindachtzig.

Kunt sy dat, Dieteriche Huprecht, Hilger Richmoide ind den cloisterjungfern, kinden Wylue Hilgers Kleyngedanck genant Printz eicligen der kinde van deyle sins vaders vurgen. zugeuallen is sin kintzsgebür, dat man gemeynligen nennet kintzdeil des eigendoems in zwen hoeuen airlantz tzynslich. Item ind in eynre hoyue ind in eynre haluer hoyue tzynslich roerende van dem hoyue van Mauwenhein, die die selue Wilue ir vader ind Styne sin wyff, die noch leuet, gehalden ind besessen hauen ind noch die selue Stine heldet ind besitzet, as dat vursz. is mit alle yrem rechte ind boirden danaff geboerende, alsoe dat yr eiclich sin deil dar ane nae deme dat yme gebueren mag behalden sall.

Item kunt sy dat die vurg. kinde ind mallich[1] van yn sin deill in den vurg. gueden yme gebuerende ind as hie vur dair an geschrieuen is, mit namen Huprecht vur sich, Hilger vur sich, Richmoit mit yrem manne Johan van Bergenhuysen ind yde cloisterjuncfer myt yrre ebdissen ind dem conuente des munsters zu Mechtoren buyssin der muyren zu Cöllne, as dat in yrme brieve offenbair is, die ymme schryne licht, gegeuen ind verlaissin haint zu handen Diederichs irs broider vurgen., alsoe dat die selue Diederich die vurgen. guede wenden mach, ind zu wyssen, dat Styne moider der vursz. kinde up die vurgen. guede vertziegen ind van sich geschossin hait zu henden des vurgen. Diederichs irs sons, beheltnisse ihr yrre lyffzucht in halffscheide der seluen guede ind beheltnisse deme hoyue vursz. sins rechten. Dit is gescheit ind geschreuen des dinsdags nae sente Romeysdage in dem jaire uns herrn duysent dryhundert sieuen.

Kunt sy allen luden, dat die selue Diederich van den vurg. guedere eyne ordinancie machende gegeuen hait ind samen gemachit, dat man gemeynligen nennet vermacht, die vurg. guede Girtrude syme wyue dochter Wylme Gerart Roetstoecks ind Belen sins wyffs, alsoe dat sie samentlige die vurg. guede wenden moegen mit sulchen vurworden undersat, weirt sache, dat die vurg. Diederich ind Girdrut zusamen kindere schaffen, die ire vader ind moider vurg. oeuerleueden, dat die vurg. guede der kindere sin soelen, ind gain van kinde zu kinde bis an dat leste, ind as dat letzte sunder vurder witzlige geburt doit is, dat asdan die vurgen. guede an die neisten des seluen Diederichs vrie wiederumb koemen soelen van den die vurg. guede an den seluen Diederich herkoemen sint, is en were dan, dat die selue Diederich dat woilde wandelen; mer woirt sache, dat die vurgen. Girdrut den vurg. Diederich sunder witzlige leuendige geburt oeuerleuede, asdan sall Girdrut sitzende bliuen in der lyfftzucht eyns halffscheitz der vurg. guede gerast ind geroit ind sunder wiederrede; ind as sie doit is, asdan sall dat vursz. halffscheidt der seluer guede an die neisten eruen des seluen Diederichs wiederumb koemen, daraff die vurgen. guede herkoemen sint, beheltnisse deme seluen Diederiche der macht sulchen wiederual des vursz. halffscheitz, off hie wilt zu wandelen. Dit is gescheit ind geschreuen, beheltnisse deme hoyue durch all sins rechten, des dinsdags nae sente Romeysdage in den jairen uns herrn duysent driihundert sieuen.[2]

---

[1] Jeder. [2] Soweit geht die Düsseldorfer Abschrift.

Juratis curtis in Mawenheim appellatur ad juratos curtis in Heymerschem.

Unse frundtliche groisze und willigen dienst alle zyde vursz. guede vrunde; wir begehren auch zu wissen, dat vur zydts in gerichte des hoeffs zu Mawenheim vur den schulteiszen und die geschworne desseluen hoeffs der herren zu sent Cuniberts binnen Cöllen erschienen ist Johan Post burger zu Cöllen alsz ein munber richtlichem gesatt syner broidere Johan Printz und syner mitgedelinghe in yrem und syns nahmen, und hatt aldar mit synen geboden vursprechent beklaigt und angesprochen vrauwe Beelenn, voede Stocks chlige wyff, wasz Wilue Hinderich, Gyrs Vamme Huntschen scheffens zu Coellen asz umb erue und guet, dat rurende ist in dem vursz. hoff zu Mawenheimb, dat der Printzen äldern und vureruen plach zu sein mit nahmen voirdehaluen hoyue lands, und vort hoeffsteede darzu behoerende, asz die geliegen seint van stuck zu stucke buiszen Collen in dem felde, also dat vrauwe Belen vorgen. die beseszen hatte und besesze wider recht und mit gewalt, dat yrre ein deilsz vurzeiths becroent[1] hatten und doch ihrs rechts nit eruolgen en kunden, umb der vursz. gewelde wylle und gesan van vrauwe Belenn vurgen., dat sye yre unrechte handt und die gewailt affdede an denen guede und erue vursz. und off vrauwe Bele darweder sprechen wolten, soe vermasz hie sich, dat bybrengen wolde mit eyme schryne, dat inne dat vurgen. erue und goet geschreuen stunde, und dat dem leenherrn und dem geschwornen desz vursz. hoeffs zuebehorde und kundige were, und gesan das zur stund van deme geschworne einre urgichte, so wat ihm danaff kundig were, und also namen die geschworne van gheyme schreiuen en wüsten und dat yr neit kundig wehre van schriue nach geschrichten, darume dat yn zubehoirde, want sie nye einigs schrins gewiszt nach geurbert en hoddon, en binnen iren gethyden und gedechtnissen, und dat hatt vrauwe Beele vorgen. zur stundt verurkundt, asz dat recht ist. Up diese vursz. ainsproiche antworde vrauw Beele mit yren gebodene vursprechern: alsz dat erue und guet in den vursz. hoff ruhrende ihre zuerstoruen were von doide ihrem vatter und moider und ihre voureruen, und dat sie dat selue erue und guet besessen hetten gerast und geruhet sonder rechte ansproichen oeuerheyt der tage, waeszdom der jaire, alsz mit nahmen ein jair, zwey jaire, drey jaire, fünff jairen, zehn jairen, zwantzig jairen, dreiszig jairen, und vort jaer und dagk, asz desz vurgesz. hoffs recht und gewonde ist, und darzue XL jaire,

---

[1] geklagt.

L jaire und LX jaire und langer bouen mansz gedencken, und dat sie und ehre vureruen dat vursz. erue und guet intfangen hetten zu allen zhyden van dem lenherren in urkunde der geschworнen und hatten auch ihren geschwornen gesat, asz dat noit geburde, ihre pfächte und zinsze gehantreicht und gegeuen und zu ringe und zu gedynge gegangen, zu allen zyten alsz sich desz gebührte und des hoeffs recht wasz, und hoeffede darumb vor sich und ihre eruen, dat sie der lehnherren und die geschworne an dem vursz. erue und guede kennen und behalden sollen und bat darumb eines urtheilsz. Wilch urthel dat der scholteisz an die geschworne sagte, worup wir die geschworne unse berath nahmen und wisten eindrechtlichen nae auszsproichen und antworden vursz., dat wir nachgheyne die worden gehoret en hedden, man en solde vrauwen Beelen und ihre eruen kennen und halden an ihre entfangene handt an dem erue und guede vursz. und der lenherre solde yr danaff ban und vriede doin, so wanne ihr desz noith were. Die wiederparthey vursz. kunde dan wider wissen mit eine beszeren offt mehren rechte liegende offt leuende, asz desz hoeffs recht ist, dat desz nit sein en solde. Darnae man die vursz. partei Johan Post in namen seiner broider Johan Printz und seiner mitgedillinge und synes selffs bestunde, die vursz. bestunde, die vursz. seine widerwysinge zu doyn eine die ander und die dritte veirtzenachte und vort die veirte up den pflichtigen dag, uff welchem pflichtig dag in gerichte quam vur den schulteiszen und die geschworen die vursz. Johan und brachte syne kunde, asz dat naegeschreuen steyt, asz einer mit sych selue ein alt schryne mit dryn nuwen blecher an und ain einicherleye schlossele, wilches schryns der schulteisze nach der lehnherrn und dye geschwornen vursz. neit erkanten, nach auch sich desz neit an en naemen, und Johan vurg. und seine gewalt dat seluen schryne mit eine metze upbrachen und darausz nahmen registre und geschrichten, darup dat hie sich vermeszen hatte zu ein erliegen der kunden und zu einem mehrern rechten und meinte, dat jenr nae den register und geschrichten desz schryns dat vursz. erue und guet zu rechte zubehoiren sollte. Darup die scholteisze und geschworne vurgesz. Johan fragten, off he einigerleye vorderkunde hette off bybrengen wolde, also dat Johan antworde nein, und hy wolde by der kunden blyuen, und wer jeme kunden genoich, und dat wirt beurkundt van der ander parthyen asz vrauwe Belen vurg. asz dat recht ist und op diese wederwysinge hait vrauwe Bele vurg. mit ihrem vursprechen geantwort, dat sie hoeffe ant recht, want die lenherrn und die geschworne solchen schryns als Johannen Post darbracht hetten nach desz geschrichtes neit erkenten und danaff neit en wissen und machtloesz wehre sunder einige hoefft und unbesiegelt, und man gheyns erffs noch guets in vursz. hoeff rurende anders usz nach in zu gain enplege, dan up deme hoeue vur deme lenherre und den geschworen nae deszeluen hoeffs rechte und gewoenden, dat ihre die vurg. kinde dat schryn und dat geschrichte gheyne unstande thuen en solden, und dat der lehnherre und die geschworne sy an ihrem erue und guede halten sollen in all der wysze asz dat vur geurtelt gewest ist, worup Johan mit seinem vursprechen antwerde, dat yeme die kinde schryn und geschrichte billige staede doyn soelen. Welche vursz. sachen also alsz vursz. steyt sich gerichtlichen ergangen, zu vertheilen gestalt synt an die geschwornen, also dat wyr die geschwornen ein uszgeschrichte der vursz. wederwysinge genohmen han und unsz darup vergaedert, vlyszligen besproichen, eruaren und beproefft hayn, nae allen den vursz. reden van beyden syden ein recht zu sprechen, und desz rechts zu dieszer zeyt under unsz neyt anders wynden nach gesprechen erkennen, nae alle denen rechten und den gewoenden, asz wyr die gefunden und gehailden han alsz lange asz unsz gedenckt up dem hoeue zu Mawenheim vursz.; dan also asz wyr vurgewyst hain, warumb guede frunde, want wyr underwyst syn van unsen lenherren, dat der hoeff zu Heymerschem ünd die geschwoiren darinnen der kirchen zu sente Cuniberts zugehoeret, und dieselbe hoeff und geschworne zu Heymerschem einhoefft synt desz hoeffs zu Mawenheim und der geschworen darinne, dey ihr recht an dem vursz. ihrem hoeffde zu Heymerschem zu soecken und zu hahlen pflegent, asz dunke asz deme hoeue und den geschwoiren zu Mawenheim desz noit gebuert. So bidden wir auch und begehren mit moideliche vlysse, dat yr unsz nae ihre weiszheit eyns sichern rechts in diesen vursz. sachen entuschin den vursch. partheyen zu sprechen weis und vroet machen wilt, alsoe dat wyr darynne mallichem recht und ghein unrecht endoin, und wilt auch hie ihnen beweisen, asz dat ihre weiszheide zugebuhrt, und asz wir auch desz in gode volleclige zugetrawen und geloeuen, und wilt unsz sulchen recht, asz yhr in diesen sachen mit goede bescheydelichen und klairliche beschrieuen und beschloszen, wederumb senden, geliche asz wir auch diesen brieff besiegelt und geschloszen senden und herumb, so willen wir auch doin allit, dat des hoeffs und der geschwornen zu Heymerschem recht und gewoende ist, und asz sich dat van rechte heischt und geburt, gott sy mit euch allezeit und verlyhe uch rechte weiszheide. In diesem brieff senden wir uch geschloszen und besiegelt mit ingesiegelen Mattheys vam Speigell unsz scholteiszen und zweyer unszer geschwornen, mit nahmen Gobelsz Vamme Aren und Johans von Caster, desz Mattheys Gobelsz und Johan vurg. bekennen, dat yt war ys, datum anno domini MCCCXCVIII die 16. mensis septembris.

Vort so senden wyr auch mit diesen brieue sulgen kunde, alsz Johan vurgen. ausz deme vursz. schryne und register hait doin schryuen, und darup hie sich vermessen hait.

Der scholteisze und die geschworne gemeinlichen desz hoeffs zu Mawenheim yhre diener und guede frunde an die ersame wysze leute den scholteiszen und die geschworne gemeinlich des hoeffs zu Heymerschem unsern gueden frunden etc.

De bonis suis quae hospitarii sancti Joannis habent a curte nostra in Mawenheim et de juribus dictae curtis etc.

In nomine sanctae et individuae trinitatis etc. Reinardus Dei gratia humilis frater hospitalis sancti Johannnis transmarini magister domorum praedicti hospitalis in Alemania et similiter magister Henricus de Steinuordia, ejusdem hospitalis frater et magister domus hospitalis in Tuitio omnibus Christi fidelibus tam praesentibus quam futuris: in perpetuum noverit uniuersitas vestra, quod accedente authoritate nostra fratres domus ordinis nostri, quae sita est in oppido Tuicensi, a praeposito decano et conventu ecclesiae Sti Cuniberti Colon. bona ecclesiae suae apud Mawenheim consistentia ad aestimationem quatuor mansorum cum duabus areis et aedificiis pertinentibus ad illos mansos et triginta gurnales novalium receperunt in perpetuum possidenda et habenda ea videlicet conditione, quod iidem fratres duos viros idoneos de suis fratribus constituent, qui fidelitatem praedictae ecclesiae et curti de Mawenheim praestabunt et de eisdem bonis omnia placita, quae vulgariter dingtinc appellantur, observabunt, et omnia jura ecclesiae nominatae et curtis praedictae tam in praestandis decimis et pensionibus annuis, quam in aliis juribus et consuetudinibus conseruent et persolvant, sicut coeteri homines de familia dictae curtis ratione suorum bonorum faciunt et facere tenentur, prout ipsa familia dixerit faciendum et obseruandum.

De duobus vero mansis fratres nostri singulis annis in festo beati Remigii pro decima soluent ecclesiae memoratae octo maldra tritici, et de duobus aliis mansis similiter dabunt omnem decimam, quae ibidem emerserit et obuenerit illis, quibus illa decima debetur de triginta gurnalibus novalium, similiter dabunt 5 maldra siliginis pro decima ad usus praebendarum, quas habent pauperes ut dicta ecclesia, has decimas praestabunt praeter annuas pensiones et alia jura, quae de bonis ipsis praestantur, si vero praenominata pensio infra quindecim dies a statuto termino solutionis integre non fuerit persoluta, bona ipsa absque omni contradictione ad ecclesiam sti Cuniberti et ad curtem praedictam libere reuertentur et fratres nostri nihil juris in iisdem bonis retinebunt nec habebunt, conuenit etiam inter fratres dictae domus et ecclesiam memoratam, quod fratres ordinis nostri de coetero nulla plura bona ad ecclesiam sti Cuniberti pertinentia habere debeant nec tenere, sed si aliqua bona ipsis fuerint ab aliquo in eleemosinam collata vel quocunque modo ad ipsos peruenerint, ipsi a tempore collationis sibi factae infra annum vendent personae idoneae, quae placet ecclesiae et per quam ecclesia non grauetur, fratres quoque memorati nominabunt et eligent duas personas de familia curtis praedictae, et quando unam illarum personarum mori contigerit, ipsi fratres nostri de duabus mansis in obitu illius personae soluent tenenti curtem praedictam, qui bona ipsa concedere et porrigere debet, jus, quando vulgariter curmeda dicitur, et jus quando pro receptione bonorum suorum solet exhiberi, secundum quod est consuetum et per familiam curtis fuerit definitum, similiter facient in obitu alterius personae de duobus aliis mansis, defunctis his personis semper aliae substituentur; statutum est etiam et ordinatum et a fratribus nostris acceptum et fideliter promissum, ut si in aliquo contra praescriptam formam venerint, et eam per omnia non seruauerint, vel jus ecclesiae saepe dictae in aliquo laeserint, quod praedicta bona libere et absque omni contradictione ad ecclesiam praefatam et curtem praedictam redibunt et fratres nostri nihil juris in eisdem bonis retinebunt nec habebunt; ut autem haec firma et rata in perpetuum permaneant, praesens scriptum universis et praedictae domus nostrae in Tuitio sigillis communicamus, dictum anno Domini millesimo ducentesimo tricesimo septimo.

Litera emptionis viginti duorum jurnalium terrae arabilis sitorum in diuersis peciis in campis villae de Mawenheim in eadem litera distincte descriptorum.

Uniuersis praesentes literas inspecturis nos Constantinus de Cornu anilis ciuis Coloniensis, scultetus seu villicus honorabilium virorum dominorum decani et capituli ecclesiae sti Cuniberti Colon. in curte eorundem apud Mawenheim extra Coloniam in vicinis consistente, nec non Reinardus dictus de Spitza dictae ecclesiae sti Cuniberti canonicus, Henricus de Sybergk dictus scriptor et Joannes dictus Seyschem jurati dictae curtis in Mawenheim cupimus esse notum, quando constituti coram nobis propter hoc specialiter et comparentes dominus Petrus dictus van dem baurenhoue pbr vicarius in ecclesia sanctorum apostolorum Colon., nec non Hilla dicta van den zwen bueken, soror dicti Petri, Coynthinus de Ercleus dictus pro se et Christina vxore sua Andruda dicta van dem Rodenschildt pro se et Arnoldo fratre suo recognoverunt et publice in forma judicii confessi sunt coram nobis, se vendidisse pro se et haeredibus suis, et nominatim dictus Coynthius pro se et Christina uxore sua praedicta praefataque Druda pro se et Arnoldo fratre suo et nomine eorundem honorabilibus viris dominis decano et capitulo ecclesiae scti Cuniberti supradictae pro se et ecclesia sua ementibus justo emptionis et venditionis interueniente titulo viginti duos jurnales vel circiter ad mensuram terrae arabilis sitos in campis villae de Mawenheim supradictae in diuersis peciis prout dicti jurnales in fine praesentis literae distincte inferius distribuuntur pertinentes ad jus et proprietates villicationis dictae curtis in Mawenheim et dependentes ab eadem pro certa pecuniae summa dictis venditoribus per praefatos emptores nomine pretii dictorum jurnalium numerata, tradita et soluta, de qua quidem pecunia ipsius pretii dicti venditores recognouerunt, sibi fore satisfactum et quitauerunt dictos decanum et capitulum pro se et haeredibus suis facientes ipsis pactum de ulterius non petendo, dicti quoque venditores pro se et haeredibus suis et nomine eorum, de quibus superius est expressum, resignauerunt, supportauerunt et transtulerunt coram nobis et ad manus dictorum decani et capituli et ecclesiae sti Cuniberti omne et totale jus, proprietatem et possessionem dictorum jurnalium venditorum et quidquid juris ipsis competebat vel competere poterat in eisdem fauentes ipsis de hoc effestucationem et renunciationem generalem plenam, liberam et expressam ore et calamo cum solemnitatibus in talibus fieri debitis et consuetis volentes et constituentes ac expresse consentientes, quando dicti decanus et capitulum et ecclesia sti Cuniberti supradicta perhabs praedictos eximi in antea perpetuo pro se et pro suis bonis ac pro sua haereditate teneant, habeant et possideant ac possessionem eorundem corporalem apprehendant, ipsi quidem venditores se et suos haeredes, et eos specialiter, de quibus superius nominatim agitur, de dictis jurnalibus exhaeredantes et dictos decanum et capitulum et ecclesiam sti Cuniberti in eisdem haeredantes in omni ea forma, jure et modo, sicut id fieri consueuit, et prout id melius subsistere poterit et valere, promiserunt fide praestita corporali coram nobis, qui ipsi de dictis bonis venditis pro se et nomine eorum, de quibus superius est expressum, plenam, debitam atque perfectam warrandiam, quod vulgariter gerychte werschafft dicitur, juxta morem patriae et juxta consuetudinem sive jura dictae curtis praestabunt et facient dominis decano et capitulo supradictis, rogantes, ut ego Constantinus scholtetus et villicus curtis in Mawenheim supradictus venditioni, resignationi et translationi dictorum jurnalium, ut praemittitur, in ecclesiam St. Cuniberti factis authoritatem interponeremus, nosque jurati praedicti de praemissis sic actis testimonium portaremus, nos igitur Constantinus villicus et jurati curtis in Mawenheim supradicti recognoscimus sic fecisse et omnia praemissa coram nobis sic acta et gesta esse, in eorundem testimonium nos Constantinus et Reynardus praedicti pro aliis juratis ipsius curtis, propriis carentibus sigillis, et pro venditoribus supradictis ad preces eorundem sigilla nostra praesentibus literis appendentes, ego quoque Petrus dictus van dem burenhoue presbyter supradictus recognosco praemissa omnia vera et sic acta esse et in euidentius eorum testimonium sigillum meum pro me et pro meis conventitoribus supradictis ad preces ipsorum praesentibus est appensum. Sciendum itaque, quod praefati jurnales in diuersis suis peciis sunt taliter situati, inprimis videlicet quinque jurnales in loco appellato Lyst inter agros domicellae Meyne de Specto et agros dominorum decani et capituli praedictorum. Item tres jurnales in duabus peciis juxta viam appellatam Escherstroysze inter agros domini Werneri de Speculo et Gerhardi de Roistock, item quinque jurnales tendentes juxta semitam in Merheim inter agros dni Werneri praedicti et agros dni Reynardi canonici sti Cuniberti supradicti, item quinque jurnales inter agros dominorum Werneri et Reinardi eorundem, item dimidius jurnalis in loco dicto Warmen Kuyle inter agros dominorum ordinis sti Joannis Irlitani et agros dni Merheim saepe dicti, item 7tem quartalia in loco dicto Voiskuyle inter agros dni Werneri et agros dni Gerhardi Roitstock praemissorum.

Est etiam secundum quod de praefatis agris seu bonis soluuntur et ab antiquo solvi consueuerunt in curtem de Mawenheim supradictam unum maldrum tritici, nec non quinta pars unius maldri annue et quinta pars unius marcae pagamenti Coloniens. singulis annis. Datum anno Domini millesimo trecentesimo sexagesimo 4to feria 3^{tia} in crastino sanctarum vndecim millium virginum.

IV
Ordnung[1] und Gesetze des Lands in dem Ringawe.

Weisthum und Recht des Ringaws (1324).

Disz[2] sint die artikel, die unser herre von Mentze zum Ryngawe hat, als wir von unsern altern und vorfarn verhort han und sprechen

[1] Würdtwein hat zuerst in s. „Dioeces. Mogunt. in archidiac. distincta" (Manh. 1768 ff.) Tom. II. p. 175 die Grenzbestimmungen im Anfange des oben genannten Weisthums aus einer nicht näher bezeichneten Handschrift mitgetheilt. Dieselben citirt ferner auch Danz, Die Oberherrsch. über den Rhein (Frankf. a. M. 1792), S. 25. 26. Eine Reihe anderer Abschnitte aus demselben sind sodann von Bodmann in dessen rheingauischen Alterthümern (Mainz 1819) in verschiedenen Kapiteln dieses zweibändigen Werkes zerstreut veröffentlicht worden, und hieraus ist der Abdruck im 1. Bande der Grimm'schen Ausgabe der Weisthümer S. 534 ff. nach eigener Anordnung veranstaltet. Erst im 4. Bande der genannten Ausgabe der Weisthümer S. 572 ff. ist das Weisthum in der originalen Anordnung „aus der Bodmannschen Manuscriptensammlung" zum ersten Male publicirt worden. Aus dem Bodmann-Habel'schen Nachlasse habe ich zwei archivalische Faszikel, welche die Rechtsgeschichte des Rheingaues betreffen, näher untersucht. Von besonderem Interesse ist dasjenige, welches, signirt Nr. 313, einen im J. 1796 geschriebenen „Excursus praeliminaris ad illustrationem scitamenti provincialis pagi Rheni inferioris (Rheingauer Landweisthum) ope chartarum, monumentorum fide observ. histor. patriae susceptus", eine Abschrift des Weisthums und eine grosse Anzahl von Anmerkungen und Erläuterungen zu diesem enthält, alles dies von der Hand Bodmann's auf 78 Blättern und Zetteln geschrieben. Ausser der Bodmannschen Abschrift des Weisthums enthält das Konvolut noch eine zweite Kopie von anderer Hand, welche aber unvollständig und zum Theil zerrissen ist. Dem Texte im 4. Bande der Weisthümer liegt, wie es scheint, eine dritte Abschrift zu Grunde, welche in den Bodmann-Habel'schen Archivalien, wenigstens in den als „Rheingauer Materialien" bezeichneten, nicht mehr vorhanden ist. Da die Ausgabe im 4. Bande der Sammlung der Weisthümer defekt ist, theile ich hier den vollständigen Text aus der dem „Excursus" zu Grunde liegenden Kopie mit.

In der Ueberschrift setzt Bodmann das Weisthum in das Jahr 1487 und spricht sich in der ersten Anmerkung gegen diejenigen aus, welche dasselbe bereits dem Anfange des 14. Jahrhunderts zuschrieben, da dieser Ansicht „nec stylus nec scripturae modus" entspreche, das Weisthum sei wahrscheinlich auf Anregung des Mainzer Erzbischofs Berthold verfasst, „maxime cum Codex ille, ex quo eundem (rotulum) descripsimus, acta nonnisi Bertholdina contineat, isque ille fuerit, qui in Rhenigavio nostro contra vicinorum turbas propius sibi adstringendo non unam operam collocavit". Ueber den benutzten Codex sagt B. nur, dass er viele Schreibfehler enthalte. In den später (im J. 1819) von B. herausgegebenen rheingauischen Alterthümern ist derselbe von dieser Auffassung zurückgekommen, da er hier das Weisthum stets dem Jahre 1324 zuschreibt.

[2] In den folgenden Anmerkungen bezeichnet 1. den Text bei Würdt-

is auch noch selber vor eyn recht unserm obgenanten herrn und syme stiffte, dasz er obirster herre und vaut sy zum Ryngawe und der terminye, die hernach geschrieben steit: von Niederntail[1] an so, dasz unser herre von Mentze daselber uff eyme ross sal ryten in den Ryne, als ferre er magk und wie ferre er magk mit eyme huffhammer[2] gewerffen in den Ryne, also ferre geet sein gericht an der stat an, und von dem Niedertail, den bergk usz glich bisz gein Fornborn[3]; von Fornborn vor sich zwuschen Espenscheid[4] und Wolmerscheit, und also vor sich bisz zu Udenbergk, und von Udenbergk bisz in die Wisper[5], und die Wisper usz bisz in die Dornbach[6], die Dornbach usz bisz in die Rumscheit[7], die Rumscheit usz bisz in die Entesiffen[8], die Entesiffen usz bisz zu Kemel an den Westengiebel[9], von dem Westengiebel by dem galgen her in die Kehlbach[10], in[11] bisz an die Arde[12], die Arde usz bisz in den

---

wein a. a. O., 2. den Text in der dem „Excursus“ beiliegenden Abschrift, 3. den Text in den Weisthümern IV. S. 572 ff.

[1] Niederthal: 1, Niederndale 3.

[2] Bodmann führt in den Anmerkungen eine grosse Anzahl von Beispielen an von ähnlichen Bestimmungen in anderen Rechten. Ausser denen, welche in Grimm's R.-A. S. 55 stehen, erwähne ich einige Citate aus Schoepflin, Hist. Zaring.-Bad. T. VI. p. 143 vom J. 1409, 1423 und 1428, p. 164, Hergott, Genealog. gent. Habsb. Nr. 823, p. 708, vom J. 1363 (auch bei Danz, Die Oberherrschaft über den Rhein S. 21 abgedruckt): „Wir Johannes . . . . Bischof zu Basel . . . tuent kundt . . . ., dasz wir . . . den edlen herren graff Johannsen von Habsburg . . . . die lantgraffschafft in dem Siszgöw, die da gat, alsz die Birsz in den Rhin flüsset, den Rhin uff, alsz ferre, als einer uff einem rosz in den Rhin geriten und mit einem Baselspeer in den Rhin gereichen mag . . . und die Birsz ab, so verr einer zu fuesz mit einem Baselspeer darin gereichen mag, unz an den Rhin mit allen rechten . . . geliehen . . .“, Verzeichniss des kaiserl. Landgerichts Hirschberg äussern Gezirks (in Ded. Geschicht- und aktenmässiger Unterricht von dem Landgericht und Grafschaft Hirschberg, Beyl. Lit. Qq.): „Hebt sich das vermelt landgericht an ob Präfening an der Thunau, als die Lober zu Sünzing in die Thunau fleust und geet nach der Thunau auf vnd so ferr in die Thunau, als einer auf einem pferd gereiten und mit einem spiesz erlangen mag bis gein Neuburg an der Ried.“ Ein weiteres Beispiel bringt B. aus einer Lehnsurkunde, wonach Graf Philipp von Katzenelnbogen im Jahre 1460 belehnt Dietherichen Burggrafen zu Rieneck mit dem achten Theil von dem Lande Olbrück, ausgescheiden das Haus Olbrück, „als ferre man mit einer neuen gesnyten seche uswendig der muren werfen kann“.

[3] Frohnborn: 1, Fronenborn: 2. [4] Gespenseid: 2.

[5] Wischebur: 2, Wischbar: 3.

[6] Durnbach: 2, Dürnbach: 3, Dorrenbach: 1. [7] Rümerheiht: 2.

[8] Rotheseiffen: 1, Enteschiffe: 3. [9] Westengebel: 1. 2, Westengabel: 3.

[10] in den Dossbach zur Kelbach: 2, Kolbach: 1. [11] die Kelbach in: 3.

[12] Arte: 1.

Hubischen grunt[1], den Hubischen grunt[2] usz bisz zu den Kieseln[3], die Kieselnstrasz[4] usz zu den crutzen[5], von den crutzen bisz an die Hesselbach[6] (Heselbach)[7], von der Hesselbach den pfad herinn bisz an die Waldaff an den eichen steg (stecke)[7], die Waldaff in bisz an den Rhyn, da sal unser herre von Mentz aber mit eyme rosse ryten in den Rhyn und sal werffen mit eyme huffhammer, als ferre er gewerffen mag, als ferre geht sein gericht.[8] Auch geet unsers herrn von Mentz geleit[9] hinsyt Rhyns von der Heymbach an die Selse[10] unter Ingelnheym und so vorwert der lynpat geet an die steynen brucken gelegen obenwendig Mentze, der Rhyn sy grosz oder cleyn. Auch geet unsers herrn von Mentze geleite hie dissyt Rhyns von der Nyderntail an den lynpat usz bisz gein der steinern brucken obenwendig Mentze und hait auch binnen dem egenannten geleite nymant kein gleite zu geben oder kein gleitsgelt zu nemen, dan unser herre von Mentze, und das gleit und gleitsgeld hat ein yglicher vitztum von gnaden unsers herrn von Mentze, als ime das landt geteylt hat.

Auch bekennen wir, dasz der wiltbanne und die fischerye in dem Ringkauwe unsers obgenannten herrn ist zuschen der Wisper und der Waldaffe und auch unser herre synen abgescheidten walt hait mit namen den furst, dasz nyman darin hauwen sal, er habe es dan von synen gnaden. Auch han wir den andern wald zu Ryngauwe und was darzu gehort herbracht, manne, burgmanne, dienstmanne, hovismanne und die wayden in allen welden zuschen der Wisper und der Waldaffe von gotsgnaden und des guten herrn sant Martins und mag yder manne in dem Ringgauwe swyne, die sie in ihren husern zu irer noittorff slahen und essen wollen, in den forst dryben und nit mee; und iglich statt und dorff ir abgescheiden margk hait, die mogent sie bestellen zu allem irem notze, so wan sie die welde offent, so sint sie inen allen offen, und sal nymant das holz usz dem Ringkawe furen; wolte uns ymant hierinn hindern, so sal unser gnediger herr uns helffen, schirmen und schüren.[11]

Auch wer in dem vorgenannten wiltbanne eynen hirtzen fienge, der sall unserm herrn eynen falben ochsen geben und hait zwo

[1] Hebischen grunt: 2, hübschen grund: 3. [2] den Hub. g.: fehlt 3.
[3] Kisseln: 1, Kesseln: 2, Kiss. bis zu crutzen: fehlt 3.
[4] Kisselstrass: 1, Kesselstr.: 2. [5] creutzen: 1, hier beginnt wieder 3.
[6] Hesseleichen: 1, Esseleyche: 2, Heselbach: 3.
[7] Diese Parenthese fehlt in 1. 2. 3. [8] Hier endigt 1, Recht: 2.
[9] geleyde: 2. [10] sale: 2. [11] schützen: 3.

margk verbrochen zu freuel, und wer eine hinde fienge, der sal unserm herrn geben eyne falbe kuwe und hat auch zwo margk verbrochen; wer eyn rehe fienge, der sal unserm herrn geben eyn falbe geysz, und hat auch zwo margk verbrochen, und wer eyn kolmeyse fienge mit lymen ader mit slagegarn, der sal unserm herrn geben eyn falbe henne mit sieben hünkeln und hait auch zwo margk verbrochen zu freuel.[1]

Auch wer da kommt an die terminye, die vorgeschrieben steet, als wyt der begriffe geet, mit syme wagen ader mit syner habe und gethar[2] sweren[3] zu den heyligen, dasz er darum sy uszkomen, dasz er unsers herrn von Mentze burger in dem Ringkauwe wolde werden, kompt der herre adir syne amptlude, den er bisz dar angehort hat, nachgangent oder rydent bisz an die malstatt[4] des begriffs, als vorgeschrieben stat, ist der arme man dan über die malstatt mit synen vordern rädern, kompt dan unser herre von Mentz odir syn amptman an dieselbe malstatt, und sint also stark, dasz sie den armen man herüber geziehen mogen, so soll unser herre von Mentz oder sin amptman ine verantworten als eynen burger in dem Ringkauwe mit recht; welcher herre dan queme oder sein amptman in des jares frist und bebusemet[5] ine, als recht ist, so were der arme man schuldig zu dienen jars off sant Martinstag ein sommern[6] haber und eyn hune, das sal er fordern an dem amptman, unter dem er gesessen ist, und als er kompt und heischet dem herrn sein recht, so sal er es ime reichen uber sinen gadern und lege auch die frawe kyndesz inne, so sal der amptman dem hune das heupt abbrechen und sal der frauwe das hun geben und sal er das heupt mit ime heym furen, syme herrn zu eym warzeichen; und wurd er nit bebusemt[7] in dem jare, so sal er darafter mee nymant dienen, dan unserme herrn von Mentze, als gewonheit und recht ist in dem Ringgauwe.

Wann auch den armen manne deheyner angesprochen wurde vor eyme ungerechten amptmanne, so sal ihn unser gnediger herre von Mentz oder sin amptman vor sin gericht wysen, da der arme man allernechst gesessen ist, und sal auch der amptman und die

[1] In den Anmerkungen weist B. hin auf ähnliche Bestimmungen in dem Weisthum von Dreieich (Grimm, Weisth. Bd. 1, S. 498, Z. 10 v. u., S. 502, Z. 8 v. o.), Lorsch (a. a. O. S. 465, Z. 14 v. o., S. 466, Z. 10 v. o.), und vom Büdinger Reichswald (a. a. O. Bd. 3, S. 426, Z. 4 v. o.).

[2] güdar: 2, gedav: 3. [3] und schweret: 2. 3.

[4] Das Folgende bis „über die Malstatt" fehlt 3. [5] besende: 3.

[6] syemern: 2. 3. [7] besandt: 3.

scheffen des gerichts die rechnung hoeren, wes er da berechnet wird, das er jahet[1], das sal er syme herrn geben, was er leuckent, da sal er von stunt recht vor tun, und damit ist er des herrn entladen.

Auch hat das Ryngawe die freyheit herbracht, so welche zyt oder wan eher eyn man andirswo hin wil unter eyn andern herrn[2] oder in stedte, so sal ime unser herre von Mentz oder sin amptman schuren und schirmen[3], als ferre sin gericht geet; hette auch der arme man sinen wagen geladen oder geschiff und mochte nicht an, und queme unser herre von Mentz ryden oder faren, so sal er sprechen zu syme marschall oder andren synen amptluden oder synen dienern, helfent dem armen manne von statt, so sollent sie es auch tun.[4]

Auch welich arme man in den Ringkauwe wolte und unsers herrn burger werden wolte doselbst, verbottschafftet[5] er isz dan dem nechsten amptman, dasz er im zugeet und[6] dasz er syn warte in der terminye, als vorgeschrieben steet, er habe sorge, yemant jage ihm nach und wolle in behalten, so sal der nehst amptman, dem esz verbottschafft[5] ist oder wirdet, ziehen an die malstatt, und sal dem armen mann helffen als vorgeschrieben stat; entete dan der amptman des nit, so welich schaden dem armen man dauon queme, den solt ime derselbe amptman richten.

Auch soll nyman dehein nuwe recht in dem Ringgauwe machen, isz thue dan unser herre, manne, burgkmanne, dienstmanne und houismanne, und das sal auch gescheen uff dem lanttage zu Lůtzilnauwe.[7]

Auch welich man, burgkman oder houeman in dem Ringauwe wonet, die sein schuldig, das Ringauwe zu beschuden, ob isz ymant beschedigen oder angriffen wolde. Wer isz auch, dasz schade diesem vorgenannten Ryngauwe geschee, und die glocken zu storme geludet wurden, dem sal man nachuolgen bisz an die terminye und siehet man den raube oder die name[8] vorhyntryben oder furen, so sal man dem panier und dem amptman nachvolgen über die termynie als lange, als man die name[8] siehet und bisz dasz man sie beschuddet, als ferre man mag.

Wer auch in dem Ringgauwe sitzet, es sye man, burgman, dienstman oder houisman, der verunrecht wurde von herrn oder von

---

[1] vorgicht: 3. [2] Das Folgende bis „oder sin amptman" fehlt 3.

[3] schirmen und schützen: 3.

[4] F. citirt hier ein Dokument vom Jahre 1336 bei Schoepflin, Alsat. diplom. T. II. Nr. 966, p. 156. [5] verbodet: 3. [6] dasz er yme z. u.: fehlt 3.

[7] zu L.: fehlt 3. [8] Beute.

stetten oder von ymants anders, wer der oder die weren, den dan die sache angeet, der sal ryten an myn herrn von Mentze, ob er in dem lande ist, adir ob er in dem lande nit en ist, an sinen obirsten amptman, der zu der zyt in dem lande ist, und sal ime das rygen, der sal dan demihenen verbotten, der ime unrecht tut, mit synen brieuen, dasz er ime gelegentliche tage bescheyde und lasz yme recht widerfaren; bescheid er yme der tage nit, so mag dan der, den die sache angeet, usz dem Ringgauwe und darinne[1] kriegen, rauben und bornen, wie er sich erwehren magk, alslang bisz dasz yme sein wille geschiet.

Wer esz auch, dasz der, der den krieg hette, ein name genommen hette und von synen fyenden getrenget wurde, dasz ime duchte, der mag das enbieten in das Ryngauwe dem nesten amptmann, dasz er zuzuget, der sal gein ime ziehen uff die terminye on geuerde und ime helffen, dasz die namen herinn kome.

Auch umb den dienstman ist gewyset, dasz ine oder sein gut an keyn werntlich gericht in myns herrn lande nymant bekomern ader beclagen sal, dan man sal ine wysen vor mynen herrn. Auch welich dienstman des richs oder kurfürsten hinter myme herrn zuget und da wonet, der ist myns herrn und hat dienstmansfryheit als lange, als er hinter ime wonet; herumb ist eyn dinstman wider verbunden myme herrn adir syme stiffte.

Auch weresz sach, dasz unser herre von Mentz uff eyn veld zoge mit syme panier, da er eyn hauptman were oder ine die sach angienge, und ein dinstman uff der fyende parthy, wan der unsern herrn odir syne panier sehe, der sal zur stunt zu unserme herrn unter syn panier ziehen und synen lip helffen weren.

Weresz auch sach, dasz eyn dinstman in eyme slosse burgkman were, da er uff gesworn hette und zuget unser herre von Mentze darvor odir syn panier und wolt das gewynnen ader schedigen, magk dan der burgman syn zinne bestellen mit eyme andern on geuerde, so sal er dauon eylen oder geen ob er magk; mocht er dauon nit komen, so sal er inwendig der graben die zynne weren und bestellen und sal nit herauszlauffen uszwendig der pforten und syme herrn schaden tun und sal auch keyn uffsetze machen, uszwendig der graben heruszzulaufen oder zu schedigen.

Ist es auch, dasz eyn dinstman, so in eyme sloisz ist, da er nit burgkman en ist, da sal er heruszryten ader geen, ob er magk one geuerde. Auch sal unser herre man, burgkman, dinstman und

---

[1] vnd d. fehlt 3.

houisman lassen by allen fryheiten und gewonheiten, als sie von alter herkomen sint. Auch hant unsers herrn man, burgkman, dinstman und houeman zu Mentz die fryheit, dasz sie keuffen und verkeuffen sollent inwendig der stait und sallent die von Mentz keyn gesetze oder gepott uber sie machen, ungelt oder zolle von ine zu nemen, und ist yne das Ryngauw darumb wieder schuldig, ob sie noit angienge, ire stait zu bestellen, dasz sie yemant besetzen wolde, so sal das Ryngauwe zwo zynnen bestellen mit zweyn gewapneten mannen, ob sie das gesonnen, ane dasz es wider unsern herrn von Mentze odir syme stiffte were.

Weresz auch, dasz eynche uszlude gut hetten liegen in dem Ringkauwe und nit do inn woneten, das dinsthaft gut were, das sal unserm herrn dienen als diensthafftig gut nach der satzung, als die uber ander dinsthafftig gut pflegen zu sprechen. Auch wysent die houelude von dem obirsten houe zu Eltuil, dasz man komern moge man und burgkman in dem gerichte zu Eltuil fur scholt, one dinstman, die sal man nit komern, dan man sal sie wysen vor unserme herrn von Mentze, dasz sie dem cleger binnen viertzehen tagen vor unserme egenanten herrn rechts[1] gehorsam seyn; taden sie das nit bynnen viertzehen tagen, nachdem als sie vor unserme herrn gewyset wurden, so mag sich ein iglicher cleger beclagen glicherwyse als man und burgkman in dem vorgen. gerichte.

Disz[2] ist, wie man eyme sein lantrecht benemen sol uff dem lanttage zu Lützilnauwe.

Da sollent seyn eyn vitztum, alle schultheissen und scheffen in dem Rinkgauwe und eyn walpode, der sal han zween wisse hentschuwe und sal treten mit sym rechten fusz uff den steyn, der da steet zu Lützilnauwe obewendig des rechten kornwegs, von myns herrn wegen von Mentze, und sal uffwerffen der hentschue eynen und sal sprechen: ich stee hutzutage hie und beneme Heintzen oder Kuntzen (N. N. wie er heisset) sin lantrechte und teyle das wyp eyn wittwe und kinde weissen und sin gut dem rechten erben und die leen sym rechten herrn, den halsz dem lande, den lyp dem gevogeltz, und daraffter mee freuelt nyeman an ime[3]; auch ensal und enmag nyemant dem sin lantrecht widergeben on unsern herrn von Mentze oder syme vitztum, er thu es dan uff der vorgen. malstat zu Lützilnauwe, als vorgeschrieben stat uff dem steyn zu Lützilnauwe.

[1] richter: 3.

[2] Das Folgende schliesst sich in der Bodmann'schen Abschrift unmittelbar an das Weisthum an. [3] nym. a. ime: fehlt 3.

V

Weisthum über den Heiligenforst bei Hagenau.[1]

Zu erste so sullent ein lantfougt, meister und rate durch sich selber und ire knechte den heiligen forst alzit getruwelich heigen, besetzen, behüten und beschirmen, und ouch ir dehein toil, deheine holtz one des andern teils wissen und willen enweggeben, verkouffen oder füren lossen.

Item das man ouch niemans, wer er ioch sy, dehein jung eichenholtz zu kouffen oder vergebens geben, und das ouch niemans keins hawen sol usgenommen zu dem mülwercke, so in der stat und burgbanne gelegen sint oder den burgern zugehörent, darzu mag man geben jungholtz, aber nuwent zu dem louffenden geschirre und zu pfelen und swellen under das wasser, als das von alter herkomen ist, und sust zu wegen, stegen und anderm gebuwe der mülen alt unschedelich holtz oder fürhelin[2] holtz, und wer harüber anders hiege, der sol bessern vorabe von yedem stocke dem riche sin alte besserung, das ist nemlich von yedem grünen eichinstock ein pfunt Strasburger pfeinge. Dann ye in allen disen vor und nachgeschr. dingen dem riche sin alte besserunge behalten und vnuerdingt sien sol, und sol auch darzu von demselben stock bessern drissig schillinge pfennige zu teilende, nemlich eyme lantfougte oder schultheissen das dirteil und dem rate und der muren die übrigen zweiteil und sol den rügern von solichen drissig schillingen zuuorus zwene schillinge pfenn. werden als von alter her.

Item wolte aber sust jemans in der stat buwen, der sol das holtz einem lantfougte und meister und rate heischen, und sol man es yme geben und mit namen alte bome, ligende oder stende, die zu snydende sient oder sust ander dürre unschedelich holtz oder fürhelins zu sinre notdurfft ungeuerlich als von alter her, und en sol ouch niemans keins howen, er habe dan einen benanten wiser mit namen förster, und das eyme ieglichen eigentlichen zeichen, und

---

[1] Habel'sche Archivalien bez. Nr. 189: 15. Jahrh. [2] Föhren.

auch nit wisen, er wisse dan vorhien eigentlich, das es zu hofe und in dem rate geheischen und geben sy. Und derselbe wiser ensol auch kein anders dan semlichs unschuldichs wisen, und wer das er anders wise, der sol bessern von yedem grünen eichenstocke dem riche sin alte besserunge. Und sol auch nyemant kein anders howen, dann er gewisen und yme gezeicht wirt und wer anders hiege, der bessert von yedem stocke die egen. besserunge, nemlich 1 ₶ und XXX sch. Doch wolte ein lantfougt oder schultheisse in der stat oder in dem burgbanne buwen, das zu der lantfoigtie oder schultheissenampte geborte, darzu mugent sie tun howen zu ire notdurfft. Darzu so mag auch die stat zu ire notdurft tun howen, als sie herkumen sint.

Item man sol auch kein holtz in das lant geben, weder zu buwen oder in ander wise, dan in des richs dörffer, die in die pflegede zu der stat Hagenow gehörent. Darein mag man geben furheln holtz und kein anders, uszgenomen zu swellen und pfosten mag man in geben von altem eichenholtze, das zu snidende ist, und sol auch solich holtz geheischen und gegeben und gewisen werden, als vor stat.

Item wer holtz heischt in der stat oder in dem lande, dem es anders zu gebende gebürt, den sol man eigentliche fragen, warzu er es bruchen wil und wie vil er sin bedarff, und dan so sol man yme geben und heissen wisen uff das genogeteste, nit das man yme zu yegelichem stücke holtzes einen gantzen böme gebe und besonder so süllen die forster solichs uff das genoweteste überslahen und betrachten.

Item das ouch niemant burger oder lantman in dem forste oder von eichemholtze, das uff dem forste gestanden ist, machen sol latten, tugen, bodeme, speichen, sparren oder felgen, noch auch dehein bircken oder eichin reiffstebe, wer das brichet, der bessert funff pfunt pfenn. zu teilende als die egen. XXX schill., und darzu umb das eichenholtz ouch die egen. zwo besserunge.

Item das man kein holtz zu froneholtz fure, dann alte böme, dürre spisse büchins, birckins und derglich vnschedelich holtz, und das es in den hoff gefuret werde, oder do es von eins lantfougts wegen geheischet wurt, hien füren, also das es hofegesinde snit ungeuerlich. Und also das die, den es wurt, es nit furbaszer verkouffent und die die das fronholtz furent und innen darumb auch howent und fürent, das die ouch kein anders dan solich vorgerurt unschedelich holtz hawent und fürent weder inen nach andern und mit demselben vihe, do si das fronholtz mitgefürt habent.

Item das auch nyemant kein holtz hawe zu buwende dan unschedeliche böme, ligende oder stende, die do dürre sint und kein eicheln me geben mugent und zwentzig schuhe lang und gut zu buwende sient, als das man tielen oder treme[1] darus gemachen muge, und darzu ander dürre holtz und daup holtz.

Item wolte aber yemants buchins oder birckins howen, der sol es heischen dem, dem es von eins lantfogts wegen entpfolhen ist, und sol man es yme geben ein soliche zit und umb ein solich summe geltz, als das von alter her gewesen ist, das ist nemlich einen monat und darnach uff ein abesagen umb II sch.

Item die burglute und schöffene mugent semlich unschedelich holtz wol howen one heischen, als das von alter her gewesen ist, und sullent auch kein anders hawen, und solich holtz in iren husern bruchen und nit verkauffen oder an schulden geben.

Item das ouch nyemant keinen grünen eichen böm oder stange dicke howe oder kloppfe, das schedlich sy, noch auch nit stumele; wer das dete, der sol bessern, als ob er den böme oder stange gentzlich abegehowen hette.

Item das auch nyemant keinen rebestecken uff dem forste howe oder usz deheyme holtze, das uff dem forste gestanden ist, mache. Wer das bricht, von eyme karch vol ein pfunt und von eyme fuder zwey pfunt pfenn. zu teilende als die egen. XXX sch.

Item das ouch niemants kein sege uff dem forste bruchen sol. Wer das bricht, der bessert ye ein pfunt pfenn., ouch also zu teilende.

Item das nyemants kein bretstecken, blancken oder zunstecken uff dem forste machen sol. Wer das bricht, der bessert ye ein pfunt pfenn., als dicke das beschiht zu teilende als vor, und darzu obe er einen grunen eichböm oder stange abehowet, auch die egen. zwo besserunge.

Item das ouch nyemant büchin oder birckenholtz indewendig einre mylen wegs von der stat Hagenowe howen sol, es sie dann zu hebeln oder zu reiteln ungeuerlich; wer das breche, das der bessert von yedem karch vol 1 ℔ und von eyme fuder 11 lib. ₰ zu teilende als auch die egen. XXX ß. Und sol dis stück von der birckin und buchin holtz wegen weren funff jare, so zu nehste neheiander kumment, doch mit der gedinge, wer das ein lantfogt, meister und rate beduncken würde, das dis stücke in solichem zit zu andern notdürfftig were, mügent sie wol tun.

[1] Leitersprosse.

Item das die closter beide inwendig und uszwendig der stat alle dise vor und nochgeschr. ding auch habent, werent sy aber holtzes notdurftig, das sy nit van in selbs hettent, das mag man in geben, also das es alte bome und unschedelich sy als vor stat.

Item das nyemant uff dem forste keine rinde mache, dann von segeblöchern und den holtzern die man behawen und vieren musz; wer das bricht, der bessert ye ein pfunt pfenn., als dick das beschiht zu teilende ouch als die vorgen. XXX ß. ₰.

Item das ouch nyemant keinen jungen eichin reitel[1], oder keinen jungen eichen hebel oder wecken[2] uff dem forste howen noch machen sol, wer das bricht, der bessert von yedem stock XXX ß. ₰ zu teilende als vor und darzu dem rich sin alte besserunge.

Item wem buweholtz geben wurt, das er es in drin monotten noch der uszwisunge howe und usz dem walde fure, es sy dan, das es yme herloubt werde von eyme lantfogte und meister und rate; blibe es aber darnoch underwegen, so mag es darnoch ein lonherre an der stette gebu nemen, als das auch von alter her gewesen ist.

Item wem auch holtz geben wurt zu buwende, und das in die stat und burgbanne gefürt wurt, das er das in eyme jare verbuwe; tut er das nit, das es dan ouch ein lonherre an der stette gebu neme, es were dan, daz yme das zil herlenget wirde, von den die es yme geben hettent ungeuerlich.

Item das nyemant kein hagk oder geuelle uff dem forste uff howe noch desselben holtzes hienweg füren sol; wer das dete, das der bessert je und als dicke funff pfunt pfenn. zu teilende als die XXX ß.

Item das niemants dem andern sin gegeben und abegehowen holtz nemen sol, wer das brichet, der bessert von yedem karch vol X ß. ₰ und eyme fuder 1 lib. ₰ zu teilende als vor.

Item das die forstere kein affterslagen[3] me verkouffent, dan die inen von alter her zugehoren sullent, das sint mit namen affterslagen die XIV schuhe lang und gut zum buwende sint, dan inen die andern affterslagen nit zugehoren, sonder just yederman zugehoren sullent.

Item das ouch die förster by dem stock und uszwendig der stat pfenden sullent und nit in der stat, umb des willen, das sy zu walde und velde ritent oder gont und dodurch deste bas gehütet wurt.

[1] Knüttel, Stange. [2] Keil. [3] Abfallholz vom abgehauenen Baum.

Item das man auch kein gerute[1] ackere, maten oder blösse me uff dem forste mache oder gestatte zu tun, und wo die gemaht sigent, das man die förter nit nutze, sonder die wider losse wahszen und walt werden. Und wer heruber solicher stücke deheins mehte oder furer hielte oder nutzete, der sol bessern V ℔ ₰ zu teilende als die XXX ß.

Item auch sullent eyme schultheissen die wurtzelinge behalten sien und er der genyessen als von alter her, und wer sy jme harüber uffhowet, der sol jme bessern von yedem boeme, als ob er inen abegehawen hette und sullent die forster daruff hute tun.

Item die ziegeler, die die ziegelofen habent, die zu der stat gehorent, sullent holtz heischen und sol man es in geben als von alter har, also das es alte und unschedelich holtz sy, als vor stat.

Hier endigt die Handschrift.

[1] ausruhend.

VI

Gerichtsweisthum für Waldeck.[1]

Verzeichnusz des gerichtsweistumbs so den zweiten montag nach ostern und den montag über vierzehen tag darnach, und den montag nach den drey königtag und den montag über vierzehen tag darnach, so die 4mahl im jahr geschehen.

Erstlich spricht der vogt: Ir schöffen seit ihr hier, wie ir auff dieszen tag schuldig seit hie zu erscheinen?

Darauff antwort der scheffen und spricht: Ja.

Alszdan spricht der vogt, so dunckt mich sein die zeit vom jahr und die hoed vom tag, das man unser herrengericht besitzen und halten ist, und gebt mir antwortt.

Daruf antwort der scheffen und spricht: Vogt dunckt euch sein die zeit von jar vnd die hödt vom tag, das man unser herrengeding in aller guter ding besitzen vnd halten sei, so mocht ihr förter fragen.

Darauff antwort der vogt: Ir scheffen, so gebt mir forter antwortt.

Darauff antwort der scheffen und heischt alle mahl sein underding, ob er nit red, als er reden soltt, dasz er seines worts wandell hett, mit dasz er red, wie recht ist, und spricht: So sollt ir mahnen die scheffen zu den stuillen, und all diejenigen herin, die in diessem gericht dienstpflichtig sindt, dasz sie bey stehen und hören die erst und die zweit und die 3 mahnung, und bringen all dasjenig für, darumb sie möchten befragt werden.

Darauff antwort der vogt: Alsz der scheffen weist mit recht, so mane ich die scheffen zu den stuillen und all diejenigen herin, die in diessem gericht dienstpflichtig seindt, dasz sie hie stehn und hören die erst, die zweit und die drit mahnung, und bringen all daszjenig für, darumb sie möchten befragt werden und gebt mir furter antwortt.

Darauf antwort der scheffen als mit underding: So solt ihr thun diesem gericht bandt und friedten, das keiner dem andern seinen stul besitz, er gewinne in ihm dan dincklich an, auch keiner dem andern sein wort versprech, er thu es dan mit urlaub, schelt-

---

[1] Aus dem Habel'schen Archiv ad Nr. 380. Das nachfolgende Weisthum ist zum Theil übereinstimmend mit dem im 3. Bande der Grimm'schen Weisthümer S. 780 ff. abgedruckten Weisthum zu Obergundershausen, in welchem auch der Ort Waldeck genannt wird, welcher am Hundsrück liegt. Die Grafen Boos von Waldeck existieren noch jetzt.

wortt, uberpracht, argelist verbieten, so lang als man unser herrengericht besitzen und halten ist; ob einer wer, der das uberfoer und nit hielt, der sol sovil entgelten, als der scheffen mit recht erkennen kann, damit der obrigkeit ihr gerechtigkeit erhalten wirdt und den underthanen auch nit ungleich geschehe.

Daruf antwort der vogt: Als der scheffen weist mit recht, so thue ich diesem gericht bandt und friden, das keiner dem andern sein stul besitz, er gewinne ihn ime dan dincklich, auch keiner dem andern sein wort versprech, er thus dan mit urlaub, scheltwort, uberpracht, argelist verbiete ich so lang, als man unser herrngericht besitzen und halten ist; ob einer wer, der das uberfürt und nit hielt, der soll soviel entgelten, als der schöffen mit recht erkennen kann, damit der obrigkeit ihr gerechtigkeit erhaltten werde und den underthanen auch nit ungleich geschehe. Und gebt mir forter antwortt.

Darauff antwort der scheffen als mit underding, so solt ihr manen die scheffen bey ihren gethanen aiden undt den höbsmann bey seiner aidhafftiger hüllen, das sie auszgehen und bedenckhen sich und bringen all dasjenig für, was wider hobsrecht ist und antreffen mag der herren schad und gebt in die erst mahnung.

Darauff antwort der vogt: Als der scheffen weist mit recht, so mane ich die scheffen bei ihren gethanen aiden u. s. w. (*wie oben*) und habt die erste mahnung.

Darnach spricht der vogt: Ihr scheffen, ich mane euch bey den aiden, die ihr den herren und dem gericht gethan habt, dasz ihr mich weisz macht, wen man hie erkenn für seinen oberherrn diesses gerichts?

Darauff der scheffen antwort: Wolt ihr unsz haltten undt handthaben, wie von alters brauch ist?

Antwort der vogt: Ja ich habe keinen andern befelch.

Unsern gnedigsten churfürsten und herren pfalzgraff Friedrich erkennen wir für einen oberherren diesz gerichts uber leib, uber leben, uber schauff, uber brand, uber halsz, uber halzbeynn, zu jagen, zu fischen, zu rükhen, zu strükhen, so weit alsz der zirckel disz gerichts gehett, und den edlen ehren und vesten junckher Hansz Ruprecht Bosen amptman zu Waldecks auff dem thore, als zu lehen von unserm gnedigesten herren etc., doch dem lehnherrn und vogtherren ihres rechts unverlustigt.

Hierauf gibt der vogt ein urkund, kost. 1 alb.

Alszdann spricht der vogt: Dieweil ihr unszern gnedigsten churfürsten und herren pfalzgraff Friederich erkennt für einen oberherren des gerichts uber leib, uber leben u. s. w. (*wie oben*), so frage ich euch bey den aiden, die ihr den herren und dem gericht gethan habt, das ihr mich das weisz macht, wie weit der zirckel diesses gerichts gehet, das man wüsse, wo man wenden und keren soll, ob etwas darin zu geniessen were, damit man nit zuvil oder zu wenig thue.

Daruff spricht der scheffen als mit underding: Anfengllch an den Beulgersteg in der Ehren an, alsz zue Halberbach mit bey die klein Breysz, die klein Breisz heruff mit in die Banehell, von der Banehellen heruff mit in die Emelszer gasz, die Emelszer gasz hinab mit in dasz Hulzseiffen, das Hulzseiffen hinab mit in die Bay, die Bay hinab zu Halberbach mit in den Grehlwieszer graben heruff mit auff Schaurfelt, von Schaurfelt mit auff die Milchhoeke, da find man rein und stein, mit in die Mermodter bach, diese herab zu Halberbach mit an den Beuilgersteg, da es zuuor angegangen ist.

Dasz verurkhund der vogt wiederumb mit 1 alb. Darnach spricht der vogt: Ihr scheffen, ich man euch bey den aiden, die ihr den herren und dem gericht gethan habt, wan ein miszthettig mensch in diessem gericht erfunden wirdt, es sei mann oder weib, knecht oder magdt, das den tod verwirkt hatt, wer den angriff zu thun hatt?

Antwort der scheffen: Das soll ein amptman thun mit hülff des lehnherren und der vogtherren.

Dasz verurkund der vogt mit 1 alb. und spricht: Ihr scheffen, ich mahne euch auff die eid, die ihr den herren und dem gericht gethan habt, dasz ihr mich weisz macht, wan der angriff also geschehen ist, wo man dan mit dem ubelthetter hin solt, damit man der sachen recht nachsetzt.

Daruff antwort der scheffen (*das Folgende erscheint als ein Auszug aus dem Weisthum von Obergundershausen a. a. O. III. S. 782*). *Am Schlusse steht*: Es lest sich der hobsman mit recht bescheiden, wie sie dem amtman sein frohn und dienst schuldig sein zu thuen, und wohin sie ihm schuldig sein zu dienen, und wie er sie schuldig sei zu haltten.

Daruf antwort der scheffen und spricht: Es soll der amptman zu Waldeke auff den thore die underthanen in allem gehorsam haben, sein frohn und dienst zu thun, wie ander leibeigen underthanen ihrer obrigkeit auch schuldig sein zu thun in aller billigkeit, aber sonst mocht ein amptman so weit gesessen sein, man wer im nit schuldig, dahin zu fulgen, sondern auff den hohen thore zu Waldecke. Dagegen ist ein amptman oder ein diener auff dem thore den underthanen schuldig, die cost zu geben, dasz sie können ausz und inkommen und dem vieh sein futter, damit sie weg und steg gebrauchen können.

Hierauf folgt: Verzeichnisz der leut, so zum thore Waldecke oder zum ampt Waldecke gehörig sein, so auszwendig dem ampt sitzen etc.

VII
Pfälzer Weisthümer.

Das königl. Archiv zu Speier enthält einen reichen Schatz alphabetisch geordneter, zum Theil noch nicht gedruckter Weisthümer aus der Pfalz, aus welchem ich die hier folgenden mittheile, welche zum Theil rechtsgeschichtlich sehr interessant sind.

Nr. 1. Alsenz.[1]

A.

Item was der ersam scheffen weiszet, das weist er mit undergething, und wair es sach, das unsem hern ober arm man kein genugens hetten an unszem weiszthumb, so haben wier ein herlichen obirhoiff, da wolten wier es hinbringen, und was uns da geweiset wurt vor ein recht, das wolten wier forther vor ein recht geben, unsern aidten und eheren onbeschmitzt.

1. Zum ersten weiset der erbar scheffen unserm hern uff iren gerichten ubir briech und freuel, gebott und verbott und nimants anders, und ubir ire zinsz und gultten alsz ferre als in gericht ist, und ob ymant ettwas gerechtigkeit in irem gericht, das entweist nimant.

2. Darnach weist der schöffen, wan unser hern knecht unserm hern ire zins und gult wollen uffholen, so sollen sie aicht las zuuor verkunden, sonderlich waitz und habern uff der cantzlei odir vor der gemeind, das sich der arm man darnach wisz zu richten, und wan derselb tag also bestimpt und genent wurt, so sollen unser hern schultessen zwen schöffen bei in han und nit minder, ob es sach weir, das der arm man sein zins geben hett, und die schultessen also vergessen weren, das sie ime das nit gestunden, so sollen die schöffen das gesten, das der arm die zins geben hett, auch herwidderumb, ob der arm man also lasz wer und sprech, er hat den schulthessen den zins geben und nit were, so sollen die schöffen auch erkennen, das er in nit geben hett. Herumb weissen wier mit recht, wer do gibt waitz und habern, der gibt ein semern weisz habern, das haben unser voraltern uff uns bracht.

---

[1] Oestlich von Obermoschel. Schrift des 16. Jahrh. Anfang fehlt.

3. Item also die schultesse und scheffen sitzen den ersten tag bis die sonne scheint an den westergöbbil, ist in dan der tzins worden, ist gutt, ist er aber in nit worden, so sollen sie sitzen den andern tag mit bis preim[1] zeit, und was sie lenger sitzen, das thun sie den armen leuden zu gutt, und wes in der zins nit worden ist, so mogen sie daruff dingen und cost iglich dingung zweinthig heller und seint solcher dingung vier, und wan die dingung also geschehen seint, wie recht ist, so macht es neun schilling minus ein heller, und ist das underpfandt dan ein haus, so sollen unsern hern knecht die schultessen denselben pfenden, den sie dorin finden, vor den schaden und den zins. Ist es aber ein erb uff dem veld, und wen sie daruff finden, hablich und buhlich[2], den sollen sie pfenden vor solichen schaden und zins, auszgeschiden den hiertten und den landtman.

4. Weiset auch der erbar scheffe, wan sich zween mit recht begriffen an dissem gericht und einer vor urthel zu hoiff hiesz (?), der wer dem gericht verfallen.

5. Item ob zween dedingen wolten mit recht und einer als hochmutig weir und nit burgen setzen, so sollen unser hern knecht denselbigen greiffen und inlieffern in unszer hern nehst enthalt, das weisen wir mit recht. Und wan sollicher rechtstag gesatzt und bestimpt wurt, so sollen unszer hern knecht den man widder her lieffern vor gericht, uff das idem rechts geschehe.

6. Item were es sach, das ein gut mit recht angenomen wertt in unszer hern gericht, und dasselb enteussert und in ein ander gericht komen weir, so sollen unszer hern knecht das widder schaffen in unszer hern gericht, das dem cleger rechts geschehe und geholffen werd.

7. Item weir es sach, das zwen sich schlugen uff unser hern gericht mit drucken strichen, die hetten verbrochen den minsten freuel, das ist einem VIII sch. hell.[3]

8. Item weir es sach, das zwen als muttwillig weren und sich schliegen und weir verschrotten und bluttige wunde, die hetten verbrochen den hohsten freuel, das ist neun ꝉꝉ heller und ein helmling.[4]

9. Item weir es sach, das er einen erwunde umb erkant schult und wolt im nit pfender geben nach bescheit der schultessen,

---

[1] prima, die erste Stunde nach der matutina.
[2] begütert und angesessen, s. Haltaus, Glossar. germanicum s. v. *haeblich.*
[3] freuell, nemlich achthalb sch. h.: B. [4] helbling: B.

das im der schulthes zu hausz muist ghen[1], der hait verbrochen VIII[2] sch. hell.

10. Item sollen der schöffen drey ungeboden dinge suchen unuerbotten, und wan er sollichs nit thut sonder redlich ursach, so hait er verbrochen vierzig pfenge.

11. Item welcher beguttit ist in unser hern gericht, er setz zu waltt odir gawe, und die ungeboten dingetag nit ensucht, der hait verbrochen zwintzig pfennig auszgeschiden gaistliche guttir.

12. Item, das erst ungebotten ding sall gehalten werden am nhesten montag nach dem aichtzehensten, der zweit am montag nach sant Johans des deuffers tag, das drit an dem montag nach sant Remigius tagk.

B.

Dorna dasz weystumb, wie es hinfuro zu Alsentz zu haltten.[3]

Erstlich weissen und erkennen wir die scheffen unserm gnedigsten fürsten und hern, hern Wolfgang pfalzgrauen bey Rein, herzog in obern und nidern Beyern und grauen zw Veldentz vor einen oberhern uber gericht, verbot, gebot, zins, rent und gult, doch andern an irrer gerechtigkeit der zinssen und gultten halben nichts benomen.

Item weissen und erkennen uns. f. gn. wir für einen oberhern uber bruch und freuell uf irren f. gn. eygen gerichten.

Im Uebrigen besteht im Wesentlichen Uebereinstimmung mit dem ersten Weisthum Kap. 1—12, nur wird vor Kap. 3 folgendes eingeschoben:

Item so einer eines verbrochenen freuels halben nach ordenunge des rechtens erfordert wurde und denselbigen nit entricht, so verwirckt er die strof wie hernach volgt.

Zum ersten, so der schulttes den strafwirdigen fürheischt, so ist ein ermanung.

Zum andern, wo derselbig furtter ungehorsam ist, so verfelt er dem geringsten freuell, als achthalben sch. h.

Zum dritten, im fall derselbig den verfallenen freuell noch nit entricht, so verwirckt er zwo straff des minsten freuels, nemlich 15 sh. h.

Zum vierten verfelt er zwo straf des minsten und eine des meinsten freuels.

---

[1] das der schultes ferner doruber handeln vnnd von ampts wegen zu haus gen must . . . .: B. [2] achthalben: B.

[3] Etwas jünger, aus der Zeit des Herzogs Wolfgang (1544—1569).

Nr. 2. Asselheim.[1]

Weisthum über des Klosters Rosenthal Gerechtigkeit zu Assenheim.

Zum ersten, weist der hübner der frauenhoff von Rosenthal gelegen am dorff Asselheim mit aller seiner zugehörste frey, eigen, ohn aller herren schatzung, atzung und ohn aller herren uberlast und beschwehrung, wie von altem herkommen, und wo sie darüber getrieben, beschiehet ihnen der jungfrauen gewalt und kein recht.

Zum andern, weist der hübner: währ es sach, dasz einiger mensch ein malefitzsach, so da lebenszstraff erfordert, beging oder begangen hätt, esz sey mit stehlen, brennen, rauben, morten oder anderer böser stück, und dann derselbig boszhafftig mensch in berührten hoff von Rosenthal wiechen, so soll er darinnen frey und ohne verletzt drey tag sich auffhalten und verbleiben und auffgehalten werden, kan er aber in wehrenden drey tagen sich hinwegbringen, so ist er seiner verdienten straff entledigt, geschieht solches in den wehrenden drey tage nicht, so soll der besitzer des Rosenthaler hoffs den boszhafften menschen dem dorffsherrn oder ihren befehlszhaber vor das thor desz hoffs auf die strasze zu liefern, umb zu gebührlicher straff zu nehmen.

Zum dritten, weist der hübner, dasz in dem obgenanten hoff alle jahr jährlich auf St. Martinstag desz h. bischoffs, oder zu zeiten desz hubgerichts der schultesz und hübner der frauen von Rosenthal ihre freyheit, herrligkeit und recht wisen zu sprechen und erkennen, wie vor alters her.

Zum vierten. So der schultesz und hübner uff obbestimmten St. Martinsztag dasz gericht halten wolt oder darnach, so soll er zuvor zwen tag solches den jungfrauen ansagen, alszdann soll er im ermeltem hoff finden gebacken weiszbrodt, schweine und rindern fleisch, auch guten desselben jahrsz gewachsenen wein, nicht zum besten, auch nicht zum bösten zu ihrer nothdurft dem schulteisen und hübner, dasz daran kein mangel sey, und genugsam versehen, darbey niemandt mehr erscheinen, essen oder drincken soll, er sey dann ein mitbegüter oder hübner, da sie dann etliche gesetzt sollen werden äuszerm halben windt und schnee mit genugsamen fewer, derbey sie sich wermen mögen.

Zum fünfften soll ein jeder hübner weib und kinder zu hausz laszen, zu solchem hubgericht nicht bringen, esz währe dann sach,

[1] Abschrift 17. Jahrh.

dasz eine wittwe oder die kinder an stadt ihresz abgestorbenen vattersz erschienen, ihr gut retthen, zinsen und gülten geben wolten oder sonst da zu schaffen hätten.

Zum sechsten, währe es sach, dasz jemandsz uff ermelten St. Martinsztag oder so man gericht halten wolt, einen excess, frevel oder muthwillen in ermelten hoff bringen, so soll derselbe ja auch, wer der sey, von schulteisen und hübner nach gelegenheit der sach gestrafft werden und der halbe theil dem gericht, und der andere halbe theil der frauen von Rosenthal unumbläszig folgen und bezahlt werden, und wo die straffsherrn den ubertretter auch straffen wolten, sollen sie das zu thun macht haben.

Zum siebenten, wann ein auszhübner uff den obgemelten St. Martinsztag oder zu gerichtszeiten zu dem hubgerichte kähme, so soll er dem schultheisen, der dann da ist, befehlen, dasz er sein pferdt in das drücke (? tränke) zu stellen verschaffen soll und ihme ein joch rähner (?) voll hewes zu geben verordtne.

Zum achten, so soll man uff obgemelten tag alle gefreyte hubgüter lesen und bey verlesung derselben güter ein jeglicher hübner sein zinsz und verschienene gülten ohne alle weigerung und einredensz auszrichten und bezahlen demjenigen, so die jungfr. von Rosenthal dahin zu empfahen verordtnen, alles bey sonnenschein gemelten St. Martinsztag oder zu gerichtszeiten. Welcher aber seine zinsz und gült wie gemelt bey sonnenschein nicht bezahlt, der hat verwürckt und verbrochen dem gericht 32 wehrungszheller und zwey schöne weiszbrodt und seine güter mit aller beszerung und nutzen, die hubgüter sein verlohren, also dasz der schultesz und hübner gleich den andern nächst nachfolgenden tag nach bestimmtem St. Martinsztag oder gehaltenem gerichtstag selbe güter ja auch hinter wem sie gelegen zu eigenen händen den anderen mitbegüterten hübnern, sofern da einer währe, der esz annehmen wolt oder zu haben begehrt, uff bezahlung der zinsz zugestellt werden; wo aber dero keiner da währe, alszdann sollen solche güter der frauen von Rosenthal zugestelt und übergeben werden, darmit zu thun und zu laszen, alsz mit andern des clostersz eigenen gütern.

Zum neunten, soll ein jeder begüteter und hübner geloben und zu gott schwehren, sich dieses weiszthumbsz, so viel esz die hubgüter belangt (und weitersz nicht), dem weiszthumb gehorsamb zu sein, und allesz, so hierin geschrieben steht, wisen und nachkommen.

Zum zehenden, währe esz sache, dasz der bestimbt St. Martinsztag uff einen freytag, sambstag oder sonsten uff ein ungelegenen tag fiehl, so soll man solch hubgericht allwegen halten uff den nächst folgenden montag nach bestimbten St. Martinsztag, doch allesz nach gelegenheit der hübner uber 4 oder 5 tage nicht zu verziehen, und soll zu solchem hubgerichte ein jeder mitbegüteter mithübner erscheinen bey der gemelten straff der 32 wehrungsheller und zwey schöner weiszbrodt, und dasz er mitnehm der seine zinsz und gült wie obgemelt bey derselben straff bezahle, darinnen niemandt ubersehen werden soll, er sey dann kranck oder in herrengeschäffte, so soll er doch seinen nothbotten mit bezahlung desz zinsz solchen tag übersenden allesz bey obgemelter straff.

Zum eylfften, so ein oder anderer mann zum hübner wirdt, in welchem weeg sich das begeben solt, so fält dem hubgericht ein virtel weinsz und zwey schöne weiszbrodt, dem schultheisen ein schweinegehenck, daszelbig schweinegehenck mag der newe hübner wieder lösen mit 18 wehrungsheller.

Zum zwölfften, sollen alle hubgüter nirgendsz andersz denn vor dem hubgericht verwehrschafftet und uffgegeben werden.

Zum dreyzehenden, währe esz sach, dasz sich zwischen den hübnern irrung zutrüge ihrer hubgüter halben, und weitersz nicht, und dann sie den angesetzten St. Martinsztag nicht erwarten, sollen uff ihrer beyder theil ansuchen und begehren mit erlegung beyder theilsz uncosten gericht und recht in obgemelten hof zu jeder zeit gehalten und geuhrtheilt werden, wasz alszdann der hubgüter halber erkant wirdt, darbey soll ein jeder ohne weiter suchen und appelliren bleiben, und der rechthabendt das geniesen mit erstattung desz andern theilsz uncosten, oder wie sich dasz durch die hübner in rechtsprechung entschlieset. Währe es aber sach, dasz der hübner sich zu befragen nothürfftig währe, soll er macht haben, diesesz an die würdige frau zu Rosenth. zu hinterbringen und eines gantzen conventz alsz eigenthumbszherrn zu befragen, desz entscheidensz geloben und nachkommen.

Zum virzehenden, wo auszerhalb Martinsztag oder gerichtszeit einiger frevel oder muthwillen in ermeltem hof begangen würde, den sollen die dorffherren straffen und den hoff mit dem ingesünde, wie vor altersz alsz ein gefreit geistlich guth und personen von allem gewalt beschützen und beschürmen.

Nr. 3. Alsensborn und Enckenbach.[1]

Weiszthumb beyder gemeinden der zweyen dörffer Alsensborn und Enckenbach, so gehalten worden den 22. Novemb. anno 1581

[1] Papierheft von 85 Bl. (vidimirt im Jahre 1770 nach einem alten Heft), Bl. 23[b] ff.

in beyseyn des ehrenhafften Jacob Landsperger landschreibers zu Lauteren, ufm jahrgeding zu Enckenbach durch den schultheiszen zu Alsenzborn Hansz Beckern also neulich geweiszt und ausgesprochen, wie nachfolget.

1. Zum ersten weiszen die zwo gemeine Alsensborn und Enckenbach unsz. würdigen herren dem probst zu Enckenbach vor ein obersten gerichtsherrn, als zu dem halben theil, und weiszen dar affter fürter unsz. gn. h. den pfaltzgraffen auch vor ein gerichtsherrn als zu dem andern halben theil, und weiszen furter den zweyen herren zu alle herrlichkeit und freyheit, als weit als unsser gemarck unterstockt und untersteint ist, und weissen fürter den zweyen herren gebott und verbott.

2. Wir weissen auch ihnen zu frevel und bruch, hagen und jagen, als weit unser gemarken unterstockt und untersteint ist.

3. Item forter weiszen sie unsz. gn. h. pfaltzgraffen vor ein schirmherrn und vor ein karstvogt[1], und dasz er hat zu richten uber halsz und bein und das übel zu strafen.

4. Item weiszen sie fürter unsz. gn. h. pfaltzgr. den wildfang zu, die menschen, die uber berg und thal einziehen in die gemeinschafft der zweien dörffer Alsensborn und Enckenbach, und daselbst sitzen jahr und tag ohnersucht ihrer leibsherrn, die hat unsz. gn. h. anzunehmen und sie macht zu behalten gleich seinen eigenen leuten.

5. Item weiszen sie fürter unsz. gn. h. pfaltzgr. die frohnd zu.

6. Item weiszen sie fürter den zweyen gemeinden ihnen zug, wasser und weide und das alment vor eigenthum, doch welcher zu Enckenbach uffs alment bauet, als häuser, der musz der herrschafft zinsen wie von alters her.

Dies obgenant weiszthum haben die alten uf uns herbracht.

Folget[2] nun das gemeine weiszthum.

Zunächst werden die Trifften, Weide, Wege u. s. w. beider Dörffer, sodann die Grenzen festgestellt, sodann folgt Bl. 10^b ff.:

1. Item ferner weiszen wir hiermit recht, welcher zu uns ziehen will, der soll sich zum ersten zu der obrigkeit verfügen, und wann er drey tag feuer und flamm hält, soll er alle herrn frohndienst und aller der gemeind beschwerung zu leisten schuldig sein.

2. Item welcher ein gemeindsmann wird, soll der gemeind 2 fl. geben, ist er aber ein einheimischer, gibt nur $^1/_4$ wein, 2 ℔ brod mit 48 xr.

---

[1] kastvogt. [2] Bl. 3 ff.

3. Item welcher schwein kaufft und solche einschlagen will, soll solche vor Jacobi kauffen, kaufft er solche nach Michaeli, ist er das ackergeld als ein frembder zu geben schuldig.

4. Item weiszen wir mit recht, dasz ein jeder seine gräben im soolgrodt bisz uf die Loochbach 2 schuh weit auswerfen solle bey straff ein viertel wein und sollen solche alle jahr auf Gertraudentag gemacht seyn . . . .

5. Item weiszen wir, wann der gemeind geläutet wird und ist ein gemeinsmann noch zwischen den bandzeunen, so soll er wieder zurück zu der gemeind gehen bey 3 alb. straf . . . .

6. Item weisen wir, wo es sach wäre, dasz beklagter sich mit mit dem kläger zu der ersten, 2ten und 3ten klage vertragen wolt und vertragen hätten, so soll er macht haben, mit solchen kosten abzugehen, im fall aber es sach wäre, dasz kläger mit recht eingesetzt würde, alsdann soll der eingesetzte kläger den tagkosten zu tragen schuldig sein.

7. Item weisen die gerichtsleut mit recht, so ein hüber an dem ernannten zinsz- und gerichtstag ausbleibt, soll er dem gericht $^{1}/_{4}$ wein verfallen seyn.

8. Item weisen die gerichtsleute, wo ein guth über nacht ohnverhubt liegt, soll solches dem gerichtsherrn verfallen seyn, und wo es sach wäre, da einer etwas an sich erkaufft oder getauscht hätte, und des gerichtstag nicht erwarten könte, soll er einem gerichtsschultheisen anzeigen.

9. Item weiszen wir, welcher ein hüber gesetzt, der soll dem gericht 24 alb. und 2 ₰ brod zu erlegen schuldig seyn.

10. Item wann ein hüber sich enteussert, der soll dem gericht $^{1}/_{4}$ weins und 2 ₰ brod geben.

11. Item weisen die gerichtsleute, wan ein huber abstirbt und vieh verläszt, soll dem gerichtsherrn ein grün besthaupt zu erlegen schuldig seyn.

12. Item wer für gericht ein uftrag thut, soll dem gericht 7 alb. 2 ₰ zu uftrag geben.

13. Item so einer wäre, der das gericht vor sich selbst versammlen wolt und von nöthen wäre, derselbig soll den tagkosten erlegen und soll das gericht die irden (?) bey sonnenscheyn machen. Auch welcher sich überisset und trincket, dasz er es wieder von sich geben müste, derselbig soll auch dem gericht ein tagkosten verfallen seyn.

14. Item weisen wir, so einer ein kind verheurath, welches ein hüber wäre, soll er dem gerichtsschulteisen anzeigen, ehe er es

verändert, so er aber nicht anzeiget, soll er dem gericht 1 ortsgulden schuldig seyn.

15. Item weiszen wir, welcher der gemeinde etwas zu thun schuldig wäre, soll das gericht ohnersucht der obrigkeit denselben zu pfänden macht haben, alle pfändung 1 orthsgulden zu straff und solle nach den 3 vierzehen tagen die verfallene pfändung zugelassen werden, wie bräuchlich.

16. Item weisen wir, welcher bey der gemeinde ein verbott verseumt, ist 6 alb. zu straff schuldig.

17. Item weiszen wir gerichtsleuth mit recht, wann ein gerichtsmann uf dem gerichtstag wäre zwischen der Mosell und dem Rhein, soll es den tag daheim seyn uf $^{1}/_{4}$ wein straf.

18. Item weiszen wir, welcher sein sau oder ander vieh im tag nicht einthut und zu schaden gehen möchte, verbricht 1 orthsgulden, und zu nachts 10 albus, soll am kreutzmontag an und Martini wieder ausgehen.

19. Item weiszen wir mit recht, welcher ein gerichtstag ansetzen thut und denselben eigener person oder durch einen vollkommenen anwald verseumet oder aber nicht halden könt, soll er demselbigen für den dritten tag uferkünden, im fall solches nicht beschicht, soll er den tagkosten zu erlegen schuldig seyn.

Nr. 4. Altripp.

Rechtspruch[1] und weiszthumb desz dorffs Altripp, welches mit vorwissen und gutachten churfürstlicher Pfaltz amptleuthe zur Neustadt im monath junio ann. 1602 renoviret worden.

1. Zum ersten weisz das gericht und ältisten zum rechten, dasz unser gn. churfürst und herr etc. pfaltzgraff etc. als obergerichts und grundherr uber dorff und gemarcken, uber waldt, wasser und waidt, grundt und boden, stein und stock, hagen und jagen alhie zu Altripp fallen hat die gebürliche beeth und michelsteuer, an der graszmudt aber gibt einer so viel als der ander, der alhie ein gemeinszman ist.

2. Zum andern weiszen sie von wegen unsz. gn. h. einem schultheiszen fünff sch. h. rechter beeth und frey mit seinem eygnen gutt, einem büttel viertzig heller, der die beeth einsamlet und uberlieffert an die orth, da man ihn hinbescheidt, ohne unsz. gn. h. schaden und der gemein.

3. Zum dritten soll zu pfingsten ein jeder ausmärker vor dem gericht erscheinen und soll sein gütter verstehen, soll bringen sein

[1] Zwei Kopien auf Pergament und auf Papier.

schutz und zinsz von einem jeden morgen zween pfenning zu schutz und zween pfenning zu zinsz; darnach doppelbeeth gegen einen gemeinsman. So er nicht erscheint, soll er dem gericht schuldig sein 5 sch. h.

4. Zum vierten, wan zween uneins werden und sie ropffen einander, so ists die gemein nit sculdig anzubringen, clagt aber einer vom andern, so ist der schultheisz schuldig anzunehmen und sie an orth und endt bringen, dahin sie gehören, ziehen sie aber meszer ausz, und die spitzen kommen vor die scheiden, soll es die gemein anbringen; da ist unsz. gn. h. die freuel gefallen, stehet darnach zu unsz. gn. h. ambtleuthen, die mögen sie hoch oder nider halten.

5. Zum fünfften weiszt man von der atzung wegen jetzundt das atzgeld, vor zeiten aber hat man zwey theil in holtz und in hau deme, so die atzung gehalten hatt, auff das er unsz. gn. h. dienern die stuben werme, die stall streue zu steur geben, der dan nichts darvon rechnen sollen. Item sie weiszen die rechte strasz, niemandt uber das seine zu weiszen, und was einer mag erhalten, was ihm schaden geschehen ist, mit der treu und einem aidt soll ihms die gemeindt bezahlen.

6. Zum sechsten weiszt man von der kirchen wegen, dasz die herrn desz thomcapituls zu Speyer oder praesentzmeister sollen die kirchen halten in gewöhnlichem bau, glocke und strang, thurn und mauern, in summa allen kirchengebresten, den pfarrhof und gantzen widdumb einen pfarrern der dem volck gnugsam ist zu einem vorweyszer. Es soll auch ein pfarrherr, der bey unsz wohnt, ohn unsz. gn. h. und der gemeindt schaden bey unsz. wohnen. Ein glöckner solle alle zeichen zu gebürlicher zeit leutten und soll auch der glöckner ein gemeinszman sein. Darnach sollen sie die gemelte herrn von Speyer zwo pfündiger kertzen uff dem inwendigen altar, zwo halbpfündiger uff die euszersten, die sollen brennen zu allen gebürlichen zeiten, solches sollen sie halten ohne unsz. gn. h. und der gemein schaden.

7. Zum siebenden weiszt man von desz fahrs wegen, wer das under handen hatt, so ein gemeinsman hieuber fährt, verdient er lohn, ist er dem fergen schuldig, verdient er keinen lohn, ist er dem fergen nicht schuldig, soll ihn führen wie ein frembder.

8. Zum achten weiszt man zum rechten von der au wegen, wer die under handen hatt, der soll ein schützen hie in der gemeindt halten auff das, wan man jemandt darinn ergreift, soll mans hieher treiben hinder einen schultheiszen, geschicht ein schadt, das sie es

nicht leiden mögen, soll ihm der schultheisz leuth geben vom gericht und von der gemeindt, was dieselbig schätzen, soll ihm bezahlt werden. Es hat auch ein jeder gomeindsman einen auszländer darinn zu pfenden und zu rügen; darumb hatt ein gemeindt den weidtgang; es steth aber die ainung, einem gemeinszman nit höher zu geben, als wan er in desz dorffs gutter gebrochen hette, ein auszmärker mögen sie halten wie sie wollen.

9. Zum neunten weiszt man von dem Speyrer weg, das der so gütter da hatt, soll ein zaun darumb halten mit sieben edern[1], wo dasselbig aber nicht geschicht, so gibt die gemeindt noch niemandt nichts vor den schaden, dieselben begüteten aber mögen einander halten, wie sie wollen.

10. Zum zehenden, welcher hie bauen will, dem gibt man vychten holtz von Michelstag an bisz zu St. Peter stulfeyer genant, umb fasznacht bollen und rüsten bisz zu St. Georgentag; es soll aber dasselbig holtz verbaudt sein und auffgeschlagen zu St. Johannis desz teuffers tag. Wo aber solches nicht geschicht, hatt er von einem jeden stück 5 sch. ₰ verlohren zu St. Johannistag, umb weynachten auch gemauert, gedeckt und geklebt sein, so es nicht geschicht, hatt er abermahl 5 sch. ₰ verlohren; und wo ihm 5 schuh am holtz uberbleibt, ist er der gemeindt von einem jeden stück 5 sch. ₰ verfallen.

11. Zum eylfften, soll keiner kein holtz, der in der gemeindt ist, so uff der almen wächszt, verkauffen, er soll es hauen, binden und alsdan, so es ihme feil, soll er es einem nachbarn im dorff geben, soll es auch nicht haben einem auszländischen zu verkauffen, zu schencken, auch alle meuterey zu vermeiden bey der straff einer gemeindt 5 fl. und unsz. gn. h. peen.

12. Zum zwölfften, soll das gericht alle ungebottene gerichtstage die bau in der gemeindt besehen, ob sie auch in schwellen und dach gehalten, und so einer sträfflich erfunden wirdt, soll er 5 sch. verfallen sein.

13. Zum dreyzehenden und endtlichen, wirdt von altem üblichem brauch her auch durch den rechtspruch gewieszen, da ein auszmercker ein gut kaufft, so in Altripper gemarcken gelegen, und kein blutsfreund daszelb in vier wochen und zween tagen löszen könte noch wolte, so hat die gemeindt oder ein gemeinszman alsdann nach solcher zeit noch in vierzehen tagen hernach macht und fueg, die loszung, wie recht ist, zu thun und daszselbig gutt zu löszen.

---

[1] eterzaun = geflochtener Zaun.

Und deszen zu wahrem urkundt hat juncker vicedomb und herr landtschreiber ihr ambtssecret neben desz dorffs Altripp insiegel hieran thun hencken. Geben und geschehen uff jahr und tag als obsteth.

Endte des weiszthumbs zu Altripp. Copirt den 19. Juni 1660 uff oberambts befehl.

Sonsten wegen habender gerechtigkeit ihro churfürstl. durchl. unsz. gn. h. gegen die benachbarte ist man alhier nichts bewuszt.

Nr. 5. Schöffenweisthum zu Bliescastel (1421).[1]

Es ist zu wissen, das die 21 scheffen uff montag nach sant Jacobstage anno dom. 1421 in Castel[2] gewesen synt und haint gewyszen als hernae geschrieben steet.

1. Item zum ersten hain sie gewyst, also vor die 21 scheffen sytzent und wanent also vor[3] endet der herrn gericht.

2. Item haint sie gewyst, das die zween herrn, nemblich unser gnediger herr von Trier und der von Lewenstein macht haben alle gesey[4] zu geben, kleyn und groisz, nist uszgenomen, und sol der scholtesz und der hund[5] die von der herrn wegen geben, und welcherley boessen und freuel dauon fallen, die synt der zweyer herrn gemeyn, iglichem das halb.

3. Item haint sie gewyst, das die kleyn boesz synt 5 sch. und die messerwonden 11[6] sch. und 1 hlr.

4. Item haint sie gewyst, welchem mann in das jargeding geboden wirt, die inn dem gericht sitzet und nit der inn komet, der sie 9[7] sch., es sy dan, das er oder syn herrn gewyssen konden mit brieff oder kuntschafft, das er das nit thun sal.

5. Item hain sie gewyst, were es, das noit geschee an dem huise zu Castel zu machen von zunen und blancken, so sullent alle, die inn dem gericht sitzent, iglicher zwoe pfert faren und dazu helffen, und wer das nit dede, der were die buesz als dick ime das gebotten wurde, und man sall im das gebietten zu thun, er kont dan gewysen, das er es nit tkun sal.

6. Item hain sie gewyst, wurde den herrn ire gut genommen, wan den dan gebotten wurde, die in dem gericht sitzent, die sullen nachlauffen eyn tag und nacht, das gut zu beschueden, das best sie moegen.

---

[1] Zwei vidimirte Kopien aus dem königl. Archiv zu Coblenz im Perpetuale Johannis II arch. Trev. VII. 1765. Die Lesarten der zweiten Abschrift folgen in den Anmerkungen. Vergl. Grimm, Weisth. II. 30.

[2] Erffweiler: 2. [3] fern: 2. [4] gerichtes maasz; geseig: 2.

[5] hunne, centenarius. [6] 60: 2. [7] 60, das ist die höchste busz: 2.

7. Item haint sie gewyst, were es, das eyn undedig mann begriffen wurde inn dem gericht die 21 scheffen sitzent, an welchem ende das were, die sollent den antwurtten, da er begriffen ist, dem huysze ghen Castel, da sal man den dumen und stelen den vur den scheffen zu Castel, e er vur die 21 scheffen kome, und sal dan das huisz zu Castel denselben man antwurtten Aszwyler an das hundgadern oder uff die frie hobstat zu Aszwyler, und sal der hund den antwurtten an die Buchenstud, und sol ine der scholteis von Ormszheim holen und den furen an das gestul, da das gericht sitzet, und sal der hund die leiter besorgen und die von Omerszheym den galgen und eyn eygenwidt[1], lincks gedreett, und eyn hainbuchen knebel, und das lest urtheil uber in geben.

8. Item haint sie gewyst, das der von Castel swyn macht haben zu geen und zu weyden mit ghen Habkirchen und under dem molenrade drincken und auch mit ghen Blieszbrocken zu weyden gaen.

9. Item haint sie gewyst, das sie fliehen und fliessen wasser und weyde habent von den zweyen herrn, den das gericht zuhoert.

10. Item haint sie gewyst, wer es, das eyner in das gericht queme oder da were und dain recht begert und gutt dain verlyben wult, das soll er thun mit den amptluden, die zu dem gericht gehoerent, und queme eyner zu dedingen dain, und quem es zu eyner rachtong, und wurd eyn broch daruff gesatzt, und ward die rachtong gebrochen, so sall der broch den herrn werden und den raitluden, wie es dan von den raitluden gemacht were.

11. Item haint sie gewyst, were es, das den luden in dem gericht sitzent, wem die zugehoeren, ire gutt genomen wurde, so sullent die herrn ire gutt laissen staen, das ine genommen wurde, und das ander helffen beschuden, das best sie moegent und sullent nachziehen eyn tag und nacht. (*Folgt die Grenzbeschreibung.*)

Nr. 6. Bosenbach.[2]

Anfenglich wan unser gn. h. der Reingrauen ambtleuth zu Dahun oder Grumbach das jarding zu Bosenbach halthen wollen, ist herkommen, das solches zu dreien virzehen tagen ihrer gnaden solches zu Bosenbach uff der kantzell in den kirchen durch einen pfarher verkunden lassen soll, wo solches nit geschicht, ist das gediehen[3] zu weissen nicht pflichtig oder schuldig, als dann so die ambtleuth auff den tag, daran das jharding gehalten wirt, erscheinen und

[1] Strang aus Eichenzweigen (Weisth. II. 30).
[2] 16. Jahrh. Papier.
[3] Gemeinde.

begeren an das gediehen unsers gn. h. Reingraffen gerechtigkeit und obrigkeit zu Bosenbach zu weisen, so fragt erstlich das gediehen ein ambtmann zu Grumbach, ob er von unseres gn. h. der Reingrauen wegen, als inhaber des schlosz Grumbach das gediehen bei ihren alten herkommen und rechten wölle bleiben lassen, sagt er jha ohne alle auszrede, so weiszt das gediehen uns. gn. h. dene Reihngraffen ihre gerechtigkeit, ober und herligkeit, wie von alters auff sie bracht, sagt er nicht stracks ja, sondern wolt neuerung inziehen, so weisen sie nicht, dann solches von alters herkommen, und im fall so die ambtleuth ja sagen, fragen sie, wen man erkenn für einen oberherren im bezirck Bosenbach uber halsz und uber halszbein, uber dieb und diebin. Antwortt des gediehen, das uns. gn. h. die Reingr. als inhaber des hausz Grumbach oberhern seien in dem bezirck gehn Bosenbach gehörig von der erde bisz an den himmel uber halsz und halszpein, uber dieb und diebin, darnach wirdt der bezirck, der allen nachparn kundtlich und wol wiszlich ist, gewiesen.

Volgents weiszt das gediehen, das in solchem bezirck Bosenbacher banns freiheithen von alters auff sey kommen seien, die sie noch weisen als kein bannwein, kein ungelt, kein banbackhausz, kein bannweide, kein banwasser und dergleichen uber berg und uber thall.

Zum andern fragen die herren oder ambtleuth, woher dem gediehen solche freiheithen kommen und was unsere herren die Reingrauen dargegen haben. Andtwort das gediehen, das solche freiheithen von altem her auff sie bisz auff diese zeith bracht und haben dagegen uns. gn. h. die Reingr. im bezirck Bosenbach fallen zehenden, zinsz, gulden und renthen.

Zum drithen, so die hern oder ambtleuth zu Grumbach fragen, was diejenige, so buszfällig werden, verfallen sein, andtwort das gediehen, das derjene, der ein gewalt in dem bezirck Bosenbach übth und treibt, ist uns. gn. h. 13 pfundt und ein hälbling verfallen, mehr wer einen wundt schlecht, 30 schilling, und wer den andern trucken schlecht, funffthalben schill.

Zum virthen, so sie fragen, wan ein miszthätig zu Bosenbach oder im selbigen bezirck befunden wirt, wer denselbigen angreiffen und richten soll. Andtwort das gediehe, das uns. gn. h. die Reingr. einen schultheissen zu Bosenbach haben sollen, der von ihr. gn. wegen, wie von alters geboth und verboth thue, doch nit höher dan über 30 sch. Derselb schultheis soll den miszthätigen zum ersten angreiffen, und ob es sach were, das der schultheis ihnen nicht beweltigen kondt, so soll er den nechten, so er siehet umb hielff anschreien, der soll ihme helffen, bisz er ihnen gesichert und sein gewisz ist, und alsbalt seinen herren zue Grumbach bottschafft thuen, die sollen den begriffnen miszthätigen holen und gehn Grumbach ohne der gemein zu Bosenbach schaden liefferen, doch soll das gediehen den herren helffen bisz vor die pfleegzein, wirdt alsdan der gefangen zu Grumbach straffbarlich erfunden, so sollen die herren ihnen gehn Bosenbach lieferen und straffen nach seinem verdinst, ohne zuthun, entgeltnus und schaden des gediehens.

Und so die herren oder ambtleuth fragen wurden; wo die scheffen genommen sollen werden, die uber den miszthetigen urtheilen sollen, andtwort das gediehen, seien die herren zu uerurtheilung der misthetigen scheffen nöthig, die mogen sie mit ihnen bringen.

Wasz die Reingr. vor gerechtigkeit im dorff Bosenbach haben, wie hernach volgt: Erstlich haben die Reingr. die hohe obrigkeit im dorff Bosenbach zu richten über halsz und bein. Doch wan einem Reingrauischen schultheissen nichts geclagt wirdt, hat er keinen alda zu greiffen, nach lauth ihrem weiszthumb und alters herkommender gerechtigkyit, und wan es sich begebe, das einem Rheingr. schultheissen eines miszthättigen halben geclagt wirdt, soll er den hindersten und furdersten der nachbaren zu sich nehmen und den übelthether gehn Grumbach schicken, aber meins gn. h. und herrn hertzogen Johannsen pfaltzgr. etc. eigene leuth ihme schultheissen nit weitter zu helffen schuldig, dan vor die pflegzein des orts, und der Reingraff solche übelthether richten musz, sonder des armen mans entgeltnus. Item wan einer einen alda schlecht und halb toth bliebe liegen, wan solcher nur mit dem leben dauon kombt, hat der Reingr. den schleger nit höher zu freueln, dan 30 sch. hell., das ist $22^1/_2$ alb. Item wan einer einen mit trucken feusten schlecht, ist einer dem Reingr. zum freuel verfallen fünfthalben sch. h. Zum drithen, souiel das ungelt, die bach und weith und banbackhausz, banmuele etc. belangt, weiszt man alles frei nach lauth ihrem weiszthumb.

Zum fünfften fragt ein Reingr. schultheis, was sein herren die Reingr. des orts jerlich fallen haben, antwort der hueber, wan sein herren die Reingr. sie wöllen bey ihrem alten herkommen handthaben, so wollen sies im sagen, andtwort der schultheis ja, alsdan weist der hueber dem Reingr. im dorff Bosenbach jerlichs fallen hab, nemblich 14 malter 3 ferntzeln korns und $3^1/_2$ malter haberns, item 20 cappaunen und 12 hüner, item 20 alb. korngelt zu obgemeltem korne.

Zum sechsten hat der Reingr. ierlich zu Stauffenbach fallen 6 maler kornes jerlicher zins, felt uf h. Georg Hannsen obrigkeit, hebt d. Reingr. schultheis zu Bosenbach. Item 24 alb. kornegelt felt auch zu Stauffenbach und $5^1/_2$ heun oder $5^1/_2$ alb. wie der arm man will, ist auch des orts jerlich fellen.

Zum sebenden hat der Reingr. das drittheil am zehenden zu Bosenbach, bringt zu gemeinen jahren 24 malter brodfrucht, doch biszweilen mehr oder weniger. Item 4 malter . . . Item den drithen thail am weinzehenden, wegt zu gemeine jharen uff zwo ohmen zu Bosenbach, felt dem Reingr. Item soviel das jagen belangt, hat der Reingr. auch.

Zum letzten soviel die leibeigenschafft meins gn. h. und h. hertzog Joh. pfaltzgr. underthanen belangt, hat der Reingr. schultheis keinen zu pfenden umb schulth,. es bring im dan derjenig, so die pfendung begert, ein warzeichen von Lichtenbergischer obrigkeit, auch kein geboth oder verbott zu thuen, auch was solche underthanen gehn Lichtenberg schuldig sein, es sey beeth, schatzung oder anders etc., hat ein Lichtenbergischer schultheis bey ihnen zu suchen und sie zu pfenden ohnersucht des Reingr. schultheis, auch wan ein Lichtenbergischer nit thet, das er ihnen sol, und ungehorsam ist, hat ihn ein Lichtenbergischer schultheis zu greiffen und gehn Lichtenberg zu schicken und sein die Lichtenbergischen dem Reingr. nichts mehr schuldig zu gehorsamen, dann wie vorgemelt, und wan es dasselbig hat, mus er zufrieden sein. Auch hat der Reingr. den freuel nit zu heben, wie vorn gemelt, wan ihm nichts geclagt wirt, wan ihr schultheis schon darbei stundt, das die that geschehe.

Wo sie fragen wurden, wer den galgen und gerische uffrichten soll? andtwort das gediehen, solche ding und was denen anlangt, sollen alle durch die herren zu Grumbach ohne des gediehens zuthuen gemacht, uffgericht und bestellt werden.

Zum fünfften, wo die herren oder ambtleuth fragen, wen zwen mit einander zancken oder hadern oder einer dem andern an sein ehre redet oder sonst scheltwort einander thethen und der geschlagen oder gescholtene solches in sich bisse oder sonst anderer ursachen halben nit anzeigte, wie man denselben halten soll? Auff solches andtwort das gediehen, die herren von Grumbach haben einen schultheissen zu Bosenbach, was dem angezeigt wirt, das mag er ruegen und seinem gn. h. oder ambtleuthen anzeigen und das gediehen unbeschwert lassen, das sey also von althem herkommen. Und ob jederweilen die herren nicht fragen würden, pflegt mans anzuschreiben und wie vor alters darauff zu andtworthen, und wo das gedichen uff einige oder mehr fragen nicht bedacht weren, haben sie vierzehen tag, wie von alters affter jardingtage uffschuel (? aufschub) zu nehmen, wie sie solches in allwege, wo ungewonliche fragen furgelegt wurden oder geschehen, solches das gediehen zu thuen macht hat.

Nr. 7. Diedesfeld.[1]

Diesz sint die artikel und recht, die man spricht an eynem vollen gericht zu Dydesfeld unserm gnedigen herrn von Spier und den domhern desz capittels.

Zum ersten spricht ein scholtisz zu dem gericht, sagent mir, wasz rechts myn gnediger herr und die herrn vom cappittel uft diszen tag gegen einander haben. So antwort eyner usz dem gegericht oder yemans von iren wegen: Unszer gnediger herr von Spier hat uff diszen tag disz gericht zu besetzen, er oder sin geweltiger amptman, und wan er dasz gethut und in duncket, dasz er lang genunck sy gesessen yderman zu synem rechten, so mag er uffsten und gen in eynes feyln wurts husz und mag dar heyschen tragen solichs als der wurt hat gekocht, und wan man die urten[2] machet, so sol er ledig sin, und darzu zwen, die er heyschett oder welet. Dargegen haben huber und gerichtslude recht, sint wethafftig lude do, der drye sint, so sollent die huber uszer den dryen welen, welchen sie wollen, und nit den, den in der amptman gyt, dasz sie dessen wolfeyler werden in der urten, und die wetten die do fallen uff demselben tag, so man das hubgericht hat, und in den 14 tagen darnach zu dem afftergericht, derselben wetten sint zweyteil unszers gnedigen herrn von Spier und eyn teil der thomherrn; aber alle freueln suszt durch das jar sind zweyteil der thomherrn und eynteil unszers gnedigen herrn von Spier, darumb ist er eyn schirmer desz dorffs und gerichtes. Item spricht der scholtisz: Nu frag mir furbasz nach freueln und eynung und allen andern artickeln, die do sint eyner gemeynde zu rugen und eym herrn zu bessern, es sy welcher her disz wil, sint dan freueln oder eynung do, so mussen sie es rugen off ir eyde. Darnach spricht der scholtisz: Sage mir, was fryheit hat diszer hoff? Er antwortet und sprichet: Zum ersten spricht man, diszer hoff hat fryheit und recht. Kumpt ein man in diszen hoff und claget an eynen man, er sy ritter oder knecht, pfaff oder leye, er sy wer er woll, er soll antworten; ist es aber, dasz

---

[1] Beglaubigte Kopie (auf Papier) einer andern Kopie auf Pergament; ein weiteres Exemplar des Weisthums aus dem 15. Jahrh. ist in demselben Archiv.
[2] Zeche.

er nit antworten wil, so sol der ancleger in begryfen by dem geren[1] und sol in dem richter beuellen, alsz dasz er gehaben werde, und wolt er furbasze mutwillen und wolt dem anklager nit antworten nach siner ansprache, so sol der richter zuruffen huberen und gerichtsluden, dasz er gehaben werde. Worde er do zwyschen geschlagen oder gestossen, do verlure nyemant umb, und sol dannoch eym ankleger antworten. Disze fryheit hat diszer hoff von uns. gn. h. von Spier wegen. Anderwerbe hat der hoff die fryheit, hat ein man gut in diszer marck ligen, kompt ein man und spricht an daszelbe gut, so sol er eynem richter also liep reden, dasz er es ime verkunt zu verantworten von demselben tag uber 14 tag, ist dasz ferre, so sol er ym dester me geben, dasz es yme verkunt werde, ist es aber nahe, so darffe er yme dester mynner geben, also dasz es yme verkunt werde. Kompt dan der man here, desz das gut ist, so kan er im syn gut ledig machen mit dem rechten, dasz gundet man yme wol, kompt er aber nit here, so sol man den ankleger usz achtung thun, das gericht duncket und wiset, dasz recht sy. Anderwerbe hat die gemeynde recht zu einer beche (?), die sol nyemants uszschlagen von rorbürnen an bisz undwendig desz dorffs an ein ende, dasz heyszet der bintherich; schluge sye aber yemants uszer der bech by tage, der het verloren IX ₰, und by nacht 1 liber heller. Und wer es sach, dasz yemants schade geschehe von brands wegen und wassers hie gebrest, umb das dasz sye einer hett uszgeschlagen, der solt dem, der geschädigt wer, sinen schaden gelten und darzu der gemeynde ir eynung geben, wan man es uff in mocht bringen oder bewysen mit der warheyt. Auch han wir keynen farren, so soll die gemeynde zwen keuffen und sollen die herrn dieselben halten in gutter gefure on der gemeynde schaden, und wer es sach, dasz eyner oder sye bede gebrestenhafftig wurden oder hencken wirdent, so sol man ein oder sie bede yglichen schlagen uff den bruwel salb dryt, bisz dasz sie dem hirten wol gefolgen mogen. Darumb so haben die heren dasz waszer drye tag in der wochen, schlug dasz yemant usz, der breche die eynung, als obgeschriben stet. Eber und widder sollen die heren keuffen der gemeynde nach notdorfft und auch halten in guter gefure on der gemeynde schaden, darumb haben sie das zweyteil an dem cleyn zehenden im dorff und durch die marckt. Die wiessen, die in diszer marckt ligen, sollent auch onverbotten sin von sant Michelstag an bisz sant Gorgentag, es wer dan sach, dasz die gemeynde das neher stell oder iren willen darzu gebe.

[1] Rockzipfel.

Nr. 8. Edenkoben[1] (1593).

Dies seindt die nachgeschriebene recht, so die gerichtschöffen zu Edenkoben alle jahr uff dinstagt nach Jacobi uns. gn. herren pfaltzgrauffen Friderich bei Rein, des helligen remischen reichs ertzdruchsäszen und churfürsten hertzig in Beyren und iren fürsten gnadten uff iren eydt weisen und sprechen, es wer dan ein feuwerdag, alsdann soll es geschehen uff den nächsten dinstdagt darnach.

Zum ersten sprechen sie waser und weidt der gemein zu Edenkoben in uns. gn. h. pfaltzgr. churfürsten gericht, das des arm und reich genieszen möge.

Zum 2. weisen sie auch uff gemelten dagt, das uns. gn. h. einen schulthes daselben zu setzen und zu entsetzen habe, wan und wie ir churf. gn. wollen, auch gut dunck, darzu das sie einen püdttel zu setzen haben, doch das solches mit der schöffen des gerichts will geschehe.

Zum 3. weisen sie, das die gemein gemeinlichs zu E. zu den dreyen vollen gerichten sein sollen an dem gericht zu E. ungebotens dings, und alda hören recht sprechen, und soll iderman dem anderen gutt und recht thun, in 14 dagten den vollen, wer an den anderen zu sprechen hat, und wer es, das jemandt von der gemein, er wer wer der wolt, nicht an den gerichten erschien, es wer zu welchen gerichten das were, der hatt ein wett verbrochen uns. gn. h. . . . . zehen sch. h., es hett dan höchstgedachter uns. gn. h. oder dero schulthes demselbigen einige erlaubens geben, so aber einer unerlaubt und ungehorsam und die 10 sch. h. nicht geben wolt, demselben mag uns. gn. h. oder dero schultheis von jener churf. gn. wegen nachdingen zu dreyen 14 dagen bies uff 30 sch. h. und jene darfür angreiffen.

Zum 4. weisen sie, wer es das ein schöff zu E. todt abgieng oder hinwegkäme, so sollen die andern schöffen einen ausz der gemein, welchen sie nuz und gut dunck sein, köisen und wöllen, und ob sich derselbig erwehlte das weidter und nit annemen wolt, so soll und mag vor hochgenandter uns. gn. h. . . . . mit ihren denselbigen darzu zwingen und halten, er sey, welches hern er wölle, und der musz es auch thun oder das gericht darumb raumen.

Zum 5. weisen sie, das die wett und frewel daselbsten an dem gericht vor hochgemelts uns. gn. churf. u. h. . . . . sein, und der frewel wer ein bricht, ist 6 pfunt ein heller, und wolt einer vorkomen umb den freweln, so mag uns. gn. h. oder ihrer churf. gn.

[1] Abschrift.

schultheisz von dero wegen demselbigen selben nachdingen bisz uff 12 pf., wolt ehr dem nicht gehorsam sein, so mag man ime aber nachdingen bisz uff 18 pf. 3 heller und ine darnach umb dasselbige alles angreiffen und von ime nemen, und hatt sie nymandt darumb zu straffen, und soll dasselbig ausdungen thun zu dreyen virzehen dagen.

Zum 6. weisen sie, das die alt bedt sey 3 pf. 1 hell., die darzu gehört uns. gn. h. . . . . und sollen darzu geben alle, die in dem dorff gesessen sein, sie sein edel oder unedel und dessen nymandt frey sein und wan man jahrs uff obgemeltten dinstagt die recht also spricht, so mag die gemein zu dem schultheiszen gehen und ime die bedt helffen legen, wolte aber die gemein nicht darbey sein, so soll der schulthes aus der gemein 2 zu ime nemen, uns. gn. churf. . . . . . die beth also setzen und ime gewinnen one allen deren schaden.

Zum 7. weisen sie, das die zehenten klein und grosz in dem vorgemelte gericht uns. gn. h. sein, es sey von korn, wein, frucht, vihe, pfert, lemer, schwein oder was daselben wirt und wächst, das zehendt geben soll, auszgenomen der wittwen gütter, darvon git man kein zehendt.

Zum 8. weisen sie, das man uns. gn. h. alle jahr geben soll von jedem hausz zwey hiener, eins zur erndt, das ander zur fastnacht, oder für das erndthun 3 heller und für das fastnachthun 6 heller und die schöffen sollen derselben hiener frey sein.

Zum 9. weisen sie, das die bach, der gang des wasers in vorgemelten gericht 6 schuh weit sall han und der miller von Veningen in der millen hat recht, das ehr die bach fegen mag und das erdriche legen auf ein seidt 3 schuh weit und mag uf der andern seidten gehen 3 schuhe weit, das also zusamen wer 12 schuhe, und der mag das fegen also thun von meines gn. h. . . . . gericht an biesz an die nechst mill an Edenkoben, und wer es, das jemandt ime das waser auswies in der wochen, so es werckdacht were, und nit fliesen liesz, der hat verbrochen zehen sch. h., er mag komen gehen E. an einem sondagt und ine rüegen und die einung soll man verdrincken und man soll dem miller den andrunck geben, wolt aber die gemein oder derjenige, so die einung gebrochen, nicht gehorsam sein und dem miller das verziehen, so mag ers vor iren seinem heren klagen, der mag ine straffen hoch oder nider, wie er will, und es so sall auch niemandt riegen, den der miller selbsten; begebe sichs aber, das der miller einen nit kennte, der also einunge bröch und das waser auszwiesz, so mag er einen wasen auszhauwen von der wieszen und die wieszen denn der gemein weisen, die sollen denn ime zu der rügung gehen dem, des die wies ist, beholffen sein in der maszen als vorgeschriben stött, aber sonst am sondagt oder sonst gebandten feurdachten, so mag man am sambdagt oder feierabendt zur non woll das waser auszweisen und nemen bisz an sondtagt oder gebandten feuerdagt zur non, und also die wiesen weseren von einer non zu der anderen, und daran soll man nit freuel, auch hat der miller das recht, das man ime das wasser in der erndte vom vorscheidt ahn, dem man dut in der heren hoff zu Veningen, 14 dagt nach einandter feur und werckdagt soll lauffen lasen und nit auszweiszen in vorgemelte gericht, und wer es, das jemandt ime auszwiesze in denselben 14 dagten, der hat auch verbrochen 10 sch. und mag die riegen und dieselbige rüegung verdrincken, wie vorgeschrieben ist.

Zum 10. weisen sie, das der schulteis und die schöffen daselbsten zu den dreyen vollen gerichten ausgehen und besehen sollen, wer da etwas verzent, vergraben, verbaut oder verstückt hett, dann auf den wegen das ers nit tun solt, heisen ine das abthun, darzu ime der schultes solches zu thun gebitten soll in 14 dagten darnacht, als ime das gebotten ist, der hat auch 10 sch. verbrochen, thut er das nit, so hat er verbrochen ein freuel uns. gn. h. . . . . und der gemein 10 sch.

Zum 11. weisen sie auch und sprechen zu recht uff iren eidt, so einer wer, wer gleich der wer, welches heren der wer in bemelten gericht zu E., dem etwas iberlast geschehe oder er sonsten verkürtzet wirdt, in welchen weg das wer, derselbige soll das keinem heren oder amptman klagen oder hielf begeren, er sey dan vor bey uns. gn. churf. . . . . . gewesen und schirm oder hilf begert habe von iren churf. gn., mögen sie dan nicht geschirmet werden, so soll der erlaubenusz bitten, ander seinen heren anzurufen, und ob einer ungehorsam wer und ohne erlaubenusz sich understunde zu helfen oder zu klagen, der hat gefreuelt gleicherweis, als hette er einen frewelich in den hals geschmiszen.

Zum 12. weisen sie, das man nimandt auser Edenkoben gericht führen oder nemen soll, er sey dan verurtheilt vor gericht daselben, wer es aber, das jemandt solchen gewalt thet in demselben gericht und einen darausz neme unverurtheilt, den mag uns. gn. h. . . . . hoch oder nidter straffen nach irer churf. gn. gefallen.

Zum 13. weisen sie und sprechen, das das weggericht zu E. allein uns. gn. h. . . . . zustendig sey, und das alle vorgeschriebene stücke uff ire churf. gn. komen, von alter hero gewisen worden seindt, und ist auch dasselb gericht Heilbrücken zu einem rechen seelgeredt wordten von den hern, die heisen die Breidtensteiner, und da sie gericht gaben, da daten sie die schöffen, so zu derselbiger zeit waren, schweren, dieselbigen recht ewiglich zu halten.

Zum 14. weisen sie, das uns. gn. h. das vaselvihe mit namen faren, eber und widter der gemein zu E. soll halten, und das es solch vihe sey, daran niemandt versaumbt.

Zum 15. weisen sie neben der kirchmauwen itzund der pfarkirchen zu E. ein rechen kargweg bisz auf den meder (?) für sich innen und hinter sich widerumb herausz.

Zum 16. weisen die schöffen allen denjhenigen, so feylkaufft treiben zu E., das sie ihr gerecht masz sollen haben, die ein gericht geeucht habe, ein miller sein gantz und halb simern und ein imel, item ein becker ein simern, ein wirt sein ganz und halb masz, auch schoben, kandt und sein gezepfte krüg, darzu sein hieltzern masz für seinen fasz, desgleichen ein jeglich mezger zu E. sein wag pfund und halbpfund, auch ein weber sein pfundt, und alle die, so das gewicht brauchen zu kauffen und zu verkauffen und sollen solche obgeschriben masz und pfundt alle jahr in midtel vollen gericht besichtigt, bewerth und geeicht werden von neuwen, wo dem das gewicht zur selbigen zeit verlegt ist, wer aber am selbigen seumig wirt, der oder die seindt von stundt ahn uns. gn. h. . . . . . wetthafftig, es were denn, das der oder dieselben recht und redlich ursachen hetten, und sollen doch nicht desto wenger in den nächsten 14 dagten derselbigen masz und pfundt, so sie sich gebrauchen, geeucht werden.

Zum 17. weisen die schöffen allen denjenigen, so einem oder mehr gemeinman zu E. not angienge, derselb oder dieselben megen inweder ein halb fudter weins verschencken, haben der oder dieselben der krügt nicht, die megen solche umb einen nachbauern endtlöhnen, doch das sie zuvor geeicht sein, wolten aber die oder der solches von nöten weiter schencken, so sollen die schöffen, wie obgeschrieben, die masz uff ein newes eüchen lasen, wie zu E. recht ist.

Zum 18. weisen die schöffen, ob regen oder sonst waser, das nit gemeinlich flusz hett, kentte, dasselbig waser sallte und möge ein jeglicher gemeinman, so desen bedürffig, sich zu seiner notthorf gebrauchen, doch je einer mit dem anderen nach beligkeit theilen, und wan ein solch waszer verfleuszt, so soll man die wege allenthalben widterumb vergleichen, welcher solches nicht thett, der verbruch der gemein 10 sch. h., so ers abermals nit also thette, verfellt er widter 10 sch., und wenn dieselben 10 sch. h. noch unbezalt ausstunden, alsdann soll der oder die, so übertretten hetten, uns. gn. h. . . . . 6 pfundt h., als ob ehr einen frewlich an den halsz geschlagen hett, verfallen sein.

Zum 19. soll niemandt die bach auskeren uff seine wiesen oder sonsten, sie mögen dann widerumb in den bachstatten gereichen, darzu soll niemandt über keinen gemeinen weg aus der bach wesseren, wer dan davan brichig, der verwirkt der gemein 10 sch. h., thet er das nit, so brich er abermals so vill, beschehe solches abermahls nit, so verbricht er uns. gn. h. . . . . 6 pfundt h., doch so er desen von einem schöffen anbracht wirdt.

Auch[1] haben die schöffen gesprochen von dem rechten, die uns. gn. h. von Speurer daselbst habe.

Zum ersten hatt er recht uber alle unferdige leuth, die den haltz verwirkt han, es sey umb stellen, rauben, mordtenbrenen, koitzern oder was den dodt verwirckt hat, das halsz und haupt antrift, und wer es, das jemandt den andern totet und von leibe thet, so soll der schultheisz daselbst darzu thun, ob er denselbigen, so den todtschlag gethan, beheimbschen köndte, mechte er den nicht haben, so soll er und die gemein zu E. demselbigen sein hausz und wasz er daselbsten hat, ob er ein hausz daselbsten hat, besetzen, und dann dem nechsten amptman, den uns. gn. h. von Speurer hat, das endtbüten und verkünden, das er als gein E. käme, und dann soll man ein gericht machen und soll derselb amptman und schultheis bey inen sitzen und was die schöffen des gerichts weisen, wie man damit thun soll von des mordt wegen, das sollen uns. gn. h. von Sp. amptleut thun und nit darüber greiffen und wann der amptman oder der bot, den sie nach ehme gesandt haben, wider heimkompt, so soll der schulthes und die gemein der besatzung und kummers ledig sein und wollen sie des toden mans freundt, der da also blieben, beschreicheren, so soll das gericht uns. gn. h. von Sp. amptman und dem cleger gehorsam sein, mit der clage zu thun nach des gerichts zu E. rechten, als das von alters hero uf die schöffen komen ist und soll man den schöffen ir recht thun auch darumb, als das herkomen ist; wer es aber, das einer beleumbt oder beziegen wer oder würdt, das er gestollen oder solche sachen gethan hett, darumb er des todt schuldig wer, den mögen uns. gn. h. von Sp. amptleut wol angreiffen und halten, und den vor dasselbig gericht stellen, und soll der amptman und schulthes

---

[1] Diess Schöffenweisthum ist ausserdem noch enthalten in demselben Archiv auf zwei Papierblättern (16. Jahrh.).

bey em sitzen und mag ein jeglicher nach seines heren recht fragen und was das gericht daselbsten erkendt, was man demselben thun oder wen der verfallen sey, dem soll das fallen, und soll auch niemandt auff dem gericht führen, er sei denn verurtheilt und darüber gewiesen, wie man im thun soll oder was er verschuldet habe, er habe gestollen, todtgeschlagen gethan oder sonsten was das ist, das den leib andrifft. (*Hier bricht die Abschrift ab, in der andern steht noch Folgendes*):

Item[1] sie weysent auch, das eyn bischoff zu Spyer soll seyn eyn schirmer über den walt und hat recht mit eynem wagen ausz dem schlosz zu Kirnweiler brennholtz in demselben walde zu holen, und was der gereynden[2] verbotten ist, das ist im auch verbotten, und darumb synt syn alle unfell in demselben walde.

Item[3] sie wysen auch, das eyn bischoff zu Spyer eyn here sy über die fisch im wasser und das wildt im walde, den fogell in der lufft, darumb ist er eyn oberherr und eyn schirmer der gereynden.[2]

Nr. 9. Einselthum.[4]

Uf dinstag nach judica ann. dom. 1484 hat der strenge herr Hans von Wachenheim und der veste J. Dietz von Wachenheim seyn bruder die hyrnach geschrieben ordnung in der gemeind zu Einszelthumb gemacht in beysein Peter des fauths zu Zellen und desz pfarrers daselbst und mit der gantzen gemein zu E. wissen und willen, und soll auch fürter zu ewigen tagen gehalten werden unwiederruflich als hernach folgt:

Item zum ersten hat der obgenant herr Hansz und J. Dietz sein bruder mit wissen und willen der gemein gemacht und gekorn die steinsetzer, als hernach folget . . . . .

Dieses hernach geschriebene ist die ordnung der vierer. Item wenn die vierer ein rachtung thun wollen, so solle der ambtman darbey seyn, und handhaben die satzung von der gerichtherren wegen, und wenn der vierer einer abgehet, so solle man von stund einen anderen an desselben statt kesen.

---

[1] Am Rande steht hier: NB. diszer punct ist strittig, würdt gar nicht gesprochen.

[2] Vergl. Weisth. 4, S. 49; Grimm, Wb. s. h. v.; Haltaus s. v. Hofgeringe.

[3] Am Rande steht: NB. diszer punct wurdt vom gericht zu Edenkoben gar nicht gesprochen.

[4] Auszug aus einer Darstellung der dortigen Rechtsverhältnisse, ein Buch geschrieben im 17. Jahrh.

Item, wenn die vierer einem die satzung verkünden, so ist der lohn von einem inwahner zween pf. und von einem ausmärcker vier pf.

Item, wenn die vierer einen pfänden oder rachtung thun, so ist der lohn 6 ₰, und wenn einer die satzung uszerfolgt hat in 3 tagen und 6 wochen, so soll der amptmann unter christen oder juden versetzen, die mag er führen oder tragen lassen und dasz haubtgeldt mit sambt dem costen uf die pfande entlehnen und dem cläger oder schuldmann von stund bezahlung thun, und wenn man die pfänder über land führt, so ist der lohn von der meil 16 ₰, und wenn die pfänder zu tragen sind, so ist der lohn 12 ₰, das mag der amptmann selbst thun oder mit einem glaublichen knecht.

Item, wenn einer dem andern der schult leukelbar ist, so soll er vor den vieren zu den heyl. schwehren, dasz er die schuldt nit schuldig sey, doch mag der ander sein schuld bezeugen, so soll dasselb vorgehen, ehe denn der aidt geschieht.

Item käme ein auszländischer man oder weib gen E. und wären einen da schuldig, er wäre da wohnhafft oder nit, schuld oder werths antrefend, den möcht ein jeder bekömmern und halten mit der vierer einem oder mit einem gemeinsmann. Und alszdann sollen die vierer satzungsmenner mit sambt dem ambtmann richter drüber seyn, und demselben nach erkenntnusz der schuld nachkommen, alsz in der satzung geordnet ist. Wär aber ein man oder weib der schuld nit geständig, so soll von den vierern darumb ja oder nein dafür thun und zu den heyl. schwähren, und deme von stund nachkommen, immassen vor in der satzung geschrieben und geordnet ist, uf das ein frembder man oder weib nit lang aufgehalten werde.

Item, wo es uber kurtz oder lang noth sein würde in der gantzen gemeinden oder desz dorfs nutz einigerley gebrestes entstünde, es werde antrefen die eich, kornmasz, untergänge halb des dorfs oder straszen, wege und stege ufrecht zu halten, von bescheid eines ambtmanns und der vierer, dasz soll die gemeind allzeit gehorsam zu thun seyn. Und wasz der meinsten menge mit sambt des ambtmanns und der vierer wille ist, dem soll von stundt ahn nachgekommen werden, angesehen der gemeind und des dorffs nutz darin zu prüffen, und welcher sich darwider setzen oder sperren wolt und ungehorsam wär, derselbe soll den gerichtsherren von stund verfallen seyn 2 pfund hl. und der gemein dorfs nutzung 1 pfund hl. und daran kein gnad geschehen.

Hierauf folgt „das alt kommen recht antrefend den becker“, *sodann:*

Der gemeind Einszelthumb weiszthumb, so dinstag nach Catharina ann. 1530 von fauth und gerichten, vierern und einer gantzen gemeind der ends ufgericht und nachgehends durch den edlen und vesten Ludwig von Neuberg, derzeith churf. pfältz. burggrafen zu Altzey und herren Ludwig Deschler landschreibern daselbsten bestettigt, also lautend:

Erstlich, das in dieszem dorf ist alle frohn uns. gn. h. pfaltzburggraffen, churfürsten, und raisz dergleichen, und solche thún sollen alle die ihrer churf. gn. angehören oder nit angehören, oder sie hören an, wenn sie wollen, die hie seszhafft seyn.

Am andern, giebt die gemeind im alle jahr zu St. Martinstag 40 malter schiren habern uns. gn. h. pfaltzgr. . . . ., uf dasz sie ihro churf. gn. handhaben bey altem herkommen.

Am dritten geben die nachbahrn, so uns. gn. h. angehören, 27 gulden leibsbrod, auch soviel fasznachthüner, dergleichen, welche brodt und hüner, ein keller zum diemstein empfähet.

Am vierten, so sprechen und weisen die vierer sambt der gantzen gemeind also, dasz uns. gn. h. zu E. ufm berg bisz ahn die straasz herab gebot und verbott über halsz, bein, frevel und alle ungnadt habe, solches stehe uns. gn. h. obgemelt allein zu, also haben die voreltern bisz uf sie gewiszen und sie weisen es heut uf diszmahl und hinführo auch also . . . . .

Wie es mit kaufen und verkaufen liegender güter gehalten wirdt. Verkaufft einer ein liegend guth zu E. einem so ihm gahr nit oder vom weithen verwand, und kombt einer innerhalb 14 tagen, so dem verkäufer neher mit sipschafft zugethan, und erlegt dem vorigen käufer sein auszgeben gottspfenning und gebührl. weinkauf, je von 100 fl. 3 ₰, so mag er in den kauf stehen und alszo dasz verkaufte guth an sich bringen, desgl. wenn einer ein gut in E. gemarcken liegen hat und ein auszländischen verkaufft, und er verkäufer kein verwanden zu E. wohnen hätte, der solch guth zu lössen begehrt, hat ein jeder gemeinsmann solch guth angedeuter massen abzutreiben gut fug und macht.

Ordnung, wie esz mit den wassergängen zu halten. Es ist zu wissen, dasz die gemein zu E. ist zweyträchtig gewest, antrefend den wassergang und ist geschehen in dem jahr, da man schreibt 1486. Das ist die gemein mit ihrem gerichtsherrn J. Hanszen zu Wachenheim zu rath worden und haben ein solchen bescheidt geben, dasz ein jeglicher gemeinsmann sich des wassers solle gebrauchen ohn desz andern groszen schadten. Item wär es sach, das einer ein wasser hätt, dasz uf ihm selber spring und es jahr und tag uf im selber kann behalten, deme soll niemandt drein tragen; wenn er es nit behalten mag, soll er es einem andern gönnen.

Gebrauch und alt herkommen recht antrefend den müller von ann. 1478. Wann ein hauszmann zu E. von der gemeine hat zu hohlen ein malter korn oder weniger, so soll der müller das korn, ob es als fern gelegen wäre, 2 meilen wegsz hohlen und davon ein recht malter geben und nehmen, alsz hätte der müller das korn im dorff gehohlt, und wäre es sach, das der müller umbsonst führe, so soll der arm mann dem müller sein gewöhnlich malter geben, alsz hätte der müller das korn bracht und gemahlen. Item hätte der müller uf seiner mühlen weiszguth und thät dem armen mann noth mahlens, so soll der müller das weiszguth von der mühlen thun und dem armen mann sein guth mahlen ohn hindernisz ohn alle gefehrde. Item der müller solle der gemeinde einen knecht halten, wann er soll zu mahlen hohlen, der das korn geholen und tragen könne. Item der müller soll haben ein essel und einen sack, uf das der arm mann ungehindert werde im mahlen. Item wär es sach, das der müller dem armen manne sein korn hat gemahlen, und hat nit ein genügen an dem mehl, so solle der müller das mehl messen und soll ihm geben von 1 malter 6 firntzel mehl gestrichen, von einem halben malt. korns 3 firntzel gestrichen. Und ob das nit geschehe, das dem armen mann sein genügen nit wurdt, so mag der arm mann greiffen an den sack vor sein genüge, hätte er nit genug mit dem sack, mag er greiffen den eszel, dann also lang halten, bisz ihm ein genügen geschieht.

Zum[1] fünfften weg und stigell[2] betrefend . . . .

Zum sechsten wachsende zäun und hecken berührend.

Zum siebenten, wie es mit gerichtl. clagen zu halten seye. Weilen es sich unterweilen begiebt, das etwan einer dem andern uf hausz, hoff und liegend güther klagen thut und mit wasz condition solches beschehen thut, noch nit geordnet gewesen, ist hierauf durch ein gantze gemeindt an andern umbstossenden dörfern erforschet und üblich befunden und darauf geordnet, dasz es folgendermassen soll gehalten werden: Also das ein jedter dem andern uf unterpfandt, es sey hausz, hoff oder sonst liegende güther zu clagen habe, und je ein clag 14 tag nach der andern beschehen, deren 3 in 6 wochen beschehen sollen; wann dann solche 3 clagen in 6 wochen ergangen und von dem beclagten die schuld nicht abgelegt, soll cläger an dem dritten tag hernach durch fauth und vierern solch

[1] Scheint die Fortsetzung zu sein des S. 254 abgebrochenen Weisthums.
[2] Brett zum Uebersteigen einer Hecke.

auszerclagt güther eingesetzt werden solcher gestalt, das er kläger solches auszerklagt guth ein jahr und ein tag im baw und besserung handhabe, und wann der beklagt oder die seine kommen in solcher zeith und bringen dem cläger hauptsumm, ausstandt in einer und den aufgeloffenen kosten in der ander hand, soll und musz solches der kläger annehmen und solches auszerklagt guths, darin er gesetzet gewessen, sich enteussern, müssig stehen und dem beklagten wiederumb einreumen. Ist einer klagen belohnung ein alb. und die einsatzung ein viertel weins.

Zum achten einzug belangend. Welcher sich wird unter die gemeind E. begeben und einziehen, derselbe ist uns. gn. h. zween gulden, der gemein ein gulden und einen ledern eimer alszbaldt zu erlegen schuldig. Derselbe soll sich auch mit laidern (leitern) gleich andern nachbahrn gefast machen und halten.

Zum neundten. Welcher güther in der gemeinde hat, so nit uf straaszen oder weg stossen, dem weist man einen gang uf der nächsten forch zu dem seinen, desgl. mit der fuhr, das die pferdt in der forch und jedes radt neben der forch ein theil begreife, auf das nit einer allein den schaden trage, und welcher hierin brüchig erfunden würdte, soll den schaden kehren und der gemeind ein pfund hell. verfallen sein.

Zum zehenden. So auch einer oder der mehr den andern überführe mit bauen oder allen andern hierin ermelten puncten, das dardurch ein weisung oder untergang durch fauth und fierer beschehe, soll derjenig so bruchig erfunden (wie von alters her bräuchlich) ein viertel weins fauth und fierern zu lohn schuldig seyn. Wo aber ein untergang durch eine gantze gemein beschieht, solle der versprecher 3 pfund hell. verfallen seyn.

Zum eilfften. Weil auch etwan zwey spalt lennen (?) grabens halber fürfält und von alters bräuchlich, auch an anstossenden orthen üblich, uf den wittumbsgütern den nächsten tag bey dem dorf zu graben, sie seyen besambt oder nicht, solle auch forthin also gehalten werden.

Aus den weiteren Artikeln führe ich noch folgende an:

Zum neunzehenden. So etwan auch ein ackerfahrer mit anwandungen einer dem andern mit den pferden in die saamen triet und schaden thut, soll gäntzlich unterlassen werden, und die pferdt sollen nit ferner in desz andern guth, so gesäet ist, tretten, denn wasz die zween forther fusz begreiffen. Und welcher hierinnen brüchig erfundten, der solle den schaden bezahlen und jedesmahls ein pfundt hell. der gemeind zur straff verfallen seyn.

Zum zwantzigsten. Es soll auch keiner dem andern in der erndte muthwilliger weisz durch sein früchten fahren oder selbe zutretten bey straff jedesmahls der gemein ein orteimer w.

Zum einundzwantzigsten. Item soll auch keiner dem andern mit flügen, egen oder anderm über saamen schleiffen, und welcher das überführe, der solle jedesmahls der gemeinde verfallen sein ein pfundt heller.

Zum zweyundzwantzigsten. Welcher, er sey gleich wer er wolle, gesindt in garten, weingarthen oder anders wohin sich begeben würdte, obs, trauben und anderst zu rauben, so offt befundten, so offt sollen solche gerühet werden; und würde ab einer oder mehr in solcher nächtlicher weisze erfunden, der solle jedesmahls mit dem ploch carcerirt und demnach der gemeind zwey pfundt hell. unnachlässig verfallen seyn . . . .

Zum vierundzwantzigsten. Demnach auch etwan viel gezäncks und zweyspalt unter der nachbahrschafft vorfallen mit hawen (bawen), da einer dem andern etliche fenster und taglöcher in seine hoffraith zu machen gesind, solle aber keinem zugelassen werden, sondern die fenster und taglöcher zu dem seinen zustellen und machen, er thäte es den mit erlaubnusz dessen, so es berühren thut.

Nr. 10. Bubenheim.

Erneuerung der dem stift St. Martin zu Worms in Bubenheim zustehenden güter und rechte, geschehen durch schultheisz und schöffen daselbst am 12. April 1535.[1]

Einleitung über die Veranlassung der Erneuerung, sodann folgt die Verhandlung.

Zum ersten haben die obgenanten der herrn St. Martinstiffts zu Wormbsz gesandten gefragt, wen sie mit recht weiszen und erkennen für ihre in dorff und gemarcken zu Bubenheim rechte ohnmittel oberkeit und herrschafft, die daselbst gebott, verbott und ordtnung dem gericht und der gemein zu thun, setzen, machen und zu geben? Haben hierauff schultheisz und gericht daselbst zu Bubenheim geantworttet, dasz sie die würdigen herren dechan, capitul und personen gemeiner präsentz St. Martinstiffts zu Wormbsz und ihre nachkommenden und sonst niemandts mehr weiszen und erkennen als ihre rechte einige ohnmittel obergerichts herrn und rechten natürlichen vogten und erbherrn, denen sie zu allen oberkeiten

---

[1] Im Kreisarchiv befindet sich das Original und eine Abschrift des 16. Jahrh.

gebotten, verbotten und satzungen hohen und niedern gehorsam verbunden, gewertig, getrew und hold zu sein, auch mit allen und jeden rechten, nutzung, zinszen, gülten, frondinsten und allen andern gerechtigkeiten, nichts auszgenohmen, als sie auch bisz anhero inen und iren vorfaren dem closter Arnstein gehorsam verbunden und gewärtig und mit aydt gelübt und trew verbunden geweszen seint, inhalt ihres gerichtsbuchs.

Zum andern haben genante der heren St. Martinstiffts gesandten gefragt, wer daselbst zu Bubenheim die übelthäter, ungehorsamen und übertretter der gebott, verbott, ordtnung und satzung genanter heren zu straffen, freuel zu besetzen und abzunehmen, dorffgült, hauptrecht, beeth, freyzinsz und fasznachthüner zu fordern und zu nehmen haben, und wie und welcher masz sie dasz besthaupt zu geben schuldig? Hirauff obgenante schultheisz und schöffen erkant, dasz die obgenante heren . . . ausz ihrer herrschafften, oberkeiten und gerechtigkeit sie zu Bubenheim habend, solches alles, wie in disem fragstück begriffen, allein und niemants mehr zu thun habe, und darbey erklert, welcher hübener im dorff Bub. von todtswegen abgehet, davon soll ein besthaupt verfallen sein den obgenanten dorffherrn, und stirbt darnach sein fraw, davon soll auch ein besthaupt gefallen sein, stirbt aber die fraw vor dem man, soll ihrenthalben kein besthaupt gefallen.

Zum dritten haben die obgen. gesandten gefragt, wer ein schultheiszen zu B. zu setzen und zu entsetzen habe und wem ein schultheisz schwören soll? Hirauff das gericht geantworttet, dasz obgedachte ihre herrn ein solches zu thun haben und soll einer der 7 schöffen sein, welchen herrn ein schultheisz auch schwören musz, dasz er ihnen getrewen dinst wolle thun, sie vor ihrem schaden warnen, ihren frommen und nutz vorzukehren, sie in ihren herrlichkeiten, freyheiten und rechten zu handhaben und zu versprechen, und wo noth, den herrn anzubringen, von ihnen rath und entscheidt zu nehmen und weiters zu halten und zu thun, inhalt des gerichtsbuchs.

Zum vierten haben die gesandten gefragt, wer die schöffen und buedel zu setzen und zu entsetzen habe? Hirauff dasz gericht geantworttet, dasz solches die genant. herrn sampt den schöffen zu thun haben, und musz ein schöffen schwören den herrn zu St. Mart. obgen., alle und jede ihre freyheit und gerechtigkeit zu B. getrewlich zu weiszen und uffrichtig zu halten und alle freuel und verbrüch vorzubringen und einem jeden, wasz staats der were, nach allem vermögen und krefftiger verständenusz getrewlich recht zu sprechen, inhalt des gerichtsbuchs.

Zum fünfften haben die gesandten gefragt, wem ein jeder so zu B. in gemeinschafft uffgenohmen wird, und wasz er schwören musz? Hirauff das gericht geantworttet, er musz schwören dem schultheiszen von wegen der dorffsherrn, die herrn dechant, capitul... und alle ihre nachkommende für sein rechte ober- und gerichtsherrn und niemand anders zu haben und ihnen alsz seinen rechten erbherrn und natürliche vogten zu allen gebotten und verbotten, hohen und niedern gehorsam verbunden und gewertig zu sein mit allen und jeden rechten, freyheiten, nutzungen, zinszen, dinsten und gefellen, alsz sein vorfahrn bisz anher gedachten herrn zu St. Martin und ihren vorfarn dem closter Arnstein auch gehorsam verbunden und gewertig gewest seint, auch den gen. herrn ihrem stifft und den ihren nimmer einigen schaden oder widerstand zu thun noch schaffen gethan werden, sondern ihnen und ihrem stifft getrew und holdt zu sein, sie vor ihrem schaden zu warnen, bei ihren rechten und freyheiten nach aller vermöglichkeit zu handhaben und beistand zu thun, alle gefährde und argelist gentzlich auszgescheiden.

Zum sechsten haben die gesandten gefragt, wesz ein auszmarcker, der in der gemarck zu B. beguettet ist, so er erfordert zu thun schuldig ist? Hirauff dasz gericht geantw., wer beguettet ist in der gemarcken zu B., er sitze wo er wolle, der soll ein hübner sein oder einen setzen von seinen kindern oder ein andern, der alt genug sey mit wissen und willen des gerichts, und ein jeglicher, der hübner wird, giebt dem gericht 2 virtel weins und ein turnes.

Zum siebenten fragten die gesandten, wem sie wasser, wayd, fischerey, jägerey im dorff und gemarck B. zuweiszen? Antwort dasz gericht, den obgen. uns. dorffherrn, doch wasser und wayd der gemeindt zu gebrauchen ohn schaden der herrn, inhalt des gerichtsbuchs und nit zu fischen ohn erlaubnusz des herrn.

Zum achten fragten die gesandten, wem sie oberkeit, gerechtigkeit und eygenthumb der mühlen und des backhausz zuweiszen? Antwort das gericht und weiszet, dasz herrschafft und eigenthumb der mühlen und backhausz obged. stifftsherrn zu, und saint beyde frey und ist die gemein davon gedrungen, vermög des gerichtsbuchs.

Zum neunten fragten die gesandten, wasz freyheit obged. stiffts und dorffsherrn guetter und ihre hoffleuth hetten? Antwort dasz gericht und weist genanter herrn guetter und freyheit alle und jede, die sie oder andere von ihrentwegen unter handen haben im dorff und gemarck zu B. und sonst darzu gehorenden von allen frondinsten, atzungen und beschwehrnusz allermänniglichen frey und eigen und solches von alters her geruhlich herbracht und uff sie kommen ist.

Zum zehenden fragten die gesandten, wem der zehent grosz und klein in dorff und gemarck zu B. zu empfahen, pfarrer und glöckner zu setzen und zu entsetzen, oberkeit und herschaft über die kirch und kirchengeschworen, dero rechenschafft zu erfordern und zu hören zustehet? Antwort dasz gericht, dasz solches alles allein obgedachten herrn zu St. Martin zustehet und sonst niemandts anders.

Zum elfften fragten die gesandten, so diesze weiszung uff obgeschriebene fragstück durch sie den schultheiszen und dasz gericht beschehen, also durch diszen offnen notarium in einem offnen instrument in glaublicher form, wie die beschehen, begriffen, ob sie dieselbigen mit ihres gerichts eigen anhangenden ingesiegel wollen bekrefftigen? Antwort des gerichts, sie erkenneten sich desz zu thun schuldig. Uff solches die gesandten die weiszung vom gericht, wie sich ihrer pflichten nach wol geziembt und gebührt, beschehen, angenohmen u. s. w.

Nr. 11. Eszwiller.

Weistum[1] unsers gerichts und gantzen gediehens[2] Eszwiller dals, was wir uns. gn. h. Reingraffen etc. zu geben und zu thun schuldig seyn, dabei auch unsere altherkommende friheyt, wie und wobei uns seine gnad bliben lassen soll, wie dasselbig unsere vorälteren uff uns bracht haben.

Zum ersten, wan ein scholtes das jargeding halten will, so sol ers 14 tag zuvor verkündigen, uff dasz ein jdiger erschein uff straf der busz uff solchen tag, wie verkünt ist, demnach das gethiehen erscheint, sitzt der scholtes nidder, nympt die 7 scheffen zu sich und behögt das gericht und fragt zum ersten, wen wir erkennen vor ein obersten herren des gerichts im Eszwiller thal. Zum andern, was ein jeder hindersesser demselben herrn zu thun und zu geben schuldig sei. Zum dritten, wem wir das wilppert und bergwerck weisen. Zum vierdten, wo sich begeb, dasz miszethedige leut in dem gericht weren, wer sie greiffen und wer sie verurtheyln soll, auch wo ein feldgericht von nöten wer, als galgen, leytter, radt, steyl, holtz etc., wer das machen soll. Zum fünpften fragt er, wer falsch masz drücken oder nasz gebe, wasz der verbrochen habe. Zum sechsten, wer marckstein oder bekunth gemarcken freuenlich

[1] Drei Abschriften aus dem 16. Jahrh. [2] Gemeinde.

verrückt oder verändert, was solcher verbrochen habe. Zum siebenten, wer beklagt oder bekümmert gut ausz dem gericht in ein anders fört, was der verbrochen habe. Solichs sind die vornemlichsten hauptfragen, welche wir zu verantworten schuldig sein. Wan solche fragen geschehen sein und der scholtes sein rede beschlossen hat, so begern die scheffen erlaubung, stehn uff und gehn zu dem gethiehen in einen radt, wan sie seind den tag alle gleich und weisent mit recht. So das gethiehen sich dan bedacht hat, kommen sie und thut einer das wort vor sie alle und geben antwort, spricht also: Scholtesz, ich frag euch, ob ir uns bei unserm alten herkomenden freiheyt und gebräuch (wie unsere vorältern uff uns bracht haben) wollent bleiben lassen. Spricht der scholtesz nein, so weist ym das gethiehen nichts, saget er aber ja, so weist man ym auff alle seine vorgethane fragen wie nachstet: Scholteisz, demnach ir ja gesagt habent, so wollen wir weiszen alles das, das unser voraltern auff uns bracht haben und bisz hieher auch also gebraucht ist worden und daran keiner abbroch thun, und was wir handweisen, das weisen wir mit recht.

Zum ersten. Wir weisen, wer ein her zu Kyrbergk ist, das ist ytzt uns. gn. h. Reingraffe etc., den weisen wir vor ein obersten hern des gerichts des E. thals über diebbe und über diebin, über halsz und über halszbein, keiner höher zu gebiethen dan er, einem jeden hern seins rechten unverlustigk. Zum andern. Wer in disem gericht seszhafftig ist, mertz und may feur und flam helt, der ist uns. gn. h. Reingr. schuldig alle jar ein malter haberns und ein hun, es sei dan sach, das einer hat alte herkomende freiheyt, wie auch etlich im gericht sitzen; darumb soll er uns beschirmen den dach, es sei dan, das sein eygner leip feindtschaft habe. Auch ist ein jeder hindersässer schuldig 3 jungheller, d. h. maybede, darumb sol er geniessen wasser, weyde, kaweweyde, nach aller syner nottürfft on eins andern schaden. Zum dritten. Wir weisen auch uns. gn. h. R. alle wildt hoch und nider, dabei weisen wir auch, wo ein hindersässer oder gethiehensman oder sein hauszgesinde über felt irem gescherfft oder sunst irer arbeyt nachgingen und bei ynen hetten hund oder geschütz und geb yne gott glücke, das ynen ein hasz wirde, tregt denselben heym und iszt yne in seinem hausz, so ist er nymandt nichts schuldigk drumb, verkaufft er yn aber, so ist er den herren verfallen 30 sch. Zum vierden. Wir weisen uns. gn. h. R. einen herren über das bergkwerck. Zum fünfften. Wo sich begeb, dasz miszteddige leut in dem gericht weren, die ein scholtes oder yemant von der hern wegen greiffen wolt, spricht er die hindersesser an, an welchem ort das ist in dem gericht (da sich solchs begibt), so sollen sie ym helffen greiffen und schaffen bisz zum end des gerichts, darnach wil er solche leut oder misztheddige menschen weitter versorgen, sol dencken, das er leut hab. Und wen uns. gn. h. R. solche misztheddige leut richten wollen, so sollen die 7 scheffen dieselbigen verurtheyln, und wo von nötten were ein feltgericht, galgen, leytter, steil, holtz etc., das sol das gethiehen machen und dar schaffen auff iren kosten. Zum sechsten. Ob einer falsch masz geb, drucken oder nasz, den weisen wir in der hern handt. Zum sibenden. Wan einer marckstein oder bekünth gemarcken freffenlich verrückt oder verändert, den weisen wir auch in der hern handt. Zum achten weisen wir, dasz uns. gn. h. R. zu gebietten hat in disem gericht uff 30 sch. hell. und nit hocher, es wer den sach, das einer ein gewalt sach verbrech, also das einer beklagt oder bekümmert gut ausz disem gericht in ein anders fört oder einer ein andern in seim eygnen hausz weltiget und dergl., der hat verbrochen 13 lib. hell. und ein helbeling.[1] Wir weisen auch, wan einer eynen bluten schlecht, so hat er verbrochen 30 sch. h., schlecht einer ein andern drucken, das nit blut, so hat er verbrochen fünffthalben schill.

Dises obgeschriben ist die herligkeyt und freiheyt, die uns. gn. h. R. in dem gericht hat. Nun dargegen weisen wir auch wiederumb mit recht wie obstet alt herkommende freiheyt, die uns uns. gn. h. R. zu halten schuldig ist, so von unsern voraltern uff uns kommen und bisz hieher gehalten worden ist. Wir weisen in dem bezirck des gantzen gerichts keinen zol, kein ungelt, keinen banwein, kein banwasser, kein banmüel, kein banbackhausz, keinen banwalt, kein frone etc. und uns nit weitter zu treiben, wan uns. vorältern auff uns bracht und getryben worden synt, wie dan wiszlich und bisz hieher gebraucht ist. Wan nun das jargeding also gehalten, uns. gn. h. R. sein herlichkeyt, auch den hindersässen ire freiheyt geweyszt wirt, hat dan ein scholtes weitter gerichtshendel umb schult oder anders, so lest er das gethiehen heym gehn, behelt die scheffen bei yme und helt gericht.[2]

---

[1] In einem andern Exemplar wird hinzugesetzt: „thut ein pfundt hell. 15 alb., der helbing $^1/_2$ pfenn."

[2] In dem andern Exemplar wird hinzugefügt: „wan aber kein gerichthändel vorhanden ist, so ist uns. gn. h. R. dem gericht die tagcosten schuldig."

In einer ausführlicheren „Coppey des Eszweiler thals Weisthumb" vom J. 1579 (Notariatsurkunde) folgt hier weiter:

Nebenfragen. Weitter weiszen und erkennen wir auch, wie das vorig, mit recht etliche nebenfragen, welche von alters und noch (wie sie auszweiszen) also seint gehaltten worden, wie folgt: Erstlich, wieviel gericht ihn dem Eszweiller dal seindt, auch was für jeden verhandelt und verthettigt würdt und werden soll. Erklärung dieser fragen. Es seindt in dem getihen des Eszweiller dals villerley gericht, deren jedes gang und gebe und an im selbs vollmechtig ist, sein bann und zwang hatt, auch sein gesetz, brauch und ordnung, wie weit sich dasselbig erstreckt und was dauor verricht und verhandelt werden soll und seindt dasz dieselbigen:

Von schöffengericht. Das erst under den vieren ist das reingrauisch schöffengericht, vor welchen nichts anders, dan uns. gn. h. R. herligkeit und gerechtigkeit verricht und verhandelt würdt, als nemblich zum ersten alle peinliche hendell, so man nenth dasz halszgericht, als wan jemandt das leben verwürckt hett, stehet der hohen obrigkeitt zu straffen und zu verurtheillen. Zum andern alle schmehewortt und beschuldigung bösser thatten, als so einer von einem andern freuenlich an seinen ehren und guetten leymundt angetast, geschmitzt oder geschmecht würdt, soll er zu beschützung und bewahrung seiner ehren dasselbig entlich dem rheingr. gerichtschultheiszen fürbringen, sein ehr zu veranttworten, von inem rechts begeren, der soll im auch diesz schöffengericht rechts verhelffen. Zum dritten, was schulden belangt, als so einer an gebürlicher schuldt von einem andern nit bezalt werden könth, begerth er vom gerichtsschultheiszen rechts, musz er im ein gerichtstag anstellen und dem gegentheil zu recht gepieten, und bevorab, wan dasz jargeding zu halten verkundt würdt, plegt man gemeinlichen solche bösze schuldner im gedachts jargeding zue stellen, derselbig beclagte musz dan in 14 tagen entweder dem cläger entrichten und bezalen und den gerichtstag abkünden, oder aber des rechtstags und gerichtl. uncostens wartten. Zum viertten, alles wasz fahrende haab betrifft oder anlangt, würdt auch vor diesem gericht verhandelt, als so einer einem andern ihn fahrend haabe poniren oder erben wollt, soll es vor diesem gericht verhandelt und vertragen werden, gebürth auch niemandts anders dan eben desz gemelten gerichtsschultheiszen gebott und verbott darüber zu thun.

Erklärung, was fahrende haab seye. Fahrende haab ist aller hauszrath, wie der sein mag, es were etwas ihn einem hausz verhefftet, angenegelt oder verbawet, das acht man vor baw und nit für fahrende haab, item allerley vieh, auch allerley getraidt und atzung ihn einem hausz; uff dem velde aber, wan ein frucht geschnitten oder gemehet, ist noch nicht fahrend haab, wan sie aber gebunden und geschickt ist, uffzuladen, so ist es fahrend hab. Der wein, wan er abgelaszen und ihn genusz versamlet würdt, ist er fahrend hab, so lang er aber am stock stehet, ist liegende erbe. Das hew, obs schon abgemehet ist, würdt nit für fahrende hab erkant, wie baldt es aber uffgehaufft und gesamlet würdt, ist es fahrend haab. Das holtz, ob es schon abgehawen und gefellt ist, würth es nit für fahr. h. erkanth, wie baldt es aber auszgeschneist und gerüst ist zu laden, so ist es fahr. haab. Zum fünfften. Werden auch für dem schöffengericht verhandelt und verthedigt alle gewaltsachen, wasz aber ein gewalttsach sey und wieviel derselbig, würdt hienach partes dreys erklert und erzeleht:

Von gewalttsachen. Erstlich, wer beclagt oder bekummert guett, es sey schuldt oder fahrende hab, so durch die hohe obrigkeytt ihn verbott gesteltt und verhaft ist, ausz diesem gericht ihn ein anders fürth oder wer solche schulden oder fahrende haabe (so bekümmert ist) hinder im hette und ohn erlaubnus der rheingr. oberkeytt unserer gerichtsherren einem andern gibt oder volgen lässt, der oder diese haben ein gewaldtsach verwürckt und verprochen, nemblich 13 pfundt und ein helbling. Zum andern, so einer umb schuldt, buszen, freuell, costen oder schaden, es geschehe gleich durch den gerichtschulthessen, hubschulthessen, cantzl. herren oder ein heimburger, in gemeinder rechte gepfändet würt und die pfender ausz eygener freuenlicher gewalt wolt wehren oder ufhalten, der hat auch ein gewaltsach verbrochen. Zum dritten, so einer ein andern in seinem hausze oder eigenthumb weltiget oder schlüge oder ausz freuelem gemüth nur souiel unfuhr und gewalts ihn eins andern hausz triebe, dasz er ein stuel oder dergl. umbstiesse, so weist und erkent man auch damit ein gewaldtsach verprochen sein. Zum viertten, so einer über ein geweist und gesprochen urtheil etwas übt oder handelt und zu verachtung des rechtens demselbigen nit geloben wolt (es were dan, dasz er solches nach appellirter handtlung fürter mit recht wieder erlangt hett), der verbricht dardurch ein gewaldtsach, es geschehe gleich an welchem rechten es wolle, und wan es schon am allerundersten und geringsten, nemblichen im gemeinden rechten were. Wie das schöffengericht besetzt ist und werden soll. Zum letzten, wann man durch absterben oder sonsten mangel hett an schöffen, einem oder mehr, so sollen die andern, so noch furhanden oder ihm leben, denselben oder dieselbigen welen und solche dann dem schulthessen darstellen, der solle ihne aidtpflichten und bestettigen und nach der gerechtigkeitt zu eiffern uff dasz trewlichst vermanen.

Vom huebergericht. Das ander ist der lehenherren hubergericht, vor welchem man alle gerechtigkeit der lehenherren, auch alle liegende güetter, als hausz, hof, gebew, wiszen, äcker, weingardt, wälde und velde verhandelt und verthedigt, ihngestalt inmassen und gestalt wie hienach volgt. Es sindt in dem bezirck und gericht des Eszweiller dals 14 lehenherren, deren aller grundt und boden dieses gantzen gerichts erb und eigen ist, und solchen boden oder erbe den inwonern umb gebürliche und stehende gülten, zinsze und zehenden erblichen übergeben und verlauhen haben und seindt dies dieselbigen: Der erst und oberste lehenherr under den 14 seindt vor zeitten gewesen die alten Münssteiner junckhern, waren in dem gericht seszhafftig, welcher herlich- und gerechtigkeitt nunmehr den Cratzen von Scharffenstein zueständig ist. Der ander und höchste nach dem Cratzen oder Münsstein ist die probstey Offenbach gewesen, welche nunmehr ein schaffnerey und dem fürsten von Zweybrücken zustendig ist. Der dritte lehenherr seindt vor zeitten die Alttenstangen junckhern geweszen, der gültten und gerechtigkeitt nunmehr dem fürsten von Lautterecken zustendig seindt. Der vierte ist etwan die probstey St. Remigsberg geweszen, ist nunmehr gedachtem fürsten von Laut. zustendig. Der fünffte lehenherr ist compterey von herren Soltzbach geweszen, deren gerechtigkeitt nunmehr dem Rheingrauen von Kirburg kauffs wegen zustendig ist. Der sechste lehenherr ist etwan die probstey Enckenbach geweszen, so nunmehr auch kauffs wegen wolgedachtem Rheingr. von K. zugehörig ist. Der siebendt seindt die Mauchheimer junckhern und nach ihnen die Gentersberger, so jetzund Wolft Benszerm von Lembszheim und denen von der Leyhen zustendig ist. Der achte seindt die Muckenheimer junckher geweszen, ist nunmehr ihre gerechtigkeit dem Boszen von Waldeck zustendig. Der neunte seindt die Blicken von Lichtenberg und Lautterecken. Der zehendt seindt die Hornecken von Weinheim bey Bingen etwan geweszen, deren gerechtigkeitt nunmehr kauffs wegen den Picken erben zu Eissenbach und den Preuels erben von Oberweiller zustendig ist und haben die Picken erben die Hornecker huben zu Hochenbach allein und dagegen die Preuel zu Eszweiller allein, seindt doch gemeine lehenherren. Der eilffte lehenher ist die aptey von Theologen oder Tholey. Der zwölffte die heiligen lehenherren, so zum halben theil der pastorey S. Julianae und zum andern halbigen theil die pfarr oder predicatur Hintzweiller zustendig ist. Der dreizehendt, die heil. jungfraw St. Julianae, so auch zu derselbigen pastorey gehörig ist. Der vierzehendt der eigenhub zue Oberweiller, den hubern und besitzern gemelter huben zustendig, under welchen hubern der fürst von Zweybrucken. Under diesen allen seindt die Cratzen von Scharffenstein die obersten lehenherren, haben zu gepietten und zu pfenden in diesem gericht uff 15 schill. hl., halb so hoch und viel, als der ober- oder gerichtsherr. Der ander und nechst nach dem Cratzen ist der fürst von Zweybr. von wegen der schaffnerey Offenbach, hat gebietten und zu pfenden uff achthalben sch. hl., halb so hoch als der Cratz. Die andern 12 seindt an buszen und freueln gleich, hat ihnen jeder zu gebietten und zu pfenden uff fünffthalben sch. hl. Diese 14 lehenherren haben ein gemein hubergericht, welches ohn aller anderer obrigkeitt hilff oder forderung an ihm selber vollkommen geng und gebe ist, sein ordnung, bann und zwang hatt nach aller notturfft des rechten, daruor alles, wasz liegendt guetter belangt, verrichtet und verhandelt würdt mit solcher ordnung wie folgt. Wie das hubergericht besetzt wurdt. Erstlich, wan gerichtshendel umb liegende guetter fürhanden sein oder so jemandts ist, der einem andern in liegende gütter ponieren oder erben will, der musz es dem lehenherren oder dessen schultheszen, hinder welchem solche spennige guetter liegen, anzeigen und von ime rechts begeren, derselbig lehenherr oder schultheisz erwölt dan 7 hüber und erbare menner, so unpartheylich ihne beduncken, geschickt und düchtig dazue sein und eigene guetter von den 14 lehenherren haben, demselbigen müssen sie bey verlust solcher guetter gehorsammen und sich ine solcher session brauchen lassen, bede dem geringsten wie dem obersten und grösten lehenherren, er sey begüttet vor welchem lehenherren er wolle. Alsdann würdt ein rechtmässiger gerichtlich proces gebraucht eines gantzen kriegs und handels vom anfang bisz zum ende auszgefürth und gevollendet ohn einigen intrag anderer obrigkeitt, hatt auch für sich selbst, es sey der gröst oder kleinst lehenher, gewalt und macht, einem mit recht gesprochen urtheil vollstreckung zu thun und die ungehorsammen uff sein buszen oder freuel zu straffen, auch umb costen, ihn solcher rechtferttigung uffgehet (wo es von nötten) zu pfenden, beyde zu hausz oder zu felde, das haben die andern 3 gericht desz Eszweiler dals auch zu thuen. Nota, ob nun jemandt solch pfenden widerlegen und ableinen wolt, weil oben alle schuldt und fahrend hab der hohen obrigkeitt zu uerrichten zugeweist würdt, hat es diesen bescheidt, das ein jeder under dem gemeinen man und sonsten (der nit selbst gewaldt, bann oder zwanck hatt) sich der hohen obrigkeitt gebrauchen soll, ein lehenherr aber auch der cantzelher, deszgl. der heimburger oder herdtmeister im gemeinden rechten, weiln ihr jeder fur sich und nach seiner ordnung gewaldt haben ein gerichtl. proces anzufahen und mit recht ausz-zuführen, habens auch gewaldt und recht, ihre strafbarn und ungehorsammen umb ihre gesatzte buszen, deszgl. umb costen und schaden zu pfenden, ohn hilff oder intrag der hohen obrigkeitt, wie auch solches bisz hieher alwegen ist gebraucht worden. Von der appellation im huberrechten. Wenn nun ein endturtheill vom hubergericht gesprochen würdt und die verlierende partey an solchem urtheil nit genugig sein wollt, hatt sie fürtter zu appellieren gehn Hirszawen ihn den vollhoff vor 120 huber, denen alle handlung, clag und anttwortt, ansagung und urtheil zum vleissigsten fürgelessen und eröffnet werden soll und dan ein jeder insonderheit verhört werden, bei seiner pflicht, ehren und trewen, niemandt zu lieb oder zu leidt, unuerholen zu sagen, welchen er beduncket under den partheyen recht zu haben und solches ausz seinem eigenen sinn und beduncken ohn eines andern eingeben, bekennen und welcher partey dann der meisten stimmen beifallen, derselbig soll auch die hauptsach mit urtheil und recht zuerkanth werden, vor solche mühe soll jedem huber under den 120 zwo masz weins und 2 pfennwerts brods zue tagcosten gebüren. So dan die verlierendt partei an das vollhubers urtheil auch nicht gesettiget sein wolt, hat sie solch gesprochen urtheil gehn Kirn an das rheingrauisch hoffgericht zue appelliren. Zum letzten, wan ein lehenherr mangel an seinen zinszen hat, oder sonsten jemandts spann oder zanck umb zinsz zu geben haben, so gehört dem underhuber, ihn welchem dorff der mangel sich begibt fürgebracht, denen gebürts dan darüber zu erkennen und den handel der partheyen zu entscheiden. Im fall aber der verlierende theil an des underhubers urtheil sich beschwert befinde, hat ers macht zu appelliren gehn Hirschawen an den oberhüber der 10 dorffschafften des Eszweiler dals, zue welchem oberhüber der underhüber zu Offenbach gehört und mit zu weiszen schuldig ist; alda würdt ein endturtheil mit recht gesprochen, von welchem zu appelliren keiner parteyen vergunth noch gestath würdt, und diese urtheil, bede des ober- und underhubers müssen umbsonst und ohne allen costen geschehen.

Vom cantzelgericht. Das dritte gericht desz Eszweiler thals ist das geistlich recht, würdt dasz cantzelgericht genanth, welches dem fürsten von Zweybrucken von wegen der erbcassenvogtey des closters Offenbach und der collatorei Hirszawen und Hintzweiller zugehörig ist, vor welchem gericht alles so kirchenguetter und gefelle belangt, verhandelt würt, auch alle kirchenrechnungen verhört und besetzt werden. Item wie die kirchen, auch die kirchhöue, deszgl. die pfarhöue oder pfarheuszer und anders dergl. erhaltten, und wen iedes gebawet werden solle, geburt diesem gericht mit recht zu weiszen. Item allerley euch, drucken oder nasz, auch ehlen und gewicht soll und würdt bey diesem gericht gefunden und uffenthalten, soll auch niemandts anders, dan die verordente kirchenpfleger zu eichen haben, dan man dann zu frucht und wein, ehle und gewicht sondere und gewisse stauff hat, welche zue Hirszawen uffenthaltten und gesucht werden sollen und sonsten keinen andern orth. Item es gehört auch diesem gericht und dem cantzelherren zu verwaltten alle kirchenzucht und regiment mit anstellung und ordnung des gottesdiensts und predigampts, prediger uff und abzusetzen, zu präsentieren, examiniren, visitieren, kirchengeschworne zu welhen und dieselbigen mit gelübde und aide anzunemen als schöffen und besitzer des geistlichen rechtens, deszgl. alle kirchenpfleger und brudermeister zu wälhen und zu bestettigen, auch censoren zu ordnen, die begangene laster anzuregen, zu straffen, auszzuschlieszen und nach bekanter sünde in die christlich gemeindt uff gethaner busze wider uffzunemen. Item alle ehesachen zu verthedigen, als über eheliche flicht und gelübde zu handlen, auch über trennung und spaltung der ehen, deszgl. den ehebruch und verwürckung ehelicher trewen, gebürt diesem gericht zu rügen und dem cantzelherren nach fürstlicher ordnung zu straffen. Item über den gebresten des auszsatz zu erkennen und diejenigen so damit behafftet auszzuschlieszen.

Vom gemeinen rechten oder gericht. Das vierte gericht ist dasz gemeinden recht, darinnen ein jede gemeindt in dem E. dhal über (*unlesbares Wort*) und andern gemeinde hendel zu richten und mit recht zu sprechen hat. Es hat auch ein jede gemeinde in dem E. dhal mit recht ihre wege, stege, heimreitten, fuszpfäde, viehedrüfften, stiegel und kommeling selbs auszzugehen, zu weiszen und zu steinen nach aller ihrer notturfft und gelegenheitt ohne allen intrag allermenniglichs, deszgl. umb viehenweyden, hüette und rugen nach jeder gemeinden gebrauch und altem herkommen. Item über die landtstrassen, das dieselbigen gemacht und gehandhabt werden, hatt die hohe obrigkeit und gerichtsherr zu gebieten, da ist ein jede gemeinde, soweit ihr gemarck reicht, dieselbigen schuldig zu steinen und zu machen uff straff 30 sch. hlr. Die heimreitten aber, so man zu den liegenden guettern haben und brauchen musz, soll ein jede gemeinde in ihrer gemarcken auszgehen, und wo von nöthen auch steinen, dargegen sollen diejenigen, so dieselbigen zu ire guetter gebrauchen wollen, auch gemeiner handt machen und handthaben uff gebott und straf der gemeinden. Item die viehedruften sollen die gemeinden, wie die landtstrassen machen. Item über die kommeling haben die lehenherren zu gepieten und sollen die erben, so daran stossen, dieselbe machen. Von der appellation im gemeinden rechten. So jemandt ein clag oder forderung gegen einer gemeinden fürzunemen hett, oder aber so ein gemeinde zwischen parteyen ein urtheil gehoben und der verlierende theil an solcher urtheil ein beschwerung hett, haben solche zue appellieren vor zwo die nechsten anstossenden gemeinden, dieselbigen von beiden partheyen dazue erpeten, sollen sich auch dazue gebrauchen lassen. Und welche partey an demselbigen urtheyl, so die zwo gemeinden geben, auch nit genügig sein wolt, hat sie vor dasz gantz gethihen zu appelliren, und wasz durch dasselbig erkannt und gesprochen würdt, dabey muss bleiben, und gebürt keinem weiter zu appelliren, und diese urtheil alle, von understen bisz zum obersten, müssen umbsonst und ohne alle costen geschehen. Es hat auch ein gemeinde in der andern im gantzen gethihen ihre übertretter umb buszen, atzung, costen und schaden zu pfenden ohn allen intrag einiger obrigkeit, und hat ein jede gemeinde zweyerley buszen, darauf sie zu gebieten und zu straffen hat, nemblich ihn geringen fellen uff fünfthalben sch. hlr., dasz nenth man ein tagbusze, in wichtigen hendel aber uff achthalben sch. hlr., das nent und heist man nachbusze. Zum letzten; demnach die inwoner desz E. dals vierley obrigkeiten mit der leibeigenschaft angehörig, deren obrigkeitt und herschaften etlich sehr weit geseszen seindt, ist keiner schuldig, wan einer ein anderen mit recht für zue nemen hat, dasz er ihne zuuor hinder seiner leibobrigkeitt guettlich erfordern und ersuchen müsze, es sey dan, dasz beide der cläger und beklagte eines herren leibeigen sein, sondern hat sich ohn weitter mühe desz rechten zu gebrauchen, wie auch von alter geschehen ist. So hat auch ein jede obrigkeitt ihre underthanen im E. dal, im fall sie sich gegen derselbigen ihrer obrigkeitt vergrieften, in solchen sachen selbs zu freueln und zu pfenden, auch gefenglich einzuziehen, ohn intrag der hohen obrigkeitt, und gebürth der hohen obrigkeitt nit, einigen hindersässen gefenglich anzunemen, er hab dann dasz leben verwürckt oder sonstige peinliche thaten, so droben in ihrer herligkeitt und weiszthums vermeldt begangen. Vom weidtgang. Mit der raudweiden soll ein jede gemeinde sich ziemblicher maszen ihrer gemarcken und zehenden behelffen und kein die andere mit ihrem viehe zu weit und wider die billigkeyt zu übertreiben, die schmalweyde aber, soviel dasz eckern und veldtobs belangt, hat ein gemeind bey der andern mit den schweinen zu suchen und zu genieszen, so weit dasz gantz gericht desz E. dals ist, aber nit zu leszen und heimzutragen, es sey dann uff eines eigenen guettern, auch keinem andern sein obs und eycheln abschlagen oder schütten, so er dasselbig mit den schweinen besucht, sondern nur dasjenig, so selbs abreuszt und der windt abschlegt, uffetzen und genieszen bey straf und poen gemeiner buszen. Von bienen oder immen. Wann einem ein junger bien hinwegfährt und er demselbigen mit kundschaft und schell gleich nachvolgt, hat er sich desselbigen (so er kan) wider anzunemen und einzufassen, er setzt sich uff irsz eigenthumb er wolle, so ferr es ohn desselben schaden geschehen kann. Wen aber ein bien in einem wald oder baum gefunden würdt, da niemandt weisz, woher er kohmen oder wesz derselbig geweszen seye, ist er dessen, des der baum ist, darinne er wonet. Von schätz finden. Wan einer ein verborgen schatz in seinem erbe oder eigenthumb findet und keinen rechten erben dazue weisz, mag er denselbigen behalten und ist niemandts nichts schuldig darumb. Wo das gethihen zusammen kommen soll. Wann man das gantz gethihen verhauffen und zusammen kommen will lassen, soll dasselbig an keinem orth, dan zu Hientzwiller geschehen, denn daselbst ist es eben in der mitte im gericht oder gethihen, ist auch von alters also gebraucht worden, es sey dan im jargeding, mag es die obrigkeit (wann sie solches halten will) im gericht verhauffen und zusammen kommen lassen, wo sie will. Wer nun dasz gethihen brauchen will, der lest demselbigen uff den dreyen cantzeln im gericht zu 14 tagen anen bequemlichen orth eintpieten, da kompt man dann ohne weitere mühe uff bestimpten tag zusammen.

Nr. 12. Joxweiler[1] Gerichtsweisthum (vor 1539).

Disz ist dasz recht, dasz uns. gn. herrschafft zu Falckhenstein in disem nachgeschribenen Joxweiler bezirck vor hin obrigkheit und gerechtigkheit oder herrligkheit hat, auch wasz den andern junckhern nach dem gemeinlich der eine wie dem andern zugehörig ist, alsz war Joxweiler gericht geth.

1. Zum ersten weiszt dasz gericht zu J. mit recht, dasz da sein sollen 7 schöffen, die der herrschaft Falckenstein ihr recht

---

[1] Jakobsweil, am Südfusse des Donnersberges; vidimierte Kopie vom J. 1655.

weiszen. Der 7 schöffen mag einer ein schuldheisz sein, und wo der schöffen einer sein gut übergibt oder verkaufft, damit geth er von dem gericht ab und zue, also ferr, dasz er khein gefährt darin braucht. Die 7 schöffen sollen den genanten obergerichtsherrn 3 jargeding halten vor gemelter maszen, dasz erst uff den nächsten dienstag nach sanct Martinstag des heiligen bischoffs, den andern mahltag den nächsten dienstag nach osterdienstag, der dritt mahltag am nächsten dienstag nach sanct johannistag des heil. täuffers, und alsz dan nach dem weiszthumb oder so dickh man des nöthig ist, fürter jederman rechts verhelffen, wer es ansucht, darfür sollen die schöffen nicht mehr nemen, dan wasz recht und von alter her gebrauch ist.

(*Grenzbeschreibung*). 2. Noch mehr weiszt dasz gericht zu Joxweiler zue recht, die herrschaft zu Falckenstein in diesem gericht und bezirck einig und erkent sie vor ihren obersten faut und gerichtsherrn über frevel und buszen darin allein zu bünden und zu entbünden, zue richten über halls, dieb und diebin und alle strafbare sachen zu gebiethen und zu verbiethen und den andern gemeinen junckhern ihr einem wie dem andern alsz weit jeglicher recht hat, wie nachfolgt.

3. Item zue schroden wanth[1] und gemein blutige wunden verbrechen zween neue sch. hlr. gen Falckenstein, auch wan jemandt ein gewaldt von einem clagt, das ist ein helbing und neun pfund hlr., den sollen des obgenannten gerichtsherrn knecht pfänden, von dem da geclagt ist, dunckt diesen, dasz unbillig von ihme geclagt seye, so mag der den cleger annemen mit recht in Joxweiler gericht.

4. Item die gemein soll machen den herrn und junckherrn zwelf hauffen hew, und wan dasz grasz geschropt[2] wirdt, so soll der oberherren schuldtheisz der gemeinden leuthen und heiszen das hew machen, darbei sollen die herrn der gemeine einen knecht stellen, der da helff das hew machen, auff dasz es nicht verderbe und die arme leuth kein schuldt davon haben, und wan das hew also gemacht ist, so sollen sie der gemeinden geben 12 broth, deren man ohngefährlich 40 auszer einem malter macht, darzue sollen die herren geben 12 keesz, der man einen heiszt einen zweymenschen keesz.

5. Auch weiszt das gericht mit recht, wan jemants seye, was person es wolle, hünder einem ring steckhe jahr und tag und braucht waszer und waidt, der gibt der herrschafft Falckenstein ein malter habern und ein huen, er sitz uff welchem grundt er wolle.

---

[1] zerrissenes Kleid. [2] Die andere Kopie hat: *geschubt* = aufgehäuft.

6. Item wir weiszen auch gemelter uns. gn. herrsch. zue F. steur, frondt und dienst zu thun in der zeit, so dick dasz von irentwegen gesendet wirdt, sitzt aber einer uff der gemeinen junckhern obrigkheit, der ist einem jeden zue seinem theil, einem wie dem andern, nit weiter dan einen tag verpflicht, wie von alters herbracht mit sonnenschein ab und zue zu gehen.

7. Item wir weiszen zue recht, welcher sein Martinszinsz jhärlichs uff sanct Martins des heil. bischoffs tag nicht auszricht, demselbigen soll das gericht sein gueter öffnen und in der herrschaft handt stellen.

8. Es soll auch kein hübner sein böse gueter ohn das guthe vor die zinsz nit laszen ligen, also dasz er wolt das guthe behalten und das bösz den herren übergeben.

9. Das gericht weiszt zue der gemein recht, dasz ein jeglicher gemeinszman mag mahlen und backen, wa er will oder kan. Es mag auch ein jeglicher gemeinszman wein schencken oder geben umbs gelt, so ferr er gerecht masz gibt, doch wie das alles der oberherr jederzeit zue ordnen, zu setzen und zu entsetzen hat.

10. Mehr weiszt das gericht zue recht, blieb ein hübener zue den dreyen jargedingstagen einen ausz, der verleuhrt ein viertel wein, die busz ist des gerichts, blieb aber ein schöffen ausz, den hat das gericht zu strafen, doch jeden theil auszgenommen herrn- oder leibsnoth.

11. Wir weiszen auch zu recht, verkaufft ein mann ligendt guth einem unerben, das verändert guth das gibt dem gericht 2 viertel wein und vor 2 pfenn. broth und dem schuldtheiszen 8 pfenn., ein erb aber gibt nur ein viertel wein, ein pfenn. broth und 4 pfenn. dem schuldtheiszen.

12. Item küden[1] zween mit einander und gibt einer dem andern nichtz nach, so gibts kein änderung, gibt aber einer ein heller oder werth, so ist er die änderung mit recht schuldig. Und wan einer gekauft hat und der handstreich geschehen ist, so ist dem gericht sein recht gefallen und der käufer gewehrt. Were aber einer davon nit benuegig, so mag ihn der schuldtheisz ferner mit handt und halm in stethen, mit vorbehalt den erben abtribs, wie ländlich, da soll kein gefahr in gebraucht werden.

13. Ferner weiszt dasz gericht mit recht, wan einer den andern in dem seinen überlaufft oder schlägt ihn, das ist ein gewalt, den weiszen wir dem oberherrn zue gnaden und ungnaden.

---

[1] Die andere Abschrift hat: *kauden* (?).

Nach einer Beschreibnng der Wege und Triften folgt am Schlusse:

Nota die frohn Veitten von Oberstein betreffend.

Auff Mitwoch nach Margretha ann. 1539 ist Viax vom Oberstein zue Falckenstein vor dem oberamptman Pleickhart Landschaden von Steinach erschinen sambt etlichen ausz der gemeind zue Joxweiler, clagt genanter Veith, die gemeind wer ihm schuldig zu frohnen, wolten ihm sein hew nit gehn Offstein führen, das wolt er von ihnen haben oder sie straffen, greiffen, thürnen und plöckhen etc. Dargegen die armen clagten, wie er sie überfallen, ihrer etliche geschlagen und ihnen höchlich gedroht, baten, sie bey recht und altem herbringen zue handthaben, sie hetten ein gerichtsweiszthumb, wasz solches Veitten vom Stein zugebe, das wolten sie ihm thun, des versehens, er werde sie nit weiter treiben. Also seindt die armen beschieden, solch gerichtsbuch und weiszthumb folgenden donnerstags zue morgen zue bringen, wie geschehen. Also ist Veiten solch weiszthumb und besser die puncten die frond betreffendt zue Falckenstein vorgelesen worden; hat Veit ja gewolt, die armen sollen ihm etlich hew gehn Offstein zu führen schuldig sein, dargegen die armen gewolt nein, dan sie hetten nie weiters gefahren, dan einer ein fahrt gehn Bürstatt, da sein voreltern und vatter säszhafft, das wollen sie noch thun und baten wie vor sie darbey zu handhaben. Also ist die sach ernanten donnerstags mit wissen vertragen und von beeden theilen zugesagt, versprochen und vertragen, wie nachfolgt: Welche von Joxweiler ihme Veitten vor nit gefahren, die sollen ihme dieszmahls, so gut einer gemähnt ist, ein wagenfart mit hew gehn Offstein thun, und fürter soll sie Veith laszen bleiben und sie ihme entgegen halten, lauth des vorgeleszenen weiszthums oder dorfbuchs, dasz bey seinen cräfften bleiben soll. Actum ut supra.

Nr. 13. Godramsteiner Thal.[1]

Bericht des gantzen tals alsz Godramstein, Siboldingen und Bürckhweiller.

Erstlich alle wiltfang des gantzen thals hat churf. Pfaltz allein; wirdt sonsten keiner frembden herschafft gestattet. Desgl. alle bastartfähl.

Forsz ander alle reiszvolge, musterung, reiszwagen und frondienst ist keiner anderer herschaften unszers gedenckens nichts dann churf. Pfaltz im thal oder auch auszerhalb gefolgt worden.

---

[1] Papierabschrift (17 Jahrh.).

Zum dritten atzung anlangen thuet, weisz man nichts, dasz die gemeinden deszwegen beschwert oder auch denen jehe etwas zugemut worden.

Zum viertten, schatzung, bet und steuer hat churf. Pfaltz ut des thals underthanen oder ingesessenen allein zu erheben; auszerhalb 15 pfundt pfenn. gibt das gantze thal zu handhabung des dhals freiheiten hertzog Hanszen pfaltzgrauen zu Zweybrucken und dem grauen von Leyningen wegen desz hausz Falckenburgks, so järlich uf Steffani entricht, und werden solche 15 ℔ ₰ die konigsbet genandt, welches wir von unszern voreltern, sie auch von den ihrigen berichtet, dasz beide herschaften fürsten, grauen und hern kays. M. zu erhaltung unszerer freiheiten zu lehen thun tragen.

Hagens noch jagens wirdt keiner frembden herschafft im dhal gestatt von churf. Pfaltz.

Wasz freuel buszen und andere derogl. oberherligkeiten hadt niemandts dan churf. Pfaltz herbracht. Was aber die benachbarten oder weidtgeseszenen vom adel vor guetter in der gemarcken ligendt, davon wirdt churf. Pfaltz die gebürende beedt, sonsten keine weider dienstbarkheit geweist. Es hat gleichwol die herschafft Scharffeneck, so die grauen von Leonstein jetzo under handen, etliche guetter in Godramsteiner gemarckung, haben die underthanen daselbst zum deil erblich umb ein zinsz bestanden, welcher zinsz järlichen von dero befelhaber uf einen bestimpten tag, als freidags nach S. Martini selbsten ingesammelt. Uf solche guetter hat churf. Pfaltz bet, schatzung und alle dienstbarkeit zu erheben, und tragen vor gemelte grauen von Leonstein solches von churf. Pfaltz zu lehen.

Item es hat ein underthan zu G., Melcher Müller genandt, ein malmül mit einem gang, so zuuor ein ohlenmuhl geweszen under handen, sintemal ime bewilligt ein malmul darausz zu machen, musz er järlichs dem schulmeister zu G. ein achtel und den armen im hospital Germerscheim zwei achtel korns reichen. Deszgleichen hat das closter Holnbach uf solcher mullen und einer wiszen hinden dran gelegen 2 ℔. pfenn. zu erheben. Sonst alle dinstbarkeit hat churf. Pfalz darauf zu geniszen. Fernersch das closter Hornbach betreffendt hat solches closter einen hof zu G., wird der fronhof genandt, darzu etliche morgen wiszen, wingert und ecker gehörig, welchen hof und guetter ein hoffman jerlich bedindt; darauf churf. Pfaltz sich keiner dienstbahrkeit zu erfreyen. Zugleich auch sein mehr guetter an wiszen, wing. und ecker, welche etliche underthanen erblich umb ein zinsz an sich erkaufft, darauf wirdt churf. Pfaltz alle dienstbahrkeit geleistet. Item gedachter hoff hat noch mehr guetter in G., welche etliche underthanen daselbsten under handen und um einen sackzins bestanden, dauon wir ch. Pfaltz gleichsam das hoffmansguet kein dienstbarkeit geleistet. Desgl. so hat obgemelts closter Hornbach eine mahlmühl mit drey gengen zu G. uf der Queich ligendt; darausz der müller jerlich jetztgedachtem closter ein genande achtel frucht zu malpfacht thuet reichen und hat gedacht hochlöbliche ch. Pfaltz gleichsam einem andern ingesessenen uf dem müller alle dienstbarkeit zu erheben.

Item wem zehenden im gantzen thal besagende, würdt durchs closter Hornbach selbst drei theil und durch ch. Pfaltz den vierten theil uf iren costen gesamelt. Was den fruchtzehendt in der G. gemarken anlangen thut, hat das closter H. allein und ch. Pfaltz nichts dauon zu erheben, wirdet auch durch gemelt closters befelhaber uf iren costen ingesammelt. Dargegen helt das closter den pfarrer mit besoldung 2 fuder weins, 32 achtel korn und 15 fl. gelt, neben etliche heller zinszen sampt oly und uf ungefer 11 achtel korn, so pfarrer selbst insammeln musz zu versehen. Deszgl. musz das closter den kirchenbahn in der kirchen über dem khur, wie auch den pfarhof erhalten. Item den gemeinen zehendt an frucht und wein wirdt jahrs von der gemein zu G. uf steig hingeben, welche durch vergleicherung mit dem closter uf die gemein erwachszen, dargegen musz gedachte gemein halten das auerwerekh (Uhrwerk?) und besolden den gloekhner.

Den abzugk betreffende ist bisz dahero nachfolgend gestalt gehalten worden. Soviel Wurttenberg anlangen thut, wird von derselben underthanen, do etwas von in zu Pfaltz bei uns verkauft, nichts ufgehalten, deszgl. geschicht Pfaltz underthanen gegen denselb. Von Zweybrueckhen wirt der zehende pfenn. von unsz im thal erhaben, deszgl. werden sie von unsz gehalten. Wasz dasz bistum Speyer anlangt, werden vom hundert gulden fünff von unsz im thal eingefordert, also entrichten wirsch wider.

Disze nachgeschrivene puncten und gewönliche herkommen gerechtigkeiten seind biszhero im thal auszgewiszen und gehalten worden auszerhalb etliche puncten wie nachvolgt, so mit dem closter Hornbach dahin verglichen, welches nachgehends uff die gemeinde erwachszen. Erstlich weiszet der schöffen und dasz gericht zu G., dasz churf. Pfaltz sei ein oberster her im gantzen thal und wer dasz von irer churf. gn. wegen inhat.

Item erweiszet auch hochgedachtem unsz. gn. churf. und h. zwang, bahn und mahen, wasser und weidt und zu richten mit dem schwert und mit dem strang, das sol der arme man hindersesz dagegen geniszen waszer und weidt, darum gibt der arme hindersasz bedt und leist alle dienstbarkeit.

Item weiszet das gericht, das von iren voreltern auf sie sey herkommen, gebraucht und ufrecht gehalten, dasz alle inwoner im gantzen thal frey lödig sein, als banweith, heuptrecht, landacht, baurecht und biszhero alles erlassen.

Item weiszet auch das gericht, dasz ein jeglicher inwoner des thals hab macht, ein kindt hinweg zu geben ungehindert aller hern, auch eins wider zu holen unverhindert aller herschafften und haben einen freyen zugk ausz und ein.

Souiel die leibeigen zu G. anlanget, welche frembder herschaft gehörig, hat Zweybrueckhen, desgl. das bistum Speyer etliche daselbsten deren gleichwol sehr wenig, welche iren leibzinsz jahrlich entrichten, sonsten sein sie mit aller dienstbarkeit churf. Pfaltz verbunden.

Weisthum von dem gericht einem hern und abtt zu Hornbach.

Item weiszet dasz gericht zu G., dasz ein abt zu Hornbach hab macht einen gerichtsschulteiszen zu setzen und zu entsetzen als dik und vil er wil und so churf. Pfaltz ein genugen am selbigen schulteiszen hat, der also von eines abts wegen gesatzt ist wol und gut, wil er aber nicht, so mag uns. gn. h. churf. und h. ein schulteiszen darbey setzen, doch dasz der schöffen vor dem pfaltzgrauischen schulteiszen kein urteil sprech. Nunmehr aber ist diszer puncten dohin verglichen, dasz churf. Pfaltz ein gerichtsschulteiszen nach irrer churf. gn. gefallen zu setzen und zu entsetzen, der auch das gericht zu verbannen, urtel zu sprechen, zu beuellen, und dasz closter hinfuro nichts weidter damit zu schaffen hat.

Weistum eines gerichts zu Goddramstein.

Item weiszet, dasz ein gerichtsfreuel 6 pfundt heller und ein eintziger heller ist, und umb den eintzigen heller sol ein seckel kauft werden, dasz man das freuelgelt darin thuet, das gepurt einem pfaltzgrauischen schulteiszen dasz driette deil.

Item ein wett ist 10 sch. hlr., dauon gepurt dem pfaltzgrauischen schulteiszen das driette theil.

Item ein insatzung ist 2 sch., dauon hat der gerichtsschulteisz 15 ₰, und von den 15 ₰ sol haben ein pfaltzgrauischer schulteisz das dritte deil und zwen schöffen, vor den die satzung geschiehet, 9 ₰.

Item weiszet ein rachtung 2 sch., sol jeder parteyen schulteis und schöffen auch theilen gleichwie die wett.

Item weiszet auch, von welchem theil der gerichtsschulteisz abstet und nachlesz, soll der schöffen auch nachlassen.

Wasz einem aptt zu Hornbach zu halten gepurt.

Item weiszet, dasz ein abt zu H. sol halten alle gewicht, mess und mosz, deszgl. alle euch und pfundt nach aller notturft nichts auszgenommen, das sol man finden im fronhof, so uft mans bedarf und so oft esz nit gerecht erfunden, so soll ein apt zu H. verschaffen dasz uf seinen costen mit zweyen scheffen des gerichts zu der Neuenstatt an der Hartt geholt werde. Nota. Diszer posten ist mit dem apt dahin verglichen, dasz hinfüro die 3 gemeinden im thal alle mesz, mosz holen und halten müszen, dagegen seint 15 dorffe, welche iren oberhoff zu Godramstein zu suchen, auch alle ire mesz und mosz doselbsten uf iren costen holen mussen.

Item weiszet das gericht, dasz ein apt zu H. sol halten alle faszel hie zu G. genug und die dorff oben herab, als Siboldingen und Birckhweiller, die sol in des apts grosz wiszen hinder dem bangarten nach notturft in die hert.

Item den eber sol man finden insz apts fronhofe zu G. Item wider und boekh sol ein apt genugsam under die hert bestellen. Item isz sol ein apt zu H. bestellen jederm dorff oben herab ein leimengrub nach aller notturft.

Item den lemmerzehendt im gantzen thal hat das closter H. in zu sammeln.

Den wiszen oder fau (heu?) zehendt wird durch die dreyen gemeinen umb ein gelt vom closter erkaufft und von den gemeinden selbsten eingethan.

Nr. 14. Jarding zu Kyrchheim[1] gehalten uff mondag nach Vincencii das was nemlich sant Paulus abendt conuersionis 1508.

Miner gnedigen frauwen von Herbitzheim anwalt oder geschickten thun die fragen und belaiden und fragen den scheffen von myner gn. frauwen wegen.

Fragen die scheffen und hoiff, ob man den hoiff by altem herkommen bliben laszen wolle, spricht man von myner frauwen wegen ja und auch dan des voigts wegen.

Jardingung. Wes das jarding sie von rechtswegen uff hude? Der scheffen wyszt mit recht, es sie myner frauwen von Herbitzheim.

[1] Bei Breitfurt im Bliesthal. Original auf Papier. Grimm, Weisth. II. 44 ff. ist ein Auszug aus diesem Original. Die in der Handschrift hervortretende Häufung des Konsonanten *n* ist hier weggelassen.

Wer in das jarding von rechtswegen schuldig ist zu komen? Wyszt scheffen und hoiff, myn here der voigt und were ein heller zinsz gibt.

Ob der voigt nit kome und ime dane gebotten were, wer dane schuldig sie zu komen? Der scheffen wyszt, wann myn here der voigt nit kome, so solle man acht tag uffhalten und erfaren, worumb er uszbliben.

Weil man gewyssen hat, wer ein heller zinsz gebe, sie schuldig das jarding zu suchen, obe eyner nit keme, wye man den zwingen solle? Der scheffen wyszt, der meyger moge die zwingen mit der buszen die nit erschienen.

Was die busse sie, damit man sie zwingen solle? Der scheffen wyszt: zwen sch.

Wem die zwen sch. von rechts wegen zusteen? Der sch. w., sie sein des meygers von wegen m. gn. fr.

Wo über myn frauwe sie? Der sch. w.: über banne und über manne, über wag und über fligen und fliessenes. (*Hierauf folgt Beschreibung des „bannebezirgk“.*)

Weres sache, ob ein font in der gemeynschafft funden wurde, ob jemant were, dann myn frauwe teyll daran habe? Der sch. w., beide heren.[1]

Ob etwas funden wurde uszerhalb der gemeynschafft, das myner frauwen alleyn gewyssen, wem das zusteen solle? Wyszt man, myner frauwen alleyn.

Obe ein fundt funden würde und myn frauwe den nit haben mocht, wer ire darzu helffen solle, sie den zu bezwingen? Der sch. w., sie solle anne schryen den voigt, der solle ir helffen.

Obe der voigt so seumig were und myner frauwen nit hülffe, obe myn frauwe hant moge schlagen an des bruchigen gut, obe er der in vorgemelten beris ligen hette? Der sch. w., als lange myne frauwe zwingen moge, so solle sie zwingen, so sie nit mehr mag, so solle myn here der voigt zwingen.

Ob myn here der voigt ir nit hülffe, obe myn frauwe ime das sie auch ime hoiff uffhalten moge mit recht? Der sch. w. mit dem hoiff, er habe vor gewyssen, myn here der voigt solle das hanthaben, ob er das nit dede, womit man ine dann zwingen soll, sient sie nit wisse, nemen das in gemude.

Wieuiele huben myn frauwe hie habe? Der sch. w. 13, der ist ein verloren.

---

[1] d. h. den „frauwen“ und dem hern von Breidfurt.

Fragt, wieuiel panngbeins und noch vorhanden sien? Der sch. w., sie haben es gerecht, das noch 9 huben und ein halb malter habern vorhanden sin.

Was ein hube lands habe? w. d. sch. und hoiff, ein hube habe 32 morgen lands.

Was man dauon schuldig sie? Der sch. w., von iglicher huben 2 malter habern, 2 sch., 4 hüner.

Wer die gülte von den huben zwingen solle? Der sch. w., myner gn. frauwen meyger.

Welich zeit ers zwyngen solle v. r. w.? Der sch. w., der meyger habe ein jarding, d. h. das rechte jarding. Wer ime schuldig sie, solle das by ime fordern, wo er das nit hette, solle er ungefart bliben bisz zu dieszem jardinge, wo er solichs daraffter nit dethe, ist er die busze 2 sch., die horen dem meyger zu.

Wo man maszen und gesey hollen sol, ob man des noit haben würde? Der sch. w., myn gn. fr. hab ein meyger, by dem sol man es finden.

Wo is der meyger nit hette, wo man is hollen solle? D. sch. w., man solle is holen hinder myner gn. fr.

Ob einer solich geseye bedürffe und begern würde, obe er auch etwas dauon schuldig sie? D. sch. w., is sie nit anne, man sie etwas dauon schuldig, und was, dasz ist inen itzont nit kondig.

Ob jemant ungerecht gesey hette, wer das zu strafen hette mit recht? D. sch. u. h. w., myn fr. habe das zu thun.

Wye hoch man das zu strafen habe mit recht? D. sch. w., 2 sch. hlr.

Were ein mergenman in dieszem hoiff geseszen und got über ine gebude, wes myner fr. zw hauptrecht dauon gebure? D. sch. w., das besthaupt.

Wo eyner also verstürbe, obe jemant hant hette zu schlagen an das gut, zuuor das besthaupt gehoben sie? D. sch. w., myn fr. solle das besthaupt zuuor heben.

Wer es sache, das also ein frauwe ein besthaupt verkauft oder verschluge zuvor, ob sie das macht habe? D. sch. w., neyn, sie habe is nit zu thun.

Wer es sache, das ein mergenman in dieszem hoiff were und hin wegk wolt ziehen, wye das bescheen solle? D. sch. w., er solle by den meyger panne rechen und bezallen und ziehen in den nesten mergenhoiff.

Obe man auch frondag schuldig sie myn fr.? D. sch. w. ja und sagt also, ein malter frucht und ein sch. pfenn. von den huben sie daruor angeschlagen vor die fronde, das man witer darumb gebe, dann man schuldig ist.

Ein einbrodig mensch, wann das verstorbe, sin gut ist myn. fr.

Ob ein frembde man keme und gut by ime hette und stürbe, wem das zugehort? D. sch. w., myner gn. fr., dauon sol sie ime sin schult bezalen und sin recht thun, das überig jar und dag halten uff naher erben.

Wye manig amptman myn fr. hude setz mit irer fryehen hant? D. sch. w., 3, nemlich ein meyger und 2 scheffen.

Welichs der oberst amptman sie? Der scheffen w., der meyger.

Was der meyger zu richten und zu entrichten habe v. r. w.? D. sch. w., allerhant dinge one die funffer handt dinge.

Was die funffding sein: diep, morder, notzucht, nachbrenner, eyner, der sin eugen hern verredt.

Der sch. hat gewyssen, der voigt hab die fünff dinge zu richten.

Ob eyner dem voigt clagt und der fünff ding nit were, were das zu strafen hette? wyszt, myn fr. hab solichs zu strafen. Wie hoche? zwen sch., w. d. sch. u. h.

Was myn fr. eynem meyger schuldig sie, den sie hude setzt mit iren fryehen hant? D. sch. u. h. w., 10 malter frucht, 1 hube lands mit allen iren rechten.

Obe der meyger myn fr. auch etwas schuldig sie v. r. w.? D. sch. u. h. w., ja, er sie ir schuldig ir zinsz und schult zu zwingen.

Obe derselbig meyger, den sie hude setzt mit irer fryehen hant, auch jemant sonst etwas schuldig sie ine zu geben von siner meygerien? D. sch. w. mit d. h., ja, er sie mym hern dem voigt schuldig, nemlich zu fassenacht 12 oleys, zu fassenach ein dinstvisch als gut 1 sch. ₰, zu ostern ein jungen bocke als gut als 18 ₰ und 100 eyer, zu pfingsten ein jungen hamel als gut als 3 sch., zu wynachten zwen omen wins, ein schwyn als gut als 5 sch. ₰.

Wohin man solichs dem voigt zustendig lieberen solle? D. sch. w., in das nest husz, das myn her der voigt habe.

Ob eyne myszhel were ime hoiff von Kyrcheim zuschen hoiffs leuden also, das man margstein setzen solle, wer v. r. w. daby sin solle? D. sch. w., ime beris da der voigt nit inne habe, das habe myn fr. mit iren gerichten zu thun, und in der gemeynschafft haben myn fr. und myn here von Nassauwe als siner gnaden eigenthomb und nit von der voigthien wegen solichs mit einander zu thune.

Ob ein mergenman usz dem hoiff hinwegk zuhet hinder ein ander hern und got über in gebude, das er versturbe, ob myn fr.

nachzufolgen und ir besthaupt zu fordern het? D. sch. w., ja, sie habe darnach zu fragen.

Ob eyn man in sant Mergenhoeff gesessen und myn fr. eugen sich auch moge eins andern hern oder heylygen eugen machen? D. sch. u. h. w., nein, er hab das nit zu thun.

Ob ein frembd man, frauwe, knabe oder meyden gein Kyrchen in hoiff komen und in eelichem state daselbst seszhafftig sein wurden, wye lang die da inne sein sollen, das myn fr. die behalten moge als ein mergenkind? D. sch. w., wann eyens also dahin kompt und jar und dag in elichem stadte seszhafftig da blipt ane nachuolgende here, so sie is dann ein mergenkindt und myn fr. moge das dann also behalten.

Ob jemant mehr dann myn gn. fr. zu fragen habe an dieszem jardinge? Der sch. w. ja, myn here der voigt habe der etwas zu fragen, das moge er thun und darnach moge der scheffen und hoiff fragen.

Des voigts fragen. Ob myn fr. etwas verkaufen, verlihen oder versetzen wolt oder wurde in dieszem hoiff, wem sie solichs zuuor anbitten solle? D. sch. w., myn fr. habe zehenden, wan sie die verlihen wolle, so solle sie die dem voigt vor anbitten, darnach dem meyger, darnach den scheffen und dem gantzen hoiff.

Was mym hern dem voigt dauon gebure, devil er als ein voigt myn fr. schuren, schützen, schyrmen und hanthaben solle vor gewalt? D. sch. u. h. w., er hab solichs vor gewyssen, wes ime der meyger thun solle und die fünfferhandt sachen zustoendt, das habe sin gnade dauon.

Wie ein meyger den voigt entpfangen solle, wanne er herkumpt zum jarding? D. sch. u. h. w., der meyger und hoiffslude haben myn heren und frauwe bisz anhere gütlich, demutig und fruntlich entpfangen also das sie mit guttem wyllen abgescheiden sein und nit witter gefragt. Das wollen sie sich noch halten, bitten, das man solichs noch daby lassen, ist daby bliben. Myn frauwe gibt dem voigt und den scheffen den koisten und dem hoiff ein stiere.

Nr. 15. Offenbach.[1]

Churf. Pfaltz etc. ist allhie zu Offenbach von alter hero berechtigt und hat daselbsten an regalien und anderem wie volget:

1. Alle manns und weibspersonen, so über Rhein, berg und thal ausz reiches statten, bistumb Speyr und dessen eigen dorfen, da

[1] Zwischen Landau und Germersheim; aufgenommen 1599. Vergl. Weisth. V. 583.

sie auch zuuor Speyrisch leibeigen weren und in diesz dorf Offenbach heuszlich einziehen wöllen, seind ohn alle mittel churf. Pfaltz leibeigen und werden vom schulthesz daselbst ufgefangen, geben ein fanggülden und werden nachmals königsleut[1] genant, vermög königlichen privilegien, es seind derselben wenig oder viel, manspersonen geben zusamen an gelt 2 fl. königsbeeth, sie sitzen uf Pfaltz oder Speyr. seiten, in Pfaltz landschreiberei zu Germersheim. Soviel aber die königsche weibspersonen anlangt, musz jede an beth, die nennens ihre königsbeede, auch besonders endtrichten, und musz jedes weib alle jar 2 gld. leibzins oder ein hundert pf. gen Germersheim bezalen und erlegen, solche königsleutt, deren itzmals an manspersonen über 50 seindt, müssen Pfalz etc. in raiszvolg, musterung und zügen gehorsam leisten und thun erbhuldigung.

2. Churf. Pf. königsleuth manspersonen, oder da ein königsweib ein wittib were, müssen sich churf. Pf. allein erschätzen und versteuern, und hat bischof zu Speyr nichts dran.

3. Churf. Pf. hat zu seinen leibeigenen leutten ins herzogthumb Zweybrück, hingegen Zweybrück zu seinen leibeigenen in die Pfaltz und allhier die nachfolg.

4. Churf. Pfaltz hat disz orts uf deroselben seit dorfs uf jedem hausz 2 fasznachtshüner jerlich fallen, uf Martini aber schultheisz Pfaltz etc. 4, schöffen, büttel, kindtbeterin und unbewohnte heuser werden frey gehalten. Und hat bischof gleichfals uf seiner seit dorfs fallen.

5. Die Speyrische leibeigene, so uf der Speyrischen seiten gesessen, thun bischofen erbhuldigung in diesem dorff. Nota. Dieser fall tregt sich nunmehr selten zu, denn alle diejenige, so itzmals frembd einziehen, da sie auch zuuor Speyrisch leibeigen gewesen, und kommen in dasz dorf Offenbach, seind sie Pfaltz und werden königsleutth genandt, also sehr wenig Speyrisch und Zweybrückische mehr zu finden seindt, so huldigen dann, wasz vor diesem von altters da gewohnen.

6. Churf. Pfaltz hat, wie sonsten, in der gemeinschafft Landeck die bastartsfäll allein, und werden dieselbigen durch churf. Pfaltz oberamptleut uf habenden befelch ufgesetzt und eingezogen.

7. Churpfaltz hat gleichfals raisz und volg nit allein wie gemelt bei den königsleuthen, sondern auch zu iren leibeigenen uf der Speyrischen seiten und dan bei den Speyrischen leibeigenen, so uf Pf. seiten wohnen,volg, raisz und musterung, mit der wehr zue besetzen in raisz und ausz zu nemen.

[1] Vergl. Weisth. V. 599.

8. Es werden auch der churf. Pfaltz leibeigene kind, so uf Pfaltz und Speyrischen seiten hinderlassen, wie auch den königschen von schultheiszen disz orts vormünder gezogen und die rechnung von Pf. fauth zu Landeck abgehört.

9. Wasz aber Speyrische leibeigene kind, so von alter hero alhie zu Offenbach gebohren, gleichfals vom schultheiszen bevormundt und die rechnung vom Speyr. ampttman zu Landeck abgehört.

10. Pfaltz leibeigene und königs, auch Zweybrückische leibeigene ledige manspersonen werden von churf. Pf. gemustert, mit wehr besetzt, in raisz genommen und auszgezogen.

11. Den raiszwagen betreffende. Derselbig würdt churf. Pf. alhie zu Offenbach mit den Bornheimer, Inszheimer und Oberhochstätter mit aller bereitschaft gestelt, da jede gemein, wasz sie daran zu stellen schuldig, beschrieben haben, gestalt etc. und selbiger costen ausz jedes orths der gemeind rechnung genommen und bezahlt.

12. Churf. Pf. hat disz orts und in der gemeindschafft dasz geleidt, zoll, strassenfreuell, so sich ausserhalb der bannzeun zutragen, allein zu vertheidigen und zue straffen, im herbringen, und bischofen daran nichts gefolgt.

13. Die ungenossen disz orts stehn durchaus churf. Pf. allein zu, alsz nemlich, so ein Pfaltz. leibeigener ein Speyr. oder Zweybrückische leibeigene zur ehe nimbt, wie auch, da ein Speyr. oder andere leibeigen man ein Pfältzisch weib neme, die müssen ungenossen beim ampt Germersheim theidigen und werden durch heuerfauthen (?) verrechnet.

14. Den fron im dorf Offenbach betreffende, müssen die underthanen, so uf Pf. seiten sitzen, wie auch die im newen dorff churf. Pf. etc., diejenige aber, so uf der Speyr. seiten gesessen, fronen dem bischofen von Speyr.

15. Es hat churf. Pf. alhie zu Offenbach die Usterthalische, Clingenmünster und Hörder hofguetter alhie, etlich Pfaltz. und Speyrischen underthanen in gemein erblich verkaufft, also dasz diejenigen, so uf Speyrischen seiten gesessen und an solchen guettern haben, vermög brief und siegel, churf. Pf. jederzeit zu fronen schuldig und vorbehalten worden.

16. Den atz belangendt würdt beiden chur- und fürsten ein genandt und stendig gelt darfür bezalt l. beider amptleuth rechnung.

17. Die schatzung disz orths (auszerhalb der königsleuth, welche Pf., wie vorgemelt, allein gebührt) hat bischoff zu Speyr das halbig theil, welche von Pf. uff und abgelegt, im herbringen.

18. Die gelt korn und haberbrodt und 200 gebundt stroh, welches stendig und beiden chur- und fürsten in gemein jedem dasz halbig geliefert und bezahlt.

19. Die freuell und bussen anlangendt (ausserhalb, wie vorgemeldt, strassenfreuell) würdt von beiden chur- und fürsten amptleuth in gemein vertheidigt und in 2 gleiche theil gemacht.

20. Die wetten stehen dem schultheissen und gericht zu, ist im alten herbringen.

21. Die abzug oder nachsteuer werden nach altem herbringen, wasz von hinnen diejenige in andere frembde herschaft pringen, solche abzüg durch beide chur- und fürsten amptleuth getheidigt und gleich getheilt.

22. Des kleinen weidtwercks ausserhalb der wildfuhr haben sich churf. Pf. amptleuth zue gebrauchen und würdt den Speyrischen nit gestattet, und ob sich wolden Speyrische amptman uf Magdeburg[1], Conradt von Hatstein, der dieser zeit, und mit stellung hasengarn angemaszet, so seind im solche garn von Pf. vor ungefer 20 jarn genommen und nit wider zugestelt worden. Da aber der bischof von Speyr selbsten dieser ort personlich über landt durchs ackerfeldt ziehen thete, hat er ein hasen vom strickh zu hetzen macht und gerechtigkeit.

23. Churf. Pf. und Speyer haben alhie zu Offenbach ein schultheissen, welchen Pf. ambtleuth wählen, setzen und ziehen, da er gezogen würde, solcher nachmals von Pfaltz fauth zu Landecken in beisein Speyr. amptleuthen einer gemein praesentirt, den stab von Pf. fauth behendiget und nachmals in gemeine pflicht genommen.

24. Das fischen in dem Queich ist Pfaltz allein zustendig.

25. Diejenige, so disz orts gefenglich angenommen, werden churf. Pf. fauth zu Landeck in beider chur- und fürsten gefengnusz daselbsten überschickt, diejenigen aber, so in Pfaltz wildfuhr thetlichen betretten, gen Germersheim in haft überliefert, Pf. allein zustendig.

26. Die ein- und abzüg von new einkommenden frembden, so in diese gemein angenommen werden, darmit würdt es alhie zu O. also gehalten. Nemlich da 2 eheleuth von auszlendisch orten alhie angenomen und einziehen, dieselbigen geben einer gemein 6 fl. zu einzug, da aber das ein im dorf bürtig und gesessen, dasz ander aber auszlendisch, die geben der gemein nichts, wasz aber der herschafft gebürend theil einzugk betrifft, die werden bei der freuel-

---

[1] Wohl Madenburg.

theidigung fürbracht, und alszdann von den amptleuthen, wasz solche der herschafft geben sollen, besetzt, und hat die gemein vor sich die gemelte 6 fl., ist also herbracht. Nota. Dieweil alle diejenigen, so alhier gen O. ziehen und new einkommen, werden königsleuth genandt, also dasz umb vermelte 6 fl. einzug ein abschewen (?) gebehren kan, alsz musz man in den privilegien nachschlagen, wasz sie in diesem vor gerechtsame haben, ob sie etwan mehr freiheit alsz andere, sonst dürfte Pfaltz etc. durch des einzugs willen solche leuth abgehalten werden.

27. Die Pfaltz leibeigene underthanen uf der Speyrischen seiten, wie auch die Speyrischen leibeigene uf der Pfaltz seiten thun churf. Pfaltz sambt den königschen erbhaldung.

28. Churf. Pf. hat alhie zu O. bei allen abgestorbenen personen, Pfaltz und Speyrischen, man und weibern eheleutten, die hauptrecht allein fallen, und werden dieselbigen zu Germersheim durch Pfaltz amptleuth vertheidigt und eingezogen.

29. Es hat Pf. frümesz alhie uf $2^1/_2$ morgen ackers, ufm Bildtberg genandt, daruf etliche gemeinsleut alhie gebawen, und Pf. alsz dessen grund und boden zuuor eigenthumblich zuegestanden, mit fron und dinsten, sambt andern daruf geschlagen jerlichen bodenzinsz zustendig seind.

30. Neben solchen newgebawten heusern seind nun etzlich ausserhalb der bannzeun zu solchen gebawen worden, welches man das Newdorf nennet, die gleich andern ortten der gemeinschafft Landecken herkommen, dasz alle diejenige newe grundbaw, so ausserhalb der Pfaltz- und Speyrisch. seiten und der bannzeun gebawen werden, churf. Pf. zustendig, also haben bisz anhero die underthanen und eingesessene diesz orts dieses newen dorfs churf. Pf. gehorsams, fron und dienst, wie obgemeldt, geleistet, und obwohl der Speyrisch amptman uf Magdeburg zu etlich mahlen beuohlen, neben Pf. Speyer fron und dienst zu leisten, so ist doch solches bisz noch uf dise stund bei Pf. blieben und Speyer kein fron geleistet worden, in betrachtung, dasz nachmals, da man solte bischofen seinen begehren theil davon geben, grund und boden, und wasz Pf. jerlich daruf inkommen hette, Pf. ab und beschofen zueginge. Item so ist churf. Pf. sonderlich berechtiget, wie obgemelt, die nunmehr verbawte heuser der fruemeszguetter zuuorderst an sich neben der new erbautten anzuziehen.

31. Churf. Pf. hat diesz orts ein pfarrer zu setzen und zue endsetzen, aber der thumbstift zu Speyer hat die collatur wegen habenden dritten theil zehendts.

32. Den groszen zehenden an wein und früchten belangende, daran hat churf. Pf. stift Clingemünster 2, und der thumbstift Speyer den 3ten theil, und nachdem aber von alterhero der weinzehenden zum kleinen zehenden gehörig gewesen, aber neulich in anno 93 vormelter weinzehendten in groszen zehenden gezogen worden, und haben sie die thomherrn am weinzehenden desz wenigsten nie nichts genommen noch gehabt, sondern bei dem kleinen zehenden diesz orts dem pfarrer den dritig theil zugestanden; da aber wie gemelt durch Pf. verordnete solcher weinzehendten in grossen zehenden gezogen worden, so wirt dem pfarrer an wein nichts mehr geben, sondern die thumbherrn nemen seinen gehabten 3ten theil itzo ein; desz beschwerdt sich ein pfarrer und ein gemein, und könnt ires erachtens diese newerung wol wider abgesteldt und in alten stande gebracht werden, oder aber, da es dem pfarrer nicht solte altem herkommen nach wider zugestelt werden, Pfaltz solchen driten theil weinzehenden an sich ziehen, und solches so ein newerung und dem pfarrer an der competentz abgeht, wider zugestelt werden.

33. Den kleinen zehenden, alsz rüben, kraudt, flachs, hanff, zwibeln, erbsen, linsen, wicken, leinen, gensz, hew, milch, färlin, kelben, doch gibt man von vieh und gänsen von jedem 2 ₰ zu zehenden. Daran nimpt der stifft Münster 2, und ein pfarrer alhie zu O. das dritigtheil zu seiner competentz.

34. Den fasel, nemlich 4 farren, 2 eber und 2 schafböckh seindt die zehendtsherrn wegen des kleinen zehendts zu halten schuldig. Und hat die gemein disen zehenden disz gg. jars umb den schafner zu Clingemünster 10 jarlang bestanden, und geben ime vor stiffts 2 theil, jerlich 45 fl., 4 mlr zwibeln, 2 wagen hew in die kellerei Landaw und 1 wagen hew dem pfarrer zu Inschein und einem pfarrer alhie zu O. vor sein dritigen theil 36 fl. und hineben ein gemeind vorgeschriebenen fassel, die bestandt jar aushalten.

35. Ein pfarrer alhie hat zu seiner competenz dasz gewonlich pfarrguet, an vorgemeltem kleinen zehenten seinen dritentheil neben andern pfarrgefällen, wie von alten, vom gemeinen grossen zehendten 4 mlt. korn, und geben die thumbherrn weiter von irem drittentheil fruchtzehenden zu addition 10 mlr. korn, beide chur- und fürsten von den gemeinen kirchengefellen jerlich 9 fl., so die juraten liefern.

36. Die pfarrbehausung sein die thombherrn von Speyer durchausz mit newen baw und verbesserung zu halten schuldig, und von alter also herkommen.

37. Churf. Pf. hat diesz orts ein schulmeister und ein glockner, welches dieser zeit durch eine person versehen, zu setzen und zu

endsetzen. Die behausung, so schulmeister und glöckner bewohnt, ist Pf. allein zustendig, und hat zu seiner belonung 11 fl. an geldt, so ime jerlich ausz den kirchengefällen disz orts gereicht, 8 mlr. korn, 6 mlr. spelz vom groszen zehendten, und dan uf ungefehr 15 morgen gartten und wiesen den kleinen zehendten zue geniessen.

38. Nota. Es liegen etlich wiesen im Offenbacher walde dieser gemarcken, von welchen die Bornheimer die beedt und den hewzehendten aufheben mit fürwendung, dasz sie solchen dem Speyersch. amptman uf Magdeburg reichen thun, dieweil aber solche wiesen in Offenbacher gemarcken gelegen und in der gemein nutz und weidt gehörig, beschwert sich ein gemein desselbigen, können nit erkundigen, wie es damit beschaffen sein möcht.

39. Der kirchen jerlich gefell stehen beiden Chur- und fürsten jedem das halbig theil zu.

40. Die kirch in baw und wesen, dachwerckh zu halten, ist ein herbringen, dasz der stift Clingemünster das langwerk, der thomstift dasz chor, die juraten disz orts wegen beider chur- und fürsten, das ingebew, ein gemein den thurn oder helm in baw und besserung zu halten schuldig.

41. Churf. Pf. stift Clingenmünster, Ussersthal und Hördt haben disz orts 8 ackerguetter. Item das gut genandt der Trapperberg, an zweien stücken gelegen auch gen Hördt und Pf. frümesz, seind vor 4 jaren erblich in die gemein mit vorbehalt aller gerechtigkeit und beschwerde, zehenden, l. erbbestandts verkaufft und jerlichen erbzins u. s. w.

Folgt was andere dis orts haben:

43. Der spithal zu Landaw hat alhie ein erbverliehen hofguett, so etlich gemeinsleutt under handen, tregt jerlich u. s. w. Disz gutt gibt beiden chur- und fürsten schatzung und seindt in noch fürstender 10 jerigen schatzung jerlich mit 20 fl. jedes ziel 10 fl. zu geben belegt und in die Offenbacher beedt jerlich 2 ℔. ₰

44. Die edlen von Dalburg haben jerlich alhie zu O. 11 cappen bodenzinsz in die kellerei Cropsperg fallen.

45. Es hat diesz orts zu O. uf der Queich 3 malmühlen mit 3 heusern und besondern wohnungen, seind eigenthumblich und geben churf. Pf. jerlichs zu wasserzinsz $7^1/_2$ mlr. habern, von jedem gang $2^1/_2$ mlr. und 153 eyer in die kellerei Germersheim und sein churf. Pf. mit frondinst verwandt, und diser 3 geben die 2 hindersten mühlen 1 mlr. korn dem pfaffenstifft zu Landaw und musz jede mühle 3 sch. 4 ₰ in die Offenbacher beedt und gebürende schatzung, wie andere disz orts gemeinsleutt belegung.

Der gemein Offenbach gewaldt betreffend.

An solchen hat churf. Pf., wie bei andern disz orts benachbarten dorfschaften die wildfuhr und ein gemeinden von alter herbrachten weidtgang, holtz und aichelrecht; es haben auch beider, chur- und fürsten amptleuth zu Landeck zu eckern zeit jeder zwei schwein einzulegen ein herbringen. Geschehen und fürbracht durch schultheis Jacob Schneider, Heinrich Knollen, Hannsz Spittler, Debald Stibig, Debalt Artzbeiner u. s. w. den 2. Augusti anno 99.

Churfürstenth. Pfaltz lehenthumb Gossersweiller ampts zur kellerei Landeck gehörig hat nachgeschriebene gerechtsame in volgenden dorffen.

Alsz nach weilandt des wolgeboren herrn herrrn Jacoben grafen und herrn zu Pitsch ableben in ann. 70 das vom stifft Clingenmünster getragen lehen demselben widerumb heimgefallen und folgendts churf. Pf. damit belehnet worden, und die dörflin, nemlich Goszersweiller, Stein, Sültz, Volckersweiller und Lugs darzu gehörig, alsz hat churf. Pf. je denselbigen den viertten theil hoher und nider oberkeit und der edel von Fleckenstein die übrige 3 theil.

Aus den folgenden Artikeln hebe ich nur die bemerkenswerthesten hervor:

Alle man und weibspersonen, so über Rhein, berg und thal, ausz reichstatten und andern orten, so kein nachvolg haben oder gestatten, und in vorberürte dörflin zu gemeinsleutten aufgenommen, die werden churf. Pf. als wildfeng, sie ziehen uf Pf. oder Fleckensteinisch seit, angezogen, und da sie uf Fleckensteinisch seiten wohnen, geben dieselbigen chur. Pf. jerlich 2 sch. leibzins, da aber solché wildfeng uf Pf. seiten sitzen, werden sie desz leibzinsz überhaben, und leisten dargen Pf. den fron und andern gehorsam.

. . . . Item churf. Pf. hat ausserhalb lehenthumbs, wegen stiffts Clingenmünster ein schultheissen Gossersweiler ampts zu setzen und zu endsetzen, der helt daher den gerichtsstab, und würdt dasz gericht ausz den dörfern Goss., Stein und Sultz mit 7 schöffen von beiderseits underthanen besetzt, und gehören ermelte dörffer amptlich under einen gerichtszwang und stab, und thut schultheisz churf. Pf. und dem stifft bei sein Fleckensteinischen befelchhabers gewenliche pflicht . . . .

Zu Vohlach hat es ein besonder hubgericht, welches alle diejenige, so in selbiger gemarcken begüttet, jerlich 3 mal zue besuchen schuldig, und negsten donnerstag nach Martini dem stifft Clingenmünster die bestimbte korn und haberzinsz, darin fallent, endrichten, und würt der hubschultheisz vom stifft Clingenmünster gesetzt und nunmehr durch den schultheissen zu Goss. der stab auch gehalten und versehen.

Desgl. hat es zu Stein auch ein hubgericht und sein gleichfalls die begüttete hüber denselben jahrs 3 mahl uf bestimmpte tag zu besuchen schuldig, under welchem sie uf Catharinae dem stifft die hubzins, hellergelt und habern vormittag endrichten müssen, und würdt gleichfals dieser zeit, wie zu Goss. und Wohlach, der stab wegen stiffts Münster durch den schultheissen zu Goss. gehaltten, und doch solche gericht gleich Goss. im namen Pf. und Fleckenstein verbannet.

Zu Volckersweiller hat es ein eigen und besonder gericht mit 5 schöffen, darunder das dörflin Lug gehörig ist, derer werden 2 von Pf. und 3 von den Fleckensteinischen underthanen und in dieser gemarcken begütteten personen genomen und gezogen, und ist nuhnmehr bei 72 jaren hero der stab derendts durch den schultheissen zu Goss. gehalten worden, aber verschienen 97 jahrs durch den edlen vesten Philipsen von Fleckenstein strittig gemacht, welcher ein eigen schultheissen daselbsten zu Volckersweiler zu setzen understanden begehrt hat, den schultheissen zu Goss. dasselbig über das vieljerig herbringen weiter nit gestatten wöllen und abträg umb disz und anders mehr abgefordert; also dasz seithero vermelts 97 jahrs daselbst kein gericht gehalten und allerhandt gerichtliche geschefften mit steinsatz, undergänger und dergl. sachen erliegen und nichts gehandelt würt, und täglich klagen fürfallen, und dieses eingrifs und anders halben vor 2 jaren durch junckern fauth zu Landeck und schultheissen uf empfangenen befelch zu churf. Pf. cantzlei ausfürlich bericht worden ist.

So hat auch seithero der von Fleckenstein wider das alt herbringen ein eigenen büdtel, welcher ime zu fron und andern seinen sachen (dasz doch über menschen gedencken durch ein schultheissen zu Goss. verreicht worden) gebiethen thunt, gesetzt und verordnet.

Item. Es ist von alter herkommen, wan dasz gericht zu Volckersweiller sich in gerichtlichen sachen der urtheil nit vergleichen oder nit genugsam verstünden, an gerichtspersonen mangelt, oder die sach ein oder den audern selbst berührete, dieselbig sach an das gericht zu Goss., alsz iren oberhof zu weisen haben. Deszgl. hat dasz gericht zu Goss. iren oberhof zu Clingenmünster, des stiffts kemnatengericht genandt, uf itz bemelte fäll ire sachen daselbst hin zu remittiren und zu weisen, allda die 14 ausz den undergerichten gezogenen schöffen, darunder dasz gericht zu Goss. auch 2 gibt, nach empfangenen in erster instantz ergangener acta ferner gerechtfertigt und urtheil geben müssen u. s. w.

Nr. 16. Schwanheim.[1]

.... Item, es hat disz orts ein hubgericht, dasz würdt jerlich 3 mahl durch die in der Schwanheimer gemeinsmänner und auszgesessene hüber besucht und gehalten; und welcher gueter kauft oder verkaufft, der gibt 8 ₰ zu hubrecht, daran nimbt der schultheisz das halb und die huber dasz ander halbig theil, doch wasz die im dorf Schwanheim gebürtige söhne betrifft und güter erben, werden der 8 ₰ gefreihet, aber von erkaufften güttern müssen sie dass hubrecht erlegen, aber die dochtermänner disz orts müssen die 8 ₰ beiderseits von erb und kaufgüttern bezahlen. Item alle manns und weibspersonen, so über Rhein, berg und thal kommen und keinen nachfolgenden herrn haben oder gestatten etc., und zu gemeinsleutt ufgenommen wurden, wildtfang genant, seind Pfaltz leibeigen, und sitzen deroselben, wie andere hoch und nider.

Item fürstl. Pf. zu Zweibrückh hat die nachfolg zu seinen leibeigenen, man und weibspersonen, alhero zu Schw. und dieser zeit etliche leibeigene daselbst wonen, dergl. haben Leiningen Hanaw, item die junckhern von Dhan und Fleckenstein zu Schw. etliche leibeigenen sitzen, und lassen von denselbigen den jerlichen leibzinsz, nemlich Dahn von einer person 1 ortsgulden, und die andern von jeder person 2 sch. durch die irigen einziehen; wasz massen sie dessen berechtiget, hat man disz orts keine nachrichtung ....

Item den kirchenbaw zu Schw. betreffende, ist ein herbringen, dasz der stift Clingemünster das langwerck, die juraten das chor, und die pfarrangehörigen underthanen den thurn in baw und besserung zu halten pflegen, zu befriedigung des kirchhofs und besserung derselben mawern haben die juraten hiebefor uf empfangenen befelch ein steurung geben und verrechnet ...

Nr. 17. St. Alban und Gerbach.[2]

Dies nachfolgend ist unser schöffen des gerichts zu St. Alban und Gerbach Wisthum, dasz unser eltern auf uns bracht haben und weiszen das mit dem eyd und mit recht, als das dan unser voreltern auch gethan haben.

Zum ersten: (*Bezirksbeschreibung*).

Zum andern weiszen wir mit recht in dem obgenanten bezirck und gericht die wohlgebohrn und vesten junckern Wirichen von Dhun, Hern zu Falckenstein und zum Oberstein und junckern Gottfried von Lahndeck dem jungen vor unser oberste gerichtsherrn und gnädige junckern über halsz und halszbein, dieb und diebin, gebott

[1] Festgesetzt 1599. (Auszug.) [2] 15. Jahrh., Abschrift.

und verbott, brauch und frewel, gnad und ungnad, jägerey und fischerey, wasser und weyd und alle obrigkeit, ihr ingleichen zum halben theil, wie sie dann das mit hergebracht und genoszen han. Fürter weisen wir dem von Dhun und Schwartzenberg an selbigen gericht ein vierteil, auch wie sie das mit herbracht haben.

Item weisen wir, ob ein miszthätiger mensch in dem obgemelten gericht und bezirck begriffen wird, den sollen und mögen die obbestimmten unser gn. obersten gerichtsherrn richten lassen, und hätt derselb miszthätiger das an dem guth, davon sollen sie den kosten nehmen, der darauf gehen wird, und hätt er etwas übrig, das soll der gedachten seiner gn. obersten gerichtsherrn seyn, hätt er aber nit so viel oder gantz nichts, so sollen die genannten obersten gerichtsherrn das uf ihren kosten der schöffen und hinder unsz thun.

Item wir weisen auch drey ungebotten ding zu halten, das erst aut dienstag nach quasi modo geniti (*fehlt etwas*) und das dritt uf dinstag nach sant Remigii tag, den obgemelten gerichtsherrn ihre obrigkeit und gerechtigkeit jeglichem sein theil und gebühr nach hergebrachten gebrauch zu weisen, das sollen die obgenannte unsere gn. oberste gerichtsh. jeglicher ein gelten weins, das wären zwo gelten weins, vor jede 3 alb. uns dem gericht geben und auszrichten.

Fürter weisen wir, dasz alle diejenigen, die in dem gemelten gericht beguth- und seszhafftig seynd, die sollen uf die obbestimmten drey ungebotten dingtag erscheinen und der herren recht und obrigkeit hören weisen, und bey ihrem eyd schuldig seyn vorzubringen alle ruegbahren und strafbahren ding, und welcher also auszerleib (aussenblieb), es benehm im dann wissentlich herrn- oder leibsnoth oder hätte er erkenntnusz von dem gedachten obersten gerichtsh. oder ihrem schultheiszen, der soll verbrochen haben (*fehlt die Summe*), und ein scheffen noch so viel, von dem gelt soll zwey theil der obbestimmten unser oberster gerichtsh. und das drittheil unser des gerichts seyn, darbey sollen sie uns handhaben, dasz uns solches werde.

Item weisen wir auch mit recht den inwohnern des obgenannten gerichts wasser und weyd nach ihrer nothdurfft zu gebrauchen, wie das von alters herkommen ist; darum sollen sie dem vorgemelten unseren gerichtsh. gewärtig und gehorsam seyn mit gült, beden, zinszen, fasznachtshünern, fronden und andern nutzbarkeiten, wie sie das herbracht und billig haben sollen.

REGISTER.

I. Eigennamen.

C. K.

H.

I. J.

L.

M.

N.

O.

P.

Q.

R.

II. Sachen.

U.

V.

W.

Z.

Druck von Metzger & Wittig in Leipzig.

Kolibri 360 GmbH
Ferdinand-Jühlke-Straße 7
99095 Erfurt, Deutschland
produktsicherheit@kolibri360.de